발견의 시대

신 르네상스의 새로운 기회를 찾아서

발견의 시대

이언 골딘·크리스 쿠타나 지음 | 김지연 옮김

21세기북스

이 책에 쏟아진 찬사

피상적인 분석과 좌·우파 진영에서 내놓는 진부한 대책의 틈바구니에서 신선한 변화를 제시하는 책이다. 현재 통신과 과학을 비롯해 여러 분야에서 일어나고 있는 발전의 물결이 전 세계적으로 창조성이 분출할 기회를 제공하고 있다. 만약 국가와 시민이 적극적으로 나서지 않는다면 이 기회를 놓쳐버리고 말 것이다. 인상 깊고 중요한 책이다.
_에드먼드 펠프스 컬럼비아대학교 교수, 2006년 노벨 경제학상 수상자

이 훌륭한 책에는 감탄스러운 점이 많다. 르네상스 시대에는 인간의 능력이 닿는 모든 범위에서 새로운 아이디어가 폭발했고, 그 덕에 격변의 세기가 탄생했다. 현시대에는 상호의존성과 위험성, 그리고 불안정성과 혼란, 공포가 가중되고 있다. 르네상스 시대와 유사한 현상이다.
저자들은 이처럼 높은 복잡성 속에서, 우리의 현재 경로를 지도에 정확히 그려낼 방법이 없다는 것을 설득력 있게 주장한다. 길을 찾아내는 능력과 인류애, 근본적 가치의 포용, 그리고 무엇보다 창조성과 공감 능력이 우리들이 개인적으로나 사회적으로나 앞으로 나아가도록 도와줄 것이다. 모두가 읽어야 할 책이다.
_마이클 스펜스 뉴욕대학교 스턴경영대학원 교수, 2001년 노벨 경제학상 수상자

이언 골딘과 크리스 쿠타나는 본질적이고도 거대한 질문을 던진다. "우리는 어디에서 왔고, 무엇을 잘못하고 있으며(그렇다! 우리는 무언가 잘못하고 있다!), 어디로 가야 하는가?" 우리는 이 과감한 시도에 감사해야 한다. 그리고 그들의 제안처럼 위험을 감수하고, 가능성의 경계를 확장하며, 냉철하게 위기를 진단해야 한다. 무엇보다 중요한 것은 미래를 낙관적으로 바라보는 태도다.
_크리스틴 라가르드 IMF 총재

우리는 신 르네상스 시대를 살아가고 있다. 이언과 크리스는 오늘날 혁신의 중심지에서 메디치 가문 시대의 피렌체의 모습을 발견하면서, 현시대를 '새로운 탐험의 시대'라 명명한다. 다빈치와 다가마가 살았던 시대와 마찬가지로, 지금 세계에는 새로운 기술과 국제적 통합으로 이뤄진 새로운 번영뿐 아니라 전염병, 광신狂信, 전쟁 등 새로운 위험도 함께 도래했다. 저자들은 이미 시작된 공격에 맞서신 르네상스를 지키고자 새로운 인본주의를 요구한다. 이 목소리에 모두가 귀 기울여야 한다. 엄청난 충격을 주는 책이다.

_니얼 퍼거슨 하버드대학교 역사학과 교수, 『시빌라이제이션』, 『위대한 퇴보』 저자

커다란 국제적 위기와 전례 없는 기회가 공존하는 폭풍 같은 시대다. 이 책은 이러한 시대를 헤쳐 나가는 데 꼭 필요한 안내서이자 뛰어난 이동 수단이다. 시의적절하고 생동감 넘치는 이 책에서 이언 골딘과 크리스 쿠타나는 인류의 창조성과 독창성, 잠재력이 분출할 새로운 황금기로 가는 신항로를 보여준다.

_아리아나 허핑턴 허핑턴포스트 창립자

세계가 분열하고 퇴보하는 현시점에서 매우 의미 있는 책이다. 두 저자는 독자를 강렬한 여정으로 안내하면서, 우리 모두가 인류 공동체라는 사실과 더불어 협력과 측은지심, 천재성의 중요성도 일깨워준다. 우리는 장벽을 세워 외부와 차단한 채 공포 속에서 살아서는 안 된다. 이 책은 세계가 집단 지성의 잠재력을 용감하게 받아들이고 과거에서 교훈을 얻어 신 르네상스 시대의 기회를 깨닫도록 도와준다.

_리처드 브랜슨 버진그룹 창립자

빠르고 단순한 분석이 난무하고 있는 지금, 이언과 크리스는 우리가 사는 이 시대의 초상화를 깊이 있고 유익하게 그려낸다. 우리 앞에 놓인 기회와 위기를 진단하기 위해 강력했던 르네상스 시대를 평행선상에 놓고, 현시대의 미켈란젤로와 다빈치뿐 아니라 우리 모두에게 꼭 필요한 통찰을 제시한다.

_리드 호프먼 링크드인 창립자

갈수록 근시안적으로 변해가는 세상에 꼭 필요한 관점을 제시하는 책이다. 저자들은 단기적인 시각에서 물러나 왜 지금이 신 르네상스 시대라고 할 수 있는지를 보여준다. 우리는 르네상스 시대를 통해 새로운 체계적 위험을 경계해야 한다는 것과 '천재성을 포용'해야 한다는 교훈을 배울 수 있다. 이러한 장기적 관점에서 지도자는 단기적 변화에 편향되지 않고 신중한 의사 결정을 할 수 있다.
_도미니크 바턴 맥킨지 앤드 컴퍼니 회장

이 책은 우리가 직면하고 있는 수많은 어려움 가운데서 기회를 발견하고, 그것을 잡아야 한다는 중요한 사실을 상기시켜준다. 과거에도 그랬듯, 오늘날에도 마찬가지다. 우리는 매번 새로운 해결책을 떠올려 엄청난 발전을 이뤘다. 비관적일 이유가 없다.
_한스 파울 뷔르크너 보스턴컨설팅그룹 회장

허울뿐인 말과 우울한 머리기사가 난무하는 시대에, 이 책은 우리들이 서로 협력하기만 하면 얽히고설킨 21세기를 항해할 '학습 사회'를 건설할 수 있다는 희망으로 빛난다. 고전할 것인가, 발전할 것인가? 저자들은 신선한 재치와 명민한 사고를 영리하게 조합해 모든 독자들에게 도전과 영감을 불어넣는다. 전 세계 현직 리더와 미래의 리더 모두가 반드시 읽어야 할 필독서다.
_아샤 칸와르 커먼웰스오브러닝 회장

최근 읽은 책 중에 단연 최고다. 매우 교육적이고 계몽적이며 재미있다. 우리 사회가 수 세대에 걸쳐 이룬 업적과 대면해온 과제가 어떻게 진화해왔는지를 감탄스러울 만큼 단순 명료하게 설명한다. 현재 세대와 미래 세대가 점점 더 거대해지는 위험성과 복잡성을 어떻게 항해해나가야 할지 귀중한 지침도 제공한다. 반드시 읽어야 할 책이다.
_빅터 추 퍼스트이스턴 투자그룹 회장

문명이든 시대든 간에, 당대에는 그 시대가 역사에 끼친 영향을 알아차릴 수 없다. 계몽주의 시대나 르네상스 시대가 남긴 '물보라'를 그 시대에 살았던 이들은 알지 못했다. 이언과 크리스가 한 일은 단지 오늘날 급속도로 일어나는 혁신과 발견을 포착하고 그 위험과 이익을 검토하고, 우리 시대가 남길 물보라를 추정한 것에 지나지 않을지도 모른다. 그러나 이 일을 비행기가 날아다니고, 컴퓨터 코드가 배열되고, 성취가 축하를 받으며, 그 부작용과 연쇄반응이 미처 나타나기도 전에 해냈다는 것은, 역사와 예언이라는 2가지 측면에서 모두 놀라운 업적이다. 저자들은 우리에게 자아 성찰이라는 흔치 않은 선물을 줬다. 이 책이 그토록 대단한 일을 해냈다는 사실이 믿기지 않는다.

_래리 브릴리언트 스콜긴급위협재단 회장, 전 구글닷오알지 상임 이사

위기와 창조성이 함께 번성했던 르네상스 시대와 우리 모두가 급격한 변화를 경험하고 있는 오늘날 사이에 연결 고리를 만들어주는 매혹적인 책이다. 저자들은 과거에도 일어났고 현재에도 일어나고 있는 급속한 기술과 문화의 발전을 설득력 있게 대조하면서, 현시대의 골칫거리가 무엇인지 찾아내고 르네상스 시대가 당시의 문제에 어떻게 대처했는지 설명한다. 뛰어난 통찰력을 보여주는 책이다.

_앤드루 해밀턴 뉴욕대학교 총장, 옥스퍼드대학교 부총장

저자들은 우리 시대와 르네상스 시대를 탁월하게 교차 대조하면서, 르네상스에서 우리가 지침으로 삼아야 할 것은 무엇이고 경계로 삼아야 할 것은 무엇인지 보여준다. 저자들의 이야기에 귀 기울인다면 현시대에 숨겨진 함정을 피하면서 동시에 잠재력을 최대로 발휘할 수 있다. 이 책은 교육과 흥미라는 두 마리 토끼를 모두 잡았다.

_A. C. 그레일링 뉴칼리지 오브 더 휴머니티스 총장

이언과 크리스는 마술 같은 필력으로 르네상스 시대부터 오늘날까지, 짜릿한 인류의 500년 역사로 우리를 데려간다. 오늘날은 반세기 전과 마찬가지로 '발견의 시대Age of Discovery'다. 급속한 기술적·문화적·사상적 변화를 맞아 기회와 위험과 불확실성이 급증하는 가운데 우리는 어디서 희망을 찾고 어떤 결단을 해야 할까? 우리는 어떻게 적극적으로 혁신을 주도할 수 있을까? 어떻게 하면 '신 르네상스'를 이룰 수 있을까? 저자들은 현재 우리가 가진 관점에 역사적 인식뿐 아니라 열린 마음과 겸손함, 혁신과 통찰까지 심어준다. 우리에게 남은 일은 미래에 대한 믿음을 갖는 것뿐이다. 이 책을 읽으며 충격적이고도 아름다운 '발견의 항해'를 하게 될 것이다.

_주민 전 IMF 부총재

중국이 새롭게 떠오르고 있고, 세계화의 흐름이 역전됐으며, 세계 질서가 재편되고 있다. 이 책은 과거를 돌아보고 이를 토대로 미래를 예측함으로써 독자들에게 지혜와 깨달음을 준다.

_저스틴 이푸 린 전 세계은행 수석 경제학자

이 책은 우리 모두가 중요한 선택의 기로에 서 있음을 보여주며 행동에 나설 것을 촉구한다. 오늘날 시대 상황에 꼭 맞고, 이루 말할 수 없이 중요하며, 술술 읽히기까지 하는 이 책을 강력 추천한다.

_쿠미 나이두 그린피스 국제 사무총장

이 매혹적인 책은 놀라울 정도로 광범위한 주제를 다룬다. 저자들은 역사적 관점에서 오늘날을 바라보는 동시에 현시점의 과제와 선택 가능한 정책을 평가한다. 저자들은 우리가 과거 어느 때보다도 위험 부담이 큰 시대에 살고 있다고 말하지만, 그렇다고 해서 기술 만능주의를 따르지도 비관적인 운명론을 따르지도 않는다. 인류의 미래를 고민하는 사람이라면 누구나 이 균형 잡힌 분석에 흥미를 느낄 것이다.

_마틴 리스 경 전 영국 왕립천문학회 학장

오늘날 직면하는 끊임없는 혁신의 물결 속에서 다양한 어려움이 생겨나고 있다. 저자들은 이를 이해하는 데 필요한 커다란 그림을 제시한다. 우리는 놀라운 신기술로 선을 행할 수도 있고 악을 행할 수도 있으며, 생명을 구할 수도 있고 반대로 죽일 수도 있다. 이 책은 체스 게임처럼 삶의 모든 움직임이 기회와 위험을 동시에 창출할 수 있음을 보여준다. 또한 새것을 받아들이는 동시에 옛것에서 잘 배우는 사람이 승자가 될 것이라고 주장한다. 오늘날 '천재성'이라는 단어는 남용되고 있다. 그럼에도 저자들은 개개인에게 자유가 허락되고, 그 결과 사회 전체에 기회가 확산될 때 어떻게 '개별적 뛰어남'이 '집단적 성공'으로 이어질 수 있는지를 보여준다. 그리고 이로써 '천재성'이라는 단어를 효과적으로 복권시킨다. 매혹적인 책이다.

_가리 카스파로프 미국 인권재단 회장, 13회 세계 체스 선수권 대회 우승자

대담하고 도전이 되며 기운을 북돋아준다.

_피터 프랭코판 「실크로드 세계사」 저자

일러두기

- Age of Discovery는 '대항해 시대'로 번역하는 것이 더 일반적이지만 서구 중심 세계관이 반영된 용어라는 이유로 역사학계에서 논란이 되어 현행 교과서에서는 더 이상 사용되지 않는다. '발견의 시대'도 같은 논란에서 자유로울 수 없지만 그때 당시와 현재 시대를 동일 선상에서 바라보고자 한 원저자들의 의도를 감안하여 이 책에서는 '발견의 시대'로 번역한다.
- 원서와 한국어판의 출간 시차로 인해 과거가 된 부분이 있지만 그대로 싣고 해당 내용에 ●로 표시했다.
- 인명, 지명, 독음 등은 외래어표기법을 따랐으나 실제 발음이나 통용되는 표기와 지나치게 동떨어지는 경우 절충하여 표기했다.
- 옮긴이주는 괄호 안에 넣고 '옮긴이'라 밝혔다. 모든 각주는 원주이다.

새로운 르네상스 시대에 번영하길 바라며
올리비아와 알렉사에게 이 책을 바칩니다.

– 이언 골딘

내가 아는 가장 '르네상스 맨'다운 아버지에게 이 책을 바칩니다.

– 크리스 쿠타나

현재는 새로운 '발견의 시대'다. 이 진실을 인정하고 여기서 교훈을 찾아내는 사람이 오늘날처럼 전 지구적으로 갈등과 불확실성이 팽배한 세상에서는 가장 큰 승자, 가장 강한 리더가 될 것이다.

2016년 초에 나는 전 세계 비즈니스 리더들이 모인 자리에서 자신만만하게 다음과 같은 2가지 예언을 했다. '첫째, 브렉시트 국민 투표 결과 영국이 유럽연합EU에서 탈퇴할 것이다. 둘째, 도널드 트럼프가 미국 대통령으로 당선될 것이다.'

이 2가지 예언이 현실이 됐을 때 전 세계 사람들은 대부분 충격을 받았다. 하지만 이 책을 읽었던 사람들은 이미 그렇게 되리라는 사실을 알고 있었다.

세상은 급변하고 있다. 불행히도 대부분의 사람들이 세상을 바라보는 관점은 변하지 않았다. 많은 사람들이 여전히 낡은 관점으로 세상을 바라본다. 오늘날 발생하는 사건들을 이해하는 데 어려움을 겪는 이유도 바로 이 때문이다.

이 책은 오래된 관점을 깨부수고 새로운, 더 나은 관점을 제시한다. 이 책은 세상을 지금과 같은 모습으로 변화시킨 가장 중요한 힘들을 집중 조명하고, 어떻게 대응해야 할지를 분명히 보여준다. 이 새로운 관점을 하루라도 빨리 받아들일수록 충격으로 허비하는 시간을 줄이고 개인과 가족과 국가가 미래에 다가올 충격에 발 빠르게 대비할 수 있다.

우리 모두가 지금 발견의 시대를 살아가고 있다는 사실을 인정하고 나면 개인과 기업을 성공으로 이끄는 신항로가 뚜렷하게 보일 것이다. 레오나르도 다빈치나 미켈란젤로 같은 '르네상스 맨' 또는 '르네상스 우먼'이 될 수 있는 방법과 돼야 하는 이유를 알게 될 것이다. 낡은 습관을 깨부수고 대담한 선택을 할 수 있는 방법과 잘못된 습관을 더 나은 습관으로 대체할 수 있는 방법을 알게 될 것이다. 그리고 오늘날 어느 분야에서든 리더가 되고 싶다면 어떻게 생각하느냐가 어떻게 행동하느냐보다 훨씬 더 중요하다는 사실을 깨닫게 될 것이다.

또한 우리 개개인의 삶이 어떻게 이 역사적이고 전 지구적인 순간과 맞닿아 있는지를 깨닫게 될 것이다. 한국은 '다리'다. 과거와 미래를 잇는 다리이자 동양과 서양을 잇는 다리다. 따라서 이 새로운 발견의 시대에 한국은 선도적인 역할을 할 수 있다. '세계화'는 트렌드가 아니라 리더십의 시험대다. 수많은 국가가 이 시험을 통과하지 못했다. 세계화가 창출한 새로운 부富를 복지well-being로 전환하는 데 실패했기 때문이다. 세계화가 초래한 위험은 분산하고 보상은 분배함으로써 세계화의 혜택이 다수에게 골고루 돌아가도록 하는 데 실패했기 때문이다. 급속한 변화에 노출된 공동체 내부와 공동체 간에 새로운 유대감을 형성하는 데 실패했기 때문이다. 과거의 지혜를 미래의 꿈으로 전달하는 데 실패했기 때문이다. 이러한 국가의 국민들은 지금 분노하고 있다. 세계화에 대한 신뢰도 잃었고 리더에 대한 신뢰도 잃었다.

그러나 세계화가 꼭 나쁜 것만은 아니다. 이제 한국이 이 사실을 증명할 차례다. 다른 나라가 실패했던 이 시험을 통과함으로써 말이다. 이 책에는 그 방법이 나와 있다.

발견의 시대는 보상과 위험으로 가득하다. '발견discovery'에는 긍정적인 측면과 부정적인 측면이 모두 따라온다. 기회가 번영하는 동시에 위험도 번성한다.

세상이 어디로 가는지 이해하는 일이 지금보다 더 어렵거나 더 시급했던 적은 없었다. 우리 모두는 강력하고 혼란스러운 여러 힘들 사이에 끼어 있다. 『발견의 시대』는 우리가 한 걸음 뒤로 물러나 크게 심호흡을 하면서 다음과 같은 사실을 깨달을 수 있도록 도와준다. '예전에도 우리는 이 자리에 있었구나.' 과거를 돌아보면 현재를 항해하고 번영하는 미래로 나아갈 수 있는 방법이 분명하게 보인다.

2018년 여름

런던에서

크리스 쿠타나 박사

현시대는 대립의 연속이다. 이러한 인식과 더불어 이 대립에

참여해야 한다는 긴급한 책임 의식이 뒤따라온다.

–『발견의 시대』 초판에서

이 책의 개정판을 출간하는 까닭은, 급속한 사회적·인구통계학적·기술적 변화로 일어난 '현상status quo' 가운데 우리가 하루하루 당연하게 받아들이는 많은 부분에서 충격을 겪게 될 가능성이 높다는 사실을 발견했기 때문이다. 이에 시급하게 초판을 보충해야 할 필요성을 느꼈다. 그러한 배경에서 우리는 영국이 유럽연합을 탈퇴하는 브렉시트 표결을 시행하고, 도널드 트럼프가 당선될 것이라고 예견했다.

우리는 오늘날 이러한 충격들이 마치 쉼 없이 발생하고 있는 듯 느낀다. 충격은 곧 우리가 어떤 관점으로 세상을 바라보든지 간에 더 이상 실제를 있는 그대로 볼 수 없다는 사실을 방증하는 개인적 증거다. 이제 기존의 관점을 깨뜨려야 한다. 더불어 시야를 왜곡하는 세계화 대 민족주의, 열린 문 대 외국인 혐오, 정보

과잉 대 가짜 뉴스, 앞서간 자 대 뒤처진 자 같은 이분법적 사고도 깨뜨려야 한다.

우리는 세상을 바라보는 더 넓은 관점을 스스로 성장시켜야 한다. 이러한 관점을 하루빨리 성장시킬수록 불신에 빠져 낭비하는 시간을 줄이고 우리 자신과 가족과 조직과 공동체가 서로를 도와 다가올 격변을 잘 헤쳐 나가고 번영을 이룩하는 데 더 많은 시간을 쏟을 수 있다.

이 책은 우리가 처한 현시대를 제대로 바라볼 수 있게 해주는 관점이다. 2016년 초판이 나온 뒤로 하루도 빠짐없이 거듭된 충격적인 나날은 우리가 지금 당장 행동해야 한다는 새로운 증거다.

『발견의 시대』는 과거와 현재에 대한 우리의 오해를 의도적으로 반영한 제목이다. '발견의 시대'는 인류의 미래를 낙관적으로 전망케 한다. 과학적·경제적·사회적 풍랑에 이리저리 흔들릴지라도 언제나 더 나은 신세계를 향해 '진보하고 있는' 것만큼은 확실하다고 말이다. 이제 와서 돌이켜보면 우리 대다수는 현재 상황을 이렇게 낙관했더랬다. 스스로를 그저 바다를 항해하는 배에 탄 승객이라 생각하고, 날씨를 통제할 순 없지만 선장의 능력을 맹신하며 옳은 길로 나아가고 있다고 안심했다.

최근에 일어난 반전으로 우리는 이제야 실제로 어떤 곤경에 처했는지를 깨닫게 됐다. 발견의 시대에 발전으로 나아가는 필연적인 항로 따위는 존재하지 않으며 승객도 따로 존재하지 않는다. 우리 모두가 배를 조종하는 법을 배워야 한다. 세계적 얽힘으로 초래되는 선한 결과와 악한 결과 사이를, 포용하는 세력과 배

척하는 세력 사이를, 폭발하는 천재성과 번성하는 위험성 사이를 조종해 나아가야 한다. 현시대는 이 멋지고 모순적인 힘 사이를 항해해야 하는 투쟁의 연속처럼 보인다.

그러나 우리는 예전에도 이 자리에 있었다.

우리가 받아들이기로 마음만 먹는다면 역사가 주는 지혜를 나침반으로 삼을 수 있다.

이 책이 독자들로 하여금 눈앞에 닥친 이 특별한 순간을 이해하고 번영의 미래로 가는 항로를 발견하도록 이끌어주는 길잡이가 되길 바란다.

2017년 7월

옥스퍼드에서

크리스 쿠타나와 이언 골딘

차례

서장

몰락할 것인가, 부흥할 것인가?

우리가 놓여 있는 지금 이 순간

만약 미켈란젤로가 환생한다면 혼란스럽기 그지없는 오늘날 시대 상황 속에서 고전을 면치 못할까, 아니면 또다시 천재성을 찬란히 꽃피울 수 있을까?

해마다 수백만 명이 시스티나성당 안으로 줄지어 들어가 미켈란젤로 부오나로티가 그린 천장화 〈아담의 창조〉를 경이로움 가득한 눈길로 올려다본다. 또한 수백만 명 넘는 사람이 레오나르도 다빈치가 그린 〈모나리자〉에 경의와 찬사를 아끼지 않는다. 5세기가 지나도록 우리는 르네상스 시대에 탄생한 위대한 예술 작품들을 아름다움과 영감의 화신으로 여기며 귀중히 보존하고 있다.

그러나 이런 걸작들 때문에 시험에 드는 것 또한 사실이다.

500년 전 르네상스 시대 거장들이 천재적인 예술 작품을 탄생시킬 수 있었던 까닭은 전 지구적으로 아름다움이 팽배한 마법 같은 시대를 향유했기 때문이 결코 아니다. 그들 또한 격동의 시대를 살았으며 역사적인 사건이나 발견뿐만 아니라 고통스러운 대격변을 겪어야만 했다. 당시 세계는 구텐베르크의 금속활자 발명(1450년대), 콜럼버스의 신대륙 발견(1492년), 바스쿠 다가마의 아시아 항로 개척(1497년) 등으로 유례없이 서로 복잡하게 얽혀들고 있었다. 인류의 운명에도 급격한 변화가 일었다. 흑사병의 위세가 누그러지면서 유럽 인구는 회복세로 돌아섰고 공중 보건과 국가 경제와 교육이 부흥했다.

이러한 시대 상황 속에서 천재들이 앞다퉈 재능을 꽃피웠다. (특히 1490년대부터 1520년대 사이에) 수많은 위대한 예술 작품이 탄생했고, (1510년대에는) 코페르니쿠스가 혁명적인 태양 중심 우주론을 주장했다. 생물학, 공학, 항해술, 의학에 이르는 광범위한 분야에서도 이에 비견할 만한 발전이 이뤄졌다. 수 세기 동안 모두가 당연하고 기본적인 진리라고 여겼던 것이 역사의 흐름에 서서히 침식돼갔다. 지구는 제자리에 가만히 있지 않았다. 태양은 지구 주위를 돌지 않았다. 그때까지 사람들에게 '알려진' 세상은 진실의 절반에도 미치지 못했음이 드러났다. 인간의 심장은 영혼이 아니라 그저 펌프임이 알려졌다. 인쇄 기술의 발달로 불과 몇십 년 만에 연간 책 생산량이 수백 권에서 수백만 권으로 늘어났고, 덕분에 이 낯설고도 새로운 사실과 사상이 그 어느 때보다도 널리 빠른 속도로 전파됐다.

반면에 위험 또한 번성했다. 바닷길이 열리면서 무시무시한 신종 질병이 대서양을 사이에 둔 양쪽 세계에 들불처럼 걷잡을 수 없이 번져나갔다. '신'무기인 화약으로 무장한 이슬람제국 오스만튀르크는 동부 지중해 연안과 해상에서 벌어진 정복 전쟁에서 무서운 기세로 연일 승전보를 올리며 유럽 전역을 공포에 몰아넣었다. 마르틴 루터(1483~1546년)는 보편화된 인쇄술을 이용해 당시 자기 배 불리기에만 급급한 관료주의 집단이었던 가톨릭교회

를 만천하에 고발했다. 루터가 지핀 이 종교개혁의 불씨는 안일
함에 빠져 있던 엘리트 계층이 생각했던 것보다 훨씬 더 빠른 속
도로 번져나갔다. 유럽은 개신교와 가톨릭교회로 분열됐고 유럽
대륙 전체에 전쟁과 난민 사태라는 불을 점화했다.

한편 대중주의자populist이자 사제였던 지롤라모 사보나롤라
(1452~1498년)는 르네상스 시대 유럽의 심장부였던 피렌체에서
실제 불꽃을 점화했다. 이른바 '허영의 불꽃(금욕주의 운동의 일환
으로 시민들로 하여금 자발적으로 사치품을 가지고 나오게 해 피렌체
광장 한가운데에 산처럼 쌓아 올린 뒤 불태운 사건을 가리킨다 - 옮긴
이)'이 그것이다. 사보나롤라는 종말론적 설교로써 당시 대중 사
이에서 급속하게 일어나던 변화에 대한 최악의 반응을 이끌어냈
다. 사보나롤라는 피렌체 시민들에게 자신을 따라 나약한 엘리트
계층과 부정부패를 불사르는 운동에 동참하기만 하면 과거에 피
렌체가 누렸던 영광을 되찾아주겠노라 공약했다. 이 공약은 (4년
뒤 정적들에게 화형당하기 전까지) 사보나롤라를 피렌체공화국의
실질적 왕좌에 올려놓기에 충분했다.

이러한 시대적 배경 속에서 미켈란젤로는 1504년 9월 8일 이
탈리아 피렌체 중앙 광장에서 자신의 조각 작품인 〈다비드상〉을
공개했다. 카라라 대리석으로 조각한 〈다비드상〉은 무게가 6톤에
달하고 높이는 5미터가 넘는다. 〈다비드상〉은 공개되자마자 도
시의 부와 천재 조각가의 기술이 결집된 기념비적 작품의 자리에
올랐다(사진 0-1을 참조).

구약성경에 나오는 '다윗(다비드)과 골리앗' 이야기는 유명하
다. 누가 봐도 승산 없는 싸움이었지만 용감한 소년 전사 다윗은

| 0–1 | 대리석에 새겨진 순간

미켈란젤로 부오나로티, 1501~1504년, 〈다비드상〉(부분), 피렌체.
사진 출처: 아트 리소스(Art Resource).

거인 골리앗을 일거에 무찌른다. 미켈란젤로는 망치와 끌로 이 익숙한 이야기 속에서 그때까지 누구도 보지 못했던 한순간을 꺼내 대리석에 새겨 넣었다. 〈다비드상〉이 공개됐을 당시 광장에 모여 있던 이들은 분명 당황스러움을 숨기지 못했을 것이다. 미켈란젤로의 〈다비드상〉은 얼굴과 목이 한껏 경직된 채 눈썹을 찌푸리고 두 눈은 멀리 한 점만을 꼿꼿이 응시하고 있다. 미켈란젤로는 싸움에서 승리해 골리앗의 시체를 밟고 올라선 위풍당당한 다윗(당시 예술가들 사이에서 통용되던 표준적 묘사)이 아니라 닥쳐올 결과를 알지 못하면서도 굳은 결심으로 골리앗에 맞서 싸울 준비를 하는 다윗을 표현해냈다. 사람들은 이내 조각가의 의도를 분명하게 알아차렸다. 미켈란젤로는 결심과 행동 사이, 즉 해야 할 일을 자각하고 그 일을 해낼 용기를 끌어모으는 운명적인 순간에 놓인 다윗을 조각했던 것이다.

당시 광장에 모여 있던 사람들 모두에게 익숙한 순간이었다. 그들 스스로가 바로 그러한 순간에 놓여 있었기 때문이다.

과거는 프롤로그다

오늘날 우리도 그와 같은 순간에 놓여 있다.

현시대는 대립의 연속이다. 세계적 뒤얽힘과 인간 개발에 따른 부정적인 결과와 긍정적인 결과가 대립하고, 포용력과 배타성이 대립하며, 동시에 천재성과 위험성이 대립한다. 우리 개개인이 꽃을 피우느냐 마느냐, 더불어 21세기가 훗날 역사책에 인류의 황금기로 기록되느냐 암흑기로 기록되느냐는 이러한 대립이 가져올 가능성을 촉진하고 위험성을 차단하는지 여부에 달려 있다.

위험 부담이 이보다 더 높을 수는 없는 도박이다. 역사적이고 결정적인 순간에 위험하기 짝이 없는 도박판에 태어난 우리 세대가 각자 인생에서 어떤 사건을 겪고 어떤 선택을 하느냐가 다음 세대의 수많은 삶을 결정지을 것이기 때문이다.

다음 세대의 운명이 지금 우리 손에 달려 있다는 생각은 모든 세대가 똑같이 가졌던 자만심이라고 할 수도 있지만 오늘날만큼은 참이다. 오랜 역사적 사실이 이를 뒷받침한다. 1만 년 전 신석기시대 조상 때부터 도시로의 이주가 시작됐고, 오늘날에 이르러서는 인류가 도시 문명을 이룩한 지도 어느덧 5,000년이 흘렀다.[1] 우리가 곧 도시 시대 인류의 첫 세대인 셈이다. 이산화탄소 배출로 오늘날 대기오염 수준은 신석기시대 이래 최악이다. 기상관측 이래 가장 무더웠던 해로 기록된 열다섯 해 중에 열네 해가 모두 21세기에 집중돼 있다.[2] 인류 역사상 처음으로 전 세계 빈곤 인구수가 (1990년 이후 10억 명 이상) 급락했고 동시에 총인구수는 (20억 명가량) 급증했다. 오늘날 살아 있는 과학자 수가 1980년까지 살았던 모든 과학자를 합친 수보다 많고 (부분적으로는 이들 과학자들 덕분에) 인류 평균 수명은 지난 50년간 그 이전 1,000년 동안보다 더 많이 늘어났다.

역사는 단기간에 이뤄졌다. 불과 20년 전만 해도 존재하지 않던 인터넷은 그 사용자 수가 2005년에 10억 명, 2010년에는 20억 명, 2015년에는 30억 명으로 점차 늘어났다. 지금은 전 세계 인류의 절반이 인터넷을 사용한다.[3] 한때 자급 경제를 주장했던 중국은 개혁 개방을 선언하면서 세계 최대 수출국이자 세계 최대 경제 국가로 탈바꿈했다. 인도가 그 뒤를 바짝 쫓고 있다. 베를린장벽이 붕괴되면서 20세기 후반을 정의했던 경제적 이념의 충돌도 역사의 뒤안길로 사라졌다. 그러나 이 모든 사건은 새 천년이 시작되면서 머나먼 옛날이야기가 돼버렸다. 2000년대에는 9·11 사건, 강력한 지진해일(쓰나미)과 태풍, 세계 최고 연봉을 받는 두뇌들을 얼빠지게 만들었던 세계 금융 위기, 초안전 강국 일본에서 벌어진 원자력발전소 사고, 파리 심장부에서 일어난 자살 폭탄 테러, 불평등에 반발해 일어난 폭동 등이 머리기사를 장식했다. 물론 모바일 기기와 소셜 미디어의 폭발적 성장, 인간 게놈 지도 해독, 3D 프린터의 등장, 오랜 세월 금기로 여겨졌던 동성 결혼의 합법화, 중력파 검출, 지구와 비슷한 행성의 발견 등 상대적으로 행복한 소식도 많았다.

매일 아침 눈을 뜨면 새로운 충격이 우리를 기다린다. 충격은 그 자체로 이 시대가 매우 다르다는 가장 강력한 증거다. 충격은 우리 내부에서 수집되는 데이터이기 때문이다. 현실과 기대가 충돌할 때 정신적으로 받는 충격은 역사적 변화에 대한 개인적인 증거이자 영속적이고 보편적인 삶의 주제이기도 하다. 충격은 우리를 술렁이게 하는 동시에 살아 있게 한다. 앞으로도 그럴 것이다. 현재로선 지구공학, 지능이 매우 뛰어난 기계, 생명공학을 이용한 질병 유전자 편집, 나노 공장, 사람의 인공 염색체 등에 대해 활발하게 이야기하지 않는다. 하지만 머지않아 이 주제 말고는 거의 이야기하지 않는 때가 올 것이다.

부족하지만 필요한 것, 관점

우리는 우리가 어디로 향하는지 알지 못한다. 그래서 이리저리 떠밀려 가다가 갑자기 위기에 봉착하면 불안감에 휩싸인다. 그리고 앞으로 나아가기보다는 물러남을 선택한다. 행동해야 하는 시대에 행동하는 대신 망설이고만 있다. 지금 전 세계적인 분위기가 그렇다. 한때 자유무역을 신봉했던 미국 시민들은 이제 날이 갈수록 자유무역에 반대한다.[4] 전 세계적으로 산업 분야는 기록적인 수준의 현금을 보유한 채 재투자는 하지 않고 쌓아만 두거나 주주들에게 배당한다. 2015년 하반기 기준으로 세계적인 대기업들은 15조 달러 이상의 현금 및 현금 등가물을 보유하고 있는 것으로 추산된다. 10년 전과 비교해 4배 많아진 수치다.[5] S&P 500 기업들은 2014년에 발생한 수익 대부분을 새로운 과제나 아이디어에 투자하는 대신 주주들에게 (배당금이나 자사주 매입 형태로) 지급했다.[6] 정치적으로는 대다수 선진국에서 (동성애자, 이민자, 자국을 벗어난 기업의 사회적 책임에 반대하는) 극우 세력과 (자유무역과 사기업에 반대하는) 극좌 세력이 득세하고 있다. 1990년대에는 '세계화'라는 용어를 전 세계 어디에서나 보고 들을 수 있었다. 세계화는 곧 전 세계가 하나 됨을 의미했고 모두에게 더 살기 좋은 세상이 오리라는 희망을 내포했다. 그러나 오늘날 세계화는 희망과는 거리가 멀다(정치인들 사이에서만 풀지 못하는 문제에 편리하게 이용하는 희생양으로 전락했다). 도표 0-2를 참조하라.

우리에게 부족한, 그리고 지금 당장 필요한 것은 바로 '관점'이다. 관점이 있으면 우리 인생을 정의하는 대립이 무엇인지를 꿰뚫어 볼 수 있고 세계를 형성하는 광범위한 세력에 맞서 우리 의

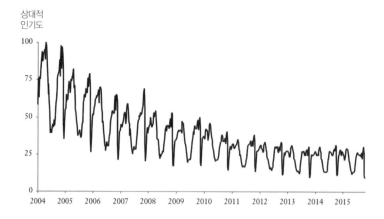

| 0-2 | '세계화(Globalization)' 단어 구글 검색(2004~2015년)
'세계화'의 구글 검색어 유입은 지난 10년간 계속해서 감소했다.
출처: 구글 트렌드, 2015년. 「시간에 따른 관심사 변화: 세계화」 URL: www.google.com/trends.

지를 더 효과적으로 관철시킬 수 있다. 충격이 발생할 때 직접적인 영향권에서 한발 물러나 더 넓은 맥락에서 더 주도적으로 충격의 의미를 이해하고 반응할 수 있다. 시민사회 지도자와 정치지도자도 커다란 변화의 동력을 우리 일상과 연결하는 설득력 있는 비전을 창조하려면 관점이 필요하다. 기업인도 24시간 뉴스와 정보의 혼돈 속에서 유능한 결정을 내리려면 관점이 필요하다. 젊은이도 인생에서 크고 갈급한 질문에 대한 답과 열정을 좇아 살 수 있는 길을 찾으려면 관점이 필요하다. 관점은 우리 개개인이 인생을 단순한 날수의 합이 아니라 위대한 여정으로 바꿀 수 있게 해준다. 관점은 우리가 힘을 합쳐 21세기를 인류사에 길이 남을 시대로 만들 가능성을 높여준다.

"관점은 안내자이자 출입문이다. 관점 없이는 아무것도 잘할 수 없다."[7] 레오나르도 다빈치(1452~1519년)가 상담을 요청해온 예술가들에게 해줬던 말이지만 동시대 모든 사람에게도 마찬가지로 유용한 조언이 됐을 것이다. 레오나르도 역시 동시대를 살았던 미켈란젤로(1475~1564년)가 대리석에 새겨 넣었던 운명적인 대립의 순간을 겪었다. 현시대에 대한 관점을 얻으려면 뒤로 물러나서 과거를 돌아보며 깨닫는 수밖에 없다. '예전에도 우리는 이 자리에 있었구나.'라고 말이다. 500년 전 유럽에서 천재성을 촉발하고 사회질서를 뒤흔든 힘이 우리 시대에도 존재한다. 단지 그 힘이 지금은 더 강력해지고 광범위해졌을 뿐이다.

이것이 바로 이 책에서 전하고자 하는 주요 메시지다. 이 메시지에 희망과 결단이 뒤섞인 충만함을 느껴야 한다. 희망을 품어야 한다. 르네상스 시대는 500년이 지나도록 여전히 칭송받는 위대한 인류의 유산을 남겼다. 우리도 인류 역사에서 황금기를 일궈낼 수 있다. 조건은 무르익었다. 지금 이 순간 지리적 범위로 보나 긍정적 결과로 보나 규모로 보나 르네상스 시대를, 아니 과거 인류 문명이 꽃피었던 모든 시대를 능가하는 새로운 번영을 실현할 수 있다. 결단을 내려야 한다. 새로운 황금기는 그냥 찾아오지 않는다. 우리가 이뤄내야 한다. 물론 쉬운 일은 아닐 것이다.

1517년에 당대 유명한 철학자이자 현대 정치학의 아버지라 불리는 니콜로 마키아벨리(1469~1527년)는 다음과 같은 글을 남겼다.

미래를 내다보고자 하는 자는 과거를 돌이킬지어다. 인간사는 선대의 그것을 닮게 되나니. 이는 그 사건들이 그때 살던 사람이든 지금 사는 사람이든 동일한 성정을 지닌 사람들에 의해 창조되고 생명을 얻었기

때문이며, 그로써 같은 결과를 얻게 되는 것이다.[8]

우리는 이미 경고를 받았다. 르네상스 시대는 엄청난 격동의 시기였다. 사회는 한계점까지 치닫거나 때로는 한계점을 넘어섰다. 이제는 우리가 개인적으로나 사회적으로나 인류 전체로나 위험을 무릅쓰고 더듬거리며 나아가야 한다. 이미 몇 차례 넘어진 탓에 냉소적인 반응을 보이거나 미래를 두려워하는 사람도 많다. 그러나 다시 한번 위대함을 누리고 싶다면 위대함을 이룰 수 있다는 신념을 가져야 한다. 위대함을 실현하기 위해서라면 어떤 일이든 감당해야 한다. 진보의 열매를 더 많이 수확하고 더 널리 공유해야 한다. 그리고 아무도 예측할 수 없는 충격이 닥쳤을 때 서로를 도와 헤쳐 나가야 한다.

앞으로 나아가는 길

이 책에서는 신新 르네상스 시대인 현재를 3부에 걸쳐 재구성한다.

1부 '21세기의 신 르네상스'에서는 현시대에 대한 객관적인 사실을 살펴보며 오늘날 허술하고 무책임하기까지 한 논리로 공적 담론을 좀먹는 주장을 반박한다. 또한 500년 전 르네상스 시대를 정의했고 지난 사반세기 동안 우리가 사는 이 세상을 지금과 같은 모습으로 완전히 재탄생시킨 연결과 발전의 힘이 무엇이었는지를 분명하게 되짚어본다. 신대륙을 발견한 콜럼버스의 항해와 베를린장벽의 붕괴는 무지와 미신이라는 인류의 오랜 장애물을 무너뜨리고 범세계적인 새로운 정치와 경제의 교환 체계를 도래시킨 사건이다. 구텐베르크의 인쇄술과 인터넷은 인류의 의사소통 방식에서 풍부한 정보, 저렴한 유통, 급진적인 다양성과 광범위한 참여라는 새로운 표준을 정립했다.

건강, 부, 교육에서 결실을 맺은 발전의 힘 또한 인류가 진보할 수 있는 초석을 놓았고, 이제는 새로운 차원으로 도약하려 한다. 역사에서 인류 진보에 가장 큰 방해 요소였던 전쟁과 질병은 르네상스 시대 직전에는 뚜렷하게 줄었다. 오늘날 전쟁으로 생겨난 사상자는 시리아 내전을 둘러싼 각종 폭력 사태를 감안하더라도 급격히 줄었으며, 질병과 노화의 성공적인 퇴치 운동으로 인류의 기대 수명은 20년 가까이 늘어났다.[9] 과거에는 사치재였던 글을 읽고 쓸 줄 아는 능력과 셈을 할 줄 아는 능력도 오늘날에는 귀중한 공공재가 됐다. 게다가 머지않아 성인이 될 다음 세대는 인류 역사상 최초로 거의 모든 세대 구성원이 글을 읽고 쓸 줄 아는 집단이다.

기술, 인구통계, 건강, 경제 분야에서 일어난 이러한 혁명은 모든 인간 활동에 가속을 붙이고 활력을 불어넣었다. 각 단계마다 더 많은 인적 자본을 축적하고 재투자하며 점점 더 높은 강도로 교환하고 행동하다 보면 2부 '폭발하는 천재성'에서 보듯이 천재성이 번영해 인류 발전에 더욱 가속이 붙는다.

천재성의 분출은 르네상스 시대가 남긴 긍정적 유산이다. 유럽에서는 예술과 과학과 철학 분야에서 르네상스 시대 이전의 1,000년과는 비교도 되지 않는 뛰어난 성취가 일어나 훗날 과학

혁명과 계몽주의 운동이 유럽에서 태동할 수 있는 기틀을 마련했다. 우리는 또 다른 천재성의 분출을 경험하고 있으며 그 규모와 범위는 첫 번째 르네상스 시대의 천재성을 압도한다. 현시대에 천재성이 분출하고 있다고 주장하는 근거는 첫째, 조건이 맞아떨어지기 때문이고 둘째, 이미 근본적인 돌파구를 마련하고 있다는 신호가 울리고 있기 때문이다. 2부에서는 1부에서 규명한 연결과 발전의 힘이 어떻게 천재성이 꽃필 수 있도록 도왔는지를 살펴보고 이를 토대로 일군 번영이 인류에게 가져다줄 근본적인 변화를 예고한다. 또한 확장된 인류의 '집단적' 성취의 힘을 탐구한다. 오늘날 인류가 가진 새롭고 혁신적인 공유 및 협업 능력은 가능함의 경계를 확장했다. 르네상스 시대에는 집단적 노력으로 세계에서 가장 큰 대성당을 건축했다. 오늘날에는 집단적 협업으로 질병을 치료할 새로운 방법을 찾고 인류의 지식을 여러 언어로 번역하며 우주 지도를 제작한다.

3부 '번성하는 위험성'에서는 희망과 신중함 사이의 균형을 이야기한다. 인간의 상상력을 점화하는 연결과 발전의 힘은 동시에 복잡성을 낳고 인류 활동을 위험한 방향으로 결집시킬 수도 있다. 이러한 부정적인 결과가 특히 더 위험한 이유는 인류가 '시스템적' 위험에 노출될 가능성을 높이기 때문이다. 500년 전 시스템적 충격 때문에 인류는 엄청난 슬픔을 겪어야만 했다. 낯선 신종 질병이 무서운 속도로 창궐했고 새로운 신용 시장이 붕괴했으며 아시아로 갈 수 있는 신항로가 무역로를 바꿔놓으면서 실크로드를 따라 지어진 공동체는 전부 폐허가 됐다. 2008년에 일어난 금융 위기는 이미 이러한 종류의 위협을 주의해야 한다는 교훈을 남겼지만 우리는 아직 그 광범위성까지는 깨닫지 못하고 있다.

그러나 우리는 국가나 지정학적 지역 안에서 일어나는 시스템적 위험에 익숙해지고 있다. 르네상스 시대는 승자와 패자의 격차를 심하게 벌렸다. 연대나 반란을 소집하는 기술이 일반화되고 강력해질 때 사회적 협상력은 약해진다. 500년 전 허영의 불꽃, 종교전쟁, 종교재판, 어느 때보다도 잦았던 민중 폭동은 천재성이 힘들여 일궈놓은 평화를 갈기갈기 찢고 당대의 가장 밝은 빛을 꺼뜨렸다. 오늘날에는 극단주의와 보호무역주의와 외국인 혐오증 같은 목소리가 현시대의 천재성을 점화할 연결성을 끊어놓으려 한다. 대중의 불만 또한 대담하게 행동하기 위해 꼭 필요한 합법성을 지닌 공공 기관의 힘을 약해지게 한다.

마지막으로 종장 '우리에게는 더 나은 세계가 기다리고 있다'에서 긴 여정은 끝이 난다. 위대함을 이루고 현시대가 내포하고 있는 잠재적인 위기를 헤쳐 나가기 위해 정부, 기업, 시민사회를 포함한 우리 모두가 해야 할 일을 제시한다. 르네상스 시대의 영광을 재현할 것인가? 르네상스 시대의 비참함을 재현할 것인가? 아니면 둘 다 재현할 것인가? 우리 모두가 마주해야 할 질문이자 골리앗이다.

하지만 먼저 3가지 논점을 정리해야 한다.

'르네상스'의 진정한 의미는 무엇인가?

전 세계 역사학 전공 학생들은 한 세기가 넘게 이 질문에 답하기 위해 노력하고 있다. "르네상스는 시간, 범위, 내용, 중요성으로 정의할 수 있는 개념이 아니다. 르네상스는 모호하고 불완전하고 무작위한 개념이다. (……) 거의 사용 불가능한 용어다."[10] 네덜란드 역사가 요한 하위징아가 1920년에 남긴 글의 일부다. 그 이후로도 한 세기 동안 학계의 논란은 점점 더 가중되기만 했다. '르네상스'라는 용어에 대한 역사학자들의 주요 불만은 당시 시대적 상황 전체를 아름답게 보이도록 호도한다는 것이다. 르네상스라는 용어는 조르조 바사리(1511~1574년)가 1550년에 쓴 자신의 책『미술가 열전』에서 최신 예술 동향을 찬양하고 이전의 고딕 양식과 구분하기 위해 처음 사용했다. 19세기 유럽 역사학자들이 이 단어를 차용해 예술과 문화와 지성이 번영한 시대라는 의미로 확장했다('르네상스 맨Renaissance Man' 같은 단어에서 보다시피 오늘날에도 이 확장된 의미를 그대로 사용하고 있다). 그러면서 역사가들은 레오나르도와 미켈란젤로를 비롯해 많은 예술가들이 살았던 시대를 냉정하게 묘사하는 데 실패했다. 오히려 '르네상스 유럽'이 다른 문명을 도약하게 했다는 사상을 탄생시키기에 이르렀다. 이러한 사상은 19세기 유럽 제국주의의 원류이자 이를 정당화하는 이념적 기초가 됐다.[11]

오늘날 역사학자들은 '르네상스 유럽'이 추했다는 사실 또한 재빠르게 지적한다. 미켈란젤로가 시스티나성당 벽화 채색을 끝낸 지 채 10년도 지나지 않아 천연두와 기타 유럽발 세균이 아즈텍문명과 잉카문명을 비롯해 신세계 토착민을 거의 말살하다시피 했다. 그래서 오늘날 역사학자들은 '르네상스'를 15세기와 16세기 유럽에서 고대 그리스와 로마 문화의 특정 지식과 예술 양식, 그리고 가치가 '부활'한 것을 가리키는 용어로만 한정해 사용한다.

이 책에서는 먼저 오늘날 가장 대중적으로 쓰이는 의미, 즉 '집단적 번영의 시대'라는 의미로 르네상스라는 용어를 사용한다. 우리가 살고 있는 현재 시대를 정확하게 묘사하기 때문에 좋은 출발점이 될 수 있다. 그러나 르네상스 시대의 밝은 면과 어두운 면을 모두 볼 수 있을 때만이라는 조건이 붙는다. 이 책에서는 그때나 지금이나 르네상스 시대가 어떻게 선악을 잉태하고 천재성과 위험성을 잉태하는지를 거듭 강조한다. 마지막에 이르면 용어에 대한 정의가 분명해진다. 르네상스는 위험성이 가장 높은 순간에 마주할 미래를 위한 대립이다.

르네상스는 언제였나?

역사는 한 덩어리다. 자세히 들여다보면 언제나 한 장을 이루는 여러 가닥의 실이 다음 장으로 얽혀 들어가 있는 모습을 발견할 수 있다. 학자들은 '시작'과 '끝'을 표시해 집합적인 이야기를 읽기 쉽게 만들어주고 방대한 역사를 명확하게 이해할 수 있도록 도와준다. 그러나 이러한 표시는 연필로만 해야 한다.

이 책에서는 1450년부터 1550년에 이르는 한 세기만을 주로 살펴본다. 1450년은 좋은 출발점이다. 레오나르도 다빈치가 1452년에 태어났고 앞으로 살펴볼 이 한 세기의 후반을 전반과 매우 다르게 만드는 일련의 사건이 1452년에서 1454년 사이에 일어났기 때문이다. 영국과 프랑스는 1337년부터 시작해 일상을 파괴하던 백년전쟁을 종식했다. 고대 로마의 수도이자 1,100년 동안 유럽의 동부전선을 수호해왔던 콘스탄티노플은 새로운 화약 대포로 무장한 오스만제국에 마침내 함락당했다. 이탈리아반도에서 치열하게 전쟁을 벌이던 밀라노, 베네치아, 피렌체, 나폴리, 교황령도 이탈리아 동맹을 맺고 상호 불침략 조항에 합의하며 평화의 시대를 구축하는 데 에너지를 집중하기로 합의했다.[12]

비슷한 이유로 1990년은 신 르네상스 시대의 개막을 알리는 해라고 할 수 있다. 불과 몇 년 사이에 냉전이 종식되고 베를린 장벽이 붕괴됐으며 중국이 세계경제에 합류하고 인터넷이 상업화됐다. 순식간에 다른 세상이 찾아온 것이다. 1부에서 살펴보겠지만 이 시기가 남달랐다는 사실을 보여주는 객관적인 자료가 있다.

여기서는 첫 번째 르네상스 시대를 대략 1550년까지로 보기로 한다. 이론적으로는 큰 그림에서 특정한 사상과 사건이 지니는 의미를 분명히 파악하기 위해 아무리 긴 시간이 걸리더라도 해당 사상과 사건의 진화를 거슬러 올라가는 것이 맞다. 그러나 현실적으로는 한 세기를 관찰하는 것만으로도 수많은 변화에 대한 건강한 관점을 획득할 수 있다. 1550년 무렵에는 이미 당대의 명암이 분명하게 드러나고 있었다. 동시에 그 시점까지 인류가 했던 선택이 현명했는지 또는 어리석었는지도 함께 드러나고 있었다.

신 르네상스 시대가 언제 끝날지는 예측할 수 없다. 그러나 현 '시대'가 1년이나 10년 만에 막을 내리지는 않을 것이다. 신 르네상스는 21세기 전반을 정의할 현상이자 대립이다.

유럽이 중심인 이유

르네상스는 앞서 정의한 대로 모든 문명에서 발견된다. 15세기와

16세기에 유럽에서 일어난 발전은 고대 마야문명(300~900년), 한반도의 조선(1392~1897년), 이슬람제국의 황금기(750~ 1260년), 중국 당나라(618~907년), 인도 굽타제국(320~550년), 아크바르 대제 치하의 무굴제국(1556~1605년)에서 일어난 발전과 일맥상통한다. 피터 프랭코판이 그의 저서 『실크로드 세계사』에서 보여줬듯이 아시아와 아랍 지역은 역사적으로 인류 진보의 원천이 자신들에게서 나왔다고 자랑스럽게 주장할 수 있을 것이다.[13] 현재 우리가 살고 있는 시대에 대해 더 많은 통찰을 얻고 싶다면 앞서 나열한 문명을 살펴보길 권한다. 이 책에서는 유럽 역사의 특정 시기만을 살펴보며 현시대를 통찰할 수 있는 관점을 끌어내려 한다.

하필이면 왜 유럽인가? 15세기 유럽이 당시 가장 발전한 문명이었기 때문은 아니다. 수 세기 동안 가장 발전한 문명 자리를 지켰던 나라는 중국이다. 12세기 초 당시 중국의 수도였던 카이펑은 인구가 100만 명에 달하는 대도시였다. 구텐베르크가 인쇄술을 발명하기 300년 전에 이미 중국은 목판활자로 저렴한 가격에 책을 대량생산해 일반 가정에까지 보급하고 있었다.[14] 15세기와 16세기에 유럽 국경의 동쪽 문턱까지 정복한 오스만제국은 마키아벨리가 서술한 것보다 훨씬 발달한 도시국가를 이룩했다. 당시 가장 큰 종교 집단은 기독교가 아닌 이슬람교였다. 유럽은 흔히 문명이 뒤떨어진 곳으로 인식됐고, 실제로 15세기에 제작된 많은 세계지도에서 유럽은 구석으로 밀려나 있었다.

그러나 르네상스 시대가 도래하면서 상황이 급변했다. 르네상스를 기점으로 수 세기 동안 유럽은 인류 진보를 가늠하는 대부분의 척도에서 다른 모든 문명을 따라잡았고 앞질렀으며 우리가 지금 사는 세상의 기본적인 기틀을 마련했다. 르네상스 유럽은 현시대와 가장 가까운 사촌이며 가장 직접적인 교훈을 준다.

물론 500년 전에 일어난 사건과 오늘날에 일어나는 사건은 세부적으로는 많이 다를 수밖에 없다. 그러나 세부적인 측면이 다르다고 해서 과거가 오늘날 폭발하는 천재성과 번성하는 위험성의 시대에 주는 교훈을 무시해도 되는 것일까? 판단은 독자들에게 맡기겠다. 아마도 필자들과 같은 깨달음에 도달하리라 생각한다.

지금은 신 르네상스다.

1부

21세기의 신 르네상스

드디어 도래한, 인류의 두 번째 황금기

우리는 어떻게 여기까지 왔고
현시대는 과거와 어떻게 다른가

Artic Ocean

Europe

Asia

Age
of
Discovery

Pacifi

ca

Indian Ocean

Australia

1장
지금부터 펼쳐질 완전히 새로운 세상

새로운 지도와 새로운 미디어는

우리가 사는 세상을 어떻게 재탄생시켰나

새로운 지리학

꽤 평범한 내 인생에서, 그나마 비범하다고 할 수 있는 점 가운데서도
으뜸은 온 세계가 개방된 금세기에 태어났다는 사실이다.

– 지롤라모 카르다노(1501~1576년)[1]

1450년에 유럽이 세계에 대해 알던 지식 대부분은 성경에서 나
왔다. 지구의 나이는 6,000살이었다. 대홍수 이후 4,500년이 지났
다. 유럽인, 아시아인, 아프리카인은 노아의 세 아들의 후손이었
다. 성경에 기록된 내용이 곧 상식이던 시절이었다. 이는 마파 문
디mappae mundi(라틴어로 마파는 '천' 또는 '식탁보'를 뜻하고 문디는
'세상'을 뜻한다 – 옮긴이)라고 통칭하던 당시에 그려진 세계지도
만 봐도 알 수 있다. 마파 문디에는 예루살렘이 세상의 중심에 있
고 동쪽(해 뜨는 곳)이 위쪽으로 설정돼 있으며 가장자리에는 다
양한 괴물이 그려져 있다(그림 1-1 참조).

당시 유럽 학계에서 더 넓은 지리적 범위를 가장 정확하게 묘
사하고 있다고 알려진 세계지도는 1세기에 활동한 그리스 학자
프톨레마이오스가 그린 세계지도였다. 이 지도는 프톨레마이오
스가 저술한 『지리학』에 수록돼 있었으며 1400년 무렵에야 그 존

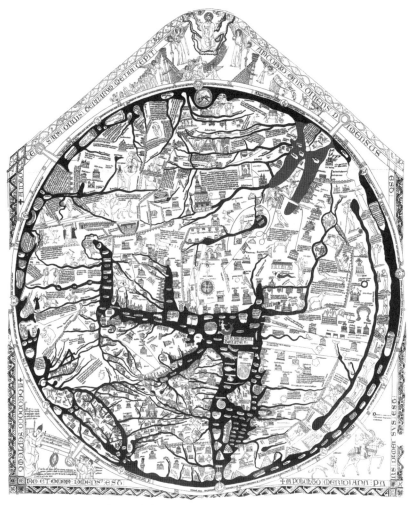

| 1-1 | 성경의 세계관(1300년 추정)

리카르두스 드 벨로(Ricardus de Bello), 1285년, 『오르비스 테라룸(Terrárum Orbis)』, 옥스퍼드대
학교 보들리언도서관 소장.

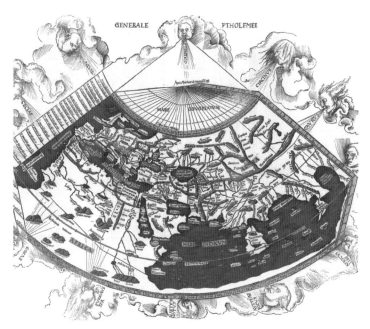

| 1-2 | 프톨레마이오스의 세계지도(150년 추정)

프톨레마이오스(2세기) 이후 요하네스 쇼트, 1520년. 『알려진 세계(The Known World)』 스트라스부르: 벨러먼 & 손. 옥스퍼드대학교 보들리언도서관 소장.

재가 널리 알려졌다(그림 1-2 참조).

지도 제작자로서 프톨레마이오스는 지중해, 북아프리카, 아라비아반도와 근동(유럽의 관점에서, 유럽과 가장 가까운 아시아의 서쪽 지역을 이르는 말-옮긴이)만큼은 정확히 파악하고 있었던 듯하다. 그러나 해당 지역을 벗어날수록 지도의 정확성은 꾸준히 떨어진다. 프톨레마이오스의 세계지도에는 인도양(오른쪽 아래)이 대륙으로 둘러싸여 있다. 아프리카는 남단이 없으며 인도는 반도가 아닌 데다 아시아는 동해 연안이 없으며 아메리카 대륙과 태평양은 아예 빠져 있다. 게다가 척도도 완전히 어긋나 있다. 프톨레마이오스는 지구의 거의 절반을 지도에 표시했다고 생각했으나 실제로는 반구의 5분의 1에도 못 미치는 지형을 표시했을 뿐이다.

신의 계시부터 인간의 관찰까지

1450년 무렵 유럽에는 이토록 명명백백한 실수를 논박할 만한 자료가 없었다.* 접경지대는 언뜻 봐도 난공불락으로 보였고 앞으로도 영영 그럴 것만 같았다. 서쪽은 바다가 가로막고 있었다. 프톨레마이오스를 비롯해 학자들은 지구가 둥글어야 '한다는' 사실만큼은 알고 있었다. 유럽 서쪽 해안에 서서 미묘하게 휘어진 수평선을 바라보고 있노라면, 혹은 언제나 선체보다 돛을 먼저 드러내며 다가오는 배를 관찰하고 있노라면 다른 설명은 불가능했다. 그러나 아무도 저 멀리 다른 대륙이 존재하는지, 만약 존재한다면 그곳에 갈 수 있는지는 알지 못했다. 수평선은 말 그대로, 끝이 보이지 않았다. 희망이 보이지 않는 아득한 거리에 대한 두려움과 그리스 신화와 성경에 계시된 '진리'에 대한 믿음은 당시 선박들의 발을 묶어 익숙한 연안에만 머물도록 만들었다.

　동쪽에는 형체가 더 확실한 장애물이 있었다. 유럽의 시야는 터키의 지배가 시작되는 곳에서 막혔다. 1453년 술탄 메흐메드

---

* 이 분야에서도 유럽은 다른 문명보다 뒤떨어져 있었다. 일찍이 1402년 한반도의 조선 왕조가 사용했던 궁중 지도에는 아프리카 남단이 그려져 있다. 이 지도는 중국과의 교역을 통해 아랍에서 들어온 것으로 추정된다.

2세가 이끄는 다민족·다종교 국가인 오스만제국이 기독교가 지배하던 콘스탄티노플을 함락하고 도시 이름을 이스탄불로 바꾸면서 한때 막강했던 동로마제국도 역사책 속으로 사라졌다. 이후 수백 년 동안 오스만제국은 막강한 군사력을 앞세워 대륙과 해양을 가리지 않고 유럽 세력(특히 지중해 해상무역을 장악했던 베네치아와 제노바)을 몰아내며 동부 지중해, 발칸반도 전체, 흑해, 북아프리카 해안과 중동 지역 대부분을 차지했다.

1500년 무렵 유럽의 정세는 급변하기 시작했다. 항해와 관측으로 축적한 자료가 마침내 오래된 진실을 뒤집기에 이르렀다. 1487년과 1488년 사이에 포르투갈의 항해사 바르톨로뮤 디아스가 아프리카의 남단을 발견했다. 10년 뒤에는 동료 항해사 바스쿠 다가마가 아프리카 남단을 빙 둘러서 동쪽 해안을 따라 올라간 다음 인도양을 건너 이른바 '향료의 도시'인 캘리컷 또는 코지코드에 이르는 신항로를 개척했다. 이로써 프톨레마이오스가 틀렸음이 증명됐다. 인도양은 내륙지역이 아니라는 사실이 밝혀진 것이다. 이 소식은 아시아와 유럽을 잇는 실크로드를 따라 형성된 무역 공동체의 생존을 위협했다. 육로 무역은 바닷길이 존재하지 않는다는 믿음 위에서 성행할 수 있었기 때문이다. 그리고 마침내 1492년 동시대보다 세계사에 더 뜻깊은 사건이 일어난다. 크리스토퍼 콜럼버스가 아시아로 가는 신항로를 찾아 나섰다가 히스파니올라섬(오늘날의 아이티공화국과 도미니카공화국)에 도착한 것이다. 마침내 신대륙이 발견됐다.*

잇따른 신항로 개척으로 불붙은 진실 찾기와 보물 찾기는 갈수록 대담해졌다. 포르투갈은 계속해서 아시아에 이르는 동쪽 항로를 개척했다. 바스쿠 다가마는 거의 빈털터리가 돼 리스본으로 귀항했지만 이후 5년 동안 포르투갈은 다가마가 개척한 신항로로 12번 넘게 무려 7,000명에 달하는 원정대를 보내며 무역 이익을 추구했다. 화약으로 무장한 포르투갈 원정대는 1507년에 (그때나 지금이나 페르시아만을 통하는 모든 교역의 관문인) 호르무즈를 정복했고, 1510년에는 서인도에 위치한 고아 항구를 정복했으며, 1511년에는 향료 무역의 중심지인 말라카를 정복했다. 1513년 무렵에는 중국 남부에 위치한 항구에까지 세력을 확장하며 인도양을 통한 무역을 독점하다시피 했다. 한편 서쪽으로는 에스파냐 정복자 에르난 코르테스가 1504년에 콜럼버스의 뒤를 이어 히스파니올라섬에 상륙해 에스파냐가 쿠바까지 세력을 확장하는(1511~1518년) 데 일조했다. 코르테스는 오늘날 멕시코에 해당하는 내륙지역에 살고 있던 아즈텍인까지 점령했다(1518~1520년). 당시 아즈텍인은 물질적으로 부유한 도시 문명을 이룩했을 뿐만 아니라 세계에서 가장 기름진 경작지 위에 정교한 관개시설을 고안해서 옥수수, 호박, 콩을 엄청나게 생산하고 있었다. 새롭게 열린 식민 제국 시대에 행여 뒤처질세라 프랑스도 1524년에 조반니 다 베라차노를 파견해 북아메리카의 동부 해안을 탐험했고 1534년에는 자크 카르티에가 3차에 걸친 탐험 끝에 세인트로렌스강 상류까지 나아가는 데 성공했다.

당대에 가장 큰 야심을 품고 신항로 개척에 나선 이는 페르디

---

* 여기서 신대륙은 구체적으로 카리브해를 가리킨다. 북아메리카 대륙은 영국에서 파견한 항해사 존 캐벗이 1497년에 발견했다.

난드 마젤란(1480~1521년)이었다. 마젤란은 콜럼버스와 마찬가지로 아시아로 가는 길을 찾기 위해 1519년에 에스파냐에서 출발해 서쪽으로 항해했다. 마젤란은 아프리카 남단이 항해 가능한 지역이었다는 사실에 착안해 남아메리카 남단을 둘러서 항해하면 동쪽 항로보다 훨씬 빨리 향료제도(인도네시아)에 도달할 수 있을 것이라고 생각했다. 마젤란은 반쯤 옳았다. 이때 발견한 남쪽 항로를 마젤란의 이름을 따 '마젤란해협'이라고 부른다. 마젤란은 또한 남아메리카 대륙 반대쪽에 있는 새로운 바다를 발견한 뒤 해풍이 잔잔하다는 뜻에서 '태평양Pacific'이라고 이름 붙였다.

마젤란이 태평양을 발견하면서 유럽은 비로소 세계 지리에 관한 마지막 무지를 떨쳐냈다. 마젤란은 온몸으로 부닥치며 프톨레마이오스가 그린 세계지도가 틀렸음을 증명했고 그 과정에서 에스파냐에서 아시아에 이르는 서쪽 항로의 경도를 약 130도로 추정했다.[2] 실제 경도는 230도인데 이 차이는 마젤란이 이른바 태평양이라고 부른 바다 때문에 빚어졌다. 태평양이 전체 지구의 3분의 1을 차지하며 1억 3,000만 제곱킬로미터에 달하는 세계에서 가장 크고 사나운 바다라는 사실을 당시에는 알 길이 없었기 때문이다. 마젤란이 이끄는 배 5척은 선원 237명을 싣고서 에스파냐를 출발해 서쪽 바다로 나아갔다. 이후 망망대해에서 굶주림, 살인, 반란, 난파로 점철된 3년을 보낸 끝에 고작 18명을 태운 배 1척만이 지구를 한 바퀴 돌아 에스파냐로 돌아왔다. 덕분에 유럽은 지구의 크기와 모양에 대한 확실한 증거를 얻었다.

이 발견의 시대에 지도 제작 분야에 일어난 탁월한 업적은 1569년에 헤르하르뒤스 메르카토르(1512~1594년)가 편찬한 세

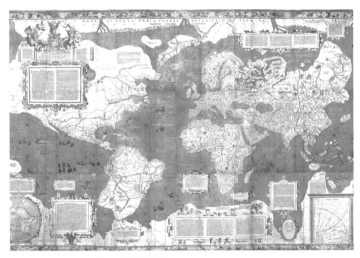

| 1-3 | 메르카토르가 제작한 세계지도(1569년)

루몰드 메르카토르(헤르하르뒤스의 아들 - 옮긴이), 1569년, 『길 찾기에 활용할 수 있도록 적절히 변형한, 새롭고 더 완벽한 세계지도(Nova et Aucta Orbis Terrae Descriptio ad Usum Navigantium Emendate Accommodata)』, 안트베르펜: 플랑탱출판사, 프랑스 국립도서관 소장.

계지도였다(그림 1-3). 메르카토르는 수십 년 동안 이뤄진 탐험과 항해 기록을 종합해 프톨레마이오스의 세계지도를 완벽히 대체할 세계지도를 편찬했다. 이 지도는 1600년대에야 발견된 오스트레일리아 대륙을 끼워 넣는 등 중간중간 수정 작업을 거치긴 했지만 현재 우리가 사용하는 지도의 기본 틀이 됐다.

메르카토르의 세계지도는 단순히 새로운 자료를 요약한 것 이상의 의미를 지닌다. 여전히 종교적 영향력이 막강했던 시대에 인간이 직접 관찰한 지식(말하자면, 자연의 책)이 고대 선인의 지혜나 (신의 책인) 성경의 계시와 다르거나 심지어 모순될 수 있다는 다소 신성모독적인 사상이 탄생할 수 있는 초석을 놓았기 때문이다. 프톨레마이오스의 세계지도에서 가장자리를 수놓았던 바다 괴물, 종교적 기호, 애매모호한 선은 북쪽을 기준으로 한 방위, 분명한 해안선, 정밀하게 그려진 경도 및 위도로 대체됐다. 아시아와 아프리카는 실제 비율에 맞게 표시됐고, 프톨레마이오스의 세계지도에서는 구석으로 밀려났던 유럽이 세계사를 진두지휘하게 되면서 새로워진 위상에 걸맞게 정중앙에 배치됐다. 바야흐로 신세계가 도래하고 있었다.

이념부터 시장경제까지

불과 30년 전만 해도 우리 앞에는 절대 넘을 수 없는 경계선이 있었다. 우리를 가로막은 것은 대양이 아니었다. 이념이었다. 권력을 토대로 진실을 지배하고자 하는 세력과 관찰을 토대로 대안을 제시하고자 하는 세력 간의 대립이기도 했다.

지금은 알지만 그때는 몰랐던 사실이 하나 있다. 바로 지나친 중앙 통제식 계획경제가 국가 경제를 침체시키고 붕괴시킬 수 있다는 사실이다. 1970년대에 공산주의는 민주주의 국가가 시행하던 자본주의에 맞설 영구적이고 유효한 대안처럼 보였다. 어찌됐건 공산주의는 제대로 작동했다. 공산주의 국가들은 대체로 공산주의가 영양, 교육, 건강 등 국민에게 기본적인 복지를 보장할 수 있는 체제라는 사실을 증명했다. 소련은 우주탐사 분야에서뿐만 아니라 과학 전반에서 커다란 발전을 이루며 자본주의 국가들의 두려움과 부러움을 동시에 샀다.

인류는 두 진영으로 갈라섰다. 정치적으로는 철의 장막을, 그

독재적   민주적

| 1-4 | 1980년 세계 정치 지형도

출처: 체제평화센터, 2015년, 『정치형태 IV 프로젝트, 정치체제 특징 및 이행, 1800~2014』, 사회 갈등 연구를 위한 통합 네트워크, URL: www.systemicpeace.org/inscrdata.html.

리고 물리적으로는 베를린장벽을 사이에 두고 양립할 수 없는 이념 차이 때문에 서로에게 핵무기를 겨누며 첨예하게 대립했다. 한쪽에는 북아메리카, 서유럽, 아시아 태평양 국가와 그 동맹국을 이르는 제1세계 국가가 있었다. 다른 한쪽에는 (1917년 볼셰비키 혁명 이후의) 소련, (제2차 세계대전 이후 소련의 영향을 받은) 동유럽, (1949년 중화인민공화국 수립 이래로 공산주의 대열에 합류한) 중국과 다른 공산국가들을 이르는 제2세계 국가가 있었다. 나머지 국가는 제3세계로 분류됐다. 제3세계 국가 중에는 가난한 나라가 많았던 탓에 나중에는 제3세계라는 표현이 점차 개발도상국을 가리키는 용어로 변질됐다(도표 1-4 참조, 지금은 개발도상국을 무시하는 용어로 간주해 더 이상 사용하지 않는다).

이념 차이에 토대를 둔 이 정치 지형도는 오늘날 쓸모가 없다.

1980년대에 들어서면서 중앙 통제식 계획경제는 실패임이 분명해졌다. 결과는 고통스러웠다. 산업은 휘청댔고 인센티브는 왜

곡됐으며 노동자는 근로 의욕을 잃었다. 경제 규모가 가장 큰 공산주의 국가조차 현실 앞에 굴복했다. 덩샤오핑은 인구 규모가 10억에 달하는 중국 경제를 개방하면서 서구와의 무역 관계를 정상화하기 시작했다. 미하일 고르바초프 소련 대통령은 '페레스트로이카'를 선언했다. 페레스트로이카는 곧 '경제 구조 개혁'을 뜻한다. 필리핀, 잠비아, 멕시코, 폴란드, 칠레, 방글라데시, 가나, 한국, 모로코 등 수많은 나라가 한 차례 국가 경제 붕괴를 경험한 뒤 더 나은 성장 모델을 모색했다. 무역 장벽을 높여 자국 산업을 육성하려던 수입 대체 전략은 실패했다. 국내 수요만으로는 '규모의 경제'나 우수한 품질을 달성하기 어려웠고, 관세 장벽 밖에서 다른 국가와 경쟁할 만큼 충분한 경쟁력을 갖출 수도 없었다. 점점 더 많은 국가가 늘어나는 부채와 인플레이션의 늪에서 빠져나오지 못한 채 세계은행과 국제통화기금IMF의 도움을 받을 수밖에 없는 처지로 전락했다. 국제기구는 이들 국가에게 수출 주도 전략을 채택하라고 강력히 권고했다. 무역 장벽을 없애 외국 기업과 경쟁하고 외국인 투자를 유치하며 사유재산을 보호하고 세계 금융 및 제조 사슬에 편입하라고 촉구한 것이다. 그 결과 10년이 조금 넘는 기간 동안 전 세계적으로 40억 명 이상이 새로이 세계시장에 합류했다.[3]

고르바초프는 소련이 앓는 고질병의 근본 원인이 정치에 있다고 보고 자본주의 물결이 민주화 운동으로 바뀌도록 유도했다. 1989년에 폴란드는 연대자유노조 운동으로 국가 지도자를 스스로 선출할 권리를 획득했다. 그후 2년 동안 헝가리, 불가리아, 체코슬로바키아 모두 민주주의 국가로 가는 길을 선택했고 동독 역시 베를린장벽을 무너뜨렸다. 1991년 12월에는 소련이 해체되며 보리스 옐친이 러시아 역사상 첫 대통령으로 선출됐고, 이로써 민주주의는 북아시아 전역으로 확산됐다.

냉전이 해소되자 그 전까지 지정학적 안보 문제로 민주주의 또는 공산주의 어느 한쪽 진영의 권위주의적인 통치에 복속될 수밖에 없었던 민중은 그간 국내에서 집중된 권력과 부에 분노를 표출하기 시작했다. 과테말라, 브라질, 볼리비아, 아르헨티나, 페루, 파나마, 파라과이, 온두라스, 칠레, 우루과이, 수리남, 엘살바도르 등 대부분의 라틴아메리카 국가는 1980년 당시 군부독재 정권 치하에 있었으나 1993년 무렵에는 이들 국가에서 모두 민주주의 혁명이 일어나 군부 세력을 뿌리 뽑았다. 같은 기간 동안 남아프리카공화국을 비롯해 사하라사막 이남에 위치한 아프리카 46개국 가운데 3분의 2가 기존 통치 세력을 몰아냈다. 몇 세대가 지나야지만 아파르트헤이트가 종식될 것이라는 기존의 예상을 뒤엎는 결과였다. 결과적으로 1970년부터 현재까지 유엔 회원국 가운데 공식적으로 민주주의를 채택한 국가는 3분의 1에서 5분의 3으로 늘어났다(도표 1-5 참조).[4]

물론 민주주의를 어떻게 정의하느냐에 따라 정치적 차이는 여전히 남아 있다. 만약 '민주주의'가 (1) 자유롭고 공정한 선거에 근거해 다수결의 원칙이 보장되고, (2) 소수 집단의 인권이 보장되며, (3) 기본적인 인권이 존중되면서, (4) 모든 시민이 법적으로 평등함을 의미한다면 민주주의 국가에서 사는 사람은 전 세계 인구의 절반도 되지 않을 것이다.[5] 게다가 민주주의는 곳곳에서 위협받고 있다. 러시아 하원을 일컫는 '두마'는 한때 여느 민주주의

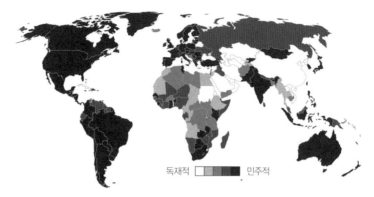

독재적 □■■■ 민주적

| 1-5 | 2015년 세계 정치 지형도

출처: 체제평화센터, 2015년, 「정치형태 IV 프로젝트, 정치체제 특징 및 이행, 1800~2014」, 사회 갈등 연구를 위한 통합 네트워크. URL: www.systemicpeace.org/inscrdata.html.

국가의 의회와 마찬가지로 시끌벅적했으나 지금은 블라디미르 푸틴 대통령의 후기 냉전 시대 정책 의제를 자동으로 승인해주는 기관으로 전락했다. 라틴아메리카, 터키, 헝가리, 중동, 북아프리카 지역에서는 언론의 자유가 탄압받고 있다. 미국에서는 트럼프 정권을 비판하는 미디어 창구는 '가짜 뉴스'라고 손가락질 받는다. 선진국에서는 투표 참여율이 장기적으로 하락하고 있으며 공공의 안전을 위한다는 미명 아래 시민의 자유가 침해받고 있다. (2013년에 에드워드 스노든이 미 국가안전보장국NSA의 사찰 활동을 폭로한 이후로 한때 불가피하다고 여겨져 쉬쉬하던 민간 사찰을 놓고 한바탕 논란이 불거졌으나 이후로도 크게 달라진 것은 없다.) 한편 아랍권에서는 2010년부터 민주화 시위인 '아랍의 봄'이 시작돼 아랍 전역으로 퍼져 나갔다. 2011년에는 미얀마 군사정권이 해체됐으며, 쿠바에서도 정치혁명이 일어났다. 홍콩에서는 2014년에 '우산 혁명'이라 불리는 대대적인 민주화 시위가 일어났다. 심지어 중국 공산당도 오늘날 세계에서 '민주주의'는 어떤 형태로든 '합법성'의 전제 조건임을 분명하게 천명했다.

1990년대에는 '민중에 의한 통치' 개념이 확산되면서 경제적 성과가 정치적 리더십을 평가하는 리트머스시험지가 됐다. 소련이 붕괴되고 중국이 공산주의를 철폐하자 유권자들은 세계 안보를 내세운 현실 정치, 즉 '레알폴리티크'를 뒤로하고 교육, 보건, 영양, 사회 기반 시설, 기술, 통화 안정, 환경 같은 일상적인 복지 문제로 관심을 돌렸다. 1992년 미국 대통령 선거에서 빌 클린턴은 "문제는 경제야, 이 바보야!"라는 유명한 선거 문구로 현직 대통령이었던 조지 H. W. 부시를 꺾고 대통령에 당선됐다. 당시 부시 행정부의 외교정책은 나무랄 데 없었으나 클린턴이 경제 문제를 들고 나오며 순식간에 전세가 역전됐다.

경제성장이 우선이라는 데에 전 세계적인 합의가 이뤄지면서 국가 간에 남아 있던 정치적 이념 차이마저 초월했다. 1995년에 설립된 세계무역기구WTO는 이러한 합의를 상징하는 국제기구로 (2012년에 합류한 러시아를 마지막으로) 세계 주요 경제 국가가 모두 가입하면서 현재 회원국은 총 161개국에 달한다.[6] WTO를 통해 전 세계는 서로에게 문호를 개방했을 뿐만 아니라 외국자본을 조화롭게 수용하고 운용할 수 있도록 자국의 경제 원칙 및 제도를 수정함으로써 미래를 재설정했다.

최근 세계무역 협상은 답보 상태다. 미국과 유럽 지역에서 갑자기 '친親무역'이 '반反중산층'과 동의어가 됐기 때문이다. 그러나 지난 25년간 이뤄진 WTO 무역 협상과 분쟁 해결로 세계무역 장벽은 무너진 지 오래다. 선진국의 평균 수입 관세는 거의 제로에 가깝다. 비록 미국과 아시아 태평양 지역 11개국 사이에 체결된 환태평양경제동반자협정TPP은 바닷속에 수장됐지만 유럽연합EU(1993년 재출범), 북미자유무역협정NAFTA(1994년 출범), 동남아시아국가연합ASEAN(1992년 출범)의 자유무역지역, 남미공동시장MERCOSUR(1991년 출범), 남아프리카개발공동체SADC(1992년 출범) 등 여전히 굳건한 지역공동체는 경제 인접국 간의 정치적·경제적 통합을 이미 오래전에 심화했다. 최근 들어서는 보호주의가 근절하기 어려울 정도로 심화됐다는 사실이 증명되고 있다. 브렉시트를 찬성했던 진영은 영국이 유럽연합에서 탈퇴하도록 설득했지만 막상 탈퇴하고 나니 영국 제품을 계속 시장에 팔려면 유럽연합의 엄청난 규제를 따라야 한다는 사실을 알게 됐다. 미국에서 대선 당시 '불리한 거래bad deal'를 모두 파기해버리겠다고 공약했던 트럼프는 공약 이행 단계에서 매 순간 같은 당인 공화당원들의 강한 반대에 부닥치고 있다. 공화당은 보호주의가 자국 내에서도 자유무역처럼 승자와 패자를 만들어내리라는 사실을 알고 있기 때문이다.

오직 북한만이 아직도 세계시장이라는 개념을 거부하고 있다. 그러나 심지어 북한에도 시장경제는 침투하고 있다. 평양의 엘리트 계층은 현재 연간 2,500톤에 달하는 수입 커피를 마시고(1998년에는 0톤), 250만 대에 이르는 스마트폰으로 채팅을 한다(2009년에는 0대).[7] 1980년대에만 해도 전 세계에서 경제적으로 서로 연결된 인구는 50퍼센트에 불과했으나 현재는 거의 100퍼센트에 이른다.

민주주의 사상과 시장경제가 세계를 일주했다.

새로운 미디어 매체

르네상스 시대에 일어난 혁명은 물리적 공간을 넘어 생각의 영역으로도 확장됐다. 육지와 바다를 건너 새로운 관계를 개척했던 것처럼 이동 경로가 변하자 전파되는 아이디어 자체도 변했다.

인간의 눈은 30미터 앞에 있는 친숙한 얼굴을 인식할 때조차 어려움을 겪는다. 일반적인 상황에서 인간의 귀 역시 반경 30미터 밖에서 오가는 대화를 들을 수 없다. 더 먼 거리에서 서로 교류하기 위해서는 공기가 아닌 다른 매체가 필요하다.

1450년 무렵 독일 마인츠에 살던 기업가 요하네스 구텐베르크(1395년 추정~1468년)는 기존 기술을 영리하게 조합해서 혁신적인 새로운 기술을 창안했다. 먼저 수천 개의 작은 금속 글자(또는 '활자')를 신속하게 찍어낼 수 있는 휴대용 주형을 비롯해 수천 개의 글자를 단어와 문장으로 배열할 수 있는 틀, 주형에도 잘 묻고 압착할 때 종이에도 잘 묻어나는 유성 잉크 제조 공식을 발명했다.

여기에 구텐베르크는 당시 현지에서 흔히 사용하던 2가지 기술을 더해 금속활자 인쇄술을 완성했다. 바로 (유럽에서 고대부터 올리브유와 포도주를 얻기 위해 사용하던) 압착기와 종이다. 종이는 구텐베르크가 금속활자를 발명하기 3세기 전에 에스파냐에 거주하던 무어인이 중국에서 제지술을 전수받아 유럽에도 전파했다. 종이는 동물 가죽으로 만든 양피지보다 저렴했으며, 구텐베르크가 살던 당시 독일에는 제지 공장이 6곳 있었다.

그 결과 세계 최초로 진정한 인쇄기가 탄생했고 의사소통 방식에 혁명이 시작됐다.* 1450년대 중반에는 세계 최초로 주요 인쇄 서적인 『구텐베르크 성경』이 출간됐다. 이 무렵에 태어난 사람이 50번째 생일을 맞이할 때쯤 시중에는 약 1,500만 권에서 2,000만 권에 달하는 인쇄 서적이 나와 있었다. 개인의 짧은 일생에 해당하는 시간 동안 고대 로마 시대 이후로 유럽 전역에서 필사된 책을 모두 합친 수보다 훨씬 더 많은 책이 출판된 것이다.[8] 책이 너무 급작스레 보편화된 탓에 1450년대 중반 출생자들은 책이 귀하디귀한 시절이 있었다는 사실조차 잘 기억하지 못했을 것이다. 대면 접촉과 필사본이 정보를 전달할 수 있는 유일한 수단이었고, '교육 수준이 높은' 사람이 평생 읽는 책이 기껏해야 12권 안팎이었으며, 그보다 많은 책을 읽으려면 (구텐베르크 이전 시대 유럽에서 가장 큰 도서관 중 하나로 장서 2,000권 이상을 보유한) 아비뇽 교황청 도서관이나 기독교 대수도원으로 기나긴 순례 여행을 떠나야 했던 시절은 옛날이야기가 돼버렸다. 더 이상 그럴 이유가 없었다. 불과 50년 만에 인쇄 기술은 유럽 전역으로 확산됐다. 인쇄소가 250곳 이상 생겼고(도표 1-6 참조), 이전에 무려 1,500년에 걸쳐 쌓인 유럽의 기록 문화유산이 이 50년 사이에 2배 증가했다. 그리고 그다음 25년 동안 또다시 2배로 증가했다. 점진적이던 콘텐츠 성장률이 기하급수적으로 바뀌기 시작했다.

---

* 휴대용 활자를 인쇄에 최초로 사용한 사람은 필승(畢昇, 990~1051년)이다. 필승은 1040년 무렵 중국에서 휴대용 활자판을 개발했다. 한반도의 고려 왕조도 1230년 무렵에 휴대용 활자를 개발했다. 그러나 둘 다 상용화되지는 못했다. 아시아 문자의 복잡성을 감안할 때 손으로 조각한 목판을 대체하기에는 다루기가 너무 힘들고 비용도 많이 들었다. 구텐베르크는 독립적으로 금속활자를 발명한 것으로 보인다.

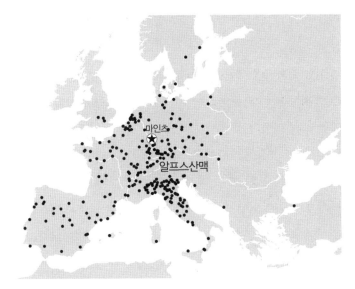

| 1-6 | 유럽의 인쇄망(1500년)

출처: 그레그 프릭먼, 2008년, 『초기 인쇄술의 아틀라스(The Atlas of Early Printing)』 아이오와대학교 도서관 소장, URL: atlas.lib.uiowa.edu.

혁신적 인쇄술

인쇄물이라는 새로운 미디어 때문에 어쩔 수 없이 사라지는 것들이 생겨났다.

한때 귀중한 공예품이었던 책이 값싼 공산품으로 둔갑하면서 책 생산 경제는 순식간에 뒤집혔다. 독일 작가 세바스티안 브란트(1457~1521년)는 1498년에 다음과 같은 말을 남겼다. "인쇄술의 발달로 한 사람이 과거에는 수천 일 동안 필사해야 생산할 수 있었던 양을 단 하루 만에 생산할 수 있게 됐다."[9] 브란트의 말은 과장이 아니다. 1483년 리폴리프레스는 플라톤의 『대화편』을 출간하며 '퀸테르노(공책처럼 2절로 접은 종이 5장)'당 플로린 주화 3개로 가격을 책정했다. 필사본은 퀸테르노당 1플로린으로 가격은 더 저렴했지만 한 번에 한 권밖에 생산할 수 없었다. 리폴리프레스는 필사본 한 권을 만드는 데 소요되는 시간보다 더 빠른 시간 안에 무려 1,025권을 찍어냈다.[10]

인쇄술은 배움을 표준화했다. 이전에는 모든 책이 고유했다. 책마다 글꼴, 삽화, 쪽수, 의도한 또는 의도하지 않은 내어쓰기나 들여쓰기 등이 모두 달랐기 때문에 세상에 완벽하게 똑같은 책은 존재하지 않았다. 인쇄술은 이러한 개성을 완전히는 아니지만 상당 부분 없애버렸다. 이제 키케로를 배울 때 모든 사람이 똑같은 연설문을 읽을 가능성이 높아졌다. 어쩌다가 인쇄본이 망가져도 학자들에게는 이제 충분한 재고가 있었다. 인쇄술의 발달은 과학뿐만 아니라 신생 학문인 식물학, 천문학, 해부학, 의학에도 엄청난 영향을 끼쳤다. 인쇄기에 사용 가능한 목판화와 판화가 손으로 그린 삽화를 대체했으며, 역사상 최초로 서로 다른 지역에 있는 학자나 항해사가 보는 세부적인 그림, 도표, 지도가 거의 동일해졌다. 인체의 근육 구조를 정밀하게 묘사한 안드레아스 베살리우스의 저서 『인체의 구조에 관하여』(1555년)와 같은 그림이 풍부한 서적은 구텐베르크 이전 시대에는 배포가 불가능했을 것이다(그림 1-7 참조).

인쇄술은 접근성을 향상시켰다. 인쇄술이 발명되기 이전, 지식은 벽으로 둘러싸인 정원과 같았다. 대부분의 책은 (교육받은 엘리트만이 넘을 수 있는 장애물인) 라틴어로 쓰였고, 대부분의 전문 지식은 대학이나 도제 교육과정에서 구두로만 전수받을 수 있었다.

구텐베르크 시대에는 일상적인 언어로 새로운 책을 집필하고 풍부한 시각 자료를 추가할 수 있었기 때문에 도제나 상점 주인, 직원까지도 쉽게 습득할 수 있을 정도로 지식이 '보편화'됐고 글 읽는 법을 배우고자 하는 대중적 관심 또한 높아졌다.* 한편 역사, 철학, 자연 세계에 관한 학술 서적이 대량으로 생산되면서 학계의 문턱이 낮아졌다. 1483년에 수도승이었던 자코모 필리포 포레스티(1434~1520년)는 "이제 나이가 많으나 적으나 시간을 들여 열심히 공부하는 만큼 똑같은 지식 수준에 이를 수 있게 됐으니 구태여 젊은 학자보다 나이 많은 학자를 선호할 이유가 무엇이란 말인가?"라고 반문했다.[11] 많은 젊은이들이 포레스티와 같은 의문을 품었다. 16세기 가장 중요한 천문학자 중 한 명인 튀코 브라헤(1546~1601년)는 코페르니쿠스를 비롯해 다른 사람들이 쓴 저서에서 많은 지식을 습득했다고 한다.

인쇄술은 지식이 공유되는 지리적 범위를 확대했다. 유럽은 15세기와 16세기 대부분을 다른 대륙에서 천연자원 및 인적 자원을 발굴하고 착취하며 보냈지만 서구의 지식과 사상을 전파하기도 했다. 책은 싸고 가벼워 멀리 가져갈 수 있었다. (서구 기독교의 주요 성지인) 로마에 대한 가이드북 『(로마) 교회의 면벌부』는 1523년까지 유럽과 지중해 전역에서 라틴어판 44종과 지역어판 20종이 판매됐다.[12] 안트베르펜에서 인쇄된 삽화는 1500년대 무렵에는 인도, 중국, 일본, 멕시코, 페루 등 유럽에서 배를 타고 갈

---

* 한편으로는 지식이 처음에 생산된 언어에 갇히게 됐음을 의미했다. 번역가는 필수적이지만 부족한 다리 같은 존재가 됐다. 오늘날에는 더욱 그러한데 단어가 훨씬 많아졌기 때문이다. 예를 들어 영어 단어는 이 당시와 비교해 현재 5배 늘어났다.

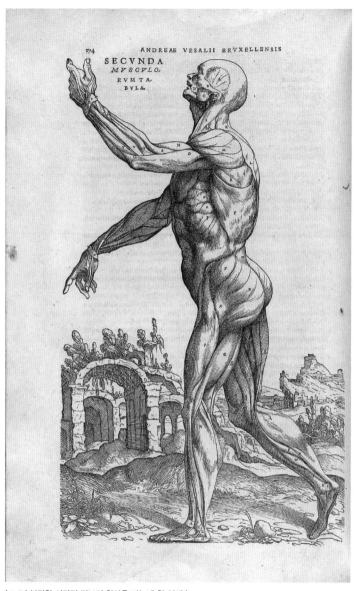

| 1-7 | 복잡한 시각적 정보의 확산을 가능케 한 인쇄술

안드레아스 베살리우스, 1543년, 『인체의 구조에 관하여』, 바실(Basil): 요하네스 오포리누스
(Johannes Oporinus), 미국 국립의학도서관(NLM) 소장.

수 있는 모든 곳에서 발견됐고 각 나라 예술가들에게 유럽의 예술 양식을 전파했다.[13] 성경을 가지고 간 선교사들은 주권, 재산, 하느님, 죄와 구원, 신세계 식민지와 아시아 교역국에서의 자연과 '인간'의 관계를 설명하는 유럽 및 유대 기독교 사상을 수출했다.[14]

인쇄술은 대중이 소비할 수 있는 '콘텐츠'의 범위를 확장했으며, 콘텐츠 창작 분야에서 대중의 참여를 확대했다. 가장 먼저 종교 서적이 조판 과정을 거쳐 인쇄됐다. 뒤이어 (키케로, 베르길리우스, 리비우스, 호라티우스 같은 철학자들의) 라틴어 저술이 출간됐고 초기 그리스 철학자들의 저술도 (처음에는 그리스어로, 나중에는 라틴어로) 출간됐다. 이때 같은 작품이 다른 언어, 주로 프랑스어, 영어, 이탈리아어로도 출간됐다. 고대 그리스 철학서는 중세에는 원문이 심하게 훼손되고 번역도 엉망인 채로 전해지다가 15세기부터 서구 도서관에서 다시 온전한 상태로 나타나기 시작했다. 학자들이 (아직 그리스가 지배하고 있을 당시) 콘스탄티노플을 방문해 복원에 나섰던 것이다. 콘스탄티노플이 오스만제국에 함락되자 물방울처럼 서구로 흘러들던 그리스 고서가 홍수처럼 범람하기 시작했다. 오스만 통치에 불만을 품은 그리스 예술가들과 학자들이 너덜너덜하게 해진 플라톤과 프톨레마이오스의 고서를 품에 고이 안고서 서쪽에 있는 이탈리아로 이주했기 때문이다. 고대 그리스의 유산이 순식간에 그리스어가 모국어인 번역가들의 손을 거쳐 명확한 언어로 고스란히 복원됐다. 서유럽 지식인들은 철학, 수학, 천문학, 생물학, 건축 분야에서 고대가 이룬 보물 같은 업적에 목말라 있었다. 인쇄술 및 인쇄 출판의 발달로 과거가 재발견되고 그 중요성이 현재와 미래 세대에게 전달됐다.

　그러나 오늘날 '고전'이라고 부르는 고대 그리스어 및 라틴어 서적 수요만으로는 급증하는 유럽 인쇄소 전부를 바쁘게 돌리기에 역부족이었다. 책의 목적은 과거의 지혜를 저장하고 종교적 신념을 전파하는 것에서 새로운 사상과 경험을 전파하는 것으로 확대됐다. '팸플릿'이라는 새로운 형태의 소책자가 등장해 자기표현의 가능성을 넓혔다. 짧고 빠르고 값싼 팸플릿은 500년 전의 트위터였다. 1500년에서 1530년 사이에 무역상, 점원, 장인, 기타 전문가, 설교자 등 다양한 사람이 약 4,000종에 이르는 팸플릿을 펴냈다.[15] 또한 학자들은 팸플릿을 이용해 신속하게 새로운 발견에 자신의 이름을 붙이거나 경쟁자의 연구 결과를 반박할 수 있었다. 1524년에 목성과 토성의 대합大合, Great Conjunction이 일어났을 때 이 사건 하나에 대해서만 60명에 이르는 저자가 약 160부의 팸플릿을 발간했다(대부분 종말이 가까웠다는 불안을 조장하는 내용이었다).[16] 전염병이나 정치적 위기를 예고하며 누가 죽고 누가 살아남을지에 대한 사실(과 허구)을 퍼뜨려 대중의 걱정을 부추기는 팸플릿도 많았다. 마르틴 루터는 1517년에 가톨릭교회 비판을 담은 「95개조 반박문」을 지역 교회 문에 못 박았는데 인쇄술의 발달로 이 반박문이 유럽 전체로 배포되고 확산되면서 우연히 종교개혁을 촉발시켰다. (자세한 내용은 7장을 참조하라.)

　이러한 영향력이 즉각적으로 발생한 것은 아니었다. 사회가 새로운 맥락에 적응하기까지는 시간이 걸렸다. 인쇄술이 발명되고 나서도 수십 년 동안 필경사라는 직업이 건재했고, 1세기가 지난 뒤에도 보수주의자들은 여전히 인쇄술은 잘못된 발명이라고 지적했다. 실수를 전파할 수 있다는 것이 한 가지 근거였다(궁중 인쇄업자였던 로버트 바커가 1631년 런던에서 성경을 인쇄할 때 실수로 부정어를 빠뜨리는 바람에 십계명 중 일곱 번째 계명이 "간통죄를 저지르라."로 둔갑했고 그가 찍어낸 성경은 이른바 '사악한 성경Wicked Bible'이라는 불명예를 얻었다). 그러나 되돌리기에는 너무나도 짧은 시간에 인쇄술의 유용성이 입증됐다. 바티칸도서관의 안드레아데 부시 관장은 1470년에 다음과 같이 회고했다. "고대에도 현대에도 인쇄술만큼 인류에게 중요한 발명은 찾을 수 없다."[17]

신 구텐베르크 혁명, 디지털화

그런데 그렇지 '않다'. 오늘날에도 찾을 수 있다. 데이터를 수집하고 통신하고 교환할 수 있는 새로운 '디지털' 미디어의 등장으로 우리는 새로운 구텐베르크 혁명을 경험하고 있다. 디지털화는 책, 말, 미식축구 경기, 터치스크린 탭 등 우리가 살고 있는 아날로그 세계를 0과 1로만 이뤄진 신호체계로 변환한다. 모스부호와 마찬가지로 디지털화는 사람에게는 '지루한' 작업이지만 컴퓨터에게는 0과 1 또는 '켜짐'과 '꺼짐'의 구분이 명확하기 때문에 쉬운 작업이다(참고로 '지루하다'라는 뜻의 영어 단어 'tedious'를 디지털로 변환하면 '0111010001100101011001000110100101101111011010101110011'이다). 정보를 디지털로 변환하는 과정에서 (매끄럽게 연속되는 아날로그 음파를 디지털로 변환하면 계단식으로 깨지는 등) 일부 손실이 발생하지만 대신 기계 처리 능력을 향상시킬 수 있다. 처리 능력은 빠른 속도로 성장을 거듭해왔다. 1965년 인텔의 공동 창립자 고든 무어는 인텔에서 생산하는 컴퓨터 칩 하나에 들어가는 트랜지스터 수가(즉 칩의 처리 능력이) 거의 2년마다 2배로 늘어난다는 사실을 발견했다. '무어의 법칙'이라고 알려진 이러한 발견은 현재까지도 유효하다.

무어의 법칙은 어쩌면 현시대에 대한 가장 중요한 경험적 관찰일 것이다. 첫 번째 구텐베르크 시대를 정의한 특징 중 하나는 '속도'였다. 한 개인의 일생이라는 짧은 기간 동안 새로운 문화 및 의사소통 매체가 탄생하고 보편화됐다. 우리 시대에도 마찬가지다. 물리적 인프라(사회 기반 시설)를 생각해보라. 15세기에는 인쇄기가 곧 기초적인 인프라였다. 오늘날 기본 인프라는 육지와 해저를 가로지르는 광섬유 케이블이다. 1988년에는 최초로 대륙과 대륙을 잇는 광섬유 케이블망이 설치됐다. 이후 이 인프라를 통해 데이터를 전송하는 컴퓨터 연산 능력이 향상되면서 한때 드문드문했던 광섬유 케이블망은 매우 촘촘해졌다. 광섬유 케이블망에 접속된 사용자 인구는 2000년을 기점으로 4억 명에서 30억 명 이상으로 7배 이상 증가했다.[18]

여태껏 이렇게 빠른 속도로 이토록 대규모 집단이 채택한 기술은 없었다. 적어도 디지털 기기를 소형화한 모바일 기기가 나오기 전까지는 그랬다. 1998년까지만 해도 20퍼센트의 선진국과 1퍼센트의 개발도상국에서만 휴대전화를 사용했다.[19] 이제는 선진국의 경우 휴대전화 가입자 수가 인구수를 추월했고 개발도상국의 경우 휴대전화 보급률은 90퍼센트를 넘어섰다(도표 1-8을 참조).[20]

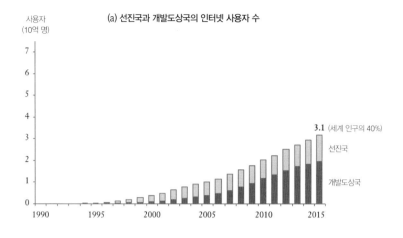

사용자
(10억 명)

(a) 선진국과 개발도상국의 인터넷 사용자 수

3.1 (세계 인구의 40%)

선진국

개발도상국

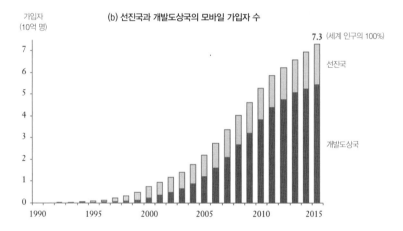

가입자
(10억 명)

(b) 선진국과 개발도상국의 모바일 가입자 수

7.3 (세계 인구의 100%)

선진국

개발도상국

| 1-8 | 인류가 음성 및 데이터로 연결되는 데 걸린 시간

출처: 세계은행 데이터뱅크, 2015년, 세계개발지표, URL: data.worldbank.org.

이제는 모바일 기기 사용자 가운데 거의 3분의 1이 개인 휴대 전화로 온라인에 접속할 수 있다.[21] 오늘날 디지털 모바일 기기 사용보다 더 빠른 속도로 성장하는 인류 문화 요소는 데이터 자체가 유일하다. 매년 수십억 대가 넘게 생산되는 모바일 기기로 정보를 수집하고 공유하기 때문이다. 모바일 기기에는 스마트폰뿐만 아니라 네트워크형 자동차, 식기세척기, MRI 기계, 거대 전파망원경도 포함된다. 2011년에는 지구상에 존재하는 네트워크 기기 수가 전 세계 인구수만큼 많아졌다. 2015년 무렵에는 전 세계 인구 1명당 네트워크 기기 수가 3대꼴이었다. 네트워크 기기가 늘어나면서 인류는 1년에 데이터를 약 44제타바이트만큼 생성하고 복사하고 공유했다. 44제타바이트는 '44' 뒤에 0이 21개나 붙는 매우 큰 숫자다. 조금 더 와닿게 설명하자면 메모리 용량 128기가바이트 스마트폰을 지구에서 달에 이르는 거리의 3분의 2에 해당하는 25만 킬로미터 높이까지 쌓으면 44제타바이트가 된다. 그리고 이 '높이'는 2년마다 2배씩 증가할 것으로 예상된다. 2005년에만 해도 연간 데이터 축적량이 마이애미에서 런던에 이르는 거리 정도'밖에' 되지 않았다.[22]

인류의 변곡점

디지털 미디어는 인쇄술이 책 생산 경제를 뒤집었던 것처럼 데이터 수집 및 공유의 경제를 뒤집었다. 무어의 법칙과 이 법칙에 따라 일어난 컴퓨터 성능의 급속한 발전 덕분에 디지털 인터페이스는 인간의 경계, 즉 귀와 입과 얼굴과 손끝까지 확장됐다. 모든 생각과 말을 디지털 형식으로 수집 및 공유하고 디지털 속성을 부여할 수 있다. 이 말은 곧 0에 가까운 비용으로 정보를 무한한 횟수로 완벽하게 복제할 수 있다는 뜻이다. 수백 번, 수천 번, 또는 수백만 번이라도 정보를 동시에 또는 연속적으로 소비하고 편집하고 재작업할 수 있다. 필요할 때마다 정보를 압축하고 저장하고 백업하고 다시 불러올 수 있다. 또한 거리에 상관없이 0에 가까운 신호 손실로 정보를 증폭하고 반복할 수 있다. 디지털화된 정보가 지니는 이러한 속성 덕분에 생각을 배포하고 교환할 때 시간과 거리 및 이에 따른 비용은 더 이상 고려할 필요가 없어졌다.

2001년에만 해도 미국과 영국 간 평균 장거리전화 요금은 분당 1.75달러에 달했고, 국제전화를 할라치면 요금을 따져 통화 시간을 제한할 수밖에 없었다. 오늘날에는 스카이프 같은 디지털 서비스 덕분에 국제전화 요금이 무료가 돼 더 이상 요금을 신경 쓰지 않아도 된다. 국제전화 통화량은 2001년 이후 약 1,500억 분에서 약 6,000억 분으로 거의 4배로 늘어났다.[23] 이제 장거리 국제전화를 할 때 거리 때문에 발생하는 장애물은 '시차'뿐이다. 시차는 왓츠앱이나 페이스북 메신저 같은 비동기 의사소통 서비스가 생겨난 이유이기도 하다.

온라인에서 데이터를 저장하고 처리할 수 있는 클라우드 서비스 또한 한때는 사치품이었으나 지금은 일상재가 됐다. 구글은 이제 10억 명에 가까운 클라우드 사용자에게 1995년 기준으로 1인당 약 1만 5,000달러를 지불해야 사용할 수 있었던 온라인 저장 공간을 무료로 제공한다. 다시 말해, 20년 전에는 총 15조 달러를 지불해야 사용할 수 있었던 서비스가 지금은 공짜다.[24] 공공 지식뿐만 아니라 편지, 사진, 음악, 기업 데이터베이스 등 개인 라이브러리에도 언제 어디서나 접근할 수 있게 됐다. '클라우드(구름)'는 기억하기 쉽지만 오해하기 쉬운 비유다. 오히려 피부라는 비유가 더 적절하다. 손끝만 까딱하면 언제나 닿을 수 있는 거리에 있고 우리 정체성과 떼려야 뗄 수가 없기 때문이다.

책과 책에 담긴 사상은 유럽의 새로운 지도에 나타난 모든 육로와 해로를 따라 퍼져 나갔다. 오늘날 디지털 데이터도 마찬가지다. 2014년 오스카 시상식에서 엘런 드제너러스가 다른 유명 인사 7명과 함께 찍은 '셀카'는 단 12시간 만에 세계적으로 2,600만 기기에서 다운로드되며 2테라바이트에 달하는 트래픽을 발생시켰다. 2013년에 전 세계에서 '하루에' 발생한 데이터 트래픽이 1엑사바이트 장벽을 돌파했으며, 이는 2003년 '한 해 동안' 발생한 트래픽보다 많은 양이다. 2014년에는 2013년보다 1.5배 더 많은 트래픽이 발생했다.[25] 온라인 인구가 급증하고(2017년에는 50억 명에 달할 것으로 예상된다).• 개개인이 콘텐츠, 특히 동영상 콘텐츠를 더 많이 소비하면서 총 데이터 트래픽은 계속 급증하고 확산될 것이다.[26]

한편 온라인에서 가장 바쁜 교차로가 미국에서 서유럽으로 이동하며 서유럽은 동유럽, 중동, 아프리카와의 데이터 교환이 이뤄지는 주요 허브가 됐다(도표 1-9 참조).[27] 10년 전에는 많은 개발도상국이 물리적 인프라가 취약한 탓에 디지털 시대에서 소외됐다. 이제는 스마트 모바일 기기의 도움으로 그러한 한계를 뛰어넘었다. 2015년에는 인류 전체에서 최소 2G 이상의 이동통신 서

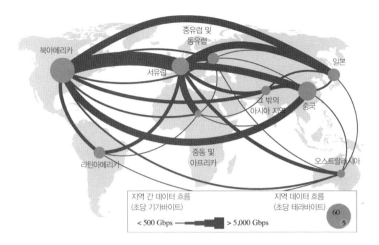

| 1-9 | 국제 데이터 흐름

현재 모든 대륙 간에 매우 두터운 데이터 흐름이 나타나고 있다.

출처: 제임스 매니카, 자크 버긴 외 공저, 2014년, 「디지털 시대의 글로벌 흐름」, 뉴욕: 맥킨지글로벌연구소: 시스코, 2015년, 「비주얼네트워킹지수(VNI)」, URL: www.cisco.com; 저자 분석 추가.

비스망에 접근 가능한 인구수가 차지하는 비율(95퍼센트)이 전력망에 접근 가능한 인구수가 차지하는 비율(82퍼센트)보다 높아졌다.[28]*

디지털 미디어는 또한 의사소통을 '표준화하는' 데 일조했다. 특히 동영상 공유가 기여한 바가 크다. 동영상 공유는 유선 광대역망이 광범위하게 보급되고 난 다음에야 실용화됐다(2015년까지만 해도 전 세계 가구 수 가운데 11퍼센트만이 광대역망으로 연결돼 있었다).[29] 동영상을 전송하려면 큰 대역폭이 필요하기 때문이다.

---

* 전기가 전력망을 통해 공급되지 않는 곳에서는 인터넷에 연결된 휴대전화는 발전기를 갖춘 지역 상점이나 회사 같은 곳에서 충전해야 한다. 가난한 지역공동체에서는 휴대전화 충전 사업이 소상인이 먹고살 수 있는 수많은 수단 중 하나다.

동영상은 복잡한 내용을 더 잘 전달하고 우리 뇌가 더 잘 몰입할 수 있게 하며 정적 콘텐츠나 오디오 콘텐츠보다 데이터 손실이 더 적다. 동영상이 지니는 이러한 강점은 부모님 집에 전화를 거는 것처럼 일상적인 활동을 할 때는 두드러지지 않지만 이를테면 「3D 프린터로 출력한 생체 구조물의 생존력」 같은 복잡한 내용을 설명할 때 진가를 발휘한다. 참고로 이는 2015년에 세계 최초의 실험 동영상 저널인 JoVE에 실제로 게재된 논문 제목이다.[30]

디지털화로 언론의 자유가 이뤄졌다. 20년 전 의사소통은 일대일로 이뤄지는 '사적' 의사소통과 일대다 또는 다대다로 이뤄지는 '공적' 의사소통으로 나뉘었다. 사적 의사소통을 위해 전화와 우편제도 같은 저렴하고 대중적인 수단이 존재했고 공적 의사소통은 매우 높은 유통비용이 드는 신문, 서적, 카세트테이프, 전자기 신호(텔레비전, 라디오) 같은 채널을 통해 이뤄졌다. 일반적으로 기업이나 (출판사, 언론사, 텔레비전 및 라디오 방송국 같은) 공공 기관만이 이러한 채널을 구축할 수 있는 재정적 여유가 있었고 조직의 목적에 부합하는 내용만 송출됐다.

오늘날 이 같은 구별은 희미한 추억이 됐다. 공적 의사소통 채널 또한 저렴해졌다. 자코모 필리포 포레스티처럼 우리도 스스로에게 다음과 같은 질문을 할 수 있다. "이제 누구나 청중과 직접 소통할 수 있게 됐으니 구태여 새로운 목소리보다 오래된 목소리를 선호할 이유가 무엇이란 말인가?" 이 타당한 물음은 전통적인 미디어 전체를 위기로 몰아넣었다. 신문의 역할은 이제 '한정된 지면에 인쇄할 수 있는 뉴스를 전부' 선택하는 것이 아니라 소비자의 소셜 미디어 타임라인이나 뉴스 피드에 추가되길 바라며 편집자 관점에서 내용을 선별하고 화젯거리를 양산하는 것으로 바뀌었다.

학교와 교사의 역할 또한 변화하고 있다. 정보 전달만으로는 더 이상 좋은 교사가 될 수 없다. 인터넷으로 연결된 사회에서 학생들은 이미 전 세계의 지식을 보유하고 있다. 이러한 정보 및 지식을 학생들의 뇌에 주입하는 것만으로는 사회적 편익이 미미하다. 오늘날 교사의 역할은 정보를 검색하고 비판적으로 수용하고 결합해 자신만의 연구나 의견을 보탤 수 있는 방법을 학생들에게 가르쳐주는 것이다.

전 세계적인 정보와 아이디어의 합창에 자신의 목소리를 보태길 원하는 사람들에게 신 구텐베르크 혁명은 많은 방법을 제시한다. 인쇄술이 발달하면서 소설, 논문, 팸플릿이 생겨났다. 디지털화로 블로그, 스냅챗, 뉴스 피드, 트위터, 핀터레스트 보드, 앱이나 전자책 같은 다양한 온라인 제품이 생겨났다. 인터넷이 상용화된 이후로 첫 10년 동안 인터넷이 유용했던 이유는 주로 정보를 신속하고 저렴하게 유통할 수 있었기 때문이다. 광대역 서비스와 모바일 서비스가 보편화되면서 인터넷은 이제 사용자를 질의응답을 위한 쿼라Quora, 소프트웨어 코딩을 위한 깃허브GitHub, 3D 프린터용 디자인을 위한 싱기버스Thingiverse 같은 콘텐츠 공동 창작, 「허핑턴포스트」나 '미디엄' 같은 뉴스 및 오피니언 포털, '열린 생명의 나무Open Tree of Life' 같은 과학 프로젝트 등에 직접 참여하도록 초대한다. 인터넷을 기반으로 새로이 등장한 이 모든 서비스에는 한 가지 공통점이 하나 있다. 바로 사용자를 청중에서 참여자로, 또는 콘텐츠 소비자에서 콘텐츠 생산자 및 유통자로 변화시킨다는 점이다.

마지막으로 디지털 미디어 덕분에 우리는 새로운 집단 지성을 구축하고 있다. 이제 예전보다 훨씬 쉽고 빠르고 강력하게 집단으로 모이고 느끼고 말하고 행동할 수 있다. 서로를 도와 실종 아동을 찾거나 위기를 헤쳐 나갈 수도 있다. 다른 시민이 어떻게 생각하고 느끼는지를 더 잘 알 수 있다. 매달 15억 명이 넘는 사용자가 활발하게 이용하는 페이스북은 나라로 치면 세상에서 가장 인구가 많은 곳일 것이다.[31] 게다가 페이스북 사용자는 전 세계에 분산돼 있음에도 네 다리만 건너면 서로 다 연결돼 있다.[32] 당신과 나는 서로 만난 적이 없더라도 페이스북에서는 당신의 친구의 친구가 내 친구의 친구를 알고 있다는 뜻이다.

이러한 새로운 집단 지성은 아랍의 봄, 월스트리트 점령 시위, 허리케인 샌디 재난 구호 활동, 파리 기후 협정, 유럽에서 극우 및 극좌 정당의 부상 등 21세기에 가장 많이 회자된 사건에서 중추적인 역할을 수행했다. 이렇듯 온라인상에서의 집단 지성이 넓은 범위에 걸친 활동에 영향을 끼쳤다는 사실은 새로운 디지털 미디어가 긍정적인 결과와 부정적인 결과를 동시에 가져올 수 있다는 점을 강조한다. 사회와 시민은 이 새롭게 생겨난 의식의 계층을 운용하고 관리하는 법을 아직 배우지 못했다. 그래서 이슬람 극단주의 국가인 ISIS/ISIL이 생겨났고 종교적 폭력뿐만 아니라 종교적 통치도 거부하는 새로운 아랍 세속주의 운동도 일어났다.

새로운 집단 지성은 어렵지만 이미 우리를 변화시키고 있다. '민중의 의지will of the people', '사회계약social contract', '국민감정 pulse of the nation' 같은 철학과에서나 통용되던 추상적인 용어가 일부 문화와 정치 영역에서 보다 구체적이고 측정 가능하며 영향력 있는 용어가 되고 있다. 이러한 영향력은 과거 정계나 언론에서 권위 있던 인물들이 새로운 운동이 일어나 무시당할 때마다 드러난다. 대중주의자의 대안으로 떠오른 인물이 모든 정치 스펙트럼에서 기존 인사를 위협하고 있다. 보수주의의 도널드 트럼프나 브렉시트 옹호파, 극좌파의 제러미 코빈, 중도주의의 프랑스 대통령 에마뉘엘 마크롱 등이 대표적이다. 이들의 공통점은 새로운 미디어를 이용해 지배적인 권력 구조에 맞선다는 것이다.

머지않아 책상 앞이나 소파에 앉은 채 사업을 하고 공부를 하고 세계와 문화를 탐방하며 오락거리를 즐기고 친구를 사귀고 동네 시장에 다녀오며 멀리 사는 친척에게 사진을 보여줄 수 있는 날이 올 것이다.
 - 빌 게이츠, 1995년[33]

놀라운 사실은 빌 게이츠가 얼마나 정확하게 미래를 예측했는지가 아니라 이 모든 것이 불가능했던 세상을 우리가 얼마나 기억하기를 어려워하는지다. 디지털 미디어는 급속도로 확산돼 우리 일상에 침투했다. 이제는 모잠비크 수도가 어디인지 알기 위해 공공 도서관을 찾아야 하고 휴가 중에 친구에게 사진을 보내려면 추가로 인화해 우편으로 보내야 했던 시절이 있었다는 사실을 믿기 힘든 세상이 됐다. 과거 인쇄술이 그랬던 것처럼 지식을 습득하고 교환하는 방법과 공동체를 소집하는 방법에 혁신이 일어나고 있다. 그리고 그때처럼 우리 공동체는 아이디어를 공유하며 동시에 공유 사회라는 넓어진 천을 짜기도 하고 찢기도 한다.

　새로운 세상이 도래했다. 이 새로운 세상은 우리 모두를 변화시키고 있다.

2장
뒤얽히는 세계

모든 인간관계는 어떻게

더 촘촘해지고 복잡해졌나

지도의 네 귀퉁이를 한군데로 모으면 어떻게 될까? 지도상에 있는 모든 점의 연결 관계가 재편된다. 한때 변방에 불과했던 곳이 순식간에 전도유망한 항구가 된다. 한때 고정적이었던 중앙은 상대적으로 변한다. 예전에는 여백으로 수렴되던 거리가 인식 가능한 경계가 된다.

콜럼버스, 마젤란, 다가마, 구텐베르크는 그들이 살던 세상을 이렇게 변화시켰다. 우리는 우리가 사는 세상을 이렇게 변화시키고 있다. 그 증거는 디지털 영역을 넘어 곳곳에 존재한다. 우리가 지금 신세계에 살고 있다는 증거는 무역, 돈, 의사소통, 여행 등 인류가 서로 연결되는 모든 방식에서 드러난다.

무역의 뒤얽힘

바다 괴물 무찌르기

무역은 세계적 연결성을 대변하기에는 지엽적인, 따라서 결함이 있는 지표이지만 좋은 선행 지표인 것만은 틀림없다. 역사적으로 보면 이윤을 추구하는 기업과 기업가는 사람들을 갈라놓는 장벽에 생긴 틈을 가장 먼저 파고드는 부류 가운데 하나였다. 크리스토퍼 콜럼버스가 미국을 '발견'했을 때, 바스쿠 다가마가 아프리카 남단을 돌아서 인도에 도착했을 때, 마젤란이 이끄는 탐험대가 '잘못된 방향'이지만 성공적으로 아시아에 진출했을 때 탐험의 주요 목적은 무역이었다. 보다 구체적으로 말하면 오스만제국이 통제하던 육로 대신 신항로를 개척해 동방과 교역하려는 것이 목적이었다.

신항로를 발견하기 전 대부분의 무역은 지역 단위로 이뤄졌고 장거리 국제무역은 주로 육로나 내해를 통해서만 이뤄졌다. 유럽은 세계의 가장자리에 위치한 진기한 반도였다. 대륙으로서의 '유럽'은 존재하지 않았다. 유럽인은 베네치아인, 아라곤인, 바이에른인, 피렌체인, 기타 국가 국민들로 분열됐고, 종종 자기들끼리 전쟁을 벌였으며, 유럽 지역의 생산 및 소비가 다른 지역에 어떤 영향을 끼치는지 따위는 신경도 쓰지 않았다. (아시아, 중동, 아프리카를 포함한) 알려진 세상과의 교역이 유럽 경제에서 차지하는 비중은 기껏해야 2퍼센트 정도였다.[1] 유럽인들은 도자기, 비단, 향료를 수입하기 위해 당시 현금으로 통용되던 금과 은을 지불해야 했다. 다른 문명의 생산품과 상응하는 가치를 지닌 상품을 자체적으로 충분히 생산하지 못했기 때문이다.

새로운 지도는 이 모든 것을 바꿔놓았다. 당시 세계적으로 귀중한 자원이던 노예, 향료, 설탕, 금이 역사상 최초로 전 세계에서 거래되기 시작했다. 점점 활발해지는 대륙 간 무역의 중심에는 유럽이 있었다. 유럽은 점차 중요한 의미를 지닌 단어가 되기 시작했다. 1500년대 초반에 시작된 끔찍한 대서양 노예무역은 연간 1만 명에서 1만 5,000명에 달하는 아프리카 원주민을 북아메리카나 남아메리카로 실어 날랐다. 고향에서 팔려 와 노예가 된 이들은 사탕수수 농장, 커피 농장, (1560년 이후에는) 담배 농장에서 일하며 대서양 반대편에 있는 유럽에서 소비될 상품을 생산했다.[2] 노예는 신대륙에서 금이나 은을 채굴하는 일에 투입되기도 했다. 에스파냐와 포르투갈은 16세기에 아메리카 대륙(특히 남아메리카 대륙)에서 금 150메트릭 톤(1,000킬로그램을 1톤으로 하는 단위 – 옮긴이)을 채굴했다. 이는 같은 기간 동안 유럽 전체에서 채굴한 금 생산량과 맞먹는 수치다.[3] 에스파냐와 포르투갈은 신대륙에서 채굴한 금 가운데 일부는 자국으로 보내 빚을 탕감하는 데 쓰고 상당량은 아시아로 보내 도자기, 비단, 차, 커피, 후추 등 동방의 사치품을 사들이는 데 썼다(특히 후추는 1500년대 전반에 포르투갈이 인도양을 통해 교역한 전체 물품의 85퍼센트를 차지했다).[4]

국제 교역이 시작된 지 첫 100년 동안은 해상으로 운송되는 화물량이 그다지 많지 않았다. 포르투갈은 아시아와 교역하기 위해 해마다 인도양을 통해 400톤에서 2,000톤가량의 교역 물품과 금괴·은괴를 실은 선박 7척 정도를 파견했다. 에스파냐는 신대륙 식민지와 더 활발하게 교역했다. 1520년까지 에스파냐는 매주 대서양 건너편으로 배를 2척씩 보냈다. 바다 괴물은 무찌른 지 오래였고 거리 또한 분명히 밝혀졌으며 (여전히 위험하긴 했지만) 높은 바다를 넘는 항해가 일상이 됐다. 해양 무역으로 전 세계에 있는 대륙과 문화와 자원과 언어가 연결되기 시작했고 전례 없던 원거리 무역으로 국제금융 및 대규모 신용거래가 출현했다. 고대 바빌론 시절부터 쭉 중동이었던 전 세계의 경제 중심지는 신항로 개척을 기점으로 유럽으로 옮겨 갔다. 그로부터 300년 후 애덤

스미스는 『국부론』(1776년)에서 다음과 같이 서술한다. "아메리카 대륙의 발견과 희망봉을 지나 동인도로 가는 신항로의 개척은 인류 역사에서 가장 위대하고 가장 중요한 두 사건이었다."

육지에서는 서양과 동양을 나누는 장벽에 오스만제국의 유령이 시사한 것보다 훨씬 많은 구멍이 뚫려 있다는 사실이 드러났다. 서로를 정복할 수 없는 위치에 있던 두 문명이 국경을 맞대고 공존하면서 양쪽 다 상업, 외교, 문화, 거래가 더 복잡하게 진화할 수밖에 없었다. 제노바는 흑해 접근권을 잃었고 베네치아는 에게해와 동부 지중해 접근권을 잃었다. 그러나 흑해와 에게해와 동부 지중해를 통해 수송되던 물자에 대한 시장의 수요는 수그러들지 않았다. 상인 가문과 외교관과 변호사가 힘을 합쳐 은행, 신용, 회계, 환전에서 혁신을 도입해 실크로드를 통한 무역을 지속해나갔다. 한편 1517년에 오스만제국은 페르시아만과 인도양을 잇던 이집트를 정복하면서 아시아와 바닷길을 통한 무역 교류를 시작했다.[5]

장벽 무너뜨리기

오늘날 다시 한번 한때 고립된 지역에 묶여 있던 귀중한 자원이 전 세계로 풀리고 있다.

냉전 시대에 '우리'를 '그들'과 갈라놓았던 벽은 곧 1973년 세계 상품 수출(세계 GDP에서 차지하는 비율로 측정)이 고작 12퍼센트로 제1차 세계대전이 발발하기 전이었던 1913년보다도 높지 않았다는 사실을 뜻했다.[6] 이 60년 사이에 큰 여객기와 화물 수송용 항공기, 민간항공 산업, 복합 컨테이너 수송, 국내·국제 전화의 대중화, 국제 통화 이동 및 다국적기업의 환 위험을 제거해주는 국제적 황금률 등 국제 교역을 장려하는 새롭고 커다란 촉매제가 여럿 탄생했는데도 말이다.

그러나 일단 장벽이 붕괴되자 상품은 봇물 터지듯 흐르기 시작했다. 직전 반세기와 비교해 교역 물량이 훨씬 늘어났을 뿐만 아니라 종류도 훨씬 다양해졌고 신규 시장과 생산 센터가 세계경제와 연결되면서 상호 강화됐다.

1980년대까지 총 경제활동에서 세계 상품 무역이 차지하는 비중은 크게 변함이 없다가 어느 순간부터 급증하기 시작했다. 1990년에 무역 상품은 세계 GDP에서 7분의 1을 차지했다. 2014년 무렵에는 그 비율이 4분의 1로 늘어났다. 세계적으로 봤을 때 4달러 가운데 1달러씩은 다른 나라에 물건을 팔아서 생기는 소득인 셈이다. 게다가 그렇게 거래된 총 상품 가치는 1990년에 3조 5,000억 달러였다가 2008년 금융 위기와 고조되는 반무역 정책 및 여론으로 촉발된 세계 경기 침체의 여파에도 불구하고 오늘날 20조 달러를 넘으며 500퍼센트 이상 급증했다.[7]

역사적으로 서비스 무역은 상품 무역보다 훨씬 비중이 낮았다. 할리데이비슨보다 미용 기술을 수출하기가 더 어렵기 때문이다. 그러나 서비스 무역 규모 역시 급증했다. 국가 간 서비스 무역이 세계 GDP에서 차지하는 비율은 1990년 3퍼센트에서 2014년 6퍼센트 이상으로 2배 증가했고 그 가치는 8,000억 달러에서 4조 7,000억 달러로 6배 급증했다.[8]

물량뿐만 아니라 다양성 측면에서도 국제무역은 엄청난 성장을 이뤘다.

먼저 지리적 다양성을 들 수 있다. 1990년에 대부분의 국제무역은 선진국 사이에서만 제한적으로 일어났다. 세계 상품 교환의 60퍼센트는 부자 나라들끼리의 수출이 주를 이뤘다. 개발도상국끼리의 수출은 6퍼센트에 불과했다. 그러나 현재는 선진국과 개발도상국이 세계 상품 교환에서 차지하는 비중이 거의 동등해지고 있다. 모든 곳에서 교역이 증가했지만 신규 시장을 잇는 새로운 교역로를 통한 무역은 나머지 지역보다 2배 빠른 증가세를 보인다.

세계 컨테이너 항구 순위는 이 같은 균형을 반영한다. 1990년에 연간 선적량 기준으로 세계 10위권 안에 드는 항구는 전부 선진국에 있었다. 그러나 2014년에는 전 세계 25위 가운데 14곳이 개발도상국 항구였고, 특히 10위권 가운데 7곳은 중국 항구였다. 1990년에 세계 25위 안에도 이름을 올리지 못했던 상하이는 2011년 이래로 세계에서 가장 바쁜 컨테이너 항구 자리를 내려놓지 않고 있다.[9]

무역 상품의 구성도 훨씬 다양해졌다. 과거와 마찬가지로 지금도 세계적으로 가장 많이 거래되는 단일 품목은 기름, 가스, 커피, 밀, 철강 등을 포함하는 원자재다. 그러나 가장 많은 교역이 이뤄지는 '제조' 상품은 사반세기 전보다 훨씬 다양해졌다. 1991년 7월자 국제민간항공기구 일지에는 에어차이나(중국국제항공공사)가 첫 보잉 747기를 인도받았다는 기록이 나온다. 해당 일지에는 보잉 747이 "베이징에서 출발해 LA, 샌프란시스코, 런던, 파리, 홍콩 등지로 섬유와 의류를 비롯해 기타 상품을 수송한 뒤 컴퓨터 및 각종 전자 제품을 싣고 귀항할 예정이다."라고 기록돼 있다.[10]

오늘날 이러한 기록으로 돌아보는 과거는 신기할 정도로 쉽사리 믿기지 않는다. 한때 경제 강국이 개발도상국과 교역할 때 저렴한 인건비와 풍부한 자원을 확보해 무역 흑자를 달성하고자 택했던 단순한 중상주의적 접근법은 이제 유효하지 않다. 신흥 경제국이 더 이상 단순히 노동력 및 자원이나 시장만을 공급해주지 않기 때문이다. 세계적 경쟁력을 갖춘 개발도상국 내 승자들은 이제 세계 무대에서 자본, 고객, 인재를 놓고 경쟁한다. 2012년에 중국은 미국을 제치고 세계에서 가장 큰 제조국이 됐다. 브라질, 인도, 인도네시아, 멕시코, 러시아는 제조업 분야에서 모두 세계 15위 안에 이름을 올렸다.[11] 지난 사반세기 동안 세계무역 시장에서 일어난 지각 변동은 다음과 같다. 베트남은 농업 분야에서 중앙 계획경제를 폐지한 뒤 쌀 수입국에서 세계 최대 쌀 수출 국가 중 하나로 발돋움했다. 방글라데시는 맨바닥에서 시작해 15억 달러 규모의 의류 수출 산업을 육성했다.[12] 뉴질랜드는 소규모 낙농업자들이 합병으로 경쟁력을 키워 EU를 제치고 무역 시장의 3분의 1을 차지하는 세계 최대 낙농 제품 수출 국가로 거듭났다.[13] 인도는 1,000억 달러에 달하는 IT 수출 산업을 육성해[14] 시장조사 및 데이터 분석 아웃소싱 분야에서 무역 시장점유율 70퍼센트를 달성했다.[15] 이 밖에도 신흥 경제국이 기존 선진국을 앞지른 예는 셀 수 없이 많다.

그중에서도 단연 눈에 띄는 사례는 중국이다. 30년 전만 해도 경제적으로 거의 고립 상태였던 중국의 현재 교역 국가 수는 230개국 이상으로 세계 어느 나라보다 많다. 세계 수출에서 중국이 차지하는 비율은 1990년 2퍼센트에서 2014년 12퍼센트로

6배나 성장했으며, 역시 세계 어느 나라보다 큰 비율을 차지한
다.[16] 중국의 수출 규모를 달러로 환산하면 1990년 620억 달러에
서 2014년 2조 3,000억 달러로 거의 40배 가까이 증가했다.[17] 수
출 주력 산업은 (의류, 신발, 섬유, 가구 같은) 경공업에서 중공업 및
전자 제품 같은 고부가가치 산업으로 바뀌었다. 수출은 전체 이야
기의 절반일 뿐이다. 중국의 수입 상품 규모 역시 1980년 200억
달러에서 2014년 2조 달러로 성장했다. 수입 품목은 고급 중장비
나 전력 발전 장비가 가장 큰 비중을 차지하고 에너지 및 원자재
가 그 뒤를 따른다.[18] 중국은 (일본, 오스트레일리아, 한국, 대만 등)
동남아시아 및 오세아니아 지역 경제 강국의 가장 큰 고객이자
라틴아메리카 및 아프리카 지역 경제국(인 브라질과 나이지리아)
의 가장 큰 고객이기도 하다. 현재 개발도상국 간에 이뤄지는 전
체 무역에서 중국이 차지하는 비율은 3분의 1이다.[19]

　이러한 새로운 역량과 새로운 위협에 공급 사슬은 빠르게 적
응하고 있다. 1992년 노키아는 세계 최초의 양산형 휴대전화인
'노키아 1011'을 출시했다. 제품 조립은 주로 (유럽 소비자와 가
까운) 영국이나 핀란드에서 이뤄졌고 부품은 한국에서 조달했다.
반면 오늘날 애플사의 아이폰 부품 공급 업체는 700개가 넘으며
5대륙 30개 이상의 나라에 흩어져 있다.[20] 물류가 점점 복잡해지
는 이유 중 하나는 제품 자체가 복잡해지고 있기 때문이다(노키
아 1011은 터치스크린은 고사하고 카메라도 없었다). 또 다른 이유
는 신흥 경제국의 최신 제품 제조 능력 및 구매 능력이 커진 데다
가 통신 기술과 운송 기술이 발전해서 수요와 공급에 여러 국가
가 참여하는 것이 가능해졌기 때문이다. 이른바 '오프쇼링'이라

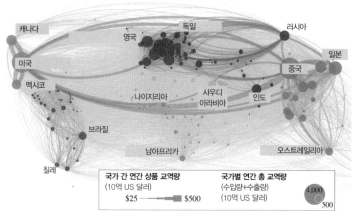

캐나다

독일

영국

러시아

미국

일본

멕시코

중국

나이지리아

사우디
아라비아

인도

브라질

칠레

남아프리카

오스트레일리아

국가 간 연간 상품 교역량	국가별 연간 총 교역량
(10억 US 달러)	(수입량+수출량)
$25 ━━■ $500	(10억 US 달러)

4,000

500

| 2–1 | 국제무역 흐름

무역은 진정으로 세계적인 현상이 됐다.

이미지 출처: 라훌 바솔 교수 및 박현우, 판카즈 게마와트 및 스티븐 알트만, 2014년. DHL 세계연결
지수 2014. URL: www.dhl.com/gci; 저자 범례 및 항목 추가.

부르는 이러한 정책은 1990년대와 2000년대에는 주로 공급 사
슬에서 반복적인 노동력이 필요한 과정을 인건비가 싼 해외로 이
전하는 것을 뜻했다. 그러나 오늘날 이 단어는 더 이상 쓰이지 않
는다. 오프쇼링은 '자국과 외국'이라는 구분을 내포하는 개념이
기 때문에 오늘날과 같은 시장 환경에서 경쟁하는 기업에게는 적
합하지 않은 정책이다. 제품은 '전 세계에서 생산made in the world'
되며, 아이폰 같은 일부 제품은 전 세계에서 구입할 수 있다. 기업
들은 전략적인 이유로 가치 사슬을 모조리 분해한 뒤 필요에 따
라 오프쇼링, 리쇼링re-shoring(해외로 이전했던 공장 등을 다시 본국
으로 옮겨 오는 것 – 옮긴이), 니어쇼링near-shoring(인접 국가나 지역
에 공장 등을 두고 진행하는 아웃소싱 – 옮긴이) 전략을 적절히 혼합
해 재배치하고 있다. 비용도 중요하다. 하지만 의사 결정을 지배

할 만큼 중요하진 않다. 21세기에는 미국 자동차 부품을 테네시에서 생산하든 광저우에서 생산하든 똑같은 수익률을 달성할 수 있다. 시간, 간접비, 위험률, 응답성만 제대로 고려한다면 말이다 (도표 2-1 참조).

금융의 뒤얽힘

베네치아에서 안트베르펜까지

새로운 지도와 새로운 미디어는 금융 관계 또한 바꿔놓았다. 금융은 사회가 변화하고 있다는 증거를 찾기에 언제나 좋은 분야다. 사회에서 근본적인 역할을 담당하고 있기 때문이다. 우리가 그 역할을 인지하지 못할 정도로 너무나 익숙해서 실제 의미가 무엇인지 파악하기 어려운 개념 중 하나가 '금융'이다.

고액 보너스와 고층 건물이라는 껍데기를 벗겨내고 나면 경제에서 기본적이고 본질적인 기능을 담당하는 산업만이 남는다. 간단히 말하면 금융 산업의 기능은 돈을 필요로 하는 활동을 찾아 여윳돈을 투자해서 그 활동이 발생하도록 하는 것이다. 이것이 바로 금융 산업의 본질적 측면이다. 첫 번째 르네상스 시대에는 이러한 금융의 본질적 기능이 2가지 측면에서 변화했다. 첫째, 자본 조달 지형도가 베네치아를 중심으로 한 지역 사업에서 안트베르펜을 중심으로 한 대륙 간 시장 활동으로 확대됐다. 둘째, 자본 시장에 참여하는 주체 역시 상인과 무역상을 넘어 왕족부터 소작농에 이르기까지 모든 사람으로 확대됐다. 그 결과 자본 이동이

증가했고 유럽 대륙 전체는 금전적으로 서로 더 결속됐다.[21]

15세기 후반에 유럽 경제의 중심은 지중해에서 대서양으로 이동하기 시작했다. 이에 따라 은행업을 담당하던 이탈리아 가문과 그 은행의 업무 방식 또한 바뀌었다. 한 가지 이유는 새로운 성장 중심지로 이탈리아 가문이 '배출'됐기 때문이다. 예를 들어 메디치가는 주요 은행 지점을 피렌체에서 안트베르펜으로 이전했다. 또 다른 이유는 독일과 네덜란드의 신흥 가문이 이탈리아 가문의 금융 전문 지식을 자국 내 회계, 계약, 금융 관행으로 끌어와 흡수시켰기 때문이다.

확산은 혁신을 동반하고 혁신은 규제를 철폐한다. 이탈리아의 주요 금융 상품은 '환어음'이었다. 환어음이란 본질적으로 물리적 상품을 거래할 때 구입자가 판매자에게 발행하는 차용증서IOU다. 1450년에 이탈리아 상인은 지중해 상인에게 후추를 사면서 값을 바로 치르지 않았다. 대신 후추 판매자에게 IOU를 써주고 나중에 본국으로 후추를 운송해 재판매한 다음에 후춧값을 지불했다. IOU는 편리한 신용거래 형태였지만 제3자에게 양도할 수 없다는 치명적인 한계가 있었다(오늘날의 '환어음'은 제3자에게 양도 가능한 어음을 뜻한다 – 옮긴이). 이탈리아인은 IOU를 현금이 아닌 외상으로 거래를 할 만큼 서로를 신뢰하는 거래 당사자 간에 이뤄지는 사적인 약속쯤으로 생각했다.

그러나 16세기 유럽 상권의 새로운 중심지인 안트베르펜 해안에서는 무역상들이 이러한 제약을 순순히 받아들이지 않았다. 인도산 후추, 아메리카산 은, 영국산 면직물, 독일산 금속은 전부 항구도시 안트베르펜을 거쳐 갔다. 이 같은 원자재의 구매자 및 판매자는 유럽 대륙 전역에 퍼져 있었고 서로 한 번쯤은 빚을 지거나 빚을 주었다. 채권 규모는 지급 만기일이 저마다 다른 고유한 IOU 수십 장부터 때로는 수백 장에 이르기까지 천차만별이었다. 상거래가 원활하게 진행되려면 더 유동적인 금융 상품이 필요했다. 그래서 1520년 무렵에는 환어음을 양도 가능하도록 만들었다. (다만 채무불이행 위험 또한 양도 가능하도록 법제를 강화하는 부분이 골칫거리로 남았다.)[22]

순식간에 '국제 화폐'가 생겨났다. 무역에 조달된 총 화폐가치는 실제 물리적인 교역 상품 가치보다 수백 배 컸다.[23] 이제 무역 상인은 지역 구매자 및 공급자와 씨름하는 대신 안트베르펜 증권거래소에서 IOU 또는 환어음을 팔아 다음 인도 원정 때 후추를 살 돈을 마련할 수 있었다. 공공 자본시장의 놀라운 유동성 덕분에 손쉽게 자금을 조달하고 위험을 회피하고 상품의 현재 시세를 알 수 있게 된 것이다. 주식시장에 내다 판 어음은 무역상이 소유한 선박 중 한 척이 항구에 도착하기 전에 통상적으로 평균 20차례 거래됐다. 수백 번 거래되는 경우도 드문 일은 아니었다. 때로는 차익을 보거나 손실을 줄이기 위해 어음을 거래했고(후추 가격은 불안정하기로 악명 높았다), 때로는 다른 일로 급전이 필요한 사람이 어음을 사기도 했다. (푸거 가문 같은) 유서 깊은 상인 가문이 발행한 어음은 마치 오늘날의 지폐처럼 이 사람에게서 저 사람에게로 유통됐다.[24]

이 모든 새로운 시장 활동은 궁극적으로 금융시장 참여가 확대되고 대륙 간 금융시장이 통합되는 결과를 낳았다. 유럽 각국에서 온 상인 5,000여 명이 상장한 유가증권이 거래됐다. 그중한 상인은 당시 안트베르펜 증권거래소 풍경을 이렇게 묘사했다. "그곳에 가면 사방에서 온갖 언어가 뒤섞여 들려오고 전 세계 패션을 한곳에 모아놓은 듯한 형형색색의 다양한 옷차림을 볼 수 있다. 한마디로 안트베르펜 증권거래소는 거대한 세계를 이루는 모든 부분이 결집된 축소판이다."[25]

더 이상 개인이 직접 무역에 관여하지 않아도 무역 이익을 얻을 수 있게 됐다. 제시된 계약 조건과 무역상의 평판이 마음에 들면 누구나 어음을 거래할 수 있었다. 기관이나 수탁인이나 소액 투자자 등 상인이 아니더라도 단기적인 금융거래에 적극적으로 참여할 수 있었다. 금융거래에 수많은 사람이 몰리면서 조달 가능한 자본은 눈덩이처럼 불어났고 덕분에 장거리 무역에 파견할 수 있는 선단 숫자도 유례없이 늘어났다. 늘어난 자본금으로 혜택을 본 것은 무역상만이 아니었다. 칼레(프랑스 북부의 항만도시 – 옮긴이)에서 오슬로에 이르기까지 지방정부도 지역 임대료와 토지를 담보로 증권거래소에서 농업, 주택, 광산, 운송 사업을 추진하는 데 필요한 대규모 자금을 조달했다.

증권 거래는 유럽의 물리적 시장도 통합시켰다. 자본시장 덕분에 금융거래의 비용과 위험이 낮아져 운송 비용과 연착이 줄어들었다. 얼마 지나지 않아 에스파냐와 포르투갈 제빵사들은 저 멀리 발트해 북부에서 재배되는 밀이 지역산 밀보다 저렴할 수도 있다는 사실을 알게 됐다. 마찬가지로 프랑스와 포르투갈에서 생산된 소금도 발트해 연안 국가들의 시장에 진출했다.

새로운 금융시장은 유럽 대륙의 경제적 부를 더 밀접하게 연결시켰다. 그 결과 새로운 위험이 출현했지만 동시에 더 많은 사람이 시대가 제시하는 기회를 더 많이 잡을 수 있게 됐다.

월스트리트에서 두바이까지

통합이 심화되고 참여가 확대될수록 규모와 위험도 급증했다. 오늘날 금융업도 상황은 마찬가지다.

어떻게 우리는 2007년 미국 부동산시장의 거품이 터지면서 세계경제가 붕괴하는 상황에 이르렀나? 1990년에 해외 자본 조달이나 해외투자는 몇몇 부자 나라에 국한된 활동이었다. 미국과 서유럽은 국제금융 활동의 중심지였다. 1999년 말 모든 국제 거래를 가치로 환산했을 때 그중 50퍼센트가 미국을 상대로 이뤄졌다.[26] 국제적 자금 이동 가운데 10분의 9는 선진국 사이에서 일어났다.[27] 신흥 시장으로 유입되거나 신흥 시장에서 유출되는 자금 이동은 미미했다. 선진국은 신흥 시장에 대한 정보가 부족했고 신흥 시장은 상황을 개선할 인프라나 전문 지식이 부족했다.

첫 번째 르네상스 시대 동안 배출 및 흡인 요인(인구 이동이 일어나게 하는 매력적인 조건 - 옮긴이)이 작용해 유럽 대륙 전체에 이탈리아의 신용 관행이 확산됐다. 1990년 이후 유사한 요인이 작용해 지구 전체에 자본시장 활동이 확산됐다. 선진국 자본이 신흥 시장으로 흡인된 가장 확실한 요인은 이번에도 경제성장 중심지의 이동이었다. 선진국의 경제성장이 둔화되면서 투자자들은 자본에 목마른 급성장 중인 개발도상국으로 눈을 돌렸다. 불과 몇 년 만에 개발도상국 경제는 더 많은 외국자본을 유인하기 위해 주요 개혁을 단행했다. 자유무역을 위해 경제를 개방했을 뿐만 아니라 국제 채권단과 투자은행가를 국내로 영입했고 더 친숙한 재정 및 통화 정책을 채택했으며 돈이 국내외로 이동하기 쉽게 만들고 귀중한 국가 자산을 민간 투자자도 살 수 있도록 시장에 내놓았다. 한편 투자자들의 오랜 텃밭이었던 선진국에서는 금리가 하락하고 경제성장이 둔화돼 투자금이 빠져나갔다.

확산은 또다시 금융 혁신을 동반했고 이로써 시장 활동 규모는 급증했다. 주요 혁신인 '증권화'와 '신용 파생 상품'은 과거와 마찬가지로 부채와 위험을 더 쉽게 양도할 수 있게 만들었다. 증권화로 채권자는 자신이 소유한 다양한 IOU(현대 금융 용어로는 채권과 주택 담보대출을 뜻한다)를 혼합했다. 예전 같았으면 로켓 과학에 몸담았을 물리학, 수학 전공자들은 금융 업계에서 '퀀트 Quant('측정할 수 있는'이라는 뜻의 quantitative와 '분석가'를 뜻하는 analyst의 합성어로 수학 및 통계에 기반해 투자 모델을 만들거나 금융시장의 변화를 예측하는 사람 – 옮긴이)라 불리며 채권자가 혼합한 금융 상품을 신중하게 평가해 극대화된 수익률을 유지하면서 동시에 총 위험 수준을 낮추는 일을 했다. 채권자는 이렇게 탄생한 최종 혼합 금융 상품을 다른 투자자에게 판매함으로써 대차대조표에서 채무를 탕감하고 더 많은 대출을 해줄 수 있었다. 신용 파생 상품은 채권자가 자신이 보유하고 있는 IOU의 채무불이행 위험에 대비해 구입하는 일종의 보험 정책이다. 채권자는 (돈을 지불하고) 기꺼이 이러한 위험을 감수할 의사가 있는 제3자에게서 신용 파생 상품을 사들였다. 만약 채무자가 최종적으로 채무를 이행하지 않으면 제3자가 채권자의 손실을 보상해줬다. 채권자 입장에서는 채무를 탕감하고 더 많은 대출을 해줄 수 있는 또 다른 방법인 셈이다.

이 2가지 금융 혁신이 야기한 중요한 결과 하나는 1990년대 중반에 서브프라임 주택 담보대출 시장이 생겨난 것이다. 그 전까지만 해도 대출 희망 고객은 현행 금리로 대출을 받을 수 있는 '프라임(우량)' 등급과 일반적으로 대출을 받을 수 없는 '서브프라임(비우량)' 등급으로 나뉘었다. 그러나 1990년대 중반에 들어서면서 채무와 위험을 떠넘길 수 있는 새로운 힘을 (그리고 복잡한 계산을 대신해줄 역대 가장 저렴하고 성능 좋은 컴퓨터를) 갖게 된 채권자가 서브프라임 등급에게도 높은 금리로 대출을 해주기 시작했다. 1995년 650억 달러였던 서브프라임 대출 규모는 2003년 3,320억 달러까지 늘어났다.[28]

규제 철폐도 한몫했다. 1986년 영국에서 마거릿 대처 수상은 고정 거래 수수료를 폐지하고 전자 상거래를 도입하는 개혁을 단행했다. 이후 수십 년간 유럽경제통화동맹은 유럽 전역에서 갈수록 자금이 더 원활하게 흐르도록 힘썼다. 1996년 미 연방준비제도는 금융기관이 신용 파생 상품을 이용해 지급준비율을 낮추도록 허가했다(이로써 금융기관은 더 많은 대출을 해줄 수 있게 됐다). 1999년에는 미국에서 '금융 서비스 현대화법'이 제정되고 1993년에 제정된 일명 '글래스 스티걸법Glass-Steagall Act'이 폐지됐다. 그 결과 은행업과 증권업의 겸업이 허용되면서 은행, 증권사, 보험사가 서로 경쟁하게 됐다.

새로운 물량과 다양성

갑자기 국제금융 이동이 활발해졌다. 1990년과 2007년 사이에 국가 간에 이동한 자금은 '연간' 약 1조 달러에서 12조 달러 이상으로 껑충 뛰었다. 20년 가까운 기간 동안 연평균 16퍼센트씩 증가한 셈이다.[29] 그러나 2007~2008년에 발생한 세계 금융 위기로 (대개 선진 경제국에서 일어나던) 국제금융 활동 상당수가 후퇴하거나 파산했으나 지금도 여전히 연간 4조 5,000억 달러 규모의 부채와 주식이 국제적으로 거래되고 있다.[30]

금융 이동은 규모가 훨씬 커졌을 뿐만 아니라 25년 전보다 훨씬 더 다양한 곳으로 움직인다.

서유럽은 아프리카, 중동, 러시아, 동유럽, 기타 아시아 지역 등 신흥 시장과 더 깊은 연계를 구축했다. 신흥 경제국 사이에서도 커다란 새로운 연결 고리가 생겨났다. 라틴아메리카는 현재 신흥 아시아 국가와 서유럽과의 투자 관계만큼 비중 있는 투자 관계를 맺었다. 1990년 기준으로 전체 5분의 1 미만이었던 개발도상국에 대한 외국인 직접투자FDI는 5분의 3으로 증가했다.[31] (FDI는 일반적으로 장기 투자이고 투자자와 피투자자 사이에 기술 및 경영 기법 이전이 이뤄지기 때문에 중요하다.) 부채, 주식, 기타 형태로 선진 경제국으로 유입되는 투자는 여전히 정체 상태지만 중국, 남아시아, 라틴아메리카, 아프리카로의 투자 유입은 벌써 세계 금융 위기 이전 수준을 회복했다.

세계 자본은 한층 더 거대하고 복잡한 투자망으로 연결됐다(도표 2-2 참조).

이 새로운 국제금융 통합 현상을 목격하기 위해 굳이 세계지도를 들여다볼 필요는 없다. 금융기관이 투자 정보만 투명하게 공시한다면 개인 포트폴리오만 들여다봐도 국제금융의 새로운 통합 현상을 확인할 수 있다. 당신의 국민연금은(미국민의 경우 401k

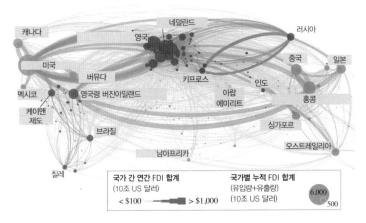

국가 간 연간 FDI 합계 (10조 US 달러)	국가별 누적 FDI 합계 (유입량+유출량) (10조 US 달러)
< $100　　> $1,000	6,000　500

| 2-2 | 국제 투자 흐름

국제금융으로 전 세계의 대차대조표가 얽히고설켰다.

출처: 라훌 바솔 교수 및 박현우, 판카즈 게마와트 및 스티븐 알트만, 2014년, DHL 세계연결지수 2014, URL: www.dhl.com/gci; 저자 범례 및 항목 추가.

는) 요크셔에 있는 풍력발전소나 몽골에 있는 금광이나 리우데자 네이루에 있는 부동산 중 하나 또는 전부에 투자됐을 가능성이 높다. 몇 년 전에 받았던 주택 융자는 현재 케이맨제도에 있는 어 떤 회사가 소유하고 있을 수도 있다. 다달이 갚는 신용카드 대금 과 학자금 대출과 자동차 (구입) 대출은 런던, 두바이, 도쿄, 요하 네스버그, 기타 다른 지역에 있는 채권 소유자에게 전달되고 있 을 수도 있다.

　오늘날 방대하고 복잡한 금융의 상호 연결성은 새로운 위험을 낳았지만 동시에 새로운 기회도 낳았다. 전 세계적으로 투자가 필요한 프로젝트와 투자자가 서로 연결될 가능성이 높아졌다. 개 발도상국에 위치한 신흥도시 700곳 이상에서 2030년까지 도로, 항구, 발전소, 상수도 및 통신 시설, 학교, 병원 등 인프라를 확충하려면 총 40조 달러가 필요할 것으로 추정된다.[32] 이들 중 초기 시설 투자 비용을 지불할 능력이 되는 국가는 거의 없을 것이다. 개발도상국 투자는 선진국 입장에서도 상부상조다. 종합해보면 여러 개발도상국이 이제 선진국이 자본을 유치해야 할 순자본 '수출국'이 됐다.[33] 캐나다처럼 자연 자원은 풍부한데 인구수는 적은 축복받은 선진국 입장에서는 좋은 소식이다. 캐나다는 2020년까지 에너지 부문에만 6,500억 달러를 투자할 것으로 추산된다.[34] 인구수가 3,500만 명밖에 안 되는 자국 내에서는 유휴자본을 투자할 곳이 마땅찮기 때문이다.

금융은 위험하다. 때때로 그 주축을 이루는 인물이나 기관이나 국가는 자신들의 실제 사회적 역할을 망각한다. 그러나 인류의 업적을 보증하기에 역사상 산업으로서 금융의 위치가 이보다 좋았던 적은 없었다.

요약하자면 세계경제에서 무역의 중요성은 25년 전보다 2배 더 커졌다. 매년 국가 간에 이동한 상품, 서비스, 자금의 총 가치가 세계 GDP에서 차지하는 비율은 1990년에 20퍼센트 남짓이었던 것이 오늘날에는 거의 40퍼센트에 이른다(돈으로 환산하면 1990년에는 연간 약 5조 달러였고 현재는 거의 30조 달러다). 이 중 개발도상국이 차지하는 비중은 3배로 뛰었다.[35] 다시금 세계경제 자원이 전 세계로 풀리고 있다. 또다시 이 새로운 흐름에 생계가 의존하는 동시에 위협받고 있다.

사람의 뒤얽힘

세계에서 가장 귀중한 자원인 사람은 어떠한가? 세계지도가 새로 그려졌을 때 인류는 서로 새로운 관계를 맺게 됐다. 오래된 여백은 새로운 통로가 됐다. 방관자는 참여자가 됐다. 여행은 가장 오래된 인간의 욕구다. 세계가 열렸을 때 사람, 즉 '우리'가 어떻게 이동했는지를 보면 그 이유를 알 수 있다.

단기 여행

첫 번째 르네상스 시대에는 여행하기에 충분한 재능과 수단이 있는 사람이라면 반드시 가봐야 할 곳이 갑자기 늘어났다. 베네치아와 파리는 오래된 상업의 중심지였고, 파도바와 볼로냐는 고등교육의 중심지였으며, 피렌체는 문화의 중심지였다. 여기에 무역과 산업의 중심지로 안트베르펜을 비롯해 대서양과 아시아로 가는 거대한 관문인 리스본, 세비야, 암스테르담이 추가됐고 (1600년 무렵에는) 런던 및 기타 여러 지역이 추가됐다. 가톨릭교회는 오랫동안 방치했던 로마를 부활시켰으며 다시 한번 모든 길은 로마로 통하게 됐다. 해안가에 위치해 유럽과 동방무역을 중개하던 베네치아는 더 큰 국제도시로 거듭났다. 베네치아에서는 유럽 전역에서 온 기독교인과 유대인과 레반트인이 날마다 서로 부대꼈고 오스만제국 사람이나 소수지만 아프리카나 극동에서 온 무역상도 마주칠 수 있었다. 그중에는 단기 방문자도 있었고 영구 거주자도 있었다. 베네치아는 비잔티움 문화와 이슬람 문화와 이탈리아 문화가 혼재하는 독특한 건축양식과 다양한 인구가 어우러진 도시로 진화했다.

　무역 교차로에 위치한 도시에는 다양한 문화가 넘쳐 났고 새로운 사람과 상품과 아이디어가 과거 어느 때보다도 많이 흘러들었다. 항구, 시장, 교회, 부유한 가문, 대학(학문 교류는 학계 공용어였던 라틴어로만 이뤄졌다)에는 다양성과 군중과 변화라는 3가지 조건이 갖춰졌다. 16세기 초반에 크라쿠프에서 유명한 야기엘로니안대학교의 경우 재학생의 40퍼센트 이상이 외국인이었다. 멀게는 스칸디나비아나 스코틀랜드에서 온 학생도 있었다. 이탈리아 파도바대학교는 매년 독일인 졸업생을 수백 명씩 배출했다. 16세기 엘리트 계층에게 이러한 도시를 방문하는 일은 필수가 됐다. 국제도시에서 이들은 급변하는 세상에서 성공하기 위해 필요한 새로운 지식과 기술을 습득하고 인맥을 쌓았다. 새로운 후원자를 만나 전문적인 발전을 꾀하고 자유분방함을 누렸다. 시대의 석학들이 나누는 대화에 참여하기 위해 새로운 언어를 배웠다. 그리스어가 주였지만 아랍어와 히브리어도 배웠다.

　오늘날 이러한 교차로 도시는 다시금 여행자로 붐비고 있다. 뉴욕, 런던, 도쿄, 파리, 싱가포르, LA, 브뤼셀, 베이징, 상파울루 같은 중심 도시 중에 어느 한 곳도 방문한 적이 없다는 글로벌 리더는 분야나 국적을 막론하고 아마 찾기 힘들 것이다. 나머지도 글로벌 리더들의 발자취를 따르고 있다. 1990년에서 2015년 사이에 전 세계 총 국제 여행객 수는 최소 하룻밤 이상 머무른 여행객 기준으로 4억 4,000만 명에서 14억 명으로 증가했으며, 현재 중국인 여행객 수가 가장 많다.[36] 항공교통도 마찬가지로 급증했다. 1990년에 5억 회 정도였던 총 여객기 운항 횟수는 2015년에

32억 회로 급증했다.[37] 게다가 2011년부터는 국제선 운항 횟수가 국내선 운항 횟수를 추월했다.[38]

국제 여행이 증가한 데는 여러 요인이 관여했다. 한 가지 요인은 북아메리카와 유럽과 아시아에서 (사우스웨스트항공, 이지젯, 라이언에어, 피치항공과 그 밖의 다른) 저가 항공이 등장한 것이다. 저가 항공이 생기면서 비행기 이용자가 크게 늘었다. 그러나 더 큰 요인은 한때 세계의 변방에 불과했던 곳이 중심지가 되면서 새로운 인구가 국제항공을 이용하게 된 것이다.

새로운 중심지의 출현은 세계에서 가장 바쁜 공항 순위를 확인하면 바로 알 수 있다. 1990년에는 (연간 이용객 기준으로) 세계에서 가장 바쁜 공항 25곳 가운데 유럽 주요 도시에 위치한 런던 히드로공항과 독일 프랑크푸르트공항을 제외한 나머지는 전부 북아메리카 지역 공항이었다. 오늘날에는 세계에서 가장 바쁜 공항 25곳 가운데 16곳이 북아메리카가 아닌 지역에 위치하며, 그중 베이징공항이 2위에 올라 있다.[39] 변화는 세계에서 가장 바쁜 공항 25곳이 전체 항공교통에서 차지하는 비중이 줄어들었다는 사실에서도 확인할 수 있다. 1990년에 전 세계 항공교통의 50퍼센트 이상이 상위 25개 공항에 집중돼 있었으나 오늘날에는 그 비율이 25퍼센트 미만으로 떨어졌다. 수많은 새로운 항로와 거점이 생겨났기 때문이다. 특히 중국의 항공교통량은 20배 증가했다.[40]

20년 전에는 비행기 탑승객의 75퍼센트가 북아메리카와 유럽 지역 출신이었다. 오늘날 비행기 탑승객은 북아메리카, 유럽, 아시아 출신이 각각 25퍼센트씩을 차지한다. '제트족jet set'이라는 용어는 여전히 여객기 이용이 소수 부유층의 전유물임을 시사하지만 향후 20년 안에 여객기 이용객은 수십억 명 이상 늘어날 것으로 전망된다. 세계 항공기 제조 업계 양대 산맥인 보잉과 에어버스는 2015년에서 2034년 사이에 아프리카에서 여객기 이용객 수가 항공 역사상 가장 빠른 속도로 증가할 것이라고 예측한다 (현재 여객기 이용객 수가 워낙 적긴 하지만 말이다). 아프리카 다음으로는 라틴아메리카, 아시아, 중동순이다. 아프리카와 라틴아메리카를 잇는 항공편이 가장 빠르게 증가할 것이다. 절대적인 숫자로 보면 아시아로 가는 항공편이 곧 공항 라운지를 점령할 것으로 예상된다. 항공기 제조사의 전망이 맞는다면 2034년 무렵에는 아시아 출신 비행기 이용객 수가 북아메리카와 유럽 출신 이용객을 합친 수보다 많아질 것으로 보인다.[41]

장기 여행과 이민

현시대에 번지고 있는 외국인 혐오 현상을 감안할 때 장기 여행객 또는 이민자는 특별한 사람들이다. 이민은 우리와 이방인을 가르는 지리적·문화적·사회경제적 거리를 정복하는 일이기 때문이다. 이민은 이민자 스스로는 물론이고 이민자가 떠나온 사회와 새로 정착한 사회에도 중대한 영향을 끼친다. 농촌에서 도시로든(도시화) 또는 고국에서 타국으로든 이민 또는 이주에는 종종 거대한 불확실성에 용감하게 맞선 영웅적 이야기가 뒤따르곤 한다.

첫 번째 르네상스 시대에는 눈에 띄게 이민이 늘어났고, 신 르네상스 시대인 오늘날에도 이민은 늘고 있다.

콜럼버스가 신대륙을 발견하기 이전에는 (국가별로 편차는 크지만) 평균적으로 유럽 인구의 10퍼센트만이 인구가 5,000명 이상인 도시 지역에 살았다. 이탈리아 같은 무역 국가는 도시화 도표에서 상위 목록을 독차지했다(15~16퍼센트). (에스파냐, 포르투갈, 브리튼 제도 같은) 유럽 변방 국가의 도시화 비율은 한 자릿수에 머물렀다.[42] 그러나 새로운 지도와 더불어 관문으로 변모한 변방 지역 도시들은 빠르게 성장하기 시작했다. 100년이 지나지 않아 포르투갈의 도시화율은 3퍼센트에서 14퍼센트로 5배 급증했다.[43] 영국의 도시화율도 2퍼센트에서 4퍼센트로 2배 증가했고, 에스파냐의 도시화율도 6퍼센트에서 11퍼센트로 2배 가까이 증가했다. 국제적인 신세계 상품 무역의 중심지가 된 에스파냐 세비야에서는 1500년에 6만~7만 명이었던 인구수가 1588년에는 최대 15만 명까지 급증했다. 수만 명이 세비야를 거쳐 아메리카로 갔다.[44] 기존 중심 도시에도 새로운 사람들이 몰려들었다. 도시는 더 확실한 수입원을 제공했고, 요새로 둘러싸여 안전을 보장했으며(1494~1559년 이탈리아 전쟁 같은 유사시에는 성벽으로 둘러싸인 도시 안이 가장 안전했다), 시골 마을보다 더 풍성한 사회적·지적 삶을 누릴 수 있게 해줬다. 무엇보다 도시, 특히 무역도시로의 이주는 지식과 시장과 기회에 더욱 가까워지는 것을 의미했다. 인구수가 10만 명 이상인 유럽 도시는 1500년에는 5곳뿐이었으나 1600년 무렵에는 12곳으로 늘어났다.

1990년에 가장 도시화된 국가는 모두 선진국이었다. 북아메리카와 오세아니아 지역에서는 인구의 약 75퍼센트가 도시에 살았고, 유럽, 라틴아메리카, 카리브해 지역에서는 인구의 70퍼센트가 도시에 살았다. 그러나 세계경제에서 변두리에 속했던 아시아와 아프리카 지역에서는 도시 거주민이 소수(30퍼센트)에 불과했다.

그렇지만 아시아와 아프리카는 더 이상 변방에 위치한 이름 없는 대륙이 아니다. 오늘날 아시아 인구의 과반수와 아프리카 인구의 40퍼센트가 도시에 거주한다. 절대적인 숫자로 보면 지난 25년간 아시아와 아프리카의 도시화율은 2배 증가했다. 다시 말해 아시아와 아프리카에서는 한 세대 만에 '지난 5,000년에 걸친' 도시인구 증가율만큼 도시인구가 증가했다.[45]

결과적으로 2008년에 인류 전체는 중요한 이정표 하나를 조용히 지나왔다. 인류 역사상 처음으로 과반수가 넘는 인구가 도시에 거주하게 된 것이다. 목전에 있는 대격변을 거부한다면 나머지 절반이 도시에 거주하는 날은 영영 오지 않을 것이다. 인간은 이제 도시 동물이다. 비록 거주 형태는 지역마다 천차만별이지만 전 세계적으로 봤을 때 미래 인구 증가는 '전부' 도시 지역에서 일어날 것이다. 2050년까지 도시인구는 25억 명가량 늘어나고 농촌인구는 1억 5,000만 명가량 '줄어들' 전망이다.[46] 도시는 모든 인간 활동의 중심이며 인류 전체가 도시로 몰려가고 있다.

어김없이 새로운 교차로가 부상하고 있다. 도쿄, 뉴욕, 런던, 토론토, 파리, 델리, 상파울루, 뭄바이, 멕시코시티, 상하이, 다카 같은 거대도시(메가시티)가 전 세계 머리기사를 장악하고 있지만 실제로는 (최소한 도시 성장과 관련해서는) 오늘날 인구수가 50만 명을 넘는 도시 700개 이상이 개발도상국에 있으며, 2030년까지 350개 도시가 새로이 인구 50만 대열에 합류할 것으로 예상된다. 다시 말해 2030년까지 도시 거주민이 13억 명 늘어날 것으로 보인다. 이에 반해 기존 대도시 거주민은 1억 명가량 늘어날 전망이다.[47]

이 새로운 교차로에 대해 우리는 어렴풋하게 알고 있을 뿐이고 그나마도 확실치 않다. 인구 500만~1,000만 명의 새로운 중심 도시는 중국 창사, 브라질 조인빌리, 멕시코 베라크루스를 포함해 150여 개다. 인구 100만~500만 명의 새로운 중간 규모 도시는 인도 아마다바드와 러시아 소치를 포함해 수백여 개에 이른다. 이들 도시는 천연자원이나 산업 단지를 중심으로 형성된 경우가 많다. 이 밖에도 헝산, 레이보, 쿠차만시티, 콘치, 카시아스, 티몬, 에스코베도, 아바솔로 등 지도에서 위치조차 파악하기 힘들 만큼 생소한 신흥 소도시는 수천 개에 이른다.

도시화 전개를 선도하는 나라는 중국이다. 1982년부터 1986년 사이에 중국 정부가 주도하던 계획 농업이 해체되면서 농촌 지역에 거주하던 잉여 노동자가 도시로 쏟아져 나왔다. 4년이라는 이 짧은 격변의 시기 동안 2억여 명이었던 중국 도시 지역 인구는 거의 4억 명으로 급증했다.[48] 중국에서 다시 한번 도시화 바람이 분 것은 1992년 이후의 일이다. 덩샤오핑은 역사적인 중국 남동쪽 해안 지역 순시에 나서며("부자가 되는 것은 영광스러운 일이다!"라고 천명한 것도 이때였을 것이다) 중국 공산당의 친시장 개혁 노선을 확고히 했고, 수출 주도형 경제성장을 꾀해 농촌 노동력을 해안가로 유인했다. 중국 주강 삼각주에 위치한 도시 선전은 현대의 세비야로 거듭났다. 1970년대에 인구 1만 명 정도가 거주하던 작은 어촌은 1979년에 경제 특구로 지정되면서 10년 만에 인구 250만 명을 넘어섰다. 덩샤오핑이 남부 해안을 방문한 이후에 이 지역 성장세는 급물살을 탔다. 2000년에 선전 인구는 800만 명을 넘어섰고 2015년에는 1,000만 명(이민 노동자까지 헤아리면 1,500만 명)을 돌파했다.[49] 선전 말고도 비슷한 수순으로 도시화가 진행된 중국 도시는 수십여 곳에 이른다. 그 결과 오늘날 절반이 넘는 중국 인구, 즉 약 8억 명이 도시에 거주한다.[50] 한 세대 만에 EU 전체 인구수와 맞먹는 거의 5억 명에 이르는 인구가 도시로 이주한 것이다.

인구 성장과 도시화를 이룩할 다음 주인공은 아프리카가 될 것이다. 현재부터 2030년까지 중국이 아니라 아프리카가 세계에서 가장 크고 빠른 도시화를 경험할 것이다. 중국의 총인구수가 13억에서 14억 명 사이에 머물러 있는 반면에, 현재 10억 명 정도인 아프리카 인구수는 16억 명까지 증가할 것으로 예상된다. 아프리카 지역 신생아 가운데 최대 5분의 4가 도시에서 태어나고, 따라서 2030년 무렵 아프리카 도시화율은 50퍼센트에 달할 것이다. 현재 아프리카에서 인구가 가장 많은 도시인 카이로는 인구 1,800만 명의 도시에서 2,400만 명의 도시로 성장할 것으로 예상된다. 그러나 그때쯤엔 라고스나 킨샤사가 인구수에서 카이로를 앞지를 수도 있다(라고스와 킨샤사의 인구수는 현재 1,200만 명에서 앞으로 2배 늘어날 전망이다).[51]

도시화는 많은 혜택을 가져다준다. 인류가 물리적으로 밀집되면 토지, 에너지, 물, 기타 자원을 이용할 때 효율성이 향상된다. 또한 사회적 관계 및 상호작용의 밀도가 높아지고 세계적으로 인류를 연결하는 물리적·디지털 인프라에 모두가 가까워진다. 도시에는 인적 자원도 집중된다. 금융 자원, 생산, 시장, 인재, 정보, 지식 창출, 이 모든 것은 도시에서 발견하고 축적하기가 훨씬 수월하다. 제반 조건만 제대로 갖춰진다면 도시화는 인류 발전에 크고 긍정적인 영향을 끼칠 수 있다. 물론 위험도 뒤따른다.

국경 넘기

첫 번째 르네상스 시대는 한 나라에서 다른 나라로 대규모 인구 이동이 일어난 시대이기도 했다. 이러한 이동은 대부분 강제적이었다.

대규모 인구 순환은 유럽 내부에서 시작됐다. 동쪽에서는 오늘날의 터키인 오스만제국이 콘스탄티노플을 점령하면서 그곳에 거주하던 그리스인 수천 명이 이탈리아 베네치아나 피렌체, 로마로 피난을 갔다. 서쪽에서는 1492년에 가톨릭 군주 페르난도와 이사벨이 한때 세력을 떨쳤던 이슬람령 알안달루스의 마지막 잔존 세력을 진압했다. 711년 이후로 북아프리카에서 건너온 이슬람교도들은 오늘날 에스파냐와 포르투갈에 해당하는 지역의 상당 부분을 점거했다. 현재 이들은 과거 고향 땅에서 환영받지 못했던 손님이 됐다. 페르난도와 이사벨은 1478년에 종교재판에 시동을 걸기 시작했다. 순수 가톨릭 통일국가를 이룩한다는 명분 아래 유대인과 이슬람교도를 재판에 회부하고 괴롭힌 끝에 결국 수만 명을 몰아냈다.* 1520년대 초반에 유럽의 나머지 지역은 또

---

* 오스만제국 통치자였던 술탄 바예지드 2세는 직접 함대를 파견해 이베리아에서 탈출한 유대인을 오스만제국 영토로 실어 날랐다. 훗날 바예지드 2세는 가톨릭교회의 반이민적 입장 덕분에 "가톨릭 국가는 가난해졌고 오스만제국은 부강해졌다."라고 말했다.

다른 인구 유입을 경험했다. 이번에는 루터의 종교개혁 때문에 본래 살던 곳에서 쫓겨난 사람들이었다. 기독교가 가톨릭과 개신교로 폭력적으로 분열되면서 유럽에서 서로마제국 몰락 이래로 볼 수 없었던, 그리고 제1차 세계대전이 발발하기 전까지 보지 못할 가장 큰 규모의 인구 이동이 일어났다.[52]

가장 악명 높은 대규모 이주는 대서양 노예무역이었다. 콜럼버스가 신대륙을 발견하고 몇 년 지나지 않아 시작된 이 노예무역으로 19세기 중반까지 1,100만 명이 넘는 아프리카인이 아메리카로 강제로 팔려 갔다. 해상 상품 무역과 마찬가지로 이 끔찍한 노예무역 역시 처음에는 소규모로 시작됐다. 1600년까지 아프리카 원주민 약 40만 명이 유럽인 25만 명가량이 거주하던 아메리카 식민지로 강제로 이주당했다.[53] 그러나 이는 시작에 불과했고 비인도적인 노예무역은 이후 수 세기 동안 점점 더 성행했다.

이 같은 강제 이주는 주로 경제적 이유로 일어났다. 유럽은 새로운 식민지에서 목화·커피·설탕·담배·인디고 농장 및 금광과 은광을 통해 막대한 부를 착취하길 원했다. 프랑스와 영국은 북아메리카의 새로운 경작지에 대한 소유권을 주장했다. 에스파냐와 포르투갈은 오늘날 캘리포니아에서부터 칠레까지 남쪽으로 새로운 영토를 확장했다. 유럽과 지중해에는 신세계 식민지에서 거둬들이게 될 생산물을 소비할 시장이 마련돼 있었다. 부족한 것은 인력뿐이었다. 15세기와 16세기에 이 인력난을 해결하기 위해 고안한 것이 바로 노예무역이다. 유럽은 지도에 새롭게 표시된 아프리카 해안에서 원주민을 사냥하고 포획해 대서양을 건너 아메리카 대륙으로 강제로 이주시켜 노동력을 충당했다. (아메리카 대륙에 살던 원주민을 노예로 부리는 편이 더 저렴했으나 이들은 유럽인이 옮긴 질병으로 거의 전멸했다. 3장을 참조하라.)

지난 500년간 이주(이민) 윤리는 완전히 바뀌었다. 이언 및 공저자는 『뛰어난 사람들』이라는 저서에서 피난민 같은 이주자 계층은 별다른 선택권이 없는 환경이나 처지에 놓여 고향을 버리고 떠나는 반면 오늘날 경제적 이주자들은 일반적으로 훨씬 더 자유롭게 이주 결정을 내린다고 지적했다. 경제적 이주자들은 더 높은 임금과 (스스로에게나 고향에 남은 가족들에게나) 더 나은 삶의 질을 획득할 수 있고, 그 대가로 이주 수용국의 경제성장과 역동성에 공헌한다.

또다시 새로운 자본 및 소비자 시장이 개방되면서 노동력 이동을 촉발했다. 1975년에 세계 노동력의 3분의 2는 폐쇄 경제 또는 강력한 보호주의 경제 장벽 뒤에서 신음했다. 오늘날 우리 대부분은 자유무역 체제를 지지하는 또는 최소한 표방하는 국가에서 일한다. 이러한 정치적·경제적 격변은 국가로 하여금 누구에게 이주 특권을 줄 것인가를 재고하도록 강요했다. 슬프게도 역사적 연대 및 식민지-피식민지 관계나 인종 및 국적에 따른 차별이 여전히 이민정책에 그림자를 드리우고 있다. 그러나 갈수록 이민자들이 보유한 기술이나 아이디어나 금융자본이 얼마나 자국에 도움이 되느냐가 더 중요해지고 있다.

오늘날 노동력 이동 규모가 얼마나 큰가는 보는 관점에 따라 다르다. 절대적인 수치로 보면 전 세계적으로 해외 거주 인구는 1990년에 1억 5,000만 명이었다가 현재 2억 5,000만 명으로 한 세대 만에 3분의 2 정도 증가했다.[54] 한편 전 세계 인구는 같은 기간 거의 50퍼센트 가까이 증가했다. 따라서 전 세계 인구수 대비 이민자 수는 1980년대 이후 3퍼센트 수준으로 비교적 꾸준하다.[55] 많은 나라에서 반反이민 정서가 고조되고 있다는 점을 감안할 때 이민율이 꾸준히 유지되고 있다는 사실은 약간 놀랍다.

근거 없는 공포심에 기반한 반이민 정서를 극복하고 나아가야 한다. 오늘날 우리가 사는 새로운 세상에서 인구 이동은 다시 한 번 소소한 규모로 시작되고 있다. 해외 취업 및 이민에 대한 끊임없는 규제는 지구상에서 이동하는 모든 자원을 통틀어 사람의 이동을 가장 어렵게 만들고 있다.

하지만 뜻이 있는 곳에 길이 있기 마련이다. 2004년 유럽연합은 범위를 넓혀 중앙 유럽, 동유럽, 발트해에 있는 국가까지 회원국으로 받아들이기 시작했다. 유럽연합 확장으로 해당 국가 국민들은 그토록 염원했으나 거부당했던 인구 이동권을 마침내 얻었다. 2015년 기준으로 유럽연합 시민 가운데 출생 국가가 아닌 다른 국가에 거주하고 있는 시민 수는 1,400만 명이 넘는다.[56] 세계적으로 매년 1,700만 명이 새로운 나라로 이주하고, 이를 위해 발급받는 비자의 범주도 다양하다.[57] 해마다 세계 곳곳에서 가족 단위 이민이 늘고 있다(도표 2-3 참조).

이민자 덕분에 비이민자에게도 혜택이 돌아간다. 미국에서는 그야말로 세계 모든 나라에서 온 합법적 이민자 수가 거의 5,000만 명에 이르며 불법 이민자 수는 1,100만 명에 이를 것으로 추산된다.[58] 자유로운 이민을 허가할 때 생기는 이익과 비용은 많은 나라에서 치열한 정치적 쟁점이다. 그러나 경제학자들 사이에선 이민자가 혁신 및 미래 일자리의 주요 공급원이며, 자유로운 이

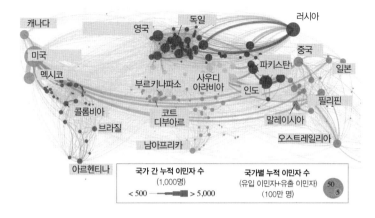

국가 간 누적 이민자 수 (1,000명)	국가별 누적 이민자 수 (유입 이민자+유출 이민자) (100만 명)
< 500 ━━━■■▶ > 5,000	50 5

| 2–3 | 국제 이민 흐름

전 세계적으로 이민에 따른 인구 이동이 일어나 모든 지역이 서로 연결되고 있다.

이미지 출처: 라훌 바솔 교수 및 박현우, 판카즈 게마와트 및 스티븐 알트만, 2014년, DHL 세계연결
지수 2014, URL: www.dhl.com/gci; 저자 범례 및 항목 추가.

민을 허가하면 경제가 성장하고 혁신이 촉발되며 빈곤이 감소할
것이라는 데에 사실상 의견의 일치를 보고 있다.

평균적으로 내국인 노동자보다 비숙련 및 반숙련 이민 노동
자를 고용하는 것이 고용주와 정부 입장에서는 더 이득이다. 이
민 노동자에게 제공하는 임금 및 복지 혜택 수준이 대체로 더 낮
기 때문이다. 이민자는 세계적으로 의료 서비스, 유아 및 노인 돌
봄 서비스, (힘든 제철 농사일을 통해) 과일과 채소를 더 저렴한 가
격에 공급한다. 이민자는 점점 더 많은 내국인이(특히 대학 교육
에 대한 보상을 기대하는 고학력자가) 꺼리는 육체노동을 공급한
다. 게다가 세금도 납부한다. (영국 사례를 다룬 한 주요 연구 결과를
보면 21세기 들어서 첫 10년간 이민자는 국가에서 받은 복지 혜택보
다 세금으로 1,500억 달러가량을 더 납부했다. 반면 영국 국민은 국가

에 1조 달러의 손실을 입혔다.)[59] 이민자는 일반 시민보다 연령대가 젊고 일자리를 찾을 가능성이 높기 때문에 이민 수용국의 고령화 현상을 완화하는 데도 도움이 된다. 고령화는 선진국 대부분이 겪고 있는 심각한 문제다. 인구가 고령화될수록 나머지 근로인구가 짊어져야 하는 복지 부담이 무거워지기 때문이다. (유럽의 고령화 문제는 심각하다. 현재 복지 수준을 유지하려면 지금부터 2050년까지 이민 근로자 14억 명을 더 수용해야 할 것으로 추산된다. 그러나 현실에서는 이민자 수가 완만히 증가하고 복지 수준이 꾸준히 감소할 가능성이 더 높다.)

이민자는 희소 노동력을 제공하기도 한다. 미국의 과학 및 공학 분야 노동력의 3분의 2는 이민자이며, IT 분야 일자리의 10퍼센트는 자격 기준을 충족하는 인력을 찾지 못해 미채용 상태로 남아 있다. 영국의 경우 이민자가 전체 노동인구에서 차지하는 비율은 12퍼센트 정도지만 신규 일자리에서는 '절반'을 이민자가 차지한다. 이유는 이민자가 국내 인력으로는 충당할 수 없는 기술을 보유하고 있거나 아무도 원치 않는 일자리에서 일을 하거나 둘 중 하나다.[60]

이민자는 무엇보다 사회에 새로운 분위기를 불어넣는 존재다. 이민자는 고국의 문화와 언어와 아이디어를 함께 가지고 들어오며 고국에 있는 유용한 네트워크에 이민국을 연결해준다. 게다가 이민자는 새로운 나라로 이민을 결심하고 단행하는 과정에서 증명한 용기와 능력을 직장에서도 그대로 보여준다. 구글(알파벳), 인텔, 페이팔, 테슬라 창업자는 전부 이민자다. 2005년 기준, 실리콘밸리에 있는 전체 스타트업의 52퍼센트와 지난 10년간 미국에서 창립된 '모든' 기술 및 공학 분야 기업의 25퍼센트는 이민자가 이끌고 있다. 미국인 노벨상 수상자 수, 미 국립과학아카데미 회원수, 오스카상 수상 감독 수에서 미국 출생자보다 3배 더 많다.[61]

일부 경제학자는 제1차 세계대전이 발발하기 전(전 세계 노동력이 자유롭게 이동했던 당시)의 이민정책 기조로 돌아가면 향후 25년간 세계경제에서 현재 미국 GDP의 2.6배에 해당하는 40조 달러를 창출할 수 있을 뿐만 아니라 빈곤 또한 끝낼 수 있다고 주장한다.[62] 1872년 영국 국무장관이었던 로드 그랜빌은 "모든 외국인이 아무런 제한 없이 입국하고 거주할 수 있는 권리를 가진다."라는 공식 성명을 발표했다. 그러자 세계열강이 잇달아 여권 없이 입국을 허가하고 이민자 수 제한을 철폐했다. 현재 정치 상황을 감안할 때 자유로운 이민을 보장하는 정책 기조가 조만간 회복될 가능성은 낮다. 그러나 국가 이민정책과는 별도로 국경을 넘는 사람 수는 분명히 계속 늘어날 것이다.[63]

이민을 결심하게 하는 첫 번째 동인은 재정이다. 개발도상국에서 미국으로 온 이민자의 경우 평균적으로 연봉이 5배 증가한다. 두 번째 동인은 세계적인 발전과 인구 성장이다. 사하라사막 이남 아프리카, 남아시아, 동아시아는 현재 빈곤의 덫에서 빠져나오고 있으며 조만간 세계에서 가장 큰 (그리고 점차적으로 가장 유능한) 노동인구를 구축하게 될 것이다. 세 번째 동인은 절망이다. 재난과 박해로 더 이상 고국에서 안전을 보장받을 수 없게 된 개인은 어쩔 수 없이 이민을 택한다. 2015년에만 시리아 내전을 피해 난민 수백만 명이 이웃 국가인 레바논과 요르단과 터키로 쏟아져 들어왔다. 또 다른 100만 명 넘는 난민은 유럽으로 피신했다. 유럽에서 시리아 난민들은 리비아, 에리트레아, 이라크, 아프가니스탄 난민들과 조우했고, 유럽은 제2차 세계대전 이래로 최대 난민 사태를 겪고 있다.[64]

첫 번째 르네상스 시대에 인류는 최초로 세계적 자아를 목격했다. 다양하고 강하지만 동시에 연약한 자아였다. 그로부터 수십 년간 서로 담을 쌓고 지내다가 이제야 비로소 우리는 이 세계적 자아를 다시 마주하고 있다. 여행자와 이민자가 소수에서 다수로 늘어남에 따라 이들이 전 세계에 퍼뜨리는 노동, 문화, 언어, 네트워크가 우리 모두를 변화시킬 것이다.

기술의 뒤얽힘

새로운 선박

새로운 세계적 이동은 그냥 일어나지 않는다. 과거 르네상스 시대에 새로운 지도는 문제와 기회를 모두 제시했다. 유럽의 군주와 은행가와 모험가는 막대한 자원에 집중했고 위험을 감수했다. 장거리 무역 및 탐험으로 어려움을 극복하고 그 혜택을 누릴 수 있길 바란 것이다. 선박 설계에서 (아마도 중국에서 차용한 기술 덕분에) 혁신이 꽃피었다.[65] (오스만제국에서 차용한 것이 분명한) 새로운 돛과 새로운 키 덕분에 속도와 조종성이 향상됐다. 선박의 크기 또한 커졌다. 큰 선박일수록 넓은 바다를 항해하기에 더 적합했고 (화물 적재량이 선원을 고용하는 데 드는 비용보다 더 빠른 속도로 늘어났기 때문에) 더 높은 수익을 올릴 수 있었다. 1600년에는 평균 선박의 화물 적재량이 300톤에서 1,000톤으로 급증했다.[66] 유럽은 또한 계속해서 중국 화약을 활용한 신무기를 개발했고 무역선을 호송하도록 화약 무기를 잔뜩 탑재한 갈레온선을 개발했다.

새로운 도구와 기술로 항해에 혁명이 일어났다. 콜럼버스는 자신이 탄 배의 정확한 위도나 경도도 알지 못한 채 대서양을 건넜다. 최선을 기원하며 서쪽으로만 항해했고 그러다가 히스파니올라 섬을 처음 발견했을 때 일본으로 착각했다(예상 항로에서 6,000마일, 즉 1만 킬로미터 정도 벗어나 있었기 때문이다).* 천문학자들과 수학자들은 곧바로 이 문제에 착수했고 수십 년 만에 모든 항해사가 새로운 천문 관측 장치를 이용해 태양의 높이를(밤에는 북극성의 높이를) 측정함으로써 자신의 위도를 파악할 수 있게 됐다.** (또다시 이슬람 문명과의 협력이 열쇠가 됐다. 1400년대에 오스만제국은 유럽에 기존 수판을 대체할 아라비아숫자 체계와 더 발전한 대수

---

* 1499년에 아메리카 대륙을 탐험하고 『신세계(Novus Orbis)』라는 저서를 출간해 아메리카 대륙이 바로 신대륙이라는 '아하!'의 통찰을 대중에게 널리 알린 사람은 아메리고 베스푸치였다. 지도 제작자들은 아메리고 베스푸치의 이름을 따서 신대륙을 '아메리카'라고 명명했다.

** 경도를 파악하기까지는 더 오랜 시간이 걸렸다. 레이다나 GPS나 위성 없이 바다에서 경도를 알 수 있는 가장 간단한 방법은 배가 위치한 곳의 현지 시간과 경도를 알고 있는 지역의 현지 시간과 비교한 다음 그 차이만큼 시간당 15°씩 더하거나 빼는 것이다. 유감스럽게도 바다에서 시간을 알 수 있는 시계는 1763년에야 발명됐다.

학을 전파했다. 이때 전파된 대수학이 없었다면 위도 표를 작성할 수 없었을 것이다.)[67] 1533년에는 레이네루스 젬마가 개발한 삼각측량 덕분에 육로 탐사가 크게 발전했다.[68] 항해술 및 탐사술이 발달하면 지도가 정교해진다. 1569년에 탄생한 메르카토르의 세계 지도가 바로 그 최종 결과물이다.

사업 기술 또한 변화했다. 무역량이 늘면서 무역이 수월하게 이뤄지도록 지원하는 신종 서비스 산업이 등장했다. 해양 및 육로 수송은 상인 각자가 소유한 선박이나 화물 기차와 고용 선원을 스스로 조직해야 했던 인하우스in-house 활동에서 전문 운송 회사에 위탁하는 아웃소싱 기능으로 진화했다. 전문 운송 업체는 선적량을 조직하거나 사들인 다음 무역상에게 패키지 상품으로 되팔았다. 상인은 핵심 사업에 집중하고 운임을 고정해 위험을 줄일 수 있었다. 소규모 무역상에게는 진입 장벽이 낮아졌다. 선박을 통째로 사들이는 대신 서비스 제공업자에게서 선적 공간을 조금씩 살 수 있게 됐기 때문이다.[69]

마찬가지로 중개인도 영업 및 판매 서비스에서 새로운 시장을 창출했다. 거대한 상인 가문은 가문을 대신해 주요 도시에서 사업을 하고 정보를 관리하는 주재원들과 네트워크를 유지했다. 상대적으로 규모가 작은 회사로서는 감당할 수 없는 사업 기반이었다. 이 틈새를 중개인이 파고들었다. 중개인은 사용한 만큼 요금을 지불하는 조건으로 여러 고객과 계약을 맺어 거액의 고정비용을 소액 서비스 요금으로 분할했다. 이러한 여러 신종 서비스 산업 덕분에 작은 회사도 원거리에 있는 여러 시장과 무역 거래를 할 수 있었다.[70]

더 새로운 선박

새로운 기술은 오늘날에도 똑같은 역할을 수행한다. 덕분에 더 많은 다양한 상품과 서비스와 사람이 유통된다. 하늘에서는 항공우주산업이 발달해 비행기 운항 범위가 확대되고 운항 비용 및 환경 비용은 낮아졌다. 이제 지구상에 있는 어떠한 두 도시를 여행하더라도 하루면 갈 수 있고 우리 대부분이 그 비용을 감당할 수 있다. 미국에서 비행기 운임은 지난 30년간 40퍼센트나 떨어졌다.[71]

육지에서는 자동차부터 콜라 자판기에 이르기까지 모든 사물에 칩이나 컴퓨터를 내장해 데이터망에 연결하는 '사물 인터넷'이 출현했다. 즉 사물 인터넷은 물리적 세계에 존재하는 점점 더 많은 사물이 디지털 속성을 부여받게 되리라는 사실을 의미한다. 이러한 사물은 컴퓨터와 로봇을 통해 인간의 능력을 훨씬 뛰어넘는 용량과 속도와 효율성으로 이동할 수 있다. 오늘날 세계에서 인터넷에 연결된 사물 수는 150억 개에 이른다. 2020년이 되면 이 숫자는 500억 개로 늘어날 것이다.[72] 예를 들어 한국 서울에서는 대중교통 시스템 전체, 즉 모든 버스, 택시, 기차, 공공 자전거가 인터넷에 연결돼 있다.[73] 이때 기대할 수 있는 효과는 네트워크상의 모든 사용자 및 '기기'가 컴퓨터의 도움을 받아 결정을 내림으로써 이동 시간이 단축되고 도로 혼잡이 해소되는 것이다.

사물 인터넷은 땅에서 이동하는 물자의 물량과 다양성에 혁신을 불러올 것이다. 이렇게 단언할 수 있는 이유는 이미 사물 인터넷이 바다에서 일으킨 변화를 목격했기 때문이다. 현재까지 새로운 세계적 흐름을 가능케 하는 데 가장 크게 기여한 새로운 기술이 바로 사물 인터넷이다. '컨테이너화'는 자동차부터 크레용에 이르기까지 모든 상품을 추적 가능한 동일한 상자에 포장함으로써 수송을 디지털화했다. 이 혁명은 1956년에 컨테이너선이 발명되면서 시작됐고, 1990년대 초반에 이르러서는 모든 세계 주요 항구가 컨테이너를 취급했다. 오늘날 포장 화물의 90퍼센트는 컨테이너선으로 수송된다.[74] 이 단순한 상자가 그토록 강력한 이유는 화물을 싣고 내릴 때 발생하는 가장 큰 정체 현상을 해결했기 때문이다. 모든 컨테이너는 동일한 방식으로 취급할 수 있고(즉 기계가 노동력을 대부분 대체했고), 선박에서 비행기나 기차나 트럭으로 쉽고 빠르게 이적할 수 있다. 1990년에 세계적으로 컨테이너 2,500만 개가 운송됐다. 오늘날에는 해마다 거의 1억 5,000만 개의 컨테이너가 운송되고 있다.[75]

컨테이너화는 널리 알려진 이야기지만, 상대적으로 컨테이너가 이동하는 '경로'가 어떻게 바뀌었는지에 관한 이야기는 덜 알려져 있다. 이는 선박 자체가 어떻게 변했는지를 보면 가장 잘 알 수 있다. 또다시 새로운 지도가 새로운 기회를 보여줬고 선박은 더 커졌다. 과거 르네상스 시대를 지배했던 동일한 경제학이 오늘날을 지배한다. 화물 적재량이 비용보다 빠른 속도로 증가했다. 그러나 1984년에 컨테이너선의 화물 적재량이 약 5,000TEU(twenty-foot equivalent unit의 약자로, 표준 크기인 20피트 컨테이너 1대를 이르는 단위다)를 넘어섰고, 이후 12년간 같은 수준에 머물렀다.

이러한 화물 적재량 정체는 선박 제조 기술과는 무관했다. 오히려 5,000TEU가 파나마운하를 통과할 수 있는 최대 선박 규모

(이 조건에 해당하는 선박을 통틀어 '파나맥스Panamax'라고 부른다)였기 때문이다. 대서양과 태평양 연안을 잇는 세계에서 가장 중요한 운송로를 통과할 수 없는 컨테이너선은 누구도 사고 싶어 하지 않았다.

그러나 1996년에 세계에서 가장 큰 해운 회사 중 하나인 덴마크의 머스크Maersk가 이 모순에 도전하기로 결정했다. 머스크는 6,400TEU급 '포스트 파나맥스' 리자이나호를 인도받았다. 머스크는 경제의 무게중심이 변화하고 있다고 판단했다. 가장 빠르게 성장하고 있는 무역 경로는 파나마운하가 아니라 극동 지역(중국, 한국, 일본)과 아시아 호랑이 국가들(홍콩, 싱가포르, 대만)과 북아메리카·남아메리카의 서부 연안을 잇는 태평양 길과 유럽과 남아메리카를 잇는 대서양 길, (수에즈운하를 통해) 유럽과 중동 및 아시아를 잇는 인도양 길이었다.

최대 선박 규격에 대한 금기가 한번 깨지고 나자 컨테이너선 규격은 비약적으로 늘어났다. 1998년에 컨테이너선 화물 적재량은 7,000TEU 장벽을 돌파했다. 1999년에는 8,000TEU 장벽을 넘어섰다. 2003년에는 최초로 9,000TEU급 컨테이너선이 출항했고, 2005년에는 컨테이너를 적재할 수 있는 1만 TEU급 컨테이너선이 등장했다. 1만 TEU급 선박 하나에 적재할 수 있는 컨테이너를 한 줄로 늘어놓으면 그 길이가 61킬로미터에 육박한다. 당시 1만 TEU급 컨테이너선은 대단히 중요한 이정표였다. 수에즈운하를 통과할 수 있는 선박의 최대 크기, 즉 '수에즈맥스Suezmax'가 1만 TEU였기 때문이다. 이집트에 있는 수에즈운하는 지중해와 인도양을 잇는 중요한 관문이었다. 수에즈운하는 유럽에서 바스쿠 다가마가 아프리카 대륙 남단을 빙 둘러서 가야 했던 중동과 아시아를 직선거리로 연결한다. 2009년에 수에즈운하는 1만 8,000TEU급 선박이 통행할 수 있도록 확장 공사를 했다. 2015년에는 평행하는 운하를 하나 더 파서 통행량을 2배 수용할 수 있도록 확장했다. 그러나 수에즈운하도 예전만큼 중요한 교역 관문은 아니며 (2015년에 '오스카'라는 이름이 붙은 MSC사의 1만 9,200TEU급 컨테이너선 같은) 최신 컨테이너 선박은 이미 수에즈운하의 수용 한계를 넘어섰다.

컨테이너 선박의 규격은 그동안 얼마나 많은 변화가 있었는지를 단적으로 보여준다. 20년 전만 해도, 심지어 2016년 확장된 후에도, 파나마운하는 통과할 수 없고 수에즈운하는 가까스로 통과할 수 있는 (길이 400미터, 너비 59미터짜리) 초대형 선박 건조는 말도 안 되는 일이었지만 오늘날에는 말이 되고도 남는다. 세계 무역 물량이 회복되면 파나마운하와 수에즈운하를 통과할 수 없는 '말라카맥스Malacca-max' 규격의 컨테이너선을 건조하는 일도 가능해질 것이다. 차세대 세계 해운의 중심지인 말라카해협은 태평양, 중국, 극동 지역을 인도양과 연결한다. 오늘날 운송 회사로 하여금 아프리카를 우회해 수에즈운하를 통과하게 하는 논리는 머지않아 말라카해협까지 더 멀리 나아가야 한다는 논리와 경쟁하게 될 것이다. 더반, 몸바사, 다르에스살람 같은 아프리카 항구는 더 이상 변방이 아니다. 교역량이 점점 증가하고 있는 아프리카와 오세아니아, 아프리카와 남아메리카, 서아프리카와 동아프리카를 잇는 무역로에 위치한 중요한 중간 기착지다.

마지막으로 과거 르네상스 시대에 새로운 무역 중개업이 등장했듯이 오늘날에도 광고, 지불 처리, 물류 창고, 데이터 처리, 전문직 서비스, 자금 조달 등 다양한 신규 유료 서비스 플랫폼이 세계 교역 활성화에 이바지하고 있다. 이러한 신규 서비스 플랫폼은 거대 인프라를 작은 단위로 쪼개어 중소기업도 사용할 수 있도록 만들어주며 더 많은 소상인이 세계시장에 참여할 수 있도록 도와준다. 다양한 플랫폼 덕분에 베이컨향 비누부터 일본 젠 스타일 정원 설계사까지 세계적으로 다양한 틈새시장이 존재할 수 있고, 소액 대출, 소액 결제, 소단위 분업 같은 소규모 사업 모델이 가능하며, 월스트리트에서는 극초단타 매매가 이뤄질 수 있고, 세계적으로 비어 있는 일자리와 구직자가 서로 연결될 수 있다. 3D 프린터의 발명은 심지어 제조업조차 사용한 만큼 요금을 지불하는 서비스로 변하고 있음을 의미한다. 점점 더 다양한 상품군에서 값싼 디지털 설계도가 플라스틱이나 강철을 성형하는 데 필요한 값비싼 맞춤형 금형을 대체할 수 있다. 그러면 로봇이 설계도에 따라 언제 어디서든 필요할 때마다 한 번에 한 층씩 플라스틱이나 강철을 쌓아 올려서 해당 상품을 제작한다. 엔지니어는 3D 프린팅 기술을 이용해 전통적 제조업으로 생산하기에는 너무 복잡한 스페이스엑스사가 개발한 로켓엔진 부품 같은 제품도 제작할 수 있다. 그러나 자금 사정이나 규모의 경제 때문에 공장에서 시제품을 제작할 형편이 안 되는 설계자 수백만 명도 동일한 혜택을 누릴 수 있다. 이러한 '제작자 운동maker movement'이 확산되면 생산자에서 소비자에 이르는 많은 물리적 유통 과정을 제거하고 수공업자에서 모든 사람에게 이르는 새로운 디지털 유통 과정이 생겨날 수 있다.

'연결'을 뛰어넘는 '뒤얽힘'이란

우리는 서양이 왼쪽에, 동양이 오른쪽에, 나머지는 변방에 놓여 있던 1980년대 지도의 귀퉁이를 모아서 국가와 조직과 사람 간에 관계를 완전히 재편했다. 중국 광저우, 브라질 산투스, 남아프리카 더반 같은 변두리 도시를 전 세계의 상품과 자본과 사람과 아이디어가 만나고 교환되는 교역 관문으로 완전히 탈바꿈시켰다. 또한 중심을 해체했기 때문에 베이징이나 브뤼셀 또는 사이버공간에서 이뤄지는 의사 결정이 우리가 사는 국가의 수도에서 이뤄지는 의사 결정만큼이나 우리 삶을 변화시킬 수 있다. 전 세계가 손짓하고 우리는 기술을 발전시켜 속도를 높여 그 손짓을 모조리 감지할 수 있으며 실제로 감지한다.

1990년대에 세계는 '연결됐다connected'. 이 한 단어 안에 서로 간에 높아진 연관성과 새롭게 열린 기회가 가장 잘 포착됐다. 오늘날에는 연결됐다는 단어만으로는 충분하지 않다. 20년이 넘는 세월 동안 새로운 세계적 맥락에 적응한 정치적·경제적·사회적 변화를 다 담아내지 못하기 때문이다. 우리는 이제 '얽히고설켰다entangled'. 얽히고설킨 우리의 현재 상황은 3가지 측면에서 1990년대의 연결성을 뛰어넘는다.

함께 갇히다

먼저 선택할 수 있는 여지가 줄었다. '연결하다'는 개인적 이해관계에 가장 잘 부합하는 연결 고리만을 선택할 수 있음을 시사한다. 그러나 이제는 쉽게 연결을 끊을 수 없다. 새롭게 늘어난 다양성과 물량 속에는 선과 악이 함께 이동한다. 첫 번째 르네상스 시대에는 노예무역이 성행했다. 오늘날 신 르네상스 시대에는 지하경제가 성행하고 있다. 그 규모는 10조 달러를 뛰어넘을 것으로 추산된다.[76] 아마도 불법 무역 규모는 전 세계무역의 20퍼센트에 이를 것이다.[77] 돈세탁 조직, 인신매매단, 불법 무기 판매상, 유해폐기물 밀수업자, (온라인 및 실제 해상에서 활동하는) 해적은 우리에게 손해를 입히며 성장하고 있다.

사실 우리를 옥죄는 악 가운데에는 완벽하게 합법적인 것이 더 많다. 세계 자본시장은 성장을 촉진하고 기술 이전에 자금을 지원하지만 동시에 변덕스럽다. 자본시장이 변덕을 부리면 지역 전체가 갑자기 불황에 빠지기도 한다. 마찬가지로 중국 경제가 침체되면 전 세계 고용주들은 일자리와 투자를 줄일 수밖에 없다. 선박들은 세계를 누비며 해마다 대양 간에 300만~500만 세제곱킬로미터가량의 선박 평형수를 교환한다. 이 과정에서 평형수와 함께 외래종이 다른 해양생태계로 흘러들어가 토착종을 멸종시키고 서식지를 파괴한다. (미국에서만 외래 생물종의 습격으로 매년 1,200억 달러에 이르는 손실이 발생한다.)[78] 집단적인 탄소 배출로 인해 2100년까지 지구 온도가 섭씨 2도에서 4도가량 올라갈 것으로 예상된다.[79] 게다가 마르틴 루터가 의도했던 것보다 자신의 사상이 더 널리, 더 빠르게 확산되는 것을 경험했듯이 오늘날 소셜 미디어상에서 우리도 같은 경험을 하고 있다.

엉키다

'뒤얽히다'라는 단어는 '연결되다'라는 단어보다 더 엉망인 상태를 묘사하는 것처럼 들린다. 실제로도 그렇다. 오랫동안 엉킨 상태로 남아 있는 매듭도 여럿 있지만 우리를 연결하는 실 가닥이 엄청나게 늘어나면서 새롭게 엉킨 매듭이 생겨났다. 르네상스 시대에 풀리지 않았던 오래된 매듭 하나는 무지無知였다. 미신과 경험 부족은 계속해서 먼바다로 나가려는 의지를 꺾었고 최소 수 세기가 지난 다음에야 겨우 첫 항해에 나설 수 있었다. 게다가 당시 가장 진보한 지식은 여전히 라틴어에 갇혀 있었다. 라틴어를 읽을 수 없으면(대다수가 그랬다) 새로운 발견에 참여는 고사하고 관찰조차 힘들었다.

그러나 많은 사람이 현지어로 쓰인 문학작품은 읽을 수 있었고, 이로써 또 다른 매듭이 엉켰다. 바로 정체성이라는 매듭이었다. 인쇄술은 국가 정체성을 강화했다. 입말로는 수백 개의 '영어'가 존재했고 같은 영어라도 사투리끼리는 알아듣기 힘들었다. 인쇄물에는 서너 개의 영어만이 존재했다. 인쇄물이라는 더 단일화된 의사소통 분야를 통해 영어, 프랑스어, 에스파냐어, 이탈리아어, 독일어 사용자들은 점차 자신이 속한 공동체가 상상했던 것보다 훨씬 넓고 강하다는 사실을 깨달았다. 그 공동체는 다름 아닌 국가였다.[80] 국가 정체성은 영국의 문호 윌리엄 셰익스피어(1564~1616년)와 에스파냐의 문호 미겔 데 세르반테스(1547~1616년)에게 영감을 불어넣어 16세기의 가장 찬란한 문학작품이 탄생했다. 국가 정체성은 또한 내 나라와 네 나라는 대립 관계라는 민족주의 사상이 탄생하는 데도 영감을 줬다. 민족주의라는 넓고 새로운 관점을 통해 사람들은 '타자other'를 무시 또는 불신하거나 그들에게 폭력을 휘둘렀다. 같은 기간에 종교적 정체성 또한 강화됐다(그 결과, 앞서 언급했듯이 대규모 난민 이동이 일어날 수밖에 없었다).

오늘날 무지는 여전히 결속력을 좌절시켜 인류가 더 원활하게 연결되는 것을 방해한다. 근본적인 문제 하나는 서로의 언어에 대한 무지다. 과거 라틴어처럼 영어는 식자층을 연결하는 공통 언어다. 영어는 국제정치와 비즈니스와 학술 교류를 가능하게 하는 강력한 수단이다. 그러나 라틴어처럼 전 세계 인구 대부분이 (대략 75퍼센트) 영어를 못하고, 따라서 얽히고설킨 새로운 세상이 제시하는 수많은 기회를 활용하지 못한다. 인터넷이 가장 좋은 예다. 영어가 아닌 다른 언어로 쓰인 인터넷 콘텐츠가 늘어나고는 있지만 2015년 기준으로 모든 웹 사이트의 절반 이상(55퍼센트)은 여전히 영어다.[81] (영어 다음으로 가장 많은, 러시아어로 쓰인 웹 사이트는 6퍼센트에 불과하다.) 영어는 영어 사용자에게도 비사용자에게도 장벽이다. 전체 인터넷 '사용자'의 거의 25퍼센트가 표준 중국어를 사용한다.[82] 영어 사용자 역시 중국어를 모르면 중국어 사용 인구의 대화나 관심사나 생각을 공유하기 힘든 것은 피차일반이다.

정체성 또한 민족주의나 종교나 기타 형태로 남아 있는 풀기 어려운 엉킨 매듭이다. 지난 50년간 동향을 살펴보면 세계 각국은 통합은커녕 분열했다. 여러 소수 집단이 운명을 주도해나갈 수 있는 더 작고 균일한 사회를 꿈꾸며 독립을 결심했다.

정치적 통합을 이루겠다는 유럽의 야심만만한 프로젝트는 이러한 동향에서 크게 벗어난다. 오늘날 시대적 긴장은 범유럽인이라는 정체성에 생긴 균열을 노출시키고 있다. 마르틴 루터의 종교개혁이 범유럽 종교에 생긴 틈을 노출시켰던 것처럼 말이다.

독립 운동은 인류가 가장 귀중하게 여기는 가치 가운데 하나를 실현할 수 있다. 바로 자기 결정권이다. 그러나 부작용도 있다. 공식적인 국경이 늘어나면 국가별 개방정책에 따라 상품, 자본, 사람, 사상의 자유로운 이동이 좌절되기 쉽다. 더 큰 문제는 테러리즘, 내전, 인종 및 종교 청소 같은 극단적인 형태로 나타나는 폭력이다. 이러한 폭력은 때때로 분리된 정체성에 대한 추구를 동반하기도 한다. 지난 사반세기 동안 인류사에서 가장 추악하고 통제하기 힘들었던 갈등은 민족주의나 종교적 정체성을 내세울 때 일어났다. 1990년대에는 북아일랜드 분쟁, 소말리아 내전, 르완다 내전, 구 유고슬라비아 연방 붕괴, 체첸 사태가 발생했다. 21세기에는 다르푸르 분쟁, 수단 내전, 우크라이나 내전, 이라크 전쟁, 시리아 내전이 발생했다. 이스라엘과 팔레스타인 간의 분쟁이나 카슈미르를 둘러싼 인도와 파키스탄 간의 분쟁은 1990년대부터 21세기까지 내내 이어졌다. 이 밖에도 민족 갈등과 종교 갈등은 셀 수 없이 많다. 오늘날 미국과 유럽에서 가속화되고 있는 정체성 갈등은 폭력성은 훨씬 덜하지만 민주주의 정부가 의존하고 있는 시민성에 끔찍한 폭력을 휘두른다.

경쟁하다

마지막으로 '연결되다'라는 단어는 협력 정신으로 서로에게 다가간다는 의미를 포함한다. 실제로 보건, 안보, 경제, 환경 같은 국제 문제를 놓고 점점 더 많은 협력이 이뤄졌다. 이를테면 세상을 계속 환하게 유지해주는 세계 에너지 무역은 지정학적 격차를 초

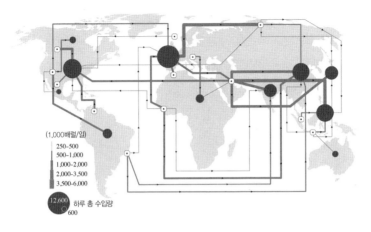

(1,000배럴/일)

250–500
500–1,000
1,000–2,000
2,000–3,500
3,500–6,000

12,600 하루 총 수입량
600

| 2-4 | 국제 석유 흐름

세계 석유 거래는 많은 지정학적 격차를 거부한다.

출처: BP, 2015년, 「세계 에너지에 대한 통계학적 검토(Statistical Review of World Energy)」(64번째 개정판), 런던: BP.

월한 상호 의존성을 배반한다(도표 2-4 참조). 2015년 파리 기후 협정에서 195개국이 21세기에는 대체 연료를 사용해야 한다는 과학적 합의에 도달했다.

그러나 대립 또한 서로에게 다가가도록 부추긴다. 전 세계를 새로운 눈으로 볼지라도 우리 몫을 통제해야 한다는 욕구나 그 몫을 나눠 가져야 하는 타자에 대한 의심은 여전히 남아 있다.

물론 첫 번째 르네상스 시대에 유럽이 일군 모든 영토 '발견 discovery'은 유럽이 소유권을 주장하기 훨씬 이전부터 그 땅에 발붙이고 살아온 원주민들에 맞선 대립이었다. 새로운 땅에 대한 소유권을 둘러싸고 유럽 내부에서도 대립이 발생했다. 신세계를 발견하자마자 에스파냐와 포르투갈은 신세계의 소유권을 둘러싸고 법적 분쟁을 벌였다. 콜럼버스는 에스파냐를 대표해 떠난 항해에서 신대륙을 발견했지만 그 이전, 탐험의 주요 축이 여전히 남북이었던 1479년에 에스파냐가 "카나리아제도 이남에 있는" 모든 땅을 포르투갈에 양도한다는 조약에 서명했던 것이 분쟁의 불씨가 됐다(이 조약대로라면 콜럼버스의 '발견'은 포르투갈 소유가 된다). 결국 에스파냐와 포르투갈은 1494년에 토르데시야스조약을 새롭게 맺고 "카보베르데제도 기준으로 서쪽에 370리그 경선"을 그은 후 이 경계선을 기준으로 영토를 나눠 갖기로 했다. 서쪽에서 발견되는 모든 영토는 에스파냐가 소유하고 동쪽에서 발견되는 모든 영토는 포르투갈이 소유하기로 한 것이다. (1500년에 발견된 남아메리카 동쪽 지점은 경계선 동쪽에 있었다. 오늘날 브라질인들이 이웃 국가의 언어인 에스파냐어가 아니라 포르투갈어를 사용하는 이유다.) 물론 가상의 배 2척이 이 경계선에서 출발해 서로 반대 방향으로 항해한다면 180도 지점에서 다시 만날 것이다. 지도 제작자들로 하여금 세계지도를 다시 만들도록 이끌었으며, 마젤란이 대담한 항해를 떠나도록 부추겼고, 유럽 엘리트 계층이 세상을 진정한 구체로 보도록 영감을 줬던 것이 바로 이 대립이었다. 이로써 에스파냐와 포르투갈은 세계의 '반대편'에 경계선을 그었다(그리고 상업적으로 중요한 향료제도가 어느 쪽의 영토에 속하는지를 알아냈다). 르네상스 시대는 세계를 발견했을 뿐만 아니라 분열시키기도 했다.

오늘날 대립과 의심은 세계적 야망을 품은 우리 가슴속에 여전히 남아 있다. 민주주의와 시장경제의 확산은 국가를 연결하고 인류 복지를 증진시켰지만 또한 후기 냉전 질서에 러시아를 가둔 채 미국과 유럽의 이해관계만을 불균형하게 발전시켰다. 동유럽에 흩어진 러시아어 사용자가 러시아라는 나라와도 연결돼 있다는 사실을 일깨워주지만 동시에 크렘린궁전에 이웃 나라의 정치에 관여할 빌미를 제공하기도 한다. 미국, 캐나다, 러시아, 덴마크는 지구상에서 가장 멀고 냉혹한 영토 중 하나인 북극해 심해 지도를 만들고자 협력한다. 그러나 이 국제 협력의 궁극적인 목적은 북극해에 매장된 석유와 광물질 자원에 대한 주권을 나눠 갖는 것이다.

정치적·경제적·사회적 관점에서 새로운 세상은 오래된 세상과 구분되지 않는다. 새로운 세상은 선택과 부담, 디딤대와 장애물, 상호 의존성과 갈등이 세계적으로 뒤엉켜 우리 모두를 함정에 빠뜨린다. 다음 장에서는 왜 지금 이 세계가 살아 있기 가장 좋은 시대인지를 보여줄 것이다.

3장

가능성으로 가득 찬 신인류, 비트루비안 맨

인류의 건강, 보건, 교육은

어떻게 새로운 정점을 찍었나

금세기에 우리는 우리 선조들이 지난 14세기에 걸쳐 목격했던 것보다
더 많은 발전을 목격했다.

- 페트뤼 라무스(1515~1572년)[1]

첫 번째 르네상스 시대를 장악했던 큰 사상 가운데 하나는 결국
나중에 '진보'라고 불리게 됐다. 눈에 보이는 수많은 변화 가운데
서 광범위한 철학적 변화가 시작됐다. 그 전에는 인간을 존재의
거대한 사슬Great Chain of Being에서 (신과 악마 사이에) 고정된 중간
자로 봤다면 이제는 그 사슬을 끊고 운명을 스스로 결정하는 존
재로 보기 시작한 것이다. 이는 사상사에서 중요한 진전이었고,
중세와 초기 근대를 구분하는 부분적인 기준이 됐다.*

인류가 스스로의 발전 가능성을 새로이 감지하기 시작했다는
사실은 조반니 피코 델라 미란돌라(1463~1494년)가 1486년에
쓴 「인간 존엄성에 관한 연설」에 잘 나타나 있다.

다른 모든 피조물의 본질은 [하느님이] 내린 율법 안에서 정의되고
제한됩니다. 대조적으로 여러분은 (……) 자신의 존재를 스스로 형

---

* 최근에 학자 크레이그 트루글리아는 1106년 무렵에 이슬람 철학자 알 가잘리가
(페트뤼 라무스와) 동일한 획기적인 결론에 도달했다고 밝혔다.

성해나가는 자유롭고 자랑스러운 주체로서 자신이 선호하는 형상 대로 살 수 있습니다. 저급하고 야만적인 존재로 내려가는 것〔이나〕 (……) 신성하고 우월한 질서로 올라가는 것이나 여러분의 능력 안에 있는 일입니다.[2]

연설문 전문은 '르네상스 선언'이라고 일컬어지기도 한다. 첫 번째 이유는 그 기원 때문이다. 연설문은 당시 새로 연결된 시대의 학술적 화신이라 할 수 있었다. 피코는 볼로냐에서 (라틴어로) 교회법을 공부했고 파도바에서 (그리스어로) 그리스철학을 공부했으며 피렌체와 파리에서 히브리어와 아람어와 아랍어를 습득했다. 피코의 목표는 기독교 사상, 그리스철학, 유대교 사상, 기타 사상의 갈래를 하나로 묶어주는 인간의 본성을 근원적으로 밝히는 철학을 발견하는 것이었다. 두 번째 이유는 근대적 주제 의식이 분명하기 때문이다. 연설문에서 피코는 인간은 노력만 한다면 더 높은 존재가 될 수 있다고 주장했다.[3]

피코의 연설문은 르네상스 시대를 대표하는 이미지인 레오나르도 다빈치의 1490년 추정 작품 〈비트루비안 맨Vitruvian Man〉과 상징적으로 유사하다(그림 3-1 참조). 조화롭고 완벽한 동그라미는 천체Heaven를 상징한다. 사각형의 네 귀퉁이는 4원소와 사계절로 이뤄진 지구를 상징한다.[4] 레오나르도 다빈치는 동그라미와 사각형의 정중앙에 인간을 배치함으로써 천체와 지구를 장악할 수 있는 인간의 능력을 알리고, 타고난 인간의 형상 안에 내재한 신성한 잠재력을 깨달으라고 촉구한다. 우리는 본다. 우리가 무엇이 될 수 있는지를 본다.

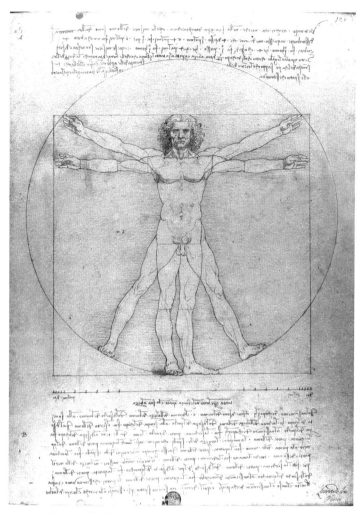

| 3-1 | 가능성으로 가득한 형상

레오나르도 다빈치, 1490년 추정, 〈비트루비안 맨〉, 이탈리아 베네치아 아카데미아미술관 소장.

비참한 극빈층이 풍요로운 중산층으로

레오나르도 다빈치의 예술적 전망은 실제로 실현됐다. 물질적인 복지, 즉 보건과 부의 관점에서 르네상스 시대에 유럽은 새로운 정점을 찍었다. 직전 세기와 비교하면 이러한 발전은 특히 두드러졌다.

최악의 시대

1346년에 아시아에서 온 몽골 군대가 (오늘날 크림반도에 위치한) 항구도시 카파를 포위했다. 그들은 끔찍하고 치명적인 전염병을 퍼뜨렸다. 당시 상황은 다음과 같이 전해진다. 몽골군은 "대포에 시체를 장전하고 도시 안으로 발사해 성벽 안에 있는 모든 사람이 참을 수 없는 악취로 죽어나가길 바랐다. (……) 얼마 지나지 않아 공기 중에 시체 썩는 냄새가 진동했고 물 공급원이 오염됐다. 악취가 너무 심해서 (몽골)군의 시체 더미를 피해 달아날 수 있는 사람은 수천 명 중에 겨우 한 명 있을까 말까 했다."[5] 아마도 이때 가까스로 탈출에 성공한 사람들이 인류 역사상 가장 치명적인 전염병을 지중해 연안까지 퍼뜨렸을 것이다.

흑사병으로 알려진 이 전염병은 1347년부터 1353년까지 유럽에서 7,500만 명 이상을 죽음으로 내몰았다. 유럽 인구의 최소 3분의 1에서 최대 절반에 해당하는 수다.[6] 멀리 떨어진 영국에서도 인구의 30~50퍼센트가량이 흑사병으로 죽었다.[7] 지중해 지역이 입은 피해는 더 극심했다. 12만 명가량이었던 피렌체 인구는 흑사병이 휩쓸고 지나간 이후 3분의 1 수준인 4만 명으로 감소

했다.[8]

흑사병과 전쟁(특히 1337년부터 1453년까지 프랑스와 영국 사이에 벌어졌던 백년전쟁과 1352년부터 시작된 오스만제국의 정복 전쟁)으로 인구가 감소하고 영토가 황폐해지면서 유럽 전역에서 경제 활동이 침체됐다. 농사지을 소작농이 부족해 식량 생산량이 감소했다. 전염병을 피해 살아남은 사람들은 굶주림으로 신음했다. 심지어 돈도 부족해졌다. 유럽 대륙의 광물자원은 고갈 직전이었고 오스만제국과의 전쟁으로 통상 해오던 서아프리카 황금해안과의 금괴 거래도 여의치 않았다. 왕실은 국제적 부채의 무게에 짓눌려 있었다.

살아 있는 것이 위험하고 때때로 비참했던 시절이었다.

최고의 시절

1450년 무렵 유럽은 비로소 암흑기를 빠져나오기 시작했다. 거의 같은 시기인 1453년에 프랑스와 영국은 장장 한 세기 만에 잠정적인 휴전협정을 체결했고, 이탈리아 열강(밀라노, 베네치아, 피렌체, 나폴리, 교황청)은 상호 불가침조약(로디 화약)을 맺었다. 덕분에 유럽은 평화가 허락하는 경제적 혜택을 누릴 수 있었다. 자연적인 면역이 생겨나 최악의 전염병이 수그러들자 유럽에는 수는 적지만 대륙의 평화를 재건할 능력을 갖춘 더 젊고 더 건강한 인구만 남았다.

흑사병 생존자들의 생활수준은 사회 밑바닥에서 위로 껑충 뛰어올랐다. 소작농 계층에서 일어난 급격한 인구 변화로 커다란 구조적 변화가 일어날 수밖에 없는 상황이 됐다. 한때 생산적이었던 경작지는 경작할 사람이 부족해 잡초만 무성했다. 노동력을 끌어올리기 위해 지주는 토지 임대료를 낮추고 생활 조건을 개선해줘야 했다. 프랑스 같은 일부 지역에서는 왕이 나서서 버려진 경작지도 되살리고 새로운 땅을 일궈 총 농업 생산량도 늘릴 겸 소작농에게 토지 일부를 완전히 증여했다. (이는 왕에게도 이득이었다. 토지는 경작되고 소작농은 배부르고 국고는 새로운 세원稅源을 확보했다. 게다가 소작농은 귀족보다 더 고분고분하고 순종적으로 세금을 납부했다.)[9] 서유럽 대부분의 지역에서 지주가 소유한 땅을 소작농이 경작하던 봉건제도가 점차 사라지고 새로운 체제가 확산됐다. 점점 더 많은 소작농이 직접 토지를 임대하거나 소유했고 남는 시간에는 잉여 농산물을 시장에 내다 팔았다.

새로운 산업 및 무역 관계 또한 소작농의 복지를 향상시켰다. 농촌 지역에 사는 소작농 대부분은 처음으로 자신의 노동력을 스스로 소유하게 됐고, 회복기에 있던 도시 산업은 이 새로운 (저렴한) 노동력에게 일자리를 제공했다. 농번기가 아닐 때 소작농들은 가까운 도시로 나가 상인들에게 돈을 받고 방적기를 돌리거나 공예품을 생산했다. 한편 식단도 서서히 개선됐다. 고구마, 땅콩, 다양한 콩, 사탕수수, 옥수수(1540년 이후) 등 더 영양가 있고 칼로리도 높은 신세계 작물이 유럽인(과 중국인, 인도인, 아프리카인)의 배 속으로 들어갔다.[10] 이후 200년 동안 농작물 교환으로 유럽인은 엄청나게 건강해졌다(1560년 이후에 들어온 담배는 예외다). 유럽 인구수는 다시 도약했고 1570년 무렵에는 흑사병 이전 수준을 회복했다.[11]

오래된 항로를 따라 무역 또한 재개됐고 대륙 간 무역이 새롭게 부상했다. 이러저러한 요인으로 농산물 및 상품 수요는 꾸준히 증가했다. 도시와 농촌 간에 무역망이 개선되고 발전된 농업기술이 보다 널리 확산되면서 일부 지역 소작농은 토지 일부 또는 전부를 전환해 밀 같은 자급자족용 작물 대신 와인 양조용 포도 같은 고부가가치 작물을 재배하기 시작했다.

새로운 환경을 잘 이용한 이들은 꽤 안정적인 생활수준을 누릴 수 있게 됐다. 일부 능력 있는 이들 중에서는 일종의 귀족 소작농 계층도 등장했다. 그중 상당수는 집을 짓고 살았고 이때 지어진 집들이 여전히 서유럽의 풍경을 수놓고 있다(사진 3-2 참조, 개중에는 21세기 중산층의 구매력을 훌쩍 넘어서는 집도 더러 있다).

도시의 삶도 나아졌다. 그 선봉에는 이탈리아의 지중해 도시가 있었다. 이들 도시에는 자원은 부족했지만 기회가 풍부했다. 베네치아와 피렌체 같은 도시는 유럽의 나머지 지역보다 훨씬 앞선 물리적 인프라와 무역, 상업, 금융업을 위한 사회 시스템을 구축하고 있었기 때문에 유럽 대륙의 운명이 호전되는 순간 가장 먼저 그 혜택을 누릴 수 있었다.

베네치아는 유럽 향료 수입을 독점했다. 베네치아는 아시아와 레반트에서 도자기, 보석, 향수, 비단, 기타 사치품이 들어오는 주요 항구이자 양모와 실크, 유리 세공품과 은세공품, 비누, 범선의 주요 생산지이기도 했다. 또한 1500년까지는 도서 출판 분야의 세계적 중심지였다. 수 세기 동안 메디치 가문의 고향이었던 피렌체는 유럽 최고의 금융 중심지 가운데 하나였다. 1500년까지 이탈리아는 지구상에서 가장 높은 1인당 GDP를 자랑했다. 이탈리아인은 서유럽인 평균보다 30퍼센트 정도 더 부유했으며 오스

| 3-2 | 소작농의 집

1480년경 지어진 한 부유한 소작농의 집으로, 현재에도 여전히 영국 워릭셔주에 남아 있다.

사진 출처: 내트 알콕 및 댄 마일스, 2012년, 〈영국 미들랜드에 있는 중세 소작농의 집〉, 옥스퍼드: 옥스보우북스.

만제국과 이집트와 일본 제국의 시민보다는 1인당 약 2.5배 더 부유했다.[12]

첫 번째 르네상스 시대에는 이러한 부富가 지중해를 넘어 유럽의 다른 지역으로 전파됐다. 신항로 개척으로 에스파냐와 포르투갈은 순식간에 엄청난 부를 창출했다. 대부분은 왕자와 상인과 은행가의 손으로 흘러들어갔지만 경제활동이 급증하며 대서양 유럽의 광범위한 지역도 부유해졌다. 유럽의 대서양 항구도시는 신세계에서 유입된 은을 좇아 시골에서 몰려든 상인과 선원과 수공업자로 활기를 띠며 새로운 상업 중심지가 됐다. 도시의 성장은 새로운 상품 수요와 새로운 일자리를 창출했다. 상인 길드와 전문대학이 생겨났다. 행상인이나 점원이나 하인으로 일할 기회가 많아졌다. 질서를 유지하고 세금을 징수하고 장부를 기록하는 등 잡무를 맡을 사람 또한 필요해졌다.*

　마지막으로 국가가 성장했다. 국가의 성장은 도시민에게는 가장 큰 축복 중 하나였다. 세원이 늘면서 더 많은 세금 징수원과 회계사가 필요해졌다. 무역 회사 설립과 항해와 제국 건설로 더 많은 외교관, 선장, 점원이 필요해졌다. (검역을 통해) 질병을 관리하기 위해 제정한 새로운 보건 방침을 시행할 의사와 행정 직원도 필요해졌다. 1453년에 콘스탄티노플의 성벽을 무너뜨린 대포를 시작으로 1503년 체리뇰라 전투에서 에스파냐가 프랑스를 소형 아쿼버스 총(화승총)으로 격파하면서 유럽에 화약이 도입되고 확산됐다. 서로 앞다퉈 신무기를 조달해 배치했고 또 이를 방어하고자 국가 간 군비 경쟁이 본격화됐다. 더 크고 더 잘 훈련받은 군대와 더 많은 엔지니어와 더 많은 군대 전문가에 이들을 관리할 더 많은 관료가 필요해졌다. 변화하는 세계에 발맞춰 일어난 이 모든 국가 건설 과정은 도시민에게는 더 나은 일자리가 늘어남을 의미했다. 1480년부터 1520년 사이에 파리에 있는 프랑스 궁정은 몸집이 2배로 커졌다. 다른 나라 궁정도 비슷한 수준으로 커졌다. 많은 군주가 옛 봉건 제후에게 권력을 부여하기보다 유능한 평민을 양성하기를 선호하면서 능력 있는 개인의 신분 상승 가능성이 높아졌다. 에스파냐 왕립 의회 의원 가운데에는 소작농 출신도 더러 있었다. 대표적으로 당대 가장 저명한 교육개혁자로 알려진 페트뤼 라무스는 목탄 제조업자의 아들로 태어나 파리 왕립 수사학 교수로 생을 마감했다.

---

* 도둑이나 매춘 등 지하경제도 성행했다.

도시에서는 상인 및 제조업자와 그 직원들, 숙련된 장인, 예술가와 견습생, 정부 관료로 구성된 중산층이 출현했다. (이들은 이 책의 2부에서 서술할 '번영'에서 커다란 역할을 한다.) 물론 시대가 바뀌어도 여전히 가난에서 벗어나지 못한 사람도 있었다. 그러나 빈곤에 대한 새로운 인식이 급속히 확산되면서 이들의 형편 또한 나아졌다. 빈곤 문제에 대한 대중적 인식이 높아지고 있었다. 소설 소재도 중세 기사와 양치기 소녀의 모험에서 황량한 도시를 배경으로 한 근대적 비참함으로 바뀌었다. 영국의 인문주의자 토머스 모어(1478~1535년)는 1516년에 '유토피아'란 단어를 동일한 제목을 단 그의 저서에서 처음 사용해 이상에 미치지 못하는 현실에 대한 주의를 환기시켰다.

당시 수정주의적 분위기는 모어 같은 사상가로 하여금 인간 사회에서 모두가 빈곤을 고질병처럼 당연시해서는 안 된다고 설파하도록 만들었다. 빈곤 문제에 대한 급진적인 해결책이 확산됐다. 부분적으로는 급속도로 확산된 종교개혁 덕분이기도 했다. (종교개혁은 7장에서 자세히 다룰 것이다.) 가톨릭교에서 가난한 사람을 돕는 일은 기독교적 선을 실천하는 행위이므로 자발적이어야만 했다. 반면 개신교는 늘어나는 거지와 부랑자를 사회문제로 보고 공공 제도를 통해 근절하고자 했다. 1520년대에 개신교가 전파된 서유럽 도시 60여 곳이 거의 동시에 중앙집권적 빈민 구제 제도를 마련했다. 세부적인 운영 정책은 제각각이지만 일반적으로 구걸 금지, 부유층에 대한 의무적인 구빈세 과세, 일시적 자금난에 시달리는 빈민층을 위한 저금리 대출 제도, 거지에서 선원이나 하인 등 쓸모 있는 사회 구성원으로 거듭날 수 있는 직업교육

을 포함했다.[13]

보건과 부를 기준으로 볼 때 첫 번째 르네상스 시대 직전 세기는 유럽 역사에서 살아 있기에 최악의 시절로 손꼽힌다. 그랬던 시절이 지나고 순식간에 소작농부터 왕족에 이르기까지 모두에게 역사상 최고의 시절이 도래했다.

건강하고 부유하며 똑똑한 인간들

오늘날도 마찬가지다. 우리 세계를 병들게 하는 고통은 여전히 넘쳐 나지만 보건과 부라는 거시적인 기준으로 보면 지금 이 순간은 정말로 살아 있기에는 최고의 시절이다. 세계에서 가장 혜택받지 못한 사람에게조차도 그러하다. 빈곤에서 탈출하고 건강하게 장수할 가능성은 과거 어느 세대보다도 높아졌다.

그리고 이번에는 그 혜택이 전 세계적이다.

꼭대기에서 밑바닥까지 역대 최고 수준으로 도약한 건강

인간의 건강을 평가할 수 있는 가장 중요한 척도 중 하나는 기대 수명이다. '얼마나 오래 살 수 있을까요?'는 영양, 질병, 의약, 의학, 재해, 전쟁, 생활 습관이 건강에 끼치는 영향을 가장 잘 요약한 질문일 것이다.

현재 시대는 역사상 전례 없는 기대 수명을 자랑한다. 1960년 이래로 세계 평균 기대 수명은 52세에서 71세로 20년 가까이 증가했다.[14] 그렇게 되기까지 1,000년이 걸렸고(그나마도 대부분

1850년 이후에 증가한 것이다), 이번에는 50년밖에 걸리지 않았다. 1990년에는 사망자의 3분의 1만이 70세 생일을 넘긴 사람이었다. 2010년에는 그 숫자가 절반에 가까워졌으며 사망자의 약 4분의 1이 80세 생일을 넘겼다. 불과 20년 만에 80세가 새로운 70세가 됐다.[15]

이러한 기대 수명의 증가는 전 세계적인 현상이다. 거의 모든 나라에서 오늘날 태어난 아기는 그 나라 역사에서 다른 어떤 시기에 태어난 아기보다도 기대 수명이 높다. 1990년 이래로 기대 수명은 남아시아에서는 7년 늘어났고, 동아시아, 중동, 북아프리카, 라틴아메리카에서는 6년 늘어났으며, 중앙아시아와 유럽 지역 개발도상국에서는 4년 늘어났다. 경제 상황이 가장 어렵고 HIV/AIDS(후천성 면역 결핍 증후군) 문제가 가장 심각한 사하라 사막 이남 아프리카에서도 오늘날 태어난 신생아는 1990년에 태어난 신생아보다 6년 더 오래 산다. 몇몇 국가는 한때 꿈도 꾸지 못했던 비약적인 발전을 이뤘다. 에티오피아와 부탄에서 기대 수명은 15년 증가했다(에티오피아는 47세에서 62세로, 부탄은 52세에서 67세로 늘어났다). 몰디브와 캄보디아에서는 16년 증가했다(몰디브는 61세에서 77세, 캄보디아는 55세에서 71세). (HIV/AIDS 때문에 평균 기대 수명이 20년 단축된) 남아프리카공화국 및 레소토와 (내전이 발발한 후 평균 기대 수명이 20년 단축된) 시리아 같은 몇몇 국가에서는 기대 수명이 오히려 역행했다. 그러나 이러한 예외를 제외하면 우리는 현재 전 세계적으로 보건에서 일대 진보가 일어난 특별한 시대에 살고 있다.

꼭대기에서 밑바닥까지 역대 최고 수준으로 도약한 부

이 큰 그림에서 가장 중요한 부의 증가는 부유층이 아니라 빈곤층에서 일어났다. 빈곤층은 소득 및 자산이 증가하면 삶의 질과 선택의 힘이 획기적으로 향상됨을 체감한다.

오늘날 가난한 사람들은 과거 르네상스 시대와 특별한 친밀감을 공유한다. 사회에서 맨 밑바닥 삶은 놀랍게도 지난 500년간 거의 변하지 않았다. 당시 가난은 빵과 채소와 죽으로 연명하고 아주 드물게 고기를 먹는 호사를 누리는 것을 의미했다. 일부는 육체노동에 종사했고 일부는 목탄 제조나 쓰레기 처리 같은 영세한 사업을 꾸렸다. 대부분은 2가지 일을 모두 하며 입에 근근이 풀칠을 했고 초인적인 인내심으로 하루하루를 버텼다. 소득의 60~80퍼센트는 식비로 지출했으며 남는 돈은 대부분 옷가지를 장만하고 주거 문제를 해결하는 데 소비했다. 인구가 과밀한 지역에 거주했고 소유물이라고 해봐야 낡은 옷가지 몇 벌, 침대 대신인 짚을 채운 자루 하나, 간이 의자 하나가 전부였다. 간혹가다가 탁자를 소유한 집도 있었다. 구입할 여유가 없는 필수품은 구걸하거나 빌리거나 그냥 없이 살았다.

세계은행이 정의하는 기준에 따르면 오늘날 극빈층은 하루에 1.90달러 이하로 살아가는 사람들로 과거와 마찬가지로 주로 곡물로 연명한다. 그나마 형편이 나은 이들은 육체노동을 하거나 영세한 사업을 한다. 사업이라고 해봐야 길거리에서 음식을 팔거나 삯바느질을 하거나 돈을 받고 휴대전화를 잠시 대여해주는 정도다. 수입의 55~80퍼센트는 식비로 지출하고 나머지는 기타 필수품을 구입할 때 사용한다. 6~12명이 한집에 산다. 서인도 지역 극빈층을 상대로 설문 조사한 결과에 따르면 침대나 간이침대는 대부분의 가정이 소유하고 있지만 의자를 소유한 가정은 10퍼센트, 탁자를 소유한 가정은 5퍼센트에 불과했다. 영양 결핍으로 적혈구 수치도 낮았다(빈혈).[16] 극빈층은 몸이 약하고 자주 아프며 심각한 시력 저하를 겪거나 다른 질병에 걸릴 가능성이 높다. 지역마다 편차는 있겠지만 전체적인 그림은 일관되게 어둡다.[17]

다행히도 극빈층은 25년 전과 비교해 훨씬 줄었다. 우리는 진정한 세계적 경제성장의 순간을 살아가고 있다. 1990년과 2014년 사이에 관련 데이터가 존재하는 166개국 가운데 146개국에서 1인당 실질소득이 증가했다.[18] 세계적으로 1인당 실질 GDP는 2014년에 8,000달러 선을 돌파했으며 이는 1990년과 비교하면 40퍼센트 가까이 증가한 수치다.[19] 최근 세계경제 위기 중에도 경제 자원 덕분에 대다수 인류는 일생일대의 기회와 선택의 힘을 갖게 됐다.

이러한 변혁은 순항 중이다. 세계 빈곤율은 지난 수십 년 동안 곤두박질쳤다. 베를린장벽이 붕괴됐을 때만 해도 거의 20억 명 (전 세계 인구의 43퍼센트)이 여전히 세계은행이 제시한 국제적 빈곤 하한선을 밑도는 삶을 살고 있었다. 2015년에는 그 사이 세계 인구가 20억 명 늘어났음에도 극빈층의 절대적 숫자는 절반으로 줄어든 9억 명(전 세계 인구의 12퍼센트)이었다. 여전히 많은 숫자이긴 하지만 극적인 변화가 아닐 수 없다.[20] 게다가 인류 역사상 최초로 인구가 급증했는데도 빈곤율은 감소했다.[21] 50년 전 절대적 빈곤 문제를 영원한 고질병이라며 당연한 것으로 여겼던 개발 전문가들이 오늘날에는 이 문제를 근절하기까지 40년이 걸릴지,

30년이 걸릴지, 아니면 20년이 걸릴지를 놓고 논쟁하고 있다.

인구수가 14억 명으로 전 세계 인류의 20퍼센트에 해당하는 중국은 30년 넘게 매년 전년 대비 8퍼센트를 웃도는 경제성장률을 기록한 결과 평균 소득은 20배 증가했고 5억 명이 빈곤에서 벗어났다.[22] 현재 경기 침체에 대응하는 방식을 포함해 중국 정부를 비난할 거리는 많지만 과거 빈곤 상태에서 탈출한 방식을 보면 경탄할 점도 많다. 중국의 경제성장은 세계사에서 가장 성공적인 개발 이야기다. 인도 역시 그에 못지않다. 1990년 이후로 인도 경제 또한 매년 전년 대비 거의 8퍼센트씩 성장했으며 50퍼센트 이상이었던 극빈층 비율도 30퍼센트로 절반 가까이 줄었다.[23]

빈곤 문제에서 가장 큰 진전은 아시아에서 일어났지만 뒤늦게 출발한 아프리카도 따라잡는 중이다. 경제 측면에서 1990년대는 아프리카에게는 잃어버린 10년이었다. 사하라사막 이남 지역에서 1인당 성장률은 실제로 마이너스를 기록했다(-1.1퍼센트). 경제 전문지 「이코노미스트」는 아프리카에 "희망이 없다."라고 선언했다.[24] 그러나 2000년대에 들어서면서 아프리카 경제는 전환기를 맞이했다. 이후 GDP가 매년 약 5퍼센트씩 상승했다. 새 천년에 세계에서 가장 빠른 경제성장을 기록하고 있는 10개국 가운데 6개국이 아프리카 국가다.[25] 사하라사막 이남 아프리카에 위치한 40여 개국은 여전히 커다란 경제 문제에 직면하고 있지만 현재 이 지역 공동 GDP는 (2014년 기준 1조 7,000억 달러로)[26] 러시아와 거의 동일하며 향후 10년 동안 매년 대략 4~7퍼센트씩 성장할 것으로 예상된다.[27] 1993년에 거의 60퍼센트에 육박했던 사하라사막 이남 아프리카 지역 극빈층 비율은 현재 절반 이하로 떨어졌으며 꾸준히 감소하는 추세다.

전반적으로 오늘날 세계는 반세기 전보다 훨씬 부유해졌고 빈곤층에게도 훨씬 많은 기회와 선택이 주어지고 있다.

꼭대기에서 밑바닥까지 역대 최고 수준으로 도약한 교육: '다수를 위한 교육'에서 '모두를 위한 교육'으로

선택의 기회가 확대될 때 사람들이 맨 먼저 하는 일 중 하나는 학교에서 더 많은 시간을 보내는 것이다. 교육은 발전의 결과이자 건강 증진과 소득 증가의 촉매다.

첫 번째 르네상스 시대 들어서 학교 교육은 상대적 사치재에서 점점 더 다수에게 실용적으로도 정신적으로도 꼭 필요한 귀중한 공공재로 바뀌었다.

1450년 유럽 대륙에는 대학이 50개 미만이었다. 1550년 무렵에는 거의 그 3배에 달하는 대학이 존재했다(도표 3-3 참조).[28] 중세 내내 침체 상태였던 독일에서 대학 진학률은 이 시기에 2배로 뛰었다.[29]

대학이 늘어난 부분적인 이유는 전반적으로 인구가 증가했기 때문이다. 그러나 학생 기반이 성직자와 귀족을 넘어 도시민으로 확대됐기 때문이기도 했다. 금융과 상업과 무역업이 점차 복잡해지면서 더 높은 문해력과 수리력을 갖춘 인재가 더 많이 필요하게 됐다. 그리고 관료주의 정부가 팽창하면서 법률 교육을 받은 인재도 더 많이 필요하게 됐다. 문해력과 수리력과 법률 지식까지 갖춘 인재는 좋은 일자리를 구할 수 있었기 때문에 점점 더 많은 사람이 해당 교육을 이수했다. 한편으로 새로운 기술, 즉 인쇄

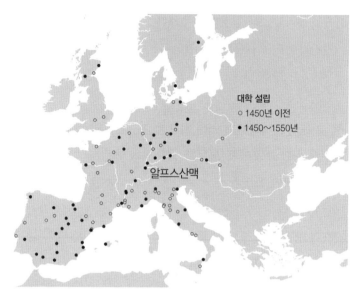

| 3-3 | 대학 설립

르네상스 시대에 대학은 유럽 전역으로 확산됐다.

출처: 힐다 드 리더 시모엔스, 1996년, 「유럽 대학의 역사」, 영국 케임브리지: 케임브리지대학교 출판사.

된 책 덕분에 교육 접근성이 획기적으로 향상됐다. 전통적인 (비싼) 구술 강의를 저렴한 비용의 자율 학습으로 대체할 수 있게 됐기 때문이다.

대학이 늘어난 또 다른 이유는 (고대 철학자들에 대한 관심을 다시 불러일으킨) 인문주의 운동과 종교개혁이 촉발한 종교적 성찰로 교육이 무엇인지에 대한 새로운 인식이 확산됐기 때문이다. 중세에 고등교육과정의 핵심이었던 신학과 법학과 의학은 전문가에게만 유용했다. 심지어 초등교육조차 필요 없다고 느끼는 사람이 많았다. 그러나 1520년대에 접어들면서 대륙의 절반을 점령한 개신교도 대부분은 초등교육이 필요하다고 생각했다. 결정적으로 가톨릭교와 분리를 결심하게 한 핵심 개신교 사상 중 하나는 평신도가 하느님께 예배 드릴 때 (신부 같은) 중개자가 필요하지 않다는 것이었다. 알아야 하는 모든 것은 성경에(물론 번역판에도) 나와 있었다. 갑자기 독해력이 구원으로 갈 수 있는 새로운 길이 됐고, 개신교를 믿는 사람이라면 누구나 종이에 쓰인 지렁이 같은 글씨를 배워야 할 이유가 생겼다. 또한 많은 개신교도가 순수한 기독교 본연의 메시지로 사람들을 돌아오게 하겠다는 비전으로 수도원의 손에 맡긴 공교육을 빼앗아 국가의 손에 맡기자고 주장했다. 왕권을 강화할 야망에 불타오르던 군주들은 대번에 이 주장을 수용했고 수많은 국립 대학이 우후죽순으로 생겨났다.

이전 세기에 유래한 인문주의를 촉발시키는 데는 페트라르카(1304~1374년)라는 인물이 적지 않은 공헌을 했다. 고대 그리스와 로마 문화에 사로잡혔던 페트라르카는 유명한 고대 유적지로 여행을 가고 당시 동전을 수집하고 심지어 죽은 고대 석학들에게 편지도 썼다. 정치인이기도 했던 페트라르카는 피렌체 엘리트 중에 자신과 관심사가 같은 부류를 찾아내 피렌체 정부가 고대 로마제국의 현신이며 부패한 교황청에 맞서 시민의 덕을 지키는 수호자라는 강력한 신화를 전파했다. 당대 이탈리아에 고대의 정체적 논쟁을 부활시킨 것이다.

그다음 세기에 구텐베르크의 놀라운 발명 덕분에 수많은 고전이 부활하고 재간행되면서 고대의 위대함을 부활시키고자 했던 페트라르카의 꿈은 순식간에 새로운 전기를 맞이했고 교육에 새로운 특권과 목적을 불어넣었다. 시간이 흐르면서 교육의 강조점은 전문가 양성이 목표였던 중세의 핵심 교과과정에서 유능하고 덕망 있는 시민 양성을 목표로 하는 문법, 수사학, 역사, 시, 도덕학 같은 '인문학'으로 옮겨 갔다. 교육 대상을 더 넓게 정의한 이러한 교과과정은 새로 생긴 여러 학교에 영감을 줬다. 일부 학교는 급진적으로 교육 접근성을 높였다. 비토리노 다 펠트레가 설립한 기숙학교 '기쁨의 집'은 남학생뿐만 아니라 여학생에게도 미술, 음악, 체육 등 고대에서 영감을 받은 교육과정을 이수할 수 있도록 입학을 허가했다.[30]

한 세기 만에 대중사회에서 교육이 차지하는 위치는 소수만을 위한 호기심에서 다수의 잠재력을 일깨우는 수단으로 확대됐다.

금세기에 우리는 더 유능하고 활동적인 시민을 양성하자는 인문주의 정신을 인권이라는 법적 언어로 포장했다. 1948년에 채택된 「세계 인권 선언문」 제26조는 "모든 사람은 교육받을 권리를 가지며" 또한 "교육은 인격의 완전한 발전을 목표로 한다."라고 선언한다.

우리는 모든 교육의 기초인 문해력부터 시작해서 차근차근 이 비전을 실현해가고 있다. 1980년에는 전 세계 인구의 거의 절반(44퍼센트)이 문맹이었다. 오늘날에는 급속한 인구 성장에도 문맹률은 6분의 1로 감소했다. 불과 한 세대 만에 '30억' 명이 문맹에서 탈출한 것이다. 과거 인쇄술과 마찬가지로 인터넷은 모든 사람에게 읽고 쓰는 법을 배워야 할 새롭고 강력한 동기를 부여한다. 청소년 문맹률은 10퍼센트에 불과하며 계속 떨어지고 있다. 다시 말해 이제 성인이 될 다음 세대 집단은 거의 전원이 인류의 새로운 지식망에 참여할 수 있는 기초적인 능력을 보유할 것이라는 뜻이다.[31]

다음 단계인 공교육 또한 세계적으로 확산되고 있다. 1990년 이래로 사하라사막 이남의 아프리카 지역 초등학교 취학률은 2배 이상 높아졌으며 2015년 이래로 모든 개발도상국에서 초등학생 연령대 어린이의 91퍼센트(선진국은 96퍼센트)가 학교에 등록했다.[32] 세계적으로 보면 20명 중 18명이 초등학교를 졸업하고 중등교육기관으로 진학할 것이다(1990년에는 20명 중 15명이 중등교육기관으로 진학했다).[33] 전 지역이 고르게 발전하고 있진 않지만 교육 수준이 퇴보한 국가는 거의 없다.

중요한 것은 여학생과 남학생의 교육 격차가 빠르게 줄어들고 있다는 점이다. 이와 같은 사실이 중요한 이유는 성별로 인생의 기회를 제한한다는 생각 자체가 불쾌하기 때문이기도 하지만 여학생을 교육하면 사회가 훨씬 발전할 수 있기 때문이다. 교육 수준이 높은 여성은 아이를 더 적게 낳기 때문에 출산으로 사망할 확률이 낮고 노동인구에 참여할 가능성이 높다. 교육받은 여성은 자녀의 가능성 또한 높여준다. 교육 수준이 높은 엄마에게서 태어난 아이가 더 건강하고 유아기 생존율이 높으며 예방접종을 받을 가능성이 높다. 또한 일주일에 공부하는 시간이 더 많고 시험 점수가 더 높으며 영양학적으로 우수한 식습관을 비롯해 기타 여러 좋은 습관을 선택하고 (흡연 같은) 나쁜 습관을 멀리할 가능성이 더 높다.[34]

이러한 이유로 개발도상국은 최근 여학생 교육에 많은 노력을 기울였고 엄청난 성과를 거뒀다. 1990년 이후로 여학생의 초등학교 취학률이 73퍼센트에서 87퍼센트로 증가했으며, 40퍼센트 이하였던 중등교육기관 진학률은 61퍼센트 이상으로 증가했다.[35]

발전 속도에는 지역마다 편차가 존재한다. 상대적으로 아랍 국가와 남아시아 지역은 빠르고 사하라사막 이남 아프리카 지역은 느리다. 그러나 변화하는 방향만큼은 전 세계가 동일하다. 이제 개발도상국 절반에서는 최소한 학교에 다니는 남학생 수와 여학생 수가 비슷하다. 개발도상국 3분의 1에서는 여학생 수가 남학생 수보다 많다. 일부 국가에서는 변화의 속도가 모든 예상을 앞지른다. 모로코는 불과 10년 만에 미국이 반세기 가까이 걸려 이뤄낸 여학생 진학률을 달성했다.[36]

교육의 가장 높은 단계인 일명 고등교육에서 가장 빠르고 극적인 변화가 일어났다. 개발 거인인 중국과 인도에서의 고등교육 확대가 많은 영향을 끼쳤다. 전 세계적으로 1990년에 14퍼센트를 밑돌던 중등교육기관 졸업자의 고등교육기관 진학률은 2014년에 33퍼센트로 2배 넘게 증가했다.[37] 필자들의 추산에 따르면 오늘날 살아 있는 사람 가운데 학위 소지자 수가 1980년 이전에 수여된 학위를 모두 합친 수보다 더 많다. 해마다 2,500만~5,000만 명이 학위 소지자 수를 늘리고 있다. 칸아카데미Khan Academy나 코세라Coursera 같은 온라인 공개 강좌도 이 숫자가 급속도로 올라가는 데 일조했다.

고등교육기관 진학률은 선진국이 가장 높지만(중등교육기관 졸업자의 고등교육기관 진학률은 선진국은 74퍼센트인 반면 개발도상국은 23퍼센트에 그친다), 절대적인 숫자로 보면 개발도상국이 강세를 보인다.[38] 이미 세계 과학 및 공학 박사 과정 학생의 최소 40퍼센트와 학위를 소지한 과학자의 37퍼센트가 개발도상국에 있다.[39] 여성 또한 빠르게 진보하고 있다. 1970년 이래로 남성의 고등교육기관 진학률은 4배 증가한 반면 여성의 고등교육기관 진학률은 7배 이상 증가해 오늘날 전 세계적으로 대학에 등록된 여성이 역사상 최초로 남성보다 많다.[40]

인류는 역사상 그 어느 때보다 건강하고 부유하며 교육 수준이 높다. 지난 수십 년간 우리가 이뤄낸 발전이 가져온 혜택은 단순히 장기적 추세에 따른 점진적인 개선이 아니다. 우리는 한계점을 넘어섰다. 지나온 한계점으로 역행하는 일은 결코 일어나지 않을 것이다. 따라서 지금 이 순간이 바로 우리의 황금기다. 1960년 이후로 세계 기대 수명은 거의 한 세대 가까이 증가했다. 세계적으로 인구가 급증하는 가운데 절대 빈곤은 감소했다. 앞으로 성인이 될 다음 세대의 문맹률은 거의 제로에 가깝다. 여성의 교육 수준은 수치상으로 남성을 추월했다. 개인적인 경험은 저마다 다르다. 어마어마한 과제 또한 남아 있다. 한때 풍족했던 가구가 현재 경제적인 어려움을 겪고 있다. 10억 명에 가까운 사람들이 여전히 하루에 2달러도 안 되는 돈으로 살아간다. 그러나 역사상 가장 많은 지역에서 가장 많은 사람들에게 지금이 또다시 살아 있기에 최고의 시절이다.

역사상 가장 축복받은 인류

첫 번째 르네상스 때와 마찬가지로 새로운 르네상스 시대에도 이 질문에 대한 대답은 질병의 감소에서 출발한다. 인간의 안녕을 크게 위협하는 2가지는 (특정 박테리아, 바이러스, 기타 기생충을 매개로 발생하고 확산되는) 감염성 질환과 (생활 습관, 식단, 유전, 기타 요인이 복합적으로 작용해 발생하는 심장병, 암, 당뇨병 같은 고질적인) 만성질환이다. 감염성 질환과 만성질환 모두 오늘날 우리 시대의 연결과 발전의 힘 앞에서는 매우 취약한 것으로 입증됐다. 감염에 대항해 이러한 힘은 발전된 위생 기술 및 관리, 공중 청결, 깨끗한 물과 해충 방제, 예방접종과 항생제와 기타 의약품, 미네랄과 영양분이 강화된 농작물 및 주요 곡물, 이 모든 일에 투입되는 공공 예산과 개인 지출의 증가, 이 모든 일을 흡수하고 현명하게 적용할 수 있도록 하는 교육 등의 형태로 가동된다.

우리는 질병과의 전쟁에서 승리하고 있다

1990년에는 5세 미만 아동 1,300만 명이 4대 감염 질환인 호흡기 질환(폐렴), 설사, 결핵, 기타 소아질환(홍역, 소아마비, 백일해, 디프테리아, 파상풍)으로 사망했다.[41] 사망자 대부분은 개발도상국에서 발생했다. 부유한 국가에서 이러한 질환으로 죽는 어린이는 거의 없다.

2015년에는 어린이 590만 명이 4대 감염 질환으로 사망했다. 이 헤아릴 수 없는 비극은 예방접종, 안전한 식수, 교육 및 행동 변화 덕분에 절반으로 줄었다.[42] 피임약 사용 확대, 출산 전후

진료 접근성 향상, 전문가 동반 출산 증가로 아이를 낳다가 죽는 산모 비율 또한 절반으로 줄었다.[43] 게다가 저체중 아동 비율도 1990년에 29퍼센트였으나 오늘날 15퍼센트로 절반 정도 줄었다. 주로 소득 증가와 농업 개선 덕분이다. 종합적으로 1990년보다 '매일' 1만 9,000명이 넘는 어린이의 목숨을 구한다. 이 놀라운 성취는 해마다 경신되고 있다.

인간 수명의 반대편 끝에서는 심장병이나 암 같은 만성질환으로 인한 사망률을 줄여나가고 있다. 선진국에서는 전반적으로 1960년대와 비교해 오늘날 심혈관 질환으로 사망할 가능성은 절반 이하로 줄었다.[44] 연구자들의 노력으로 콜레스테롤을 낮춰주는 약이나 심장 절개 수술 없이 동맥을 뚫어주는 스텐트 시술 등 신기술이 확산된 덕분이다. 그러나 우리 모두의 노력으로 예방법이 널리 확산된 덕분이기도 하다. 흡연은 한때 어디서나 볼 수 있었지만 이제 사회적으로 지탄받는다. 익명의 알코올중독자 단주모임은 전 세계로 퍼져나갔다. 사람들은 지방 섭취량을 줄이고 운동량을 늘린다(아니면 최소한 그래야 한다는 것을 알고는 있다). 이러한 생활 습관의 중요성은 세계 사망률 통계에서 확연히 드러난다. 세계 사망률 통계를 보면 2가지 사실을 알 수 있다. 첫째, 만성질환과의 전쟁에서 승기를 잡기 시작한 것은 효과 있는 약이나 수술법이 개발되기 '전'이었다. 둘째, 예방법을 지키지 않은 국가는 아무리 의학 기술이 발달했더라도 만성질환과의 전쟁에서 계속 패배하고 있다.[45] 정부와 시민이(특히 남자가) 술과 담배를 줄여야 한다는 증거에 저항하고 있는 러시아에서는 현재 평균 기대 수명이 66세로 1960년대보다 3세가량 낮으며 오늘날 북아메

리카 및 나머지 유럽 지역과 비교하면 13세나 낮다.[46]

유아사망률의 급격한 감소와 만성질환 예방 및 관리의 진전으로 1950년과 2005년 사이에 인구수는 전례 없이 빠른 속도로 2배 늘어났으며 인구 예측이 맞는다면 인류 역사상 앞으로도 가장 빠른 인구 증가세로 기록될 것이다.

이러한 다시없을 인구 급증으로 이미 동아시아(주로 중국)와 남아시아(주로 인도)는 큰 이익을 봤으며, 아프리카도 이제 막 이익을 보기 시작하는 중이다. 얼마 전만 하더라도 개발 경제학자들은 급속한 인구 증가가 나쁜 것이라고 거의 확신했다. 1972년에 비영리 두뇌 집단think tank인 로마 클럽은 『성장의 한계』를 발간했다. 지금은 유명해진 이 보고서는 오염으로 생태계가 파괴되고 개발로 자연 자원이 고갈되며 궁극적으로 사회가 붕괴할 것이라고 예측했다. 그러나 1990년 무렵 우리는 첫 번째 르네상스 시대가 이미 발견했던 정설을 인정하기에 이르렀다. 폭발적인 인구 성장은 좋은 것이라는 결론 말이다. 세계은행이 1990년에 발간한 「인간 개발 보고서」는 "사람은 국가의 진정한 자산이다."로 시작한다. 인구가 증가할수록 모두를 지원하고 먹이려면 더 많은 비용이 드는 것은 사실이다. 지구에는 한계가 있다는 것 또한 사실이다. 그러나 입이 1개씩 늘어날 때마다 손은 2개씩 늘어나고 뇌도 1개씩 늘어난다. 식량만 충분하다면(르네상스 시대에는 더 많은 토지를 경작해 식량 생산량을 늘렸고, 오늘날에는 관개 기술을 개선하고 비료와 종자를 개발해 식량 생산량을 2배 늘렸다) 늘어난 노동력과 두뇌가 가져오는 혜택이 비용을 훨씬 능가할 수 있다.[47] 이 논리는 특히 풍부한 노동력이 무역 우위와 광범위한 복지 혜택으로 연결될 수 있는 개방되고 연결된 경제 환경에서 유효하다.

우리는 경제 연결의 혜택을 빠르게 수확하고 있다

경제적인 연결을 강화한다고 해서 자동적으로 복지가 증가하진 않는다. 경제적 연결 강화와 복지 증진이 어떻게 서로 연결돼 작동하는지를 보여주는 사례도 많지만 (기회 불평등, 무능한 통치, 충격적 사건 등) 간섭 요인이 어떻게 그 연결을 끊어놓을 수 있는지를 보여주는 사례도 많다.

이런 간섭 요인 때문에 부의 양극화가 초래되기도 한다는 사실을 이제는 많은 가구가 안다. 하지만 그렇다고 해서 연결된 세계 무역과 금융이 다양한 방식으로 빈곤을 퇴치하고 부를 창출하고 더 나은 보건 및 교육에 자금을 지원했다는 사실조차 무효가 되지는 않는다.

일단 무역이 확대되면 일자리가 창출되고 빈곤층의 소득이 증가한다. 상품이 거래되는 시장의 규모와 안정성이 제한적이고 순환적인 지역 수요를 뛰어넘어 증가하기 때문이다. 소수의 전문직 노동자를 고용하는 대규모 자본집약적 산업보다 수많은 유휴 노동력이 경쟁 우위인 소규모 노동집약적 산업이 무역 확대로 더 큰 혜택을 본다.[48]

과거 르네상스 시대에 농촌에서 일손을 놓고 있던 농부들은 농한기에 멀리 떨어진 시장에 나가 섬유 공장에서 일하기 시작하면서 소득이 증가했다. 1980년대 후반과 1990년대 초반에 베트남이 세계에 쌀 생산국으로 나섰을 때도 상황은 크게 다르지 않았다. 1987년부터 1988년까지 불과 1년 만에 베트남은 쌀 수입국에서 세계에서 2번째로 큰 쌀 수출국으로 변모했으며, 그 뒤로 쌀 수출량은 (1990년 150만 톤에서 2014년 700만 톤으로) 계속해서 증가하고 있다. 이 과정에서 베트남 농촌인구의 영양 상태가 개선됐고, 새로운 농촌 일자리 720만 개가 창출됐으며, 영세 농가에는 새로운 연간 수입(2013년 기준 약 30억 달러)이 창출됐다.[49] 보다 최근 사례는 230억 달러 규모의 의류 수출업을 육성한 방글라데시다. 이는 2015년 기준으로 전 세계 의류 수출의 80퍼센트 이상에 해당하며, 근로자는 400만 명 이상 고용했다.[50] 예상대로 방글라데시 의류 수출업에 종사하는 근로자들의 임금 및 근무 조건은 끔찍하지만 개선되고 있는 중이다(2013년에 방글라데시 정부는 의류업 근로자의 최저 임금을 77퍼센트 인상했다).[51] 극심한 가난과 가난, 이 둘 중에 하나를 선택할 수밖에 없는 상황에서 대다수 방글라데시인은 후자를 선택한 것이다.[52]

두 번째로 새로운 경제적 연결은 경쟁을 촉진한다. 이전에 존재했던 조건에 따라 (특히 독점이 존재했다면) 경쟁은 구입 가능한 상품과 서비스의 종류를 늘리고 품질은 높이며 가격은 낮춘다. 이 말은 곧 빠듯한 가계 예산에 여유가 생기고 영세업자가 운영비를 더 쉽게 감당할 수 있게 됨을 뜻한다. 과거 르네상스 시대에는 발트해에서 유럽 대륙으로 유입된 더 저렴한 곡물 덕분에 빵 가격이 낮아졌다. 오늘날 세계무역 덕분에 세계적으로 쌀과 밀과 기타 작물 등 끼니로 먹는 주식의 가격을 통제하기가 용이하다.

새로운 연계는 생산성 또한 높일 수 있다. 재봉틀을 사용하는 사람이 단순히 바늘과 실만 사용하는 사람보다 한 시간 안에 더 많은 셔츠를 바느질할 것이다. '생산성'이란 경제학자들이 차이를 포착하기 위해 사용하는 용어다. 생산성은 인류의 복지를 위해서도 중요하다. 시간당 더 많은 일을 할수록 다른 누군가에게 그 시간의 가치는 더 올라가고 등가적으로 더 높은 임금(과 따라서 더 높은 소득)을 기대할 수 있다.

세계경제가 연결되면 다양한 경로를 통해 생산성이 높아진다. 그중에 가장 간단한 것은 전문화다. 과거 르네상스 시대에 무역 연계가 개선되면서 일부 소작농은 곡물 대신 포도를 전문적으로 재배하기 시작했다. 이들은 (생산할 수 있었던 곡물을 전부 합친 것보다 훨씬 높은 가격에) 포도를 팔았다. 수익금 일부는 자신들이 먹을 곡물을 구입하는 데 지출하고 나머지는 주머니로 들어갔다.

전문화는 (베트남 사례에서 볼 수 있듯이) 오늘날에도 여전히 무역을 통해 생산성을 높이는 방법의 일부다. 그러나 말 그대로 일부일 뿐이다. 생산성을 높이는 또다른 주요한 방법은 기술 업그레이드다. 새로운 기계에는 새로운 기술이 내장돼 있어서 사용자는 새로운 기술을 다루는 법을 새롭게 익혀야 한다. 자원이 빈약한 작은 섬나라 대만은 1980년대부터 외국 기술을 차용해 1,800억 달러 규모의 제조업을 육성했다.[53] 비슷한 전략을 선택한 한국의 오늘날 제조업 규모는 대만의 2배다. 한국은 1980년대 중반부터 미국과 일본의 기술을 차용해 첨단 반도체 산업에 뛰어들었다.[54] 2013년 기준으로 한국의 반도체 제조업은 일본을 제치고 세계 2위로 올라섰다.[55]

마지막으로 경제적 연결이 심화될수록 노동의 본질과 노동력의 구조가 긍정적으로 변한다. 과거 르네상스 시대에 농촌 지역에 새롭게 출현한 공예품 및 섬유 산업은 농한기 소작농에게뿐만 아니라 농촌 지역 여성들과 아이들과 노인들에게도 축복이었다. 노동력에 합류해 물질적 형편을 개선시킬 새로운 기회가 생겼기 때문이다. 마찬가지로 오늘날 경제 개방으로 여성 노동인구는 농업에서 제조업 및 서비스 분야로 이동할 수 있게 됐고 결과적으로 여성의 교육, 보건, 능력 개발에도 긍정적인 영향을 끼쳤다.[56]

우리는 사람 연결의 혜택을 수확하고 있다

사람을 연결하는 것 또한 인간 복지 측면에서 축복이다.

고성장 경제 국가에서 태어날 만큼 운이 좋지 않았던 사람에게 이민은 다른 곳에서 이뤄진 복지 혜택을 받을 수 있는 길을 제공한다. 저성장 경제 국가에서 고성장 경제 국가로 이동하거나 또는 개발도상국에서 선진국으로 이주함으로써 능력이나 교육 수준에 상관없이 동일한 노동을 제공하고도 더 나은 소득을 올릴 수 있다.

이민자는 이렇게 생긴 차액을 자기 주머니에만 챙기지 않는다. 많은 이민자가 일부를 고향에 송금한다. 이민은 쌍방향이다. 이민자는 자기 자신과 노동력과 능력을 가지고 들어온다. 그리고 반대 방향으로 다시 돈을 송금한다. 이 비공식적인 재정 지원은 1990년 이후로 거의 20배 늘어났다. 2016년에 개발도상국으로의 총 해외 송금액은 5,000억 달러를 웃도는 것으로 추산된다.[57] 이들 국가가 매년 해외 정부에서 (해외 원조 등의 형태로) 받는 모든 공적 개발 원조금의 3.5배에 이르는 금액이다. 게다가 해외 송금은 해외투자 유입액에 미치지는 못하지만 일반적으로 해외투자가 유입되지 않는 지역으로 보내지며 훨씬 더 신뢰할 만한 것

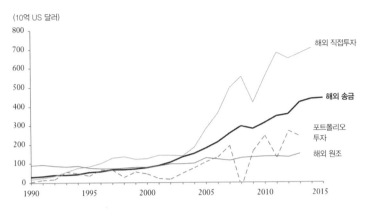

(10억 US 달러)

| 3-4 | 개발도상국으로의 선택 자본 흐름(1990~2014년)

해외 송금 흐름은 해외 원조보다 크고 외국인 투자보다 안정적이다.

출처: 세계은행 데이터뱅크, 2015년. 세계개발지표, URL: data.worldbank.org; 「세계은행 추산 해외 송금액」, 2015년 4월 13일, 이민 및 개발 요약 보고서 24.

으로 나타났다(도표 3-4 참조). 투기성 투자자는 특정 연도 또는 특정 시간에 가장 좋은 투자 기회를 찾아 한 국가에서 돈을 빼내 다른 국가에 쏟아붓는다. 해외 송금은 가족 관계에 바탕한다. 어떤 국가에 위기가 닥치면 외국인 투자자는 이탈하지만 해외 송금은 오히려 증가하는 경향을 보인다.

전문직 이민자 흐름은 주로 '두뇌 유출'이라고 비난받곤 한다. 간호사의 95퍼센트, 의사의 60퍼센트가 연봉이 더 높은 국가로 떠나는 아이티는 극단적인 사례이긴 하지만 그렇다고 유일한 사례는 아니다.[58] 의사를 비롯해 기타 고급 인력이 외국으로 대거 빠져나가는 것은 분명히 자국 입장에서는 손해이며, 어떻게 고급 인력을 국내에 머무르게 할 것인가는 태국부터 탄자니아에 이르기까지 많은 국가에서 적극적으로 고민하는 정책 실험 주제다. 그러나 장기적으로 보면 자국민의 이민에 따른 혜택이 비용을 훨씬 초과한다는 사실을 뒷받침하는 증거가 많다. 예를 들어 필리핀은 세계 최대의 간호사 수출국 가운데 하나다. 동시에 필리핀 국내 의료 제도 안에서도 간호사 1인당 환자 비율이 개발도상국 가운데 가장 낮다. 필리핀은 지역 인센티브 및 교육 프로그램으로 국내외 시장에서 간호사 수요를 충분히 충당하고 있다.

　이민은 이민 수용국의 복지 측면에서도 순이익을 창출한다. 이민자가 일자리를 빼앗고 사회복지를 가로막는다는 두려움은 과장된 것이다. 온갖 장애물을 극복하고 큰 도시나 새로운 나라를 찾아 떠나온 이들이 공통적으로 지니는 특성은 용기와 야망과 능력이다. 집단으로 따지면 이민자는 소비하는 사회복지 비용보다 더 많은 세금을 낸다. 이민 수용국의 노동시장이 충당할 수 없는 일자리(간호사)나 꺼리는 일자리(청소 도우미)도 이민자가 채우는 경우가 많다. 또한 이민자는 이민 수용국과 고국의 관계 강화에도 도움이 된다. 이는 비즈니스 자원이 될 수 있다. 예를 들어 전 세계에 뿔뿔이 흩어진 대만인과 유대인은 이민 수용국과 고국 양쪽 모두가 첨단 기술 산업을 건설하도록 하는 데 이바지했다. 이러한 유대 관계로 보다 세계적인 정치 브랜드를 조성하고 도움이 절실할 때 필수적인 지원을 제공할 수도 있다. 2014년 러시아가 국제법을 위반하고 크림반도를 점령했을 때 캐나다는 가장 큰 목소리로 러시아를 비난했다. 130만 명에 달하는 캐나다인이 우크라이나 출신 교민이었기 때문이다.[59]

우리는 아이디어 연결의 혜택을 수확하고 있다

우리가 살고 있는 새로운 세상과 우리가 도달한 새로운 인류 진보의 정점을 잇는 마지막 연결 고리는 아이디어의 확산이다. 여러 가지 형태의 아이디어 중에 실용적 지식의 전파는 앞서 설명한 모든 연결의 힘을 관통하는 줄기다. 실용적 지식이 발전에 끼치는 영향은 매우 방대하다. 일단 지식이 창출되고 나면(보통 높은 비용이 들어간다) 공유 비용은 실질적으로 제로에 가깝기 때문이다. 게다가 다른 상품과는 달리 지식은 소비하는 사람이 많을수록 다른 사람이 소비하기도 더 쉬워진다. 무엇보다 지식이 어떻게 포장돼 있든지 간에(기계, 알약이나 주사, 또는 일련의 단계적 정책일 수도 있다) 이를 채택한 개발도상국은 몇 년 또는 몇십 년을 훌쩍 뛰어넘어 발전할 수 있고 그 혜택을 즉시 수확할 수 있다.[60]

개발 통계를 보면 이러한 혜택이 명확하게 드러난다. 도표 3-5는 국가별 1인당 GDP에 따른 기대 수명을 나타내고 있다. 1975년에 이 도표를 처음 그린 경제학자의 이름을 따 프레스턴 곡선이라고도 부른다. 프레스턴 곡선은 소득이 증가할수록 기대 수명도 곡선 모양으로 증가한다는 사실을 보여준다. 소득수준이 낮을 때는 기대 수명이 가파르게 증가하다가 그 후에는 완만하게 증가한다. 그러나 시간이 지날수록 '곡선 전체'가 위쪽으로 이동한다. 그 결과 1960년보다 오늘날 '모든' 소득수준에서 기대 수명이 더 높다. 왜 우리는 우리 부모 세대와 다른 곡선상에 태어났을까? 대답은 지식 환경이 변했기 때문이다.

확산된 아이디어 가운데 일부는 긍정적이다. 우리로 하여금 실용적인 일을 할 수 있도록 해줘서가 아니라 더 일반적인 관점에서 무엇이 좋은 삶을 구성하는지에 관해 다르게 생각하도록 장려하기 때문이다. 우리는 이러한 아이디어를 가리켜 '가치'라고 부

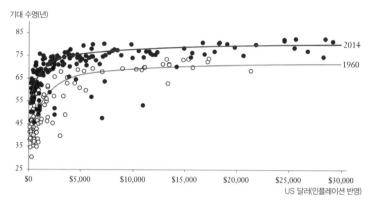

기대 수명(년)

| 3-5 | 출생 시점 기준 기대 수명 대 1인당 GDP, 1960년○과 2014년● (각각의 점은 국가를 의미한다)

새로운 아이디어와 기술의 확산은 모든 소득수준에서 오늘날 태어난 아이가 더 오래 산다는 것을 의미한다.

출처: 세계은행 데이터뱅크, 2015년, 세계개발지표, URL: data.worldbank.org: 다음 원출처에서 저자의 동의를 받아 수정함, 앵거스 디턴, 2013년, 『위대한 탈출: 건강, 부, 그리고 불평등의 기원(The Great Escape: Health, Wealth, and the Origins of Inequality)』, 프린스턴: 프린스턴대학교 출판사.

른다. 1장에서 다룬 민주주의가 가장 중요한 예시다. 민주주의는 지난 사반세기 동안 극적으로 확대됐다. 아리스토텔레스까지 거슬러 올라가 인류 문명사에서 가장 큰 아이디어 중 하나는 정치 참여가 인간의 고유한 능력이며 좋은 사회는 모두에게 개인적인 정치적 견해를 발전시키고 표현할 기회를 주는 사회라는 것이다. 개발 경제학자, 그중에서도 특히 아마르티아 센은 민주주의는 경험적 사실에 비춰봤을 때 다른 정부 형태보다 자국민들에게 덜 처참한 정책적 결정을 하는 경향이 있다는 점을 지적해 이러한 철학적 관점에 실용적인 무게를 더했다.

민주주의의 확산은 또한 세계적인 인간 복지를 위해서도 중요하다. 민주주의는 안정성을 전파하기 때문이다. 500년 전과 마찬가지로 전쟁은 발전을 가로막는다. 폭력은 사람들을 고향에서 몰아내고 가족에게서는 가장을, 아이들에게서는 부모를 앗아가며 수많은 사람에게 신체적 장애와 정신적 장애를 남긴다. 오늘날 유아사망률의 70퍼센트와 학교를 다니지 않는 어린이의 약 80퍼센트는 분쟁 국가에 집중돼 있다.[61] 전쟁이 일어나면 전쟁 당사국은 수십 년간 발전하지 못한다.

민주주의 국가끼리 전쟁하는 일은 드물다. 이 문장의 타당성은 전적으로 '민주주의'와 '전쟁'을 어떻게 정의하느냐에 달려 있지만, 전 세계에서 공식적인 민주주의 국가에 거주하는 인구 비율이 증가하면서 냉전 시대 종식 당시 정점을 찍었던 대규모 국가 간 분쟁은 그때와 비교해 60퍼센트 감소했다.[62] 민주주의의 확산은 국내 분쟁을 해결할 수 있는 더 나은 방법도 제시한다. 군사 쿠데타는 그 합법성에 대한 의심이 증가하면서 라틴아메리카에서는 거의 사라졌고(1970~1989년에 30여 건이나 일어났지만 그 이후로는 3건밖에 일어나지 않았다), 아프리카에서도 많이 줄어들었다(1990년대에 15건이 발생했지만 2000년 이후로는 5건밖에 발생하지 않았다).[63] 그리고 2011년 시리아 내전이 발발하기 전까지는 21세기에 내전으로 목숨을 잃은 사망자 수(연간 4만 명)는 1980년대의 4분의 1 수준(연간 16만 명)으로 감소하는 추세였다.[64] 비록 미디어에서 우리의 현실 인식을 왜곡시키는 보도를 자주 하지만 전 세계적으로 폭력 사태는 감소했다. 부분적으로는 민주주의(와 인권, 국제 정의, 기타 관련 규범) 같은 아이디어가 확산된 덕분이다.

14세기 황금기의 얼룩, 양극화

(선)원근법을 발명한 필리포 브루넬레스키(1377~1446년)는 우리 눈에 보이는 것은 우리가 어떻게 보느냐에 달려 있다고 가르쳤다. 첫 번째 르네상스 시대와 신 르네상스 시대의 혜택도 마찬가지다. 맨 앞에서 바라보는 전망은 장밋빛이다. 중간이나 뒤로 갈수록 전망은 흐려진다. 발전은 양극화된다. 어떤 사람은 앞으로 도약하고 움직이지 않는 사람은 뒤처지게 마련이다. 발전이 빨라질수록 더 자주 고개를 뒤로 돌려 전체 그림을 바라봐야 한다.

뒤처지다

르네상스 시대에는 발전이 불러온 양극화 현상이 눈에 뚜렷하게 보였다. 평균적인 복지는 르네상스 시대 전반에 걸쳐 개선됐지만 사회의 양극단에 선 부자와 빈민은 서로 점점 더 멀어졌다. 영국 역사가 윌리엄 호스킨스의 말을 빌리면 르네상스 시대는 "양털을 깎는 사람에게는 황금기였다. (……) [르네상스 시대는] 털 깎인 양에게는 간신히 목숨을 부지할 만큼의 털만 등에 남았고 그나마도 항상 그렇지는 않았다."[65]

새로운 환경을 잘 이용할 수 있었던 소작농은 커다란 이득을 챙겼다. 새로운 상황을 잘 이용하지 못한 소작농은 별다른 이득을 보지 못했고 시간이 지날수록 시골에서 소유하고 있던 땅도 점점 줄었다. 한때 온 가족을 건사하고도 남을 만큼 충분히 넓었던 땅은 상속이 거듭될수록 부모의 재산을 여러 자녀가 나눠 가지면서 조금씩 줄어들었다. 영토를 넓히려고 혈안이 된 귀족이

제기한 (양심 없는 경우가 허다한) 법적 조치로 땅을 빼앗기기도 했다. 건강 악화, 농사 실패, 도둑, 질병이나 전쟁 같은 불운이 닥쳐 온 가족이 빚더미에 올라앉기도 했다. 소작농에서 빚더미에 올랐다가 재산 몰수로 가는 길은 짧았고 흔했다. 발트해에서 건너온 더 저렴한 수입 작물과 새롭게 경쟁하면서 농산물 가격이 떨어진 것도 소작농의 상황을 악화시켰다.

　도시에서도 밑바닥 생활은 시골과 마찬가지로 점점 힘들어졌다. 당시 자료가 충분하진 않지만 남아 있는 모든 자료가 1450년 무렵부터 무역과 새로운 형태의 제조업이 확대되면서 빈부 격차가 심해졌다는 사실을 가리킨다. 1550년 무렵에는 서유럽의 거의 모든 대도시에서 상위 5~10퍼센트가 도시 전체 부의 40~50퍼센트를 소유했다. 반면에 하위 50퍼센트는 자신의 노동력 말고는 가진 것이 거의 없었다. (당시 유럽에서 가장 '산업화된' 지역 중 하나였던) 영국 서픽주에서는 인구의 1.5퍼센트가 지역 전체 부의 50퍼센트를 소유했던 반면에 하위 50퍼센트는 지역 전체 부의 4퍼센트만을 소유했고 그중 5분의 4는 빈곤선 이하로 생계를 이어갔다.[66]

　빈곤의 주요 원인은 소득 최하층에서 실질 임금이 떨어지는 것이었다. 가난한 지역 거주민이 꾸준히 도시로 몰려오면서 임금이 계속 하락했고 이런 현상은 특히 비숙련 노동에서 두드러졌다. 도시 제조업자는 농촌에서 노동력을 아웃소싱하면서 도시민이 결성한 길드의 규제와 단체 교섭력을 비껴갔다. 상황은 여성에게 특히 더 힘들어졌다. 1480년부터 1562년 사이에 보모의 월급은 단 한 푼도 인상되지 않았던 반면 같은 기간 동안 생필품 가격은

150퍼센트 상승했다.[67]

퇴보하다

빈부 격차는 발전 속도보다 상대적으로 더 크게 심화됐다. 때때로 가난한 사람은 퇴보하기도 했다. 충격적 사건들이 발생하면 부유한 사람보다 가난한 사람이 받는 타격이 훨씬 컸다. 1520년대 유럽 전역에 반복된 흉년은 많은 농민에게 부채를 의미했고 궁극적으로는 재산 몰수를 의미했다. 한편 지역에서는 시장 수요나 소비자 취향이 변하는 것 또한 생계를 위협했다. 곡물을 재배했던 소작농은 최소한 자신이 먹을 식량은 언제나 있었다. 포도 같은 수익성 높은 작물을 재배하기로 선택했던 소작농은 (이웃 나라에 질병이 창궐하거나 분쟁이 발생해) 교역이 갑자기 줄거나 멈추기라도 하면 굶주릴 수밖에 없었다.[68] 그리고 분쟁의 그림자는 점점 가까워지고 있었다(7장 참조).

한편으로 인구수는 계속 증가했다. 수십 년간 인구 회복은 가난한 사람에게는 긍정적으로 작용했다. 노동력 공급이 꾸준히 증가하면서 식량 생산량과 상품 수요가 증가했기 때문이다. 그러나 결국에는 어느 순간부터 인구 증가가 가난한 사람에게 부정적으로 작용하기 시작했다. 1450년 서유럽 전역에서는 사지 멀쩡한 남성 노동력이 매우 부족했다. 1550년 무렵에는 청년 실업이 흔했고 이 때문에 또다시 도시 임금 수준이 낮게 유지됐다. 반면 주택 수요는 증가해 농촌 지역 영주는 소작농의 임대료를 인상했다.[69]

빈부 격차 확대는 당시 도덕적 이상주의의 한계를 배반했다. 인문주의자들은 '인간'을 찬양했지만 다수가 보통 사람이 처한 비참한 조건은 무시하는 것처럼 보였다. 빈민 구호 제도는 가난한 사람을 돕고자 하는 욕구보다 도시 경관을 미화하고자 하는 욕구로 명맥을 이어갔다. 많은 도시에서 저렴한 노동력 공급 관리가 빈민 구호 제도의 주요 목적이 됐다. 1529년 이후 베네치아에서는 거지들이 평균 임금의 절반을 받고 상선에서 일했다. 1536년 초반 영국 빈민법은 사회복지 수급자의 자녀는 무급으로 다른 농민이나 장인을 위해 일을 하도록 정했다. 1541년 루뱅에서 통과된 법은 실업자는 의무적으로 하루에 2번 도구를 지참하고 시청에 모이도록 했고 의무를 위반하면 복지 혜택을 중단했다. 이 법을 만든 사람들은 고강도 노동이 가난한 사람의 영혼에 좋다고 주장했지만 고용주 입장에서는 비숙련 노동력의 임금을 낮추는 편리한 부작용이 있었다.

지역 격차

르네상스는 유럽에서 일어난 현상이었고 그중에서도 서유럽에 국한된 것이었다. 서유럽 내에서도 (무역에 더 유리했던) 북쪽 지역이 남쪽 지역을 점점 앞서 나가기 시작했고 (같은 이유로) 대서양 지역이 지중해 지역을 앞서 나가기 시작했다.[70] 대부분 농경 지역으로 남아 있던 동유럽에서는 억압적인 봉건제도가 갈수록 소작농을 더 짓눌렀다. 거시 경제 측면에서 아시아는 이 시기에 대체로 크게 변하지 않았다.

다른 대륙들은 뒤로 밀려났다. 아프리카에서는 1450년부터 1500년까지 15만 명이 노예로 팔려 갔고 그다음 세기에는 25만 명이 노예로 팔려 갔다.[71] 북아메리카와 남아메리카에서는 유럽의 신항로 개척으로 기존에 존재하던 문명이 멸망했다. 유럽과의 교역이 아메리카 원주민에게 가져다준 혜택이 있었던 것 또한 사실이다. 유럽인은 아메리카 대륙에 유럽산 밀, 아시아산 쌀과 사탕수수, 레반트산 올리브, 아프리카산 커피 등 새로운 작물을 들여왔다. 소, 양, 돼지, 암탉, 염소 같은 가축과 짐수레를 끄는 동물도 들여왔다. 또한 범선, 금속 도구 및 무기, 쟁기 같은 신기술도 선보였다. 심지어 메소아메리카문명이 기원전 1500년경 독립적으로 발명한 바퀴를 재발명하기도 했지만 수레를 발명할 생각을 할 만큼 큰 짐승을 많이 길들이지 못했기 때문에 장난감으로만 알고 있었다.

그러나 질병, 약탈, 정복 같은 부정적 영향이 긍정적 영향을 뒤덮었다. 충격적일 정도로 아메리카 원주민은 거의 살아남지 못했다. 유럽과 아프리카와 아시아 사이에 수천 년간 이뤄진 교역 활동으로 대륙 간에 전문 용어로 이른바 '바이러스 저장소'가 통합됐다. 이런 생물학적 혼합으로 흑사병 같은 역사상 가장 치명적인 질병이 발병했고 더불어 해당 질병에 대한 면역도 발달했다. 아메리카 원주민은 지리적으로 격리된 덕분에 유럽 대륙을 휩쓸었던 죽음의 물결에서 무사했지만 갑자기 들이닥친 유럽 탐험가 및 정복가 등 외래 인구가 몰고 온 수천 년간 축적된 자연의 공포 앞에서는 속수무책이었다. 유럽인이 옮긴 천연두, 홍역, 인플루엔자, 장티푸스(와 아프리카 노예가 옮긴 황열병과 말라리아)로 아이티 원주민 수백만 명 중 수백 명을 제외한 전원이 떼죽음을 당했고, 아즈텍문명(멕시코)과 잉카문명(페루)에서는 인구의 90~95퍼센트가 죽었다(아즈텍문명에서는 최소 2,000만 명이던 인구수가 최대 100만 명으로 급감했고, 잉카문명에서는 900만 명에서 60만 명으로 급감했다).[72] 아메리카 원주민 대부분이 유럽에서 전파된 질병으로 목숨을 잃었고 나머지는 총살당하거나 식민 지배하에 복속됐다. 유럽제국은 아메리카 대륙의 금은과 기름진 경작지에 대한 소유권을 주장했다. 1500년부터 최소 3세기 동안 아메리카 대륙에서 전 세계 은의 85퍼센트와 금의 70퍼센트를 생산했다.[73]

21세기의 새로운 얼룩

오늘날에도 브루넬레스키의 원근법은 여전히 유효하다. 우리가 보는 것은 보는 각도에 따라 달라진다.

뒤로 한 걸음 물러나 인류 전체를 바라보면 이야기는 긍정적이다. 전 세계적으로 신흥 중산층, 즉 소득을 기준으로 전체 인류를 3등분했을 때 중간 계층의 실질소득은 1988년 이후로 60~70퍼센트 정도 상승했다. 하위 3분의 1의 실질소득도 40퍼센트 이상 증가했다.[74] 그러나 최상위층과 최하위층을 비교하면 매우 다른 그림이 드러난다. 평균적인 세계 복지는 향상됐지만 양극화는 심화됐다. 따라서 오늘날 최상층의 삶과 최하층의 삶은 역대 가장 극명한 대비를 이룬다. 2010년 기준으로 전 세계에서 가장 부유한 억만장자 388명이 전체 인류의 하위 50퍼센트보다 더 많은 부를 소유했다. 2017년에는 불과 8명이 전 세계 인구의 50퍼센트보다 더 많은 부를 소유했다.[75] 전 세계 인구의 하위 50퍼센트, 즉 36억 명은 평균적으로 하루에 고작 몇 달러로 살아간다. 이 중

25억 명은 기본적인 위생 시설 없이 살아가고, 13억 명은 전기 없이 살아가며, 8억 명은 충분한 식량 없이 살아간다.[76] 아동 사망률의 99퍼센트, 만성질환에 따른 사망률의 80퍼센트, 감염에 따른 사망률의 75퍼센트가 소득 기준으로 전 세계 인구의 하위 50퍼센트에서 발생한다.[77]

한 걸음 더 가까이 다가가 인류를 국가 단위로 나누어 살펴보면 전체 그림은 또다시 바뀐다. 국가를 비교할 때 가장 먼저 눈에 들어오는 현상은 경제학에서 '융합convergence'이라고 부르는 긍정적인 현상이다.[78] 총체적으로 보면 지난 사반세기 동안 상대적으로 가난한 개발도상국의 평균 소득은 상대적으로 부유한 선진 경제국의 평균 소득을 빠르게 따라잡고 있다. 2000년 이후로 50개국에서는 10년 넘게 3.5퍼센트 이상의 1인당 GDP 성장률을 기록하고 있으며, 세계은행이 '저소득' 국가로 분류한 나라 수도 65개국에서 33개국으로 절반으로 줄었다.[79] 이러한 경험적 증거는 이제 막 교육, 보건, 기본적 사회 기반 시설 등 커다란 성장 동력을 점화하기 시작한 개발도상국이 이미 이 모든 것을 갖추고 있는 성숙한 경제 국가보다 더 빨리 성장해야 한다는 직관을 뒷받침한다.

그러나 몇몇 주요한 조건이 이러한 전망에 먹구름을 드리운다. 빈부 격차는 사람뿐만이 아니라 국가 간에도 발생한다. 최상위 국가와 최하위 국가 간 빈부 격차는 점점 더 벌어지고 있다. 1990년 이래로 세계에서 가장 가난한 20개국의 평균 실질소득은 270달러에서 350달러로 약 30퍼센트(80달러) 증가했다. 세계에서 가장 부유한 20개국의 평균 실질소득 역시 3만 6,000달러에서 4만

4,000달러로 30퍼센트(8,000달러) 증가했다.[80]

여전히 어느 나라에서 태어나느냐가 어떤 삶을 살게 되는지를 상당 부분 결정짓는다. 만일 유럽에서 태어났다면 중앙아메리카나 남아시아에서 태어난 사람보다 (세대에 걸친 건강 변화를 잘 요약해서 보여주는 지표인) 키가 8~9인치(약 20~23센티미터) 더 컸을 것이다.[81] 니제르에서 태어났다면 덴마크에서 태어난 사람보다 기대 수명이 26년 더 짧고 학교 교육을 받는 기간도 9년 더 짧을 것이다.[82] 또한 군사 쿠데타나 내전이나 기타 분쟁에 휘말려 죽거나 장애를 입거나 강간을 당하거나 고아가 되거나 난민이 될 가능성도 더 높다.

마지막으로 한 걸음 더 가까이 다가가 국가 내부에서 들여다본 그림은 또 다르다. 발전 수준이 가장 낮은 국가부터 발전 수준이 가장 높은 국가에 이르기까지 거의 모든 국가에서 빈부 격차는 지난 수십 년간 심화됐다.[83] 현재 아프리카에서 경제 규모가 가장 큰 나이지리아는 세계에서 소득 불평등이 가장 심한 나라이기도 하다. 지난 20년간 나이지리아 경제가 창출한 총소득은 1인당 실질 GDP 기준으로 거의 2배 증가했다. 충격적인 것은 빈민층 비율도 30퍼센트 이상에서 60퍼센트 이상으로 2배 증가했다는 사실이다.[84] 미국에서 1990년 이래로 상위 20퍼센트의 실질소득은 25퍼센트 이상 증가한 반면 하위 20퍼센트의 실질소득은 5퍼센트 '감소'했다.[85] 1900년대에 미국 전체 가계소득은 40퍼센트 더 낮았지만 그 시절 하위 20퍼센트의 가계소득이 지금보다 높았다. 덴마크, 독일, 스웨덴 같은 소득 불평등이 존재하지 않기로 유명한 유럽 국가들조차 부유층의 소득수준이 평균을 훨씬 앞서가고 있다.[86] 이러한 양극화는 통계적일 뿐만 아니라 공간적이다. 출생 국가로 삶의 질을 예측할 수 있는 것처럼 사는 동네 수준으로도 삶의 질을 예측할 수 있다. 영국 옥스퍼드의 부촌에서 태어난 사람은 빈민촌에 태어난 사람보다 기대 수명이 15년 더 길며, 자녀를 옥스퍼드대학교에 보낼 가능성도 훨씬 높다.

다른 국가보다 뒤처지다

국가 간 빈부 격차가 심해지는 2가지 주요 원인 역시 '낙후'와 '퇴보'다.

첫 번째 요인은 특히 기술과 무역과 투자의 영향이 끼치는 곳에서 많은 격차를 만들어낸다. 이론적으로는 새로운 아이디어를 공유할 때 아무 비용이 들지 않지만 실질적으로는 새로운 아이디어를 채택할 때 많은 비용이 발생한다. 새로운 기술을 사거나 특허를 신청할 때 드는 직접 비용도 있지만 그보다 시민에게 새로운 기술을 가르치는 데 드는 비용 같은 간접 비용이 훨씬 크다. 전 세계적으로 정부는 공교육에 학생당 평균 4,600달러 이상을 지출한다. 반면 사하라사막 이남의 아프리카 지역에서는 185달러만 지출하며, 이마저도 1990년과 비교해 15퍼센트 상승한 수치다.[87] 공교육에 지출하는 비용 차이는 사하라사막 이남의 아프리카 지역이 흡연부터 저축과 반도체, 남녀평등에 이르기까지 모든 분야에서 뒤처지게 만든다. 교육체계가 잘 갖춰지고 자체적인 연구 및 산업 활동을 수행하며 이를 뒷받침할 기반 시설을 구축할 예산이 있는 국가는 그렇지 않은 국가보다 새로운 기술과 아이디어를 더 빨리 활용할 수 있다.*

현재 벌어지고 있는 디지털 격차는 사회적 파장이 크다. 인터넷과 모바일 기술은 정보와 교육과 의사소통의 장벽을 뛰어넘을 수 있도록 도와줬다. 오늘날에는 어떤 기술보다도 통신 인프라가 발전했다.

그러나 누구나 동등하게 통신 인프라의 혜택을 누릴 수 있는 것은 아니다. 국제전기통신연합ITU은 전화 및 휴대전화 보급률, 가구당 컴퓨터 및 인터넷 접근성, 무·유선 광대역망 가입자 수 등을 종합한 통신 인프라 지수로 150개국의 순위를 매긴다. 상위 20개국은 모두 유럽, 북아메리카, 일부 남동아시아 지역 국가이며, 높은 인터넷 대역폭과 광대역망 보급률을 자랑하고 인구수보다 모바일 가입자 수가 더 많다. 반면 디지털 격차의 반대쪽 극단에 있는 하위 20개국은 모두 아프리카 지역 국가로, 여전히 인터넷 접근성이 제한적이고(대부분 전화선 접속) 가입자도 거의 없으며 무선 광대역망 보급률이 낮아 국제적 데이터에 대한 접근성도 현저히 떨어진다. ITU는 이러한 설명에 들어맞는 39개국을 '가장 연결성이 떨어지는 국가'로 선정했으며, 24억 명이 이들 국가에 거주하고 있다.[88] (페이스북의 태양광발전 드론이나 구글의 고高고도

---

* 교육만으로 새로운 아이디어와 기술의 채택 속도가 결정되진 않는다. 어떻게 교육 체계가 세상을 설명하고 사회적 태도를 형성하는지도 중요하다. 사우디아라비아의 교육 표준은 꽤 높지만 여전히 사회적으로 여성이 운전하는 것을 금지한다(이 책의 원서가 출간된 이후인 2018년 6월 24일부터 사우디 여성의 자동차와 이륜차 운전이 합법적으로 전면 허용되었다-편집자). 독일은 세계에서 교육 수준이 가장 높은 국가이지만 유전자조작 식품과 원자력발전을 금지한다. 미국과 중국에서는 2가지 기술 모두 허용하고 있다.

열기구 같은 혁신적인 해결책으로 조만간 아프리카는 디지털 격차를 일부 해소할 수 있을지도 모른다.)

국가가 무역 및 투자에서 뒤처지는 과정에 대해서는 논란이 더 많지만 논리적으로는 (각자 가장 잘하는 분야에 집중하고 나머지는 교역으로 충당한다는) 소득 격차나 디지털 격차와 같은 수순을 밟는다. 고전 경제 이론은 무역 개방이 모두에게 이득이라고 가르치지만 막상 현실은 훨씬 더 복잡하다.[89] 규제로 자본, 사람, 아이디어, 상품의 흐름이 막힐 때 어느 한 국가가 감당해야 할 불이익이 다른 국가보다 현저히 클 수 있다. 무역에서는 '낙수 효과'가 일어나지 않는다. 따라서 무역 이익은 산꼭대기에서 녹은 눈이 아래로 흐르듯이 모두에게 돌아가지 않는다. 오히려 무역 이익은 어떤 격차든지 간에 경쟁 우위가 있는 국가와 도시에 웅덩이처럼 고인다.

어떤 격차는 자연 발생적이다. 예를 들어 싱가포르는 지리적 중심지에 위치하고 항구가 발달해 아시아의 무역 중심지가 됐다. 인공적인 격차도 존재한다. 또 다른 섬나라인 자메이카는 싱가포르보다 훨씬 풍부하고 수익성 높은 천연자원을 보유하고 있으며 지리적으로 더 나은 해변과 거대 개방 시장에 더 가까이 위치한다. 1960년에 자메이카와 싱가포르의 1인당 GDP는 비슷한 수준이었다. 이후 싱가포르의 1인당 GDP는 미국을 초월한 반면 자메이카의 실질 GDP는 50년 넘게 그대로다. 오늘날 자메이카의 유아사망률은 싱가포르보다 8배 높다. 자메이카의 자살률과 강간율은 세계 최고 수준인 반면 싱가포르는 세계 최저 수준을 자랑한다. 차이점은 하나다. 싱가포르는 정책적으로 투자를 유치하고 능력 있는 우수한 인재를 유인하고 세계 최고 수준의 교육, 교통, 에너지, IT 인프라를 구축했다. 자메이카는 그렇게 하지 않았다.

지리적 위치, 자원, 노동력, 기술 수준, 인프라, 공공 정책, 법제 및 금융 제도의 질, 인종차별 및 성차별 등은 관세율표보다 수정하기가 훨씬 힘들다. 지난 20년간 전 세계의 무역 장벽이 급격하게 감소했는데도 오늘날 단 10개국이 전 세계 교역량의 60퍼센트를 차지하고 있는 이유다. 60개국이 전 세계 교역량의 92퍼센트를 차지한다. 실제로 아프리카 일부 국가는 돈과 산업이 (비즈니스에 더 적합한) 다른 아프리카나 아시아 국가로 이동하면서 (제조업 비율이 줄고 광산업 비율이 늘어나는 등) 더 단순한 경제로 퇴행하고 있다.[90] 국제통화기금IMF은 한때 가난한 나라에게 산업을 개방하고 외국인 투자 및 경쟁을 유치하는 조건으로 금융 지원을 해줬다. 그러나 이제는 다른 격차를 감수하고 경쟁할 수 있는 필수적인 제도와 정책이 뒷받침되지 않은 국가에 금융 지원을 하는 것은 어리석은 일이라는 뼈아픈 사실을 인정했다.*

다른 시민보다 뒤처지다

르네상스 시대에 경제적 격변이 일어나 농촌이 개발되고 농업은 봉건제도에서 임금 노동으로 이동했으며 국가 간에 농작물과 상

---

* 관세율표는 여전히 여러 개발도상국에 불리한 쪽으로 기울어져 있다. 상대적으로 소득수준이 낮은 국가는 외국인 투자와 경쟁을 유치해야 하는 무역협정에서 여전히 매우 불리하지만 자국 산업, 특히 국가 핵심 산업인 농업이 접근할 수 있는 동등한 시장 개방이 이뤄지지 않고 있다. 가난한 나라의 농부는 선진국 농부보다 농산물에 대한 2배 높은 무역 장벽을 극복해야 한다.

품 교역이 일어나면서 경쟁이 확대됐다. 이 변화의 소용돌이 속에서 잘 준비된 사람은 번영했고 그렇지 못한 사람은 뒤처지지 않으려고 고군분투했다. 오늘날 개개인도 마찬가지다. 무역 장벽과 투자 장벽이 낮아지면서 노동집약적 산업을 저임금 국가로 이전하는 일이 가능해졌다. 특히 컴퓨터와 로봇공학에서 일어난 기술 발전으로 기계가 많은 노동자를 대체할 수 있게 됐다. (우연의 일치인지 슬라브어로 '일work'을 뜻하는 '로봇robot'이라는 단어는 14세기와 15세기 동유럽에서 유래했고, 본래는 소작농이 일주일에 보통 2일에서 4일간 영주를 위해 무임금으로 노동하던 시간을 가리켰다.)[91]

이러한 추세에 따라 소유자와 투자자의 이익은 증가했고 이 새로운 역학 관계를 관리할 수 있는 경영 능력과 기술적 능력을 갖춘 사람의 임금이 상승했다. 그러나 해외 저임금 노동력이나 기계에 일자리를 빼앗긴 사람들의 임금은 내려갔다. 결국 경제 개방으로 능력에 따른 프리미엄이 증가하면서 상대적으로 교육 수준이 낮은 사람과 높은 사람 사이에 임금 격차가 확대됐다.[92]

퇴보하다

유능한 국가 경영으로 격차를 빠르게 따라잡을 수 있다(중국, 가나, 싱가포르를 비롯해 여러 국가가 이를 증명했다). 그러나 사회적·경제적·환경적·생물학적 충격이나 분쟁에 따른 급작스러운 의도치 않은 퇴보는 심지어 가장 경쟁력 있는 개발 프로그램에서 힘들게 쟁취한 혜택조차 순식간에 쓸어버릴 수 있다. 이러한 충격 사건이 발생하는 빈도가 점점 늘어나고 있다. 세계에서 가장 치명적인 자연재해 상위 10건이 모두 1980년 이후에 발생했으며 이 중 8건은 2002년 이후에 발생했다.[93] 500년 전과 마찬가지로 지금도 이러한 충격 사건으로 가장 큰 타격을 입는 것은 빈곤 계층이다. 가난한 사람과 가난한 나라는 전통적인 자연재해와 전쟁에 가장 취약하다(대규모 분쟁 지역 상위 10곳이 모두 개발도상국이며, 전 세계 2,000만 난민 가운데 86퍼센트가 개발도상국 출신이다).[94] 또한 6장에서 논의할 신흥 위험에도 가장 취약하다. 개발도상국은 취약함을 낮춰줄 새로운 기술 연구, 식량 및 연료 비축, 방파제 건축, 재난 대비 공무원 훈련 등 예방적 조치를 취할 자금이 부족하다. 재난의 여파로 무너진 도로, 학교, 병원을 재건할 자금 역시 부족하다. 실업보험, 의료보험, 연금, 민간 저축 등 국민의 회복 탄력성을 높일 자금 역시 부족하다. 선진국에서 HIV/AIDS는 만성적이나 관리 가능한 조건이지만, 대부분의 사하라사막 이남 아프리카 지역에서 HIV/AIDS는 경제적 재앙이자 사회적 재앙이다. 충격은 그렇지 않아도 근근이 생계를 이어가고 있는 사람들을 학교와 일터에서 내쫓아 절대적 빈곤이나 범죄, 학대, 인종적 폭력, 자살, 굶주림으로 내몰 수 있다.

국가 경영이 형편없거나 실패할 때도 퇴보가 일어난다. 북한 체제는 1990년에 소련이 붕괴해 지원이 끊긴 이후로 북한 주민들을 위해 한 일이라곤 아무것도 없다. 자신들의 경제 이념이 틀렸다는 사실을 인정하기보다 오히려 북한 주민들을 1950년대로 퇴보하게 내버려뒀다. 소말리아는 1991년부터 2012년까지 피 튀기는 내전을 치렀고, 소말리아 국민들은 르네상스적 발전이 이뤄지고 있는 20년 동안을 주저앉아 있을 수밖에 없었다. 소말리아는 지구상에서 태어나기에 최악의 장소 중 하나다. 현재 소말리아에서는 신생아 10명 가운데 1명이 태어난 첫해에 사망하며, 공교육은 대부분 자취를 감췄다. 또한 다음 세대 여성 인구의 75퍼센트가 문맹이며, 1인당 국민소득은 (연간 284달러로) 세계에서 가장 가난한 지역(사하라사막 이남의 아프리카) 평균의 5분의 1에 겨우 미치는 수준이다.[95] 시리아는 내전이 발발한 2011년 이전까지만 해도 중동에서 가장 훌륭한 의료 체제를 자랑했다. 그러나 2014년에는 병원의 60퍼센트가 파괴됐고 의사의 절반이 자취를 감췄으며 예방접종 체계가 무너지면서 소아마비와 홍역이 다시 고개를 들었다.[96]

마지막으로 악한 기업 때문에 퇴보가 일어나기도 한다. 르네상스 유럽이 아메리카 대륙을 약탈했던 것처럼 오늘날에도 대중의 관심 밖에 있는 지역에서 규모는 작지만 비슷한 일이 되풀이되고 있다. 외국 기업은 1984년 인도 보팔 유니언 카바이드Union Carbide 참사, 인도네시아 및 기타 지역 열대우림 파괴, 수많은 개발도상국에서의 노동자 인권 탄압 및 독재자 지지 등 최근 수십 년간 일어난 일부 최악의 스캔들에 관여했다. 국제투명성기구, 그린피스, 채굴산업투명성조치 등 시민 사회단체가 이러한 기업 행태에 대한 인식을 높이고 기업에게 책임을 지우기 위해 노력하고 있지만 소비자를 기만할 기회는 여전히 많다.

폭풍우가 몰아치는 이 순간

인간 복지의 양극화는 우리 사회체제에 엄청난 스트레스를 주입한다. 르네상스는 폭풍우가 몰아치는 순간이다. 빠르고 멀리 갈 수 있도록 밀어주는 바람과 큰 파도를 일으키는 바람은 같은 바람이다. 배타적이고 무관심한 정서가 만연하면서 모두가 힘을 모아야 할 위급 상황에서조차 사람들은 참여를 거부하거나 심지어 반란을 일으키기도 한다. 그럼에도 부의 양극화 때문에 더 큰 진실이 변하진 않는다. 세상은 지금 이 신 르네상스가 시작되기 전보다 급격하게 건강해졌고 부유해졌고 교육 수준도 높아졌다. 가난하게 태어난 사람에게는 특히 역사상 다른 어느 때보다 지금 이 순간 빈곤에서 벗어나 더 오래 더 건강하게 살 가능성이 높다.

부정적인 측면보다 긍정적인 측면이 지배적인 이유는 2가지다. 첫째, '규모' 때문이다. 국가가 실패하고 퇴보한 최악의 사례조차 지난 20년간 일어난 최고의 성취 사례와 비교하면 그 규모는 상대적으로 매우 미미하다. 세계에서 가장 개발 수준이 낮은 6개국 인구를 모두 합쳐도 단일국가인 중국의 인구수나 인도의 인구수에 미치지 못한다.

이 같은 사실을 근거로 인류가 최근에 이룩한 성취는 속 빈 강정이나 다름없다고 주장하는 사람도 있다. 중국을 제외하고 나면 전체 그림은 발전에서 침체로 바뀌고 만다. 사실이다. 1990년 이래로 총 극빈층 수는 절반으로 줄었지만 중국을 제외하면 아주 약간 줄었을 뿐이다(도표 3-6 참조).

이 주장에는 오류가 있다. 우리는 빈곤이라는 감옥에서 새롭게 탈출한 사람이면 누구나 똑같이 소중하게 여겨야 한다. 어느 지역에서 탈출했건 말이다. 게다가 중국이 빈곤층의 감소를 주도하긴 했지만 인도와 아프리카도 현재 개발 궤도에 올라 향후 수십

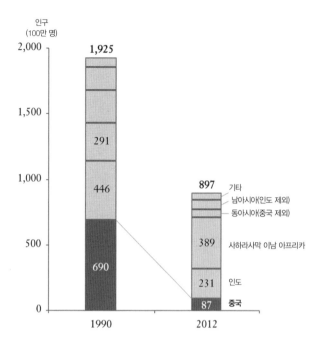

인구
(100만 명)

2,000 ┬ **1,925**

1,500

291

1,000
446

897 기타
남아시아(인도 제외)
동아시아(중국 제외)

500
389 사하라사막 이남 아프리카

690
231 인도

0 ┴ 87 **중국**

1990   2012

| 3-6 | 지역별 극빈층 인구수

극빈층의 감소는 주로 중국에서 일어났다.

출처: 세계은행 PoucalNet, 2015년. 『2011 PPP와 하루 1.90달러 빈곤선으로 본 지역별 집계』.
URL: iresearch.worldbank.org/PovcalNet/index.htm?1.

년간 큰 발전을 이룰 준비를 하고 있다. 21세기 인도의 경제 전망
은 중국보다 밝다. 인도의 인구는 중국과 규모는 비슷하지만 훨
씬 젊다. 2025년까지 인도의 노동력은 1억 7,000만 명 더 늘어날
것이다. 반면 중국의 노동력은 (최근 '1가구 1자녀' 정책을 '1가구
2자녀' 정책으로 수정했음에도) 이미 수축하고 있다.[97] 인도는 곧
건강과 부와 교육에서 인구 증가에 따른 이득을 볼 것이다.

아프리카의 미래는 불확실하지만 그만큼 밝을 수 있다는 뜻이
기도 하다. 세계경제를 구성하는 나머지 국가들에게 아프리카 대

류의 존재가 알려진 것은 최근이다. 분명 다는 아니지만 몇몇 아프리카 국가는 풍족한 자원을 누리고 있다(아프리카는 세계 금 매장량의 40퍼센트와 백금 매장량의 90퍼센트를 보유하고 있다). 좋은 정부의 손에만 맡겨진다면 풍부한 자원으로 공공 기반 시설이나 능력에 투자할 수 있다. 좋은 정부일수록 더 큰 지지를 받을 수 있다. 시민은 자신의 권리를 훨씬 잘 알고 권력층에게 훨씬 높은 빈도로 책임을 물을 것이기 때문이다.[98] 아프리카는 또한 머지않아 인구통계학적 배당금을 받는 축복을 누릴 것이다. 현재 5억 명인 아프리카의 노동인구는 2040년까지 11억 명으로 폭증할 것이다.[99] 지방정부가 빈민가가 아니라 지역사회를 육성한다면 그리고 중앙정부가 국지적인 지역 경제를 통합하고 제도를 정비한다면 아프리카는 2050년 이전에 극심한 빈곤에서 벗어날 수 있을 것이다.

신 르네상스가 건강과 부와 교육에서 이룬 성취가 그 단점을 능가하는 두 번째 이유는 '범위' 때문이다. 지난 20년간 경제 격차가 가장 크게 벌어졌다. GDP는 인간의 발전 정도를 측정하는 출발점으로 삼기에는 좋은 지표지만 결승점으로 삼기에는 좋지 않은 지표다. 중국 GDP는 30년간 튀니지 GDP보다 5퍼센트 빠르게 성장했지만 같은 기간 동안 튀니지 여성의 기대 수명은 (63세에서 77세로) 14년 증가한 반면 중국 여성의 기대 수명은 (69세에서 76세로) 7년 증가했을 뿐이다.[100] 튀니지는 건강을 측정하는 가장 근본적인 지표에서 중국을 따라잡았고 앞질렀다. 건강과 보건을 개선할 수 있는 수많은 저비용 아이디어가 확산되면서 오늘날 광범위한 인류 발전은 국가가 얼마나 빨리 소득 증가를 이루느냐가 아니라 이러한 아이디어를 얼마나 잘 활용하느냐에 달려 있다. 만약 소득에만 집중하는 대신 기대 수명과 교육 수준과 소득을 종합적으로 고려한다면, 즉 파키스탄 경제학자 마흐붑 울 하크가 개발한 종합 발전 척도인 인간개발지수Human Development Index, HDI로 측정한다면 사실상 관련 데이터가 존재하는 '모든' 나라가 1990년 이후로 발전했으며 가난한 나라도 부자 나라 대열에 합류하고 있다*는 사실을 분명히 알 수 있다. 지금의 발전 속도로는 2050년까지 인류의 4분의 3 이상이 현재 영국과 같은 HDI 점수를 획득할 수 있을 것으로 예상된다.[101] 가장 큰 도약은 우리가 거의 언급조차 하지 않는 국가에서 일어나고 있다. 르완다는 2008년 이후로 HDI 순위가 17단계 상승하며 다른 어느 국가들보다 빠른 상승세를 보이고 있다.[102]

인류의 잠재력은 지금 더 뚜렷하게 보인다. 우리가 그 잠재력에 어느 순간 갑자기 가까이 다가섰기 때문이다. 첫 번째 르네상스 시대에 엿보았던 우리의 위대함은 천재성이라는 꽃을 피웠다.

---

* 예외적인 국가도 존재한다. 짐바브웨, 이라크, 시리아, 소말리아 같은 나라들은 내전이나 HIV/AIDS 때문에 퇴보했다.

2부

폭발하는 천재성

상상을 초월하는 과학 기술의 발전

현시대는 어떻게 천재성을 창출하고
집단적 성취의 규모를 키웠나

4장

신 르네상스의 '코페르니쿠스 혁명'

왜 지금 커다란 변혁이

일어나고 있는가

패러다임의 전환이 시작되다

1504년 낮에는 교회 행정가였고 밤에는 열정적인 천문학자였던 니콜라우스 코페르니쿠스(1473~1543년)는 특별한 무언가를 발견했다. 20년에 한 번씩 일어나는 '목성과 토성의 대합'을 관측한 것이다.[1] 코페르니쿠스에게 행성 관측은 일종의 헌신이었다. 신을 경외하기에 하늘나라the Heaven를 관찰하는 것보다 더 나은 방법이 무엇이겠는가. 따라서 코페르니쿠스는 이탈리아에서 의학과 교회법을 공부하며 머물렀던 7년 동안 기회가 닿을 때마다 개인적인 열정을 좇아 기하학 수업을 들었다. 또한 천문학 교수의 야간 관측에 보조로 따라나섰으며, 고대 천문학자(프톨레마이오스)와 동시대 천문학자(포이어바흐, 레기오몬타누스)의 이론과 별자리표를 출간 즉시 탐독했다. 그리고 고향인 폴란드로 돌아온 지 1년 뒤 직접 천체 관측 도구와 믿고 보는 별자리 연감(1492년 판 『알폰소 천문표』)을 들고 나가 두 행성이 서로에게 다가가는 모습을 기록했다.

코페르니쿠스는 자신이 목격한 현상 때문에 2가지 이유로 곤란해졌다. 첫 번째는 믿고 보던 별자리 연감이 그다지 믿을 만하지 못하다는 사실이 드러났다. 13세기에 편찬된 『알폰소 천문표』

는 중세 천문학의 주요 업적으로 1252년부터 태양과 달과 알려진 행성의 위치를 계산했다. 그러나 그 계산은 정확하지 않았다. 1504년에 예측대로 대합이 일어났지만 날짜가 1~2주 어긋났고 위치도 1~2도 어긋났다.

두 번째는 철학적인 걱정이었다. 코페르니쿠스는 『알폰소 천문표』가 토대로 삼고 있는 프톨레마이오스의 천체 모형이 신의 정신을 반영하기에는 너무나 조잡하고 우아하지 못하다고 생각했다. 프톨레마이오스는 지구를 우주의 중심으로 놓았다. 날마다 뜨고 지는 것은 태양이기에 이 사실은 너무나도 자명해 보였다. 그러나 행성은 더 골치 아픈 떠돌이였다. 지구에서 보면 행성은 마치 이상한 춤을 추는 것만 같았다. 이쪽저쪽을 왔다 갔다 하며 종잡을 수 없이 움직였고 어두워졌다가 밝아졌다가를 불규칙한 간격으로 되풀이했다. 이 모든 현상을 설명하기 위해 프톨레마이오스는 원, 주전원(각 행성의 작은 원형 궤도-옮긴이), 동시심(주전원 원운동의 중심-옮긴이)으로 구성된 정교한 집합체를 고안해냈다. 이상하고 복잡한 태양과 달과 행성의 운동 법칙이 1,400년간 존속했다. 이유는 단순했다. 법칙대로 들어맞았기 때문이다. 프톨레마이오스의 천체 모형은 모든 천체가 언제 어디에 있을지를 오차 범위 1~2주와 1~2도 이내로 안정적으로 예측했다.

이러한 걱정에 사로잡혀 있던 코페르니쿠스에게 1510년에야 비로소 '아하!의 순간Aha!Moment(문제 해결책이 명료해지는 탄성의 순간-옮긴이)'이 찾아왔다.[2] 너무나도 단순해서 신성스럽게 느껴지기조차 하는 통찰이었지만 너무나도 놀라운 발견이었기에 코페르니쿠스는 30년 넘게 출판을 미뤘다. 그나마도 1514년 무렵 코페르니쿠스가 소수의 동료 학자들에게 배포한 원고 초안에 홀딱 반한 학생 한 명이 끈질기게 졸라대는 통에 출간이 성사된 것이었다. 코페르니쿠스의 천체 모형에서 우주의 중심은 지구가 아닌 태양이었다. 낮과 밤이 생기는 이유는 태양의 이동 때문이 아니라 지구의 자전운동 때문이었다. 그리고 지구는 태양 주위를 도는 여러 행성 가운데 하나일 뿐이었다.

온통 말도 안 되는 주장뿐이었다. 지구가 정말로 자전축을 따라 동쪽으로 회전해 낮과 밤이 생긴다면 그 속도가 어마어마해야만 했다. 그렇다면 어떻게 건물이며 나무며 사람이 똑바로 서 있을 수 있단 말인가? 어떻게 새와 구름이 대기의 움직임에 나둥그라지지 않을 수 있단 말인가? 코페르니쿠스도 이유는 몰랐다. 게다가 지구가 태양 주위를 돈다면 왜 별은 고정돼 있는 것처럼 보인단 말인가? 두 눈을 번갈아 가면서 감을 때 우리 시야에서 물체가 좌우로 이동하는 것처럼(이러한 효과를 시차parallax라고 한다) 지구가 실제로 해마다 태양의 한쪽에서 다른 쪽으로 이동한다면 별자리도 이동해야만 했다. 자신의 이론을 확신한 코페르니쿠스는 별이 움직이는 것이라고 추측했다. 다만 별은 프톨레마이오스가 상상했던 것보다 수천 배나 멀리 떨어져 있어서 우리 눈이나 관측 도구로는 알아차릴 수 없는 것이었다. 19세기 초반 망원경으로는 코페르니쿠스의 이론이 옳았음을 증명할 수 있었겠지만 검증 수단이 없었던 16세기에 이 새로운 개념은 비웃음만 샀다. 튀코 브라헤는 코페르니쿠스가 틀렸다는 사실을 증명하기 위해 천체를 꼼꼼히 기록하는 일에 평생을 바쳤다. 역설적이게도 브라헤가 기록한 자료로 코페르니쿠스의 천체 모형이 프톨레마이오스의 천체 모형보다 우월하다는 사실이 입증됐고 그 수용을 앞당기는 결과를 낳았다.

코페르니쿠스는 당시 모든 천문학이 기반하고 있던 뿌리 깊은 가정을 의심했고 뒤집었다. 20세기 철학자인 토머스 쿤은 '패러다임 전환paradigm shift'이라는 용어를 만들어 이런 특별한 유형의 업적을 구별 지었다. 우리 사고방식에는 작업 가정working assumption이 깊숙이 박혀 있기 때문에 패러다임을 전환하기란 매우 어렵다. (교회는 200년이 넘는 세월 동안 코페르니쿠스가 1543년에 출간한 『천체의 회전에 관하여』를 금서로 지정했다.)

패러다임 전환은 매우 중요하다. 모든 패러다임에는 한계가 있고 결국에는 그 한계를 직면해야 하기 때문이다. 그렇지 않으면 발전은 제자리걸음일 수밖에 없다. 코페르니쿠스가 주창한 태양중심설에도 허점은 있었다. 지구가 우주의 중심이 아니었던 것처럼 태양도 우주의 중심이 아니었기 때문이다. 그러나 태양중심설은 천문학이 프톨레마이오스에서 벗어나 생산적인 질문을 할 수 있도록 새로운 통로를 열어줬다. 행성이 지구가 아니라 태양 주위를 공전한다는 사실을 어떻게 증명할 것인가? 이 질문에 답하기 위해 1610년에 갈릴레오 갈릴레이(1564~1642년)는 네덜란드산 최신 망원경으로 금성의 위상 변화와 목성 주위를 도는 위성을 관측해 새로운 증거를 모았다. 요하네스 케플러(1571~1630년)는 궤도가 타원형이라는 사실을 발견했다. 케플러는 행성 운동을 3법칙으로 정리해 정확도를 오차 범위 10분의 2 이내로 끌어올린* 새로운 별자리 연감을 제작했다. 그렇다면 왜 아무도 지구가 우주를 돌고 있다는 사실을 느낄 수 없는가? 아이작 뉴턴 경(1642~1727년)

은 관성 때문이라고 대답했으며 이 대답은 뉴턴의 운동 법칙의 제1 법칙이 됐다. 코페르니쿠스의 업적은 르네상스 시대를 넘고 천문학 분야를 넘어 훨씬 멀리까지 영향을 끼쳤다. 코페르니쿠스는 모든 현대물리학의 기초를 새로이 다졌다.

놀라울 정도로 '천재'가 흔한 시대

이 같은 희소한 수준의 업적을 이룬 사람을 가리켜 우리는 '천재'라고 부른다. 르네상스 시대에는 놀라울 정도로 천재가 흔했다. 철학, 과학, 기술, 예술 분야에서 급진적인 발전이 일어나 기존에 각 분야를 지배하던 원칙을 깨뜨렸다. 오늘날 역사학자들은 당시 사회 전반에서 일어난 패러다임 전환을 중세에서 초기 근대로 이행하는 과정으로 본다. 3장 초반부에서 언급했듯이 이 모든 변화의 핵심에는 철학 사조의 변화가 자리했다. 거대한 존재의 사슬에서 신이 부여한 인류의 위치를 찬양하는 데서 벗어나 그 위에 군림하기 위해 투쟁해야 한다는 것이 골자였다. 급진적으로 삶의 의미를 재고하게 되면서 자연스레 '진리의 위치'도 점차 (신의) '계시'에서 (자연) '관찰'로 이동했다. 이러한 새로운 사고방식은 지구의 그림을 완전히 바꿔놓았고(1장 참조), 코페르니쿠스를 통해 천체의 그림 또한 완전히 바꿔놓았다.

---

* 나머지 오차는 케플러가 알지 못했던 (뉴턴이 규명한) 행성 간의 만유인력과 (아인슈타인이 규명한) 일반 상대성 때문에 발생했다.

의학에서 인체 모형이 영적에서 해부학적으로 바뀌기 시작한 것도 이러한 새로운 사고방식의 영향이었다. 의과대학에서 인체 해부는 흔한 일이 됐고 골격, 근육, 동맥과 정맥, 장기, 신경계, 뇌를 정확하게 묘사한 인체 해부도가 널리 인쇄되고 배포됐다. 미카엘 세르베투스(1511~1553년)는 심장은 영혼이 깃든 장소가 아니라 그저 펌프라는 사실을 밝혔다. 화학도 연금술에서 실험 학문으로 바뀌기 시작했다. 고대에서부터 전해 내려오던 금 제조법에 따라 납을 금으로 바꾸려던 시도는 점차 화학반응에 관한 새로운 데이터를 수집해 알코올과 산과 기타 물질을 증류하는 방법을 개선하고, 이렇게 제조한 용액을 환자가 복용했을 때 어떤 효과가 있는지를 관찰하는 일로 변했다.

새로운 연구 분야도 탄생했다. 오늘날 니콜로 마키아벨리는 '권모술수에 능한Machiavellian' 인물의 대명사다. 마키아벨리가 쓴 유명한 저서 『군주론』에서 폭력과 속임수를 좋은 리더가 갖춰야 할 자질로 간주해 옹호하는 것처럼 보이기 때문이다. 그러나 정말로 파격적인 행보는 500년 전에 듣기 좋은 거짓말로 지배층의 덕목을 저술한 것 말고도 지배층의 실제 행동을 관찰한 내용을 출간했다는 사실이다. 마키아벨리 이후로 정치학자들은 오늘날까지 쭉 지배층의 행동을 관찰해 저술하고 있다.

세상을 바라보는 새로운 시각과 더불어 새로운 도구와 기술도 도래했다. 작은 바다를 항해하기에 알맞았던 배는 더 크고 더 튼튼해졌을 뿐만 아니라 돛과 방향키도 다양해져서 큰 바다를 항해하기에 적합해졌다. 나침반과 그 밖의 다른 항해 장치도 더 정확해져서 뱃머리를 앞으로 향한 채로 항해할 수 있게 됐다. 전에는 감히 상상조차 할 수 없던 일이었다. 농업에서도 (축사 도입이나 돌려짓기 같은) 새로운 운영 방식을 채택하기 시작했고 이후 300년 동안 농업 생산량은 꾸준히 증가했다. 유럽 지역에서는 철광석이 고갈된 줄 알았지만 광산업에서 배수, 환기, 수직 채굴, 홍수 및 폭발 방지 기술이 발전하면서 더 깊은 곳에 매장된 자원까지 채굴할 수 있게 됐다. 금속공학자들은 세계 최초의 용광로를 건설했고(덕분에 더 나은 철강을 더 많이 생산할 수 있게 됐고) 새로운 합금을 개발했다. 유체공학자들은 상수도 시설을 향한 고대 로마인들의 열정을 되살리고 발전시켜 댐, 펌프, 수도관을 개발해 광산, 제분소, 항구에 설치했다. 건축가들은 새로운 승강기를 설계해 카이사르 시대 이후로 볼 수 없었던 거대한 돔을 건축했다. 초기 바이올린과 기타를 비롯해 여러 악기가 등장했고 새로운 형식의 음악이 작곡됐다.

오늘날 우리가 가장 잘 기억하는 변화는 시각예술에서 일어났다. 중세 미술은 보기에 따라 우아하고 신비스러운 동시에 밋밋하고 틀에 박혀 있다. 중세 미술은 종교적인 목적이 주를 이뤘기 때문에 소재도 주로 성경 이야기였다. 표절은 일반적인 관행이었다. 혁신은 신성모독으로 이어질 수 있었다. 그러나 서서히 예술가의 임무는 단편적인 세상을 본 그대로 포착하는 것이라는 생각이 이러한 규범을 대체하기 시작했다. 점차 실물을 그대로 옮겨놓은 듯한 독창적이고 세속적인 예술 작품이 탄생했다(그림 4-1 참조).

이러한 변화의 선봉에는 선원근법(멀리 있는 물체를 작게 그려서 평면 캔버스에 원근감을 주는 기법)을 개발한 브루넬레스키와 머

| 4-1 | 시각예술에 일대 변혁을 일으킨 르네상스

(a) 마리아와 아기 예수, 14세기 추정
작자 미상. 크레타섬 추정. 1400년 추정. 〈영원한 도움의 성모〉. 이탈리아 로마 성알폰소성당 (구속주회) 소장.

(b) 마리아와 아기 예수, 15세기
산드로 보티첼리, 1480년 추정. 〈책의 성모(아기 예수를 가르치는 성모마리아)〉. 이탈리아 밀라노 폴디 페촐리미술관 소장.

릿속에서 미화한 누드화 대신 실제 알몸을 눈앞에 두고 개개인의 특징을 세세하게 잡아내 누드화를 그린 얀 반 에이크(1390년 추정~1441년) 같은 예술가가 있었다. 르네상스가 정점에 이르렀을 무렵 레오나르도 다빈치와 미켈란젤로는 예술의 새로운 경지에 도달했다(그림 4-2 참조). 오늘날 우리는 다빈치와 미켈란젤로의 작품을 보면서 그 아름다움에 감탄하지만 당시 사람들은 그 독창성에 감탄했다. 그 전까지는 아무도 레오나르도의 모나리자처럼 실사에 가까운 인물 초상화를 그리지 않았다. 미켈란젤로의 비법은 수년간 실제 사람의 눈이 어떻게 사물을 인식하는가를 연구한 결과다. 이로써 입꼬리와 몸의 윤곽을 불분명하게 두고 화가의 붓이 아닌 그림을 보는 사람의 뇌가 세부적인 부분을 마저 채

| 4-2 | 실제 관찰 결과와 개인적 영감을 결합시킨 천재들

(a) 레오나르도 다빈치, 1503~1517년 추정, 〈모 나리자〉, 프랑스 파리 루브르미술관 소장.

(b) 미켈란젤로 부오나로티, 1513~1516년, 〈교 황 율리오 2세 무덤의 죽어가는 노예(부분)〉, 프 랑스 파리 루브르미술관 소장.

우도록 했다. 마찬가지로 미켈란젤로는 인간 해부학을 면밀히 탐구한 결과 모든 근육과 힘줄이 제자리에 놓인 뒤틀린 듯하면서도 동시에 우아한 대리석 조각상을 인류에게 선사했다.

이 모든 혁명은 한순간에 일어나지 않았다. 코페르니쿠스는 신은 원circle으로 사고한다는 이유로 원형 궤도를 고집스럽게 주장했다.[3] 르네상스 시대 의학 기록을 보면 현대 독자들은 자기도 모르게 얼굴을 찌푸릴 것이다. 레오나르도조차 당시 너도나도 손댔던 연금술에 동참했기 때문이다. 과학혁명이 시작되기까지는 수세기가 걸렸다. 그러나 당시 새로운 패러다임 아래서 거둔 성공적인 초기 업적은 과학혁명의 가치를 입증하고 가속화하기에 충분했다. 과학, 탐사, 항법, 철강 제조, 무기, 농업, 섬유, 시간 측정 등을 발전의 척도로 삼는다면 1450년에 서유럽은 중국이나 아랍 국가보다 훨씬 뒤처져 있었다. 그러나 1550년 무렵에는 하버드 대학교 역사학자 니얼 퍼거슨이 2011년에 출간한 『시빌라이제이션: 서양과 나머지 세계』에서 입증했듯이 유럽은 이 모든 분야에서 비약적인 발전을 이뤘고 과거 지구상에 존재했던 어떤 문명보다도 더 조직적이고 더 풍부한 에너지 자원을 자랑했다.[4]

과거 르네상스 시대는 인류 역사상 가장 위대하고 가장 빠르게 천재성이 꽃핀 시대였다.

인류의 도약

적어도 현재 시대가 도래하기 전까지는 말이다.

코페르니쿠스 혁명에 비견할 만한 변화는 이미 시작됐다. 1부에서는 폐쇄 정치 및 경제체제에서 개방 정치 및 경제체제로의 변화와 아날로그 미디어에서 디지털 미디어로의 변화 같은 가장 광범위한 변혁만을 서술했지만 보다 좁은 영역에서도 동일한 현상이 일어나고 있다. 외교에서는 최소 1555년* 이전에 국제 관계의 기반을 이루던 국가의 절대주권 개념이 흔들리고 있다. 대신 다른 나라 국민을 '보호할 책임'과 '인류에 대한 범죄'를 심판

---

* 1555년 아우크스부르크 화의(Peace of Augsburg)에서는 '그의 왕국에, 그의 종교를(cuius regio, eius religio)'이라는 원칙을 정립한다. 이 원칙에 따라 신성로마제국의 영주들은 (가톨릭교든 루터교든) 자유롭게 종교를 선택할 권리를 얻게 됐다.

할 사법권을 가진 국제형사재판소와 (북한 사례가 완벽히 증명하듯이) 어떤 국가도 국제 공동체와의 연계 없이는 국가적 번영을 이룰 수 없다는 인식 확대가 그 자리를 노리고 있다. 경영에서는 '회사'라는 개념이 다시 정의되고 있다. 디지털 플랫폼 덕분에 거래 비용이 낮아지고 아주 세세하고 다양한 서비스가 제공되면서 필요한 모든 상품과 서비스를 시장에서 조달하는 것보다 회사를 설립하는 것이 더 경제적이라는 오랜 생각이 위협받고 있다. 새로운 사고방식에서는 회사의 주요 가치를 독특한 가치와 경영 방식에서 찾는다. 마찬가지로 노동의 본질 역시 풀타임 정규직에서 임시 계약직으로 변화하고 있다. 1995년 이후로 선진 경제 국가 OECD에서 창출된 일자리의 절반 이상이 파트타임이거나 자영업이거나 프리랜서 형태였다.[5] 미니애폴리스에서부터 뭄바이에 이르기까지 업워크Upwork, 태스크래빗Task Rabbit, 섬택Thumbtack 같은 디지털 프리랜서 플랫폼이 성행하고 있다.[6] 예술에서는 예술가와 관람객이라는 기본적인 구분이 허물어지고 있으며 창조 활동에 직접 참여하는 일이 보편화되고 있다.

그러나 가장 눈에 띄는 증거는 과학 분야에서 나타난다. 첫 번째 르네상스 시대에 피어났던 천재성은 오늘날에 와서 뚜렷하게 볼 수 있다. 지난 500년간 유럽이 얼마나 변했고 나머지 세계는 얼마나 변하지 않았는지를 서로 다른 지역적 조건 아래 대조할 수 있기 때문이다. 물론 오늘날에는 그러한 사치를 누릴 수 없다. 500년 뒤의 미래를 내다볼 수도 없을뿐더러 우리 시대를 형성하는 연결과 발전의 힘은 전 세계적이라 서로 다른 지역을 일직선상에 놓고 대조하는 일도 쉽지 않기 때문이다. 이를테면 소셜 미디어가 단순히 보다 편리한 연락 수단인지, 아니면 물리적 사회에서 가상 사회로 가는 근본적인 변혁인지를 판단하기란 어렵다.

과학, 특히 자연과학에서 일어난 중요한 도약은 더 뚜렷하게 볼 수 있다. 코페르니쿠스가 체감했듯이 과학의 밑바탕에 깔린 기본 원칙을 다시 쓰는 일은 매우 힘들다. 이론과 실제를 뒷받침하는 것은 수십 년 또는 수 세기 동안 축적된 객관적인 데이터이며, 이를 바꾸는 것은 객관적으로 더 나은 증거를 가지고 정면으로 맞서는 것을 의미한다. 한편으로는 그렇게 제시한 이론이 승리하면 과학은 다른 어떤 분야보다도 빠르고 확실하게 새로운 패러다임으로 이행한다. (그 누구도 이미 틀렸다고 증명된 길을 더 연구하길 원치는 않는다.) 이 말은 곧 과학에서는 단기간에 커다란 변화를 발견하고 인정받을 수 있음을 뜻한다.

자연과학은 인간의 두뇌 활동이 이루는 방대하고 복잡한 생태계로, 수많은 분야 및 그 하위 분야가 존재한다. 그러나 단순화하면 크게 (유기체를 연구하는) 생명과학과 (무기체를 연구하는) 물리과학으로 나뉜다. 생명과학은 물리학(물질이란 무엇인가)에서 출발해 화학(물질은 어떻게 행동하는가)과 생물학(물질의 유기적 배열)을 거쳐 의학(생명과학을 적용해 어떻게 수명을 연장할 것인가)으로 마무리된다. 물리과학도 마찬가지로 물리학과 화학에서 출발하지만 물질(물질의 무기적 배열)을 탐구하고 공학(물질에 대한 이해를 적용해 어떻게 유용한 물건을 만들 것인가)에서 끝이 난다.

현재 생명과학과 물리과학 양쪽에서 일어나고 있는 변화는 매우 거대하며 시간을 충분히 들여 이해하기만 한다면 예술에서 일어난 비약적 발전만큼이나 아름답다는 사실을 알 수 있다. 생명과학과 물리과학에서의 발전은 우리 삶이 변혁의 문턱에 있다는 사실을 가장 잘 보여주는 증거다. 자연과학은 우리의 삶의 질과 수명을 결정한다. 물리과학은 우리 삶을 채우고 있는 모든 것을 만든다.

생명과학: 의료부터 유전자 변형까지

5,000년에 걸친 의학 역사에서 우리는 인체를 그저 주어진 것으로 받아들였다. 1953년 프랜시스 크릭과 함께 DNA 구조를 공동 발견한 제임스 왓슨의 말을 빌리면 인간은 "우리가 쓰지 않은 희곡에 쓰이는 아주 작은 소도구"였다. 이 희곡에서 의학의 역할은 치료였다. 인체가 어떻게 기능하고 때때로 왜 제대로 기능하지 않는지를 설명해 질병을 더 잘 예방하거나 예방에 실패했을 때 병을 고치는 것이 목적이었다. 의학적 설명은 지난 수천 년간 신과 영혼에서 '체액humour'을 거쳐 세균과 나쁜 생활 습관으로 진화했지만 의학의 역할은 여전히 그대로다. 다시 말해 이 적들과 맞서 싸우는 것이 곧 의학의 목적이다.

치료는 대략 약과 수술과 교육으로 요약할 수 있으며 지금까지 매우 성공적이다. 의학은 백신의 개발로 천연두(1790년대)나 소아마비(1950년대) 같은 역사상 가장 치명적인 질병에서 우리를 구해냈다. (1921년에는) 혈당량 조절을 위해 췌장에서 생성하는 천연 단백질인 인슐린을 분리해내 체내에서 인슐린을 충분히 생성하지 못하는 2억 5,000만 당뇨 환자에게 일제히 공급했다.

(1928년에) 페니실린을 발견한 이후로 감염으로부터 우리를 보호해주는 온갖 항생제와 항균제가 잇달아 탄생했다. 인체의 화학반응을 더 잘 이해하게 되면서 과학자들은 이를 조절해 병을 고칠 수 있는 신약들을 개발했다. 이로써 피임약으로 임신과 출산을 조절할 수 있게 됐고, 프로작 같은 항우울제로 감정 상태를 조절할 수 있게 됐으며, 리피토 같은 콜레스테롤 약으로 콜레스테롤 수치를 낮출 수 있게 됐고, 비아그라로 발기 시간을 연장할 수 있게 됐다.

수술에서도 동일한 수준의 발전이 일어났다. 이식수술이 대표적이다. 의학에서 이식수술은 최고의 성취로 일컬어진다. 장기의 운동 원리를 깊이 이해해야 할 뿐만 아니라 인체의 화학 공장에 통달해야 하는 까닭이다. 그렇지 않으면 인체는 이식된 세포를 거부한다. 1950년대에 외과 의사들은 콩팥이식에 성공했다. 1960년대에는 뒤이어 췌장, 간, 심장 이식수술에 성공했다. 10년 뒤에는 폐를 이식하는 데 성공했다. 오늘날의 의학으로는 난소, 음경, 다리, 팔, 손뿐만 아니라 2010년 이후로는 얼굴 전체까지 기증자에게서 이식받아 대체하는 것이 가능하다. 2017년에는 사상 최초로 머리 이식수술이 예정돼 있다.•* 이제 인체를 통제할 수 있는 현대 의학의 능력은 전방위적이어서 심지어 사람을 죽였다가 살리는 일도 가능해졌다. 1970년대에만 해도 체온과 활력징후가 없

---

* 이른바 '헤븐 프로젝트(Heaven Project)'로 중국 하얼빈 의대 렌샤오핑 신경외과 교수와 이탈리아 신경외과 전문의 세르지오 카나베로 박사가 주도하고 있다. 전신마비 환자의 머리를 뇌사자의 몸에 이식해 연결하는 수술로 막대한 수술비용과 법적 문제 등으로 2018년 현재 아직 실행되지 않았다—편집자.

으며 호흡이 정지하는 즉시 사망 선고를 내렸다. 오늘날 외과 의사는 그런 상태에서도 30분간 생명을 연장해 마치 깊은 잠에서 깬 것처럼 다시 살아나게 만들 수 있다(그러나 높은 확률로 30분이 지나면 뇌손상이 진행된다).[7]

언론의 조명을 덜 받긴 하지만 예방 교육 역시 엄청난 성공을 거뒀다. 학교에서의 금연 교육은 모든 의약품과 수술을 합친 것보다 폐암 예방 효과가 크다.[8] 마찬가지로 도쿄에 있는 식당에서 리우데자네이루에 있는 빈민촌까지 감염의 확산을 막는 일등 공신은 단순하게도 모두가 손을 씻게 하는 것이다.

이 모든 성공에도 불구하고 치료에는 한계가 있다. 가장 큰 한계는 바로 노화다. 가장 잘 관리한 몸도 늙고 고장 나고 죽는다. 두 번째 한계는 유전이다. 아무리 노력해도 타고난 본성이 우리를 거슬러 신체 기능을 손상시키거나 취약하게 만들 수 있다. 세 번째 한계는 만성질환이다. 만성질환의 원인은 노화와 유전이 복합적으로 작용하는 경우가 많기 때문에 치료가 잘 들질 않는다. 암을 예로 들어보자. 가족력이 있다면 암에 걸릴 가능성은 더 높아진다. 이게 바로 유전학이다. 그러나 나이와도 관련이 있다. 태어날 때 지니고 있는 DNA와 죽을 때 지니고 있는 DNA는 완전히 동일하지 않다. 일생 동안 우리 몸속 세포는 분열하고 죽고 교체되고를 끊임없이 반복하기 때문에 돌연변이가 거의 축적되지 않는다. 그러나 나이가 들수록 세포는 더 많은 돌연변이를 축적한다. 그 과정에서 잘못된 돌연변이를 축적하면 통제할 수 없는 속도로 증식하는데 이 돌연변이 세포가 바로 암이다. 당뇨병, 알츠하이머병, 다발경화증 등 다른 만성질환도 암과 마찬가지로 의학 연구에서 풀지 못한 난제다.

이러한 한계를 넘어서려면 해당 질병의 치료 모형을 뛰어넘어야 한다. 의학에서는 지금 이러한 노력을 시작하고 있다. 자연이 물려준 한계 안에서 우리 삶의 질을 극대화하려고 투쟁하는 대신 과학자들은 지금 훨씬 대담한 야망을 설정할 수 있을 만큼 우리 본성을 (그들이 생각하기에) 충분히 깊이 이해하고 있다. 그 야망은 다름 아닌 우리 몸을 바꿔 이러한 한계를 점점 줄여나가는 것이다.

생명의 책

유전자 연구는 1860년대로 거슬러 올라간다. 당시 아우구스티노 수도회 소속 수사였던 그레고어 요한 멘델은 인내심을 가지고 완두콩 3만 그루를 교배해 관찰했다. 그 결과 완두콩의 '자녀' 형질이 양쪽 부모에게서 물려받은 우성형질과 열성형질의 조합 때문이라는 사실을 추론했다. 1900년 무렵 과학자들은 세포핵 안에 존재하는 염색체가 그러한 '유전' 형질을 전달한다는 사실을 알아냈다. 1950년대 무렵에는 염색체 안에서 유전적 상속을 위한 궁극의 금고를 발견했다. 바로 2가닥의 사슬 또는 '이중나선' 구조로 이뤄진 DNA 분자였다.

DNA는 유전정보를 저장하고 복사하기 위한 자연의 언어다. DNA는 '디지털' 정보다. 그러나 각 가닥은 0과 1이 아니라 아데닌(A), 시토신(C), 구아닌(G), 티민(T)이라는 기다란 염기 서열로 이뤄져 있다. 이 4가지 단순한 분자는 모든 생명체의 모든 세포 안에 존재하며, A는 T와만 결합하고 C는 G와만 결합하는 특별한 성질이 있다. 예를 들어 첫 번째 가닥 위에 C-G-A가 있다면 반대편 가닥에는 반드시 G-C-T가 순서대로 대응해야 한다.

지구상에 존재하는 모든 생명체의 유전적 정보가 보존되는 원리는 하나다. 자연은 이 단순한 화학반응 'A=T, C=G'를 이용해 세포가 분열할 때마다 유전정보를 정확하게 복사한다.

그러나 자손을 번식하는 순간이 오면 DNA는 단순히 유전적 정보를 저장하는 금고 이상이다. RNA라고 부르는 다른 분자가 이 금고를 끊임없이 들락날락하며 DNA 정보(유전자) 일부를 옮겨 적은 다음 그 정보를 리보솜이라는 세포 공장 바닥으로 운반한다. 리보솜은 건네받은 디지털 유전정보를 해독해 아미노산 사슬을 조합한다. 조합이 끝나면 2D 상태로 펼쳐진 사슬은 스스로 복잡한 3D 구조로 접힌다. 이 3D 구조물이 바로 '단백질'이다. 근육과 뼈를 구성하는 단백질은 수많은 단백질 중 일부일 뿐이다. 음식을 연료로 전환하는 일부터 화학물질을 생성하거나 제거하고 감염에 맞서 싸우거나 산소를 운반하는 일까지 단백질은 모든 일에 관여한다. 연구자들은 인체에는 모두 10만 개가 넘는 서로 다른 단백질이 있다고 생각한다. 단백질 무게만 해도 몸무게의 약 75퍼센트에 달한다. DNA는 이 모든 단백질이 개별적으로 암호화된 언어다.

DNA는 '무엇이 나를 나로 만들고 당신을 당신으로 만드는가'라는 질문뿐만 아니라 어떻게 세포 수준에서부터 인체가 기능하는가라는 질문에 대답할 때도 큰 부분을 차지한다. 결과적으로 인류는 유전암호를 발견한 이래로 이를 해독하려고 부단히 애를 썼다. 불행히도 유전정보는 (1) 너무 길고 (2) 우리가 이해할 수 없는 언어로 쓰여 있다. 자, 아래와 같이 A, C, G, T가 12포인트 크기로 끊임없이 나열된 문서가 사무실 전체를 바닥부터 천장까지, 벽에서 벽까지 가득 채우고 있다고 상상해보라.

gtgaacaagaaatgatgctttgtctggtatgcatggtaaataatgcc
ccttgctctctgcttcatgatcacatgtgatacttctaacatagatagc
acatgtaaatccagtggccttgactgcaactcaagagagcattttgg
ccaagtacaaacccactagtcatgaaaaaaaaaaaaaaaaaccaaat
caaagtaaattgatggtattgacatttgtctatgaaaaacaa

인간 게놈을 모두 옮겨 적으려면 사무용지 100만 장(미식축구장 10개에 해당하는 면적을 가득 채울 수 있는 양)이 필요하다. 게다가 우리의 이해를 돕는 띄어쓰기나 문장부호도 전혀 없다.

유전정보를 바로 해독할 수 없으므로 DNA를 이해하기 위해 사용할 수 있는 유일한 도구는 비교다. 예를 들어 낭포성 섬유증을 앓고 있는 어떤 사람의 DNA를 그렇지 않은 사람의 DNA와 비교해 유의미한 차이점을 규명할 수 있다. 그런 다음 이 차이점이 다른 낭포성 섬유증 환자의 DNA에서도 공통적으로 발견되는지를 살펴본다. 이러한 방식으로 1989년에 낭포성 섬유증은 DNA가 규명된 첫 번째 유전 질환이 됐다. (위에서 예시로 든 DNA 문자열은 낭포성 섬유증을 일으키는 DNA 문자열 23만 개 가운데 일부인 230개다.) 비교는 DNA를 의미 있는 문자열로 번역할 때 강력한 도구임이 입증됐다. 그러나 그 과정이 느리다. 1990년까지 전 세계적으로 해독된 DNA 조각을 전부 모아도 전체 DNA '라이브러리'에서 차지하는 비율은 1퍼센트 미만이다.[9] 많은 생물학자가 모든 유전자를 해독하는 일은 인간의 능력 밖에 있는 일이라고 생각했다.

유전학: 포스트휴먼의 탄생

이제는 누구도 그렇게 생각하지 않는다. 오늘날 유전학의 현주소와 전망은 완전히 달라졌다.

1990년에 세계 유전학자들은 100개 미만의 연구실에 흩어져 있었고 대부분은 대학교 소속이었다. 이들은 대개 독립적으로 연구하고 국내에서만 협업하곤 했다. 오늘날에는 민간 부문과 공공 부문에 걸쳐 수천 개가 넘는 연구소 및 실험 기관이 존재한다. 연구 협력 규모와 복잡성 면에서도 유전학은 국경과 경제 분야를 넘나들며 진정한 초국가적 협력이 이뤄지는 과학 분야가 됐다. 1990년대 초반에 인간 유전체 지도를 완성하기 위해 시작된 인간 게놈 프로젝트를 주도한 나라는 미국이었다. 2010년에 시작된 인간 단백질 지도를 만들자는 후속 연구에는 19개국에서 25개 연구 집단이 참여해 국제적인 협력이 이뤄졌다.

유전학 연구 공동체 간 협력 관계는 새로운 도구와 기술이 도입되면서 한층 더 긴밀해졌다. 유전자 비교법에서 발생한 커다란 병목현상 중 하나는 DNA 염기 서열 분석 작업이었다. 낭포성 섬유증을 일으키는 유전자를 (7번째 염색체 위에) 옮기는 어려운 작업이 끝나고 나면 진짜 어려운 작업이 시작됐다. 바로 해당 위치에 A, C, G, T로 이뤄진 실제 염기 서열을 분석하는 일이었다. 이 작업은 오랜 시간 시험관과 원심분리기와 전자현미경 앞에 구부린 자세로 앉아 있어야 하는 단순노동이었다. 전문 연구자들의 작업 속도조차 1년에 10만 개 정도였다. 이런 속도로는 전체 인간 게놈의 염기 서열을 분석하려면 3만~5만 명이 수년간 매달려야 했다. 시간이나 자금이 충분하지 않았던 터라 과학자들이 염기 서열 분석에 뛰어든 것은 왜 특정 DNA 정보가 중요한지를 이해하고 난 이후였다. 염기 서열은 엄정하게 가설 중심적이어야 했다. 그렇지 않으면 아무런 소득도 없이 연구자의 경력을 통째로 집어삼키는 블랙홀이 돼버리기 일쑤였다.

그러나 1980년대에 접어들어 이러한 병목현상을 타개하기 위한 수많은 기술적 혁신이 일어났다. 염기 서열 분석기가 발명됨에 따라 DNA 해독 작업에서 많은 부분이 자동화됐다. DAN 복사기 발명으로 하룻밤 만에 원하는 DNA 조각을 수백만 개씩 복사할 수 있게 됐다. 그 결과 무작위 대입법을 적용한 차세대 고속 염기 서열 분석이 가능해졌다. 수학자들이 개발한 새로운 통계 모형으로 DNA 조각을 개수에 상관없이 올바른 순서로 배열할 수 있게 됐으며, (근본적으로 전체 게놈 지도를 무수히 많은 조각으로 잘게 쪼개는) '샷건 시퀀싱shotgun sequencing' 기법이 탄생해 '분석 먼저, 배열은 나중에' 할 수 있게 됐다. 마지막으로 컴퓨터 과학자들 덕분에 하드웨어와 소프트웨어의 크기 및 성능이 향상되면서 이러한 새로운 기법으로 생성된 엄청난 양의 데이터를 분석, 비교, 저장하기에 이르렀다.

지력과 연산 능력이 갑자기 증폭된 덕분에 유전학 연구 모형은

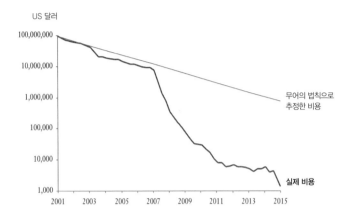

US 달러

| 4-3 | 게놈 지도 1개당 염기 서열 분석(시퀀싱) 비용(2001~2015년)

게놈 염기 서열 분석 비용은 무어의 법칙보다 빠르게 감소하고 있다.

출처: 크리스 웨터스트란드, 2015년. 「DNA 염기 서열 분석 비용: NHGRI 게놈 시퀀싱 프로그램
(GSP) 데이터 사용」, 미국 국립인간게놈연구소.

머리부터 발끝까지 뒤집혔다. 옛날 모형은 이렇게 말했다. "바다
를 끓이는 것은 불가능하다. 그러니 한 컵 분량만 끓여서 추론해
보자." 새로운 모형은 이렇게 말한다. "바다를 끓이는 것도 '가능'
하다. 그러니 끓인 다음 결과를 보자." 결국 염기 서열을 분석해
인간 게놈 지도를 완성하기까지는 3만 년이 아니라 15년이 걸렸
다. 게다가 염기 서열 분석에 드는 시간과 비용도 무어의 법칙보
다 훨씬 빠르게 감소했다(도표 4-3 참조). 첫 번째 게놈 지도의 염
기 서열을 분석하는 데에는 15년이 걸렸고 30억 달러가 들었다.
오늘날에는 또 다른 게놈 지도의 염기 서열을 분석하는 데 6시간,
1,000달러가 들 뿐이다.[10]

2003년 무렵에 유전학자들은 미식축구장 10개 면적에 달하는
인간 설계도를 완성했다. 중요하고 획기적인 업적이었지만 과학

적 의미에는 한계가 있었다. 비교할 수 있는 다른 인간 게놈 지도가 없었기 때문이다. 오늘날에는 비교가 가능하다. 2015년 기준으로 과학계에서 작성한 완전한 인간 게놈 지도는 25만 개에 이르며 부분적인 인간 게놈 지도도 수백만 개에 이른다.[11] 이렇게 생성된 데이터와 더불어 이를 처리할 수 있게 된 컴퓨터의 연산 능력 덕분에 과학자들은 단백질로 암호화된 유전자 약 2만 개를 규명했으며, 이 가운데 대부분에 담긴 단백질 정보 또한 이미 밝혀냈다.[12]

책은 없다

전체 게놈 지도를 완성한 생명과학자들은 이제 모른다는 사실조차 몰랐던 많은 것들을 발견하기 시작했다. 생물학에서 DNA의 역할은 10년 전에 생각했던 것보다 훨씬 더 복잡하다. 전체 DNA 가운데 1~2퍼센트만이 단백질로 암호화돼 있다는 사실이 밝혀졌던 것이다. 과학자들은 처음에 나머지 98퍼센트가 자연선택에서 도태되고 진화 과정에서 남은 '찌꺼기junk'라고 생각했다. 그러나 지금은 아무도 확신하지 못한다. 최소한 현재 알려진 이 '찌꺼기' 가운데 일부는 단백질을 '생성하라'가 아닌 이미 전사된 단백질을 '세밀하게 조절하라'라는 지시 사항을 저장하고 있다. 인간이 초파리보다 훨씬 더 복잡한 이유는 인간의 DNA가 더 많은 단백질 정보를 포함하고 있기 때문이기도 하지만 그보다는 주로 인간의 신체가 단백질을 훨씬 더 정교하게 조종하기 때문이다. 심지어 어떤 유전형질은 DNA에 전혀 저장돼 있지 않다는 사실이 밝혀졌다. '후성유전학'이라고 부르는 이 연구 분야는 너무나도 생소해서 2008년에야 과학계가 그 정의에 동의했다.

과학은 이제 우리로 하여금 DNA가 설계도라는 생각조차 포기하기를 종용한다. DNA는 설계도라기보다는 생명이 시작된 이래로 자연이 유용한 아이디어를 축적해둔 창고다. 그렇다. DNA에서 단백질이 나오고, 단백질이 세포를 만들고, 세포가 세포조직을 만들고, 세포조직이 각종 기관을 만들어 유기 생명체가 탄생한다. 그러나 DNA가 생명체를 '결정짓는' 것은 아니다. 창고에 쌓인 부품만으로 자동차 제조가 저절로 결정되지 않듯이 말이다. 자동차를 조립하는 것은 선반에 있는 부품을 조립라인으로 옮기는 기계, 부품을 요청하고 조립하는 조립라인 직원 및 로봇, 자동차 성능을 결정하는 설계자와 공학자, 트럭이 아니라 자동차를 제조하겠다는 결정을 내리는 경영진이다. 시스템을 이루는 모든 층위에서 서로서로 의사소통이 일어난다. 모든 층위에서 연쇄적인 새로운 사건이 일어나 서로를 변화시킬 수 있다. 생명체도 마찬가지다. 2000년부터 '시스템생물학'이 등장해 환원주의적이고 결정론적인 DNA 개념을 뒤집고 있다.[13]

자연, 변화하다

후퇴는 없다. 최근 생물학 분야에서 찾은 돌파구는 인류와 자연의 관계를 영원히 바꿔놓았다. 가장 즉각적으로 부여받은 능력은 자기 인식self-knowledge이다. 우리 자신의 성격적 또는 병리학적 강점 및 약점과 경향성은 물리적 기반을 찾았다. 우리 미래도 마찬가지다. 머지않아 의학은 소프트웨어로 우리의 노화 과정을 시뮬레이션할 수 있을 것이다. 그러나 단순히 25년 뒤 우리 모습이

어떠할지를 보여주는 데서 그치지 않고 디지털 복제 인간을 만들어 아무런 위험을 감수하지 않고도 개개인의 몸이 새로운 약, 수술, 생활 습관에 어떻게 반응하는지를 실험할 수 있게 될 것이다. 가상에서 대규모 임상 시험을 빠르고 저렴하게 시행할 수 있게 되면서 제약 분야에서도 비약적인 발전이 일어날 것이다.

자기 인식이 늘어나면 의학 치료 또한 개인별로 맞춤화할 수 있다. 최근 들어 인구가 증가하고 유아사망률이 감소한 덕분에 오늘날 인류는 과거 어느 때보다 높은 유전적 다양성을 자랑한다. 최근까지 자연선택은 인간 유전자 나무에서 새로운 돌연변이를 가지치기할 시간도 기회도 없었다. 건강이라는 측면에서 이 사실은 중요하다. 인간 게놈 지도에서 가장 오래된 부분, 즉 유구한 세월 동안 진화라는 시험을 거쳐 가장 오래 살아남은 DNA 암호가 방어력도 가장 뛰어난 것으로 드러났기 때문이다. 우리 몸에서 유전적으로 취약한 부분은 대부분 이른바 '드문 변이'에서 나타난다. 드문 변이는 비교적 최근에 나타난 DNA 암호로, 인류의 1퍼센트 미만에서 발생한다. 다시 말해 인간은 서로 같지만 다르다. 대량생산된 의약품은 인간이 서로 다르다는 점을 간과한다. 맞춤 의약품은 이 사실을 포용한다. 2015년에 미국 식품의약국 FDA은 최초로 3D 프린터로 만든 의약품을 승인했다. 3D 프린터를 이용하면 환자 개개인의 복용량과 흡수력을 고려해 최적화된 약을 제조할 수 있다. 게다가 오늘날 이미 비용만 지불하면 부모가 유전자 검사로 자녀가 지금까지 알려진 수백 가지 돌연변이와 장애를 가지고 있는지 여부도 확인할 수 있다. 수술실마다 염기 서열 분석 기계가 들어설 날이 머지않았다.

우리는 또한 DNA를 해킹할 수 있다. 자연의 창고를 열어 버그를 고칠 수 있으며, 이론적으로는 새로운 기능을 추가하는 일도 가능하다. 자연은 언제나 바이러스를 이용해 이 같은 일을 수행해왔다. 바이러스는 보호막이 추가된 DNA 조각과 다르지 않아서 세포핵에 침입해 숙주 DNA에 자신을 기록해 세포의 기능을 바꾼다. 과학자들은 자연을 모방해 습득한 이 새로운 능력에 '유전자 치료'라는 이름을 붙였고, 지금까지 꽤 성공적인 성과를 거뒀다. 최신 성과 몇 가지만 나열하자면 과학자들은 우리 세포를 재프로그래밍할 수 있는 바이러스를 조작해 낭포성 섬유증의 원인이 되는 유실된 단백질을 다시 생성했다. 또한 유전성 혈액병을 일으키는 유전정보를 덮어 써서 적혈구가 헤모글로빈을 충분히 생성하도록 만들었고, 항체를 조종해 암세포나 HIV(인간 면역 결핍 바이러스)를 찾아 파괴하도록 만들었다. 2013년 후반에는 세계 최초로 유전자 치료제 글리베라가 승인을 받아 시장에 출시됐다. 글리베라는 췌장암 환자의 혈류에 주입해 세포를 감염시킴으로써 지방산을 분해하는 데 필요한 유실 단백질을 생성하도록 만들어주는 바이러스다. 유전자 치료에는 여전히 많은 한계가 존재한다. 대표적으로는 우리 몸에 있는 DNA 전체를 새로 쓸 수는 없고 오로지 감염시킬 세포의 DNA만 새로 쓸 수 있다는 점이다. 그러나 유전자 치료로 DNA 디버깅이 가능하다는 사실이 증명됐다.

유전자 치료는 인류의 새로운 유전적 힘을 적당히 활용한 사례일 뿐이다. 우리는 이미 훨씬 이상한 일을 해내고 있다. 과학자들은 샬레에서 자연 상태에서는 절대 짝짓기를 하지 않는 서로 다른 2종을 이종교배해 건강한 비팔로(버팔로-소), 기프(염소-양), 라이거(사자-호랑이), 조스(얼룩말-말)를 탄생시켰다. 해파리의 형광 단백질 유전자를 고양이에 주입해 어둠 속에서 빛나는 고양이를 만들어냈다. 약쑥 나무 유전자를 효모균류에 주입해 효모가 알코올 대신 희귀한 말라리아 치료제를 분비하도록 만들었다. 우리는 아직 어느 종까지 DNA 암호가 호환 가능한지 그 범위를 모른다. 그러나 전 세계에 있는 과학자들이 이를 밝혀내기 위해 각자 연구실에서 실험에 매진하고 있다. 결국에는 유전공학자들이 지구상에 공존하는 모든 동식물이나 박테리아의 DNA 암호를 부품 삼아 인간의 욕구와 환상을 충족시킬 꿈의 생명체를 창조할 날이 올지도 모른다.

이 분야에서 차세대 업적은 무에서 완전히 새로운 유기 생명체를 설계해내는 '합성생물학'에서 나올 것이다. 자연이 제공하는 DNA 암호만 활용하란 법은 없지 않은가? 온라인에서 '맞춤 DNA 합성custom DNA synthesis'이라고 검색하면 문자당 0.2달러 미만으로 거의 모든 DNA 염기 서열을 합성해주는 민간 연구소를 수십 개 찾을 수 있다.* 의뢰하면 2~4주 안에 우편으로 시험관을 보내준다. 이러한 능력을 활용하면 우리는 진화 과정을 하루로 단축할 수 있을지도 모른다. 수천 년에 걸쳐 진화한 말의 DNA를 컴퓨터에서 시뮬레이션하고 결과를 종합해 살아 있는 암말에게 새끼를 갖게 한다. 그렇게 태어난 수망아지는 과연 어미 말보다 수천 년 더 진화한 존재인가? 아니면 대기 중에 있는 이산화탄

---

* 위험한 염기 서열의 경우 블랙리스트에 오른다.

소를 먹어치우고 석유를 분비하는 박테리아를 창조할 수 있을지도 모른다. 이 가운데 일부는 이미 가능하다. 과학자들은 어떤 박테리아의 전체 게놈 염기 서열을 분석해 컴퓨터상에서 개조하고 현실 세계에서 물리적으로 종합한 다음 핵이 제거된 다른 박테리아에 이식해 세포가 인공적인 개체로 '변하는지'를 관찰할 수 있다.[14] 그러나 첫 단계에서는 이미 존재하는 생명체의 DNA를 이용할 수밖에 없다는 한계가 있다. 연구자들은 생태계를 구성하는 모든 요소가 서로 어떻게 연관돼 무에서 생명체를 설계해내는지를 충분히 알지 못한다. 아직까지는 말이다.

물론 가장 강력한 능력은 인간을 개조하는 것이다. 인간 유전자 개조는 엄격하게 통제된 방식으로 이미 시작됐다. 통제는 자율에 맡겨져 있다. 정치적 제재나 윤리적 제재만이 존재할 뿐이다. 더 적극적인 기술도 이미 존재한다. 예를 들어 2015년에 중국 과학자들은 (부분적인 성공이긴 하지만) 인간 배아 86개의 게놈을 편집해 치명적인 혈액병을 일으키는 유전자를 변형했다.[15] 이러한 유전자 편집 연구를 확대하기로 결정할 경우 언젠가는 현재 인류의 진화된 형태인 포스트휴먼post-human이 탄생할 것이다. 포스트휴먼은 현재의 정상 수명보다 훨씬 오래 건강하게 살 것이며 현재의 인류를 훨씬 넘어서는 신체 능력과 인지능력을 보유할 것이다. 인류의 새로운 유전적 능력과 화학적 능력에 대한 자부심은 점점 높아져만 가는데 우리는 언제까지 이러한 능력을 스스로 거부하고만 있을 것인가? 어떤 상황이 닥쳐야 마침내 이 능력을 발휘하기로 결심할 것인가? 옥스퍼드대학교 산하 미래 전문 연구 기관인 마틴스쿨 소속 철학자 줄리언 사불레스쿠 교수는 이미 결단을 내려야 할 상황이 도래했다고 주장한다. 사불레스쿠 교수는 인류의 생존을 위해 유전자 수준에서 인간 행동을 다시 프로그래밍해 우리 스스로를 더 평화롭고 덜 이기적인 존재로 만들어야 하지 않겠느냐고 질문한다.[16] 역사는 이미 몇 차례나 우리 인류가 서로 공존하도록 진화하는 데 실패했다는 사실을 증명하지 않았는가?

어쩌면 그럴 수도 있고 그렇지 않을 수도 있다. 인간 강화human enhancement는 우리를 역사상 어느 때보다도 심하게 분열시킬 수도 있다. 결정은 누가 내릴 것인가? 민간 분야? 과학자? 국가? 일부 국가는 인간 강화를 허용하고 일부 국가는 허용하지 않는다면 어떻게 되겠는가?

신 르네상스 시대가 시작된 이후 첫 10년 동안 생명과학은 급격하고 돌이킬 수 없게 생명을 창조하고 변형하는 자연의 능력을 인간의 손에 쥐여줬다. 이 능력은 아직까진 불안정하지만 우리의 지혜와 제도로 감당할 수 있는 수준보다 훨씬 빠르게 성장하고 있다. 흥분되는 일인 동시에 위험한 일이다. 우리는 인류 역사상 가장 중대한 결정을 눈앞에 두고 있다.

물리과학: 물리적 한계를 뛰어넘다

같지만 더 작게

만약 알브레히트 뒤러(1471~1528년)가 오늘날 인텔의 반도체 공장 내부를 둘러본다면 공정 과정이 놀라울 정도로 익숙하다고 느낄 것이다. 독일의 유명한 예술가이자 지식인인 뒤러는 일찍이 철판화를 그릴 때 에칭 기법을 활용했다. 뒤러는 편평한 철판을 바니시로 코팅한 다음 뾰족한 바늘로 바니시를 긁어내며 그림을 그리곤 했다. 그러고 나서 그림이 그려진 철판을 산성용액에 담그면 바늘로 긁어낸 부분에만 부식이 일어나 그림이 철판에 새겨진다. 요컨대 철판화 제작 과정은 곧 오늘날 반도체 트랜지스터 제조 과정에 상응한다. 철판을 실리콘으로, 예술가용 뾰족한 바늘을 적외선으로 대체하면 기본 개념은 동일하다.

주요한 차이점은 규모다. 뒤러는 에칭할 때 1밀리미터 이하의 극세사를 사용했다. 오늘날 반도체 제조 공정에서 사용하는 실리콘은 그보다 100만 배 더 가늘다(그림 4-4 참조). 공학에서 가장 중요한 규칙 중 하나는 이왕이면 작을수록 좋다는 것이다. 작을수록 원재료가 덜 들기 때문에 더 저렴하다. 작을수록 관성과 마찰이 줄어들기 때문에 더 에너지 효율적이다. 또한 작을수록 물체의 이동 거리가 짧기 때문에 더 빠르다. 단순한 물리학이다.

무어의 법칙과 이에 따른 70년간의 연산 비용의 자유낙하는 물리과학에서 소형화가 지니는 이점을 잘 보여주는 사례다. 컴퓨터는 각각 켜짐 또는 꺼짐, 1 또는 0으로 이뤄진 스위치의 집합을 통해 연산을 처리한다. 같은 공간을 더 많이 채울수록 1초당 더 많은 계산을 수행할 수 있다. 첫 번째 스위치, 즉 진공관의 크기는 엄지손가락만 했다. 1946년에 테니스 코트의 3분의 2 크기만 한 방에 진공관 2만 개를 채울 수 있었다. 1950년대에는 진공관을 손톱만 한 개별 트랜지스터로 대체했고 냉장고 크기의 보관장에 이러한 트랜지스터를 1만 개 넣을 수 있었다. 1960년대에는

(a) 철판 에칭

알브레히트 뒤러, 1518년, 〈대포가 있는 풍경〉, 대영박물관 소장.

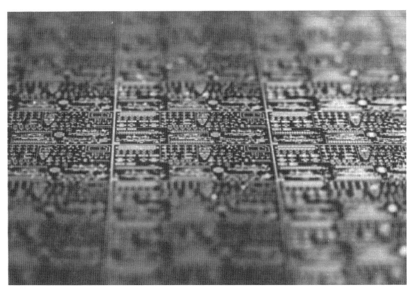

(b) 실리콘웨이퍼 에칭

사진 출처: 에릭 고스키, 2010년.

트랜지스터를 직접 실리콘에 에칭하는 법이 밝혀졌다. 1970년에 이르러서는 손톱만 한 크기에 트랜지스터 2,000개 이상이 들어 갈 수 있었다. 1980년대 중반에는 트랜지스터 2,000만 개가 들어 갈 수 있었다. 오늘날 트랜지스터는 다시 50배나 작아져서 그 크 기가 10~30나노미터(10억분의 1미터)에 지나지 않는다. 손톱만 한 면적에 이러한 트랜지스터 10억 개가 손쉽게 들어가며, 여기 이 문장의 마침표만 한 면적에 500만 개가 들어간다.[17] 모든 트랜 지스터 각각이 스위치다. 전자를 흘려보내면 1이고 스위치를 끄 고 전자의 흐름을 차단하면 0이다.

1965년에 무어는 자신이 세운 경험적 법칙이 향후 10년간 유 효할 것이라고 예상했다. 실제로 무어의 법칙은 반세기 동안 유 효했다. 50년간 우리가 전자 기기의 성능 향상을 원할 때마다 공 학자들은 16세기 에칭 기술을 축소할 수 있는 방법을 찾아냈다. 그러나 오늘날 컴퓨터는 여전히 다양하고 복잡한 문제를 유용한 시간 안에 해결하는 데 어려움을 겪고 있다. '2주 뒤 날씨는 어떠 할 것인가?' 같은 오래된 문제도 있지만 '방금 내가 합성한 단백 질이 유용한 분자로 접힐 것인가?' 같은 새로운 문제가 훨씬 많 다. 크기를 축소하는 것만으로는 우리가 원하는 만큼 속도를 무 한정 개선할 수 없다. 가장 작은 원자의 크기가 대략 0.05나노미 터이며 이는 곧 우리가 도달할 수 있는 근본적 한계다. 그러나 이 한계에 훨씬 못 미치는 10나노미터 수준에서 고전적인 물리법칙 이 붕괴되고 양자역학이라고 부르는 다른 법칙이 지배한다.

물리적 한계

규모 측면에서 미터와 나노미터의 차이는 지구와 대리석 조각의 차이와도 같다. 양자역학은 물질과 에너지를 구성하는 매우 작은 단위인 원자, 광자, 전자 등이 어떻게 행동하는지를 설명하려는 물리학의 한 분과다. 양자 속성을 연구한 가장 초기 이론은 최소 1877년으로 거슬러 올라간다. 보어, 플랑크, 하이젠베르크, 슈뢰딩거 등 가장 유명한 20세기 물리학자 다수가 이뤄낸 근본적인 발견으로 과학자들은 세상을 양자라는 새로운 관점에서 사고할 수밖에 없어졌다. 그러나 최근에야 우리는 (1) 실제로 물리학자들이 예측한 양자의 속성을 관측하고 (2) 원자 수준에서 물질을 조작할 수 있는 능력을 얻었다. 첫 번째 양자 속성 관측에서는 무조건적인 성공을 거뒀다. 30년이 채 지나지 않아 양자역학은 과학사에서 가장 성공적으로 검증된 이론이 됐다. 우리가 도달할 수 있는 가장 깊이 있는 수준의 현실에서 양자역학이 예측한 것과 우리가 관측한 것이 일치한다.

두 번째 원자 수준에서의 물질 조작에서는 상대적으로 난항을 겪고 있다. 양자역학적 측면에서 근본적인 문제는 모든 물질이 입자와 파동의 속성을 둘 다 가진다는 사실이다. 파동은 규모가 크면 무시할 수 있지만 규모가 작아질수록 무시하기 힘들어진다. 작은 물결이 치는 바다를 상상해보라. 유람선에 타고 있다면 작은 물결 정도는 무시할 수 있지만 카약에 타고 있다면 전복될 수도 있다.

반도체 제조업을 위협하는 물결은 트랜지스터를 통과해 흐르는 전자 같은 매우 작은 입자의 확률적 특성이다. 고전물리학에서 무언가는 존재하거나 존재하지 않거나 둘 중 하나다. 그러나 전자와 쿼크와 글루온으로 이뤄진 아원자 단위에서는 전혀 그렇지 않다. 전자는 한 장소에만 존재하지 않는다. 존재할 수 있는 '모든' 장소에 동시다발적으로 존재한다. 우리가 전자를 관측하는 순간만큼은 한 장소에 존재한다. 그 순간에 전자가 위치한 장소는 아이작 뉴턴의 인과관계의 법칙이 적용되지 않고 확률 법칙이 적용된다. 아원자 세계는 대부분의 경우에는 뉴턴 법칙의 지배를 받지만 그렇지 않을 때도 있다.

이 기묘한 불확정성은 우리의 경험 및 직감과 완전히 반대된다. 양자역학을 의심했던 알베르트 아인슈타인은 "신은 주사위 놀이를 하지 않는다."라는 유명한 말을 남겼다(신앙이 있었던 닐스 보어는 "아인슈타인, 신께 이래라저래라 하지 마시오."라고 응수했다). 그러나 아원자 수준에서는 모든 것이 확률 법칙에 따라 행동한다. 일반적으로 우리는 이상한 점을 전혀 눈치채지 못한다. 왜냐하면 아원자 물질을 구성하는 매우 작은 부분만이 확률적으로 불가능한(이를테면 이 책이 당신의 손을 통과한다든지 하는) 일을 수행하기 때문이다. 그러나 이렇듯 기묘한 일이 때때로 거시적인 규모에서 일어나는 것을 목격하기도 한다. 가장 좋은 예는 태양이다. 고전물리학에 따르면 태양은 불타지 않아야 한다. 태양의 중심 온도는 섭씨 약 1,500만 도로 핵융합반응이 일어날 만큼 충분히 뜨겁지 않다. 태양의 수소 원자는 서로를 분리시킬 반발력을 극복할 만한 에너지를 가지고 있지 않다. 양자 기술자는 수소 원자가 태양의 중심 온도에서 핵융합을 일으킬 "확률은 지극히 낮다."고 말한다. 수소 원자가 반발력을 뚫고 분리될 가능성이 낮은 것은 사실이지만 어쨌든 드물게 몇몇 수소 원자가 그 장벽을 뚫고 반대편에서 튀어나올 가능성이 존재하긴 한다. 태양은 너무나 많은 수소 원자를 포함하고 있기 때문에 지극히 낮은 확률이지만 핵융합반응은 우리 하늘을 지속적으로 밝히기에 충분할 만큼 꽤 자주 일어난다. 따라서 이론상으로 태양은 타지 않아야 하지만 실제로는 타고 있다.

같은 이유로 전자를 이용한 신뢰도 높은 켜짐/꺼짐 스위치를 축소하는 데에는 한계가 있다. 아마도 7나노미터가 한계일 것이다. 그보다 작으면 스위치가 켜져 있는지 확신할 수 없다. 우리 의도대로 스위치가 켜져 있는 것인지, 일부 장난꾸러기 전자가 고전물리학을 거부하고 이웃한 트랜지스터로 누수돼 켜져 있는 것인지 알 수 없기 때문이다. 확률상 불가능에 가깝긴 하지만 반도체상에는 수많은 트랜지스터가 존재하기 때문에 그 불가능한 확률조차 고장을 일으킬 정도로 충분히 일어나곤 한다.

과학자들은 현재의 발전 속도라면 10년 안에 신뢰할 만한 실리콘 스위치 크기의 최소 한계에 도달할 것이라고 예측한다. 실리콘을 전자가 얌전하게 행동하도록 억제하는 다른 물질로 대체하면 10년이 더 연장될 수도 있다(현재 실리콘을 대체할 가장 유력한 후보는 그래핀graphene이다). 반도체가 발전하면 차세대 소비자 기술과 검색엔진도 발전할 것이다. 하지만 가장 빠른 최신 반도체조차 여러 중요한 문제를 원하는 시간 안에 해결할 수 있을 만큼 충분히 빠르지는 않을 것이다. 모든 가능한 변숫값을 하나하나 시험하도록 제작되기 때문이다. 세상에 대한 지식이 늘어날수록 새로운 변숫값도 늘어난다. 이 모든 변숫값을 시험하려면 오랜 시간이 걸린다. 예를 들어 서로 다른 100개국 동전을 1개씩 총 100개를 가지고 있다고 하자. 동전 '앞면'과 '뒷면'의 가능한 조합은 모두 2^{100}가지다. 천문학적으로 큰 숫자다. 오늘날 가장 빠른 최신 노트북보다 1,000배 빠른 노트북을 가지고 있다고 하더라도 이 조합을 모두 산출해내려면 수십억 년이 걸릴 것이다.

천재적 연산 능력

실리콘 반도체의 축소는 한계에 다다랐다. 이미 발전할 만큼 한 셈이다. 이는 곧 정보를 저장하고 처리하는 방법을 재발명해야 한다는 뜻이기도 하다.

마이크로 규모에서 크기를 축소하는 기존의 방식 대신, 나노 규모에서 나타나는 기묘한 현상을 활용해보면 어떨까? 현재 사용되는 컴퓨터로는 본질적으로 한계가 있는 방식이다. 입자가 존재하거나 존재하지 않거나 둘 중 하나인 단순화 법칙을 기반으로 설계됐기 때문이다. 그러나 사실 입자는 존재하는 동시에 존재하지 않는다. 이론상으로는 이러한 동시성 덕분에 정보 전달자로서 지금보다 훨씬 풍부한 역할을 수행할 수 있다. 만약 '중첩'이라고 부르는, 서로 다른 두 장소에 동시에 존재하는 전자의 능력을 활용할 수 있다면 2가지 경우의 수를 동시에 처리하는 것도 가능하다. 전자 2개는 4가지 경우의 수를 동시에 처리할 수 있을 것이다. 전자 3개는 8가지 경우의 수를, 전자 4개는 16가지 경우의 수를 동시에 처리할 수 있을 것이다. 이런 식으로 전자 개수에 따라 정보처리 능력은 기하급수적으로 성장할 것이다. 전자 100개만 있어도 2^{100}가지 조합을 '즉시' 검사할 수 있다. 다시 말해 그 어떤 노트북보다도 수십억 년 빨리 2^{100}가지 작업을 수행할 수 있다. 그리고 만약 정보를 전자가 존재하는 서로 다른 장소에 동시에 '저장'할 수 있는 길을 찾는다면 전자 300개만으로도 '역대로' 가장 많은 정보를 저장할 수 있다. 우주에 존재하는 모든 원자를 0과 1로 재배열한 정보조차도 말이다.[18]

이론상으로는 가능하다. 지난 20년간 우리는 이 이론을 실제로 적용하기 시작했다. 첫 번째 적용은 소수 문제였다. 매우 큰 숫자(이를테면 250단위 숫자)가 주어질 때 이 숫자를 나누어 떨어지게 하는 소수는 무엇인가? 지금 가지고 있는 노트북으로는 수십 년이 걸려도 해답을 찾지 못할 것이다. 암호화 기술 대부분이 이 같은 소수 구하기를 바탕으로 하고 있는 이유다. 2001년에는 양자 컴퓨터로 숫자 15를 3 곱하기 5로 소인수분해하는 데 성공했다. 2012년에는 숫자 143을 11 곱하기 13으로 소인수분해하는데 성공했으며, 2014년에는 숫자 56,153을 233 곱하기 241로 소인수분해하는 데 성공했다.[19] '양자 컴퓨터'가 실제로 무엇인지를 깨닫기 전까지는 이러한 성취가 대수롭지 않게 들릴 수 있다. 양자 컴퓨터란 ('큐비트qubit'라고 부르는) 원자나 전자의 집합이다. 양자 속성에 수학적 의미를 매핑하면 양자가 모든 양자 속성에 존재하는 순간 수학 문제의 모든 경우의 수를 검사할 수 있다. 양자가 가장 선호하는 상태로 붕괴가 일어나는 순간에 우리는 양자를 관측할 수 있고 이 양자 상태를 다시 수학적 언어로 변환하면 해답이 구해진다.

과학자들은 양자 개념을 증명했다. 앞으로 할 일은 양자 개념을 확대하는 것이다. 2011년에 캐나다 기업인 디웨이브시스템

D-Wave Systems은 세계 최초로 상업용 양자 컴퓨터인 128큐비트짜리 '디웨이브원D-Wave One'을 출시했다. 2012년 후반에 연구자들은 실리콘 분자로 큐비트를 만드는 것이 가능하다는 사실을 입증했다. 이 사실이 중요한 이유는 현재 대용량 컴퓨터 제작 지식이 전부 실리콘 기반이기 때문이다. 2013년에 구글은 나사와 협력해 양자인공지능연구소를 설립한다고 발표했다. 이 연구소에서 구비한 '디웨이브투D-Wave Two'는 512큐비트를 연산 처리할 수 있고, 특정 유형의 문제를 오늘날 가장 빠른 일반 컴퓨터보다 3,000배 더 빠른 속도로 풀 수 있다. 2014년에는 IBM이 30억 달러 규모의 새로운 5개년 R&D 투자 계획안을 발표하고 반도체 제작 기술을 그래핀 및 양자 프로세서 도입으로까지 발전시키겠다고 발표했다. 인텔은 2015년 가을에 자체적으로 양자 컴퓨터 사업에 뛰어들겠다고 발표했다. 여러 추측이 난무하지만 2020년까지 양자 컴퓨터가 특수 문제 해결에 사용되는 일반 슈퍼컴퓨터와 본격적으로 경쟁하고 이를 대체할 것으로 예상된다.

한편 물리학자들은 양자역학을 실제 세계에 적용하기 시작했다. 1990년대에 물리학자들은 양자 원격 전송 현상, 즉 매우 작은 정보 조각을 간섭 공간을 통과시키지 않고 한 장소에서 다른 장소로 전송하는 방법을 발견했다. 그 이후로 물리학자들은 언젠가 양자 인터넷을 구축하겠다는 생각으로 꾸준히 퀀텀 점프의 안정성과 거리를 증가시켜왔다. (현재 기준으로 최장 거리 기록은 150킬로미터를 뛰어넘었다. 150킬로미터는 지표면과 인공위성 사이의 최소 거리이므로 이론적으로도 유용한 기준이다.) 2000년대에는 양자 암호가 현실화됐다. 이제 물리적으로 예측이 불가능한 진정한 무작위 암호를 생성하고 암호화된 정보를 300킬로미터 안팎까지 전송하며 수신자가 수신 과정에서 보안 공격이 있었는지 여부를 확실하게 아는 것이 가능해졌다.[20] 이미 상업용 양자 암호 시스템이 은행 계좌 이체와 대선 결과 전송에 사용되고 있다. 정부 기관도 양자 암호 시스템을 이미 도입했다. 2014년에 유출된 미국 정부 문서에서 미 국가안전보장국이 암호 생성과 해독을 위한 양자 기기 제작에 돌입했다는 사실이 드러났다. 같은 해에 영국 정보통신본부도 자체 시험 제작한 암호화 프로젝트가 양자 공격에 취약한 것으로 드러나 폐기했다.[21]

향후 수십 년에 걸쳐 양자 컴퓨터는 현재 우리의 이해 수준을 훨씬 벗어나는 '생태계를 구성하는 여러 계층은 정확히 서로에게 어떤 영향을 끼치는가?', '의식은 어떻게 출현하는가?', '우주의 궁극적인 운명은 어떻게 될 것인가?' 같은 큰 질문에 대한 답을 찾을 수 있도록 도와줄 것이다. 양자 컴퓨터는 또한 우리의 일상을 완전히 바꿔놓을 것이다. 양자 센서의 정보처리 능력은 우리 혈액에 존재하는 모든 화학물질을 실시간으로 감시하기에 충분할 것이다. 이는 곧 모든 혈액검사를 수행하고 실시간으로 검사 결과를 받아 볼 수 있게 된다는 뜻이다. 우리 신체에 대한 정보가 실시간으로 업데이트되면 습관, '건강'과 '질병'에 대한 기본 개념, 의료 체계가 모두 완전히 바뀔 것이다.

대중적 기술이 변하면 우리 직관도 따라서 변한다. 우리는 객체가 어떻게 행동해야 한다와 관련한 새로운 생각을 재빨리 채택했다. 자기도 모르게 화면을 손가락으로 쓸었다가 터치스크린이 아니라는 사실을 깨달은 적이 있는가? 그 순간 느낀 좌절감에서 양자 기술이 우리 사고방식에 끼칠 변화를 엿볼 수 있다. 우리 일상에서 이상하게 생긴 기기가 하나둘 나타나기 시작할 것이다. 감지, 통신, 연산, 정보처리를 위한 여러 새로운 도구는 기존에 사용하던 도구와 매우 다른 방식으로 작동할 것이다. 해독 불가능한 블랙박스가 되겠지만 소름 끼칠 정도로 인식력이 뛰어나고 즉각적이며 거리와 복잡성에 구애받지 않을 것이다. 이러한 기기가 확산되면 양자 행동이 점차 덜 낯설고 더 자연스럽게 보이기 시작할 것이다. 우리 직관은 심층적인 수준에서 우주가 실제로 작동하는 방식과 더 가까워질 것이고, 이로써 우주의 비밀을 더 빨리 풀 수 있게 될 것이다.

천재적 제작 능력

최근 인류가 나노 영역으로 진출하면서 우리가 정보를 계산하는 방법의 한계가 드러났다. 동시에 언젠가 자연의 가장 깊은 신비로 우리를 이끌어줄 새로운 길도 모습을 드러냈다. 우리가 물건을 만드는 방법의 한계 또한 드러났다. 동시에 우리에게 물질을 조종할 수 있는 새로운 능력을 부여했다.

1980년대 초반 취리히에 있는 과학자들은 새로운 양자 기반 기기인 주사 터널링 현미경STM을 개발해 최초로 개별 원자를 구별했다. 1980년대 중반 무렵에는 개별 원자를 분리해서 이동시키는 데 성공했다. 흥분한 미래학자들은 가능성을 점치기 시작했다. 원자 단위에서 절대적인 정밀도로 최소 크기의 기계와 물질을 제조하는 작은 나노 단위 로봇을 상상해보라. 우리가 공기에서 연료를 생산하고 하수에서 순수한 물을 추출하며 모래와 이산화탄소로 우주선을 조립하는 공상을 하는 이들도 있다. '희소성'이란 단어가 우리 사전에서 영영 사라질지도 모른다.[22]

불행히도 양자 물결이 우리가 실리콘 트랜지스터를 무한히 축소하도록 내버려두지 않는 것처럼 다른 나노 단위 현상도 우리가 기계를 무한히 축소할 수 있도록 내버려두지 않는다. 2가지 보편적인 문제는 무작위 운동과 접착성이다. 무작위 운동은 표준 물리학이고 맑은 물 한 컵에 떨어진 식용색소 한 방울이 확산되는 원인이다. 물은 맨눈으로는 고요해 보일지라도 나노 단위에서는 물 분자가 충돌해 풍랑이 이는 바다다. 접착성은 양자역학으로 접착막이 샐러드 그릇에 형성되는 원인이거나 유리잔의 매끄러운 표면이 서로 달라붙는 원인이다. 이 물리적 과정은 난해하지만 기본적으로 표면끼리 접촉할 때 대부분의 물질이 서로 강하게 접착한다. 거시 수준에서는 아무리 가까이서 봐도 표면이 매끄러워 보이고 실제 접촉점이 거의 없기 때문에 이 접착 현상을 알아차리기 힘들다. 그러나 나노 수준에서는 접착성이 거시 세계에서 작용하는 중력만큼이나 보편적이고 지배적이다. 종합하면 이 2가지 현상, 즉 무작위 운동과 접착성은 허리케인이 몰아칠 때 모든 노동자, 기중기, 볼트, 대들보, 순간접착제를 동원해 배 위에 탑을 조립하려는 시도와 같이 나노 세계에서 모든 것을 제작한다.

새로운 발견의 항해

엔지니어에게 친숙한 장력이나 압축력 같은 힘은 나노 수준에서는 작용하지 않는다. 그리고 엔지니어에게 익숙한 제작 물질도 나노 수준에서는 동일한 속성을 지니지 않는다. 탄소는 검은색이지만 탄소 시트를 원자 1개 두께로 제작하면 유리보다 투명하다. 원자 세계는 우리 주위를 둘러싼 거대한 미지의 세계였고 따라서 1980년대에 (STM 및 새로운 기술로 무장한) 재료과학 분야에서는 원자 세계에 무엇이 있고 어떤 규칙이 지배하며 우리가 활용할 수 있는 원자 세계에만 적용되는 기이한 특성이 존재하는지를 밝히는 일에 착수했다.

금이 가득한 신도시를 발견해 그 증거를 들고 돌아온 것과도 같은 폭발적인 발전이 일어났다. 1990년에 「네이처」와 그 자매지를 통틀어 나노과학에 관한 학술 논문 230편이 게재됐다. 2015년 무렵에는 1만 1,000편을 넘어섰다. (참고로 진화에 관한 연구 논문 편수가 1만 1,000편을 넘기까지는 71년이 걸렸다.)[23] 2000년대에 접어들면서 나노 기술이 상용화되기 시작했고 수천 개가 넘는 제품이 쏟아져 나와 2015년에 이미 나노 기술 시장은 1조 달러 규모로 성장했다.[24]

은 나노 입자는 박테리아를 죽인다. 아직까지 살균 과정이 정확히 규명되진 않았지만 이미 질병을 예방하고 치유 속도를 높이기 위해 양말, 곰 인형, 붕대, 임플란트 치아, 공공 지하철에 은 나노 입자가 사용되고 있다. 2015년에 과학자들은 책장을 찢어 물을 정수할 수 있는 저렴한 이동식 식수 해결책으로써 (은 나노 입자가 함유된 종이로) '마실 수 있는 책Drinkable Book'을 개발했다.[25] 또한 도마뱀붙이gecko가 양자 접착성을 이용해 벽과 천장에 매달린다는 사실을 밝혀냈다. 도마뱀붙이 발바닥에 난 나노 두께의 털 수억 가닥은 어떤 표면과도 수많은 접촉점을 만들어낸다. 기업가들이 반도체 공정 과정을 차용해 도마뱀붙이 발 표면을 인공적으로 재현한 '게코 테이프'를 발명했다. 게코 테이프는 접착력이 우수해 국방(어떤 지형이든 다닐 수 있는 로봇)과 제조(각종 나사, 리벳 및 접착제를 대체)를 비롯해 심지어 스포츠(미식축구 선수를 위한 미끄럼 방지 장갑) 분야에서도 사용되고 있다. 나노 세계에서 일어날 새로운 발견은 앞으로 더욱 광범위한 영향을 가져올 것이다. 예를 들어 과학자들은 햇빛과 이산화탄소에서 연료를 만들어내기 위한 인공 광합성 연구, DNA 염기 서열의 더 빠른 분석을 위한(A, C, G, T 사이의 전기적 차이를 매번 감지할 수 있는 작은 구멍으로 DNA 분자 1개를 통과시키는) 연구, 나노 섬유를 이용한 찢어지지 않는 초박형 콘돔 개발 등을 진행하고 있다.

가장 활용 범위가 넓은 나노 물질 중 하나는 2004년에 처음으로 분리에 성공한 그래핀이다. 그래핀은 원자 1개 두께의 순수 탄소 시트다. 지구상에 존재하는 가장 단단한 물질이라고 알려진 다이아몬드와 매우 부드러워 연필심으로 사용되는 그라파이트 또는 흑연은 우리 모두가 잘 알고 있는 탄소의 또 다른 형태다. 그래핀은 다이아몬드와 그라파이트의 장점을 모두 지닌다. 투명하고 다이아몬드만큼 단단하지만 (우주 공간에 도달할 수 있을 정도로 강한) 유연 섬유를 제조하거나 원하는 2D 형태(구부릴 수 있는 디스플레이 화면이나 태양전지 등)로 절단할 수도 있다. 그래핀은 구리보다 열전도율이 10배 뛰어나고 실리콘보다 전기전도율이 100배 뛰어나다(반도체 제조업자들이 기뻐하고 있다). 여전히 가격이 비싸긴 하지만 빠르게 확산되고 있다. 그래핀을 발견하고서 첫해에 과학자들은 인간의 머리카락 너비보다 넓은 그래핀 시트를 생산하기 위해 고군분투했다. 그로부터 약 10년 뒤 길이가

100미터에 달하는 완벽한 그래핀 시트를 제조하는 데 성공했다.

통합적 돌파구

과학자들은 아직까지 유용한 물건을 원자 단위로 제작하거나 그러한 작업을 대신 해줄 로봇을 만들지는 못한다. 오늘날 자외선 레이저로 표면 깎아내기(게코 테이프), 구리 시트에 특수 증기를 분사해 초박막 형성하기(그래핀), 시험관에서 화학물질을 혼합해 한 번에 비커 1개 분량씩 원하는 분자 생성하기(은 나노 입자) 등 대부분의 나노공학에서는 재료가 대량으로 필요하다. 거시적인 전통 제조 방식보다 시간과 자원의 낭비를 급격히 줄인 3D 프린터는 아직까지는 마이크로미터 단위의 알갱이까지만 출력할 수 있다. 마이크로미터는 우주 항공 산업에 필요한 정밀 부품을 출력하기에는 충분히 작은 단위이지만 1,000배 작은 수준에서 나타나는 물질의 기이한 양자적 특성을 활용할 수 있을 만큼 충분히 작지는 않다. 마찬가지로 모터, 기어, 팔, 기타 다른 부품을 설계하고 조립하는 로봇 제작 능력도 여전히 마이크로미터 단위에 머물러 있다. 과학자들은 나노 로봇이 무작위 운동을 하는 허리케인 속을 계속 운항하거나 빠져나오는 방법에 관한 이론을 세웠지만 실제 프로토타입을 제작하고 시험하는 단계까지 가려면 수십 년이 걸리거나 어쩌면 영영 불가능할 수도 있다.

진정한 나노 기계를 제작하려면 근본적으로 다른 설계 방식이 필요할 것이다. 거시 메커니즘을 나노 크기로 축소하는 대신 나노 단위에서 현실의 특징을 활용해 나노 환경에 적합한 방식으로 기계를 설계해야 한다.

한 가지 유망한 접근법은 생체를 모방하는 것이다. 지금까지 나노 세계에서 관찰된 가장 광범위한 통찰은 더 작은 수준으로 내려갈수록 '물리'과학과 '생명'과학의 경계가 모호해진다는 것이다. 전통적으로 공학은 자연을 모방하지 않았다. 비행기는 날개를 펄럭이지 않는다. 그러나 자연과 공학이 교차하는 지점에서 과학은 현재 가장 많은 결실을 맺고 있다. 공학은 나노 공간을 탐구할 수 있는 도구와 플랫폼을 제공한다. 자연은 나노 공간에서 발견되는 공학 문제에 우아한 해결책을 무한정 제공한다.

알고 보니 자연은 궁극적인 나노 기술자였다. 길이가 200나노미터에 불과한 박테리아는 여러 면에서 우리가 만들고 싶어 하는 나노 로봇과 흡사하다.[26] 200나노미터 크기의 박테리아는 당분으로 에너지를 생산하는 매우 작은 발전소를 가지고 있다. 크기가 20나노미터밖에 안 되는 리보솜이라고 부르는 분자 조립 기계도 가지고 있다. DNA 로직 보드도 있어서 프로그래밍도 가능하다. '자기 수리'와 '자기 복제'가 가능하며 영리한 비틀기 동작으로 무작위 운동이 일어나는 끈적끈적한 나노 세계를 유영한다.

공학자에게 더 유익한 정보는 우리가 원하는 나노 로봇과 이 박테리아가 어떻게 '다른지'다. 박테리아는 범용 기계가 아니다. 매우 전문화돼 있다. 박테리아는 종류마다 나노 물질의 특성을 이용해 한 가지 특정한 일을 잘 수행한다. 박테리아는 또한 나노 세계에 이미 존재하는 미묘한 힘의 도움을 받아 '자기' 조립을 한다. 주요 자기 조립 기술은 단백질 접힘이다. 단백질은 1나노미터 길이의 아미노산 여러 개가 세포의 리보솜에 의해 긴 사슬처럼 연결된 구조다. 아미노산은 각각의 유형마다 고유한 전하를 띠고 있음이 밝혀졌다. (생명체는 총 23개의 아미노산을 사용하며 이따금 중복이 일어난다.) 아미노산 사슬이 전사되면 사슬 안에 포함된 모든 아미노산 단위가 전하에 따라 서로를 끌어당기거나 밀어 낸다. 2D 사슬은 인력과 척력이 복잡한 균형을 이루는 가운데 3D 구조로 접힌다. 이때 단백질 구조는 아무렇게나 접히는 것이 아니라 다른 단백질과 결합해 구조물을 만들거나 상호작용하기에 유용하도록 적확한 형태와 표면을 띠게 된다.

같은 방식으로 인간의 나노 구조도 조립할 수 있을까? 최종적으로 이루고자 하는 형태나 기능을 안다면 거꾸로 아미노산 사슬 구조가 접히기 전의 형태를 알아낼 수 있지 않을까?* 현재까지의 연구 성과는 '할 수 있다' 쪽을 가리킨다. 2010년에 과학자들은 DNA를 뚜껑에 자물쇠가 달린 바구니 형태로 접히도록 유도해 그 안에 약 분자를 넣을 수 있도록 만드는 데 성공했다.[27] 오직 암세포만 이 자물쇠를 열 수 있는 열쇠를 가지고 있다. 바구니가 암세포와 부딪치면 뚜껑이 열리면서 그 자리에서 약이 방출된다. 언젠가는 이 같은 'DNA 나노봇'이 건강한 세포까지 대량 학살하는 한계를 지닌 현재의 화학요법과 기타 암 치료법을 대체할 것이다.

---

* 단백질 접힘은 기하급수적으로 성능이 향상된 컴퓨터에 필요한 영역 중 하나다. 생명체에서 사용하는 아미노산은 23종이므로 아미노산 100개가 이어진 사슬 1개를 조합할 수 있는 경우의 수는 23^{100}가지다. 물리적 시험 분자를 종류별로 1개씩만 만든다고 해도 총 무게는 전체 우주를 능가할 것이다.

의학은 생명을 설계할 수 있는 자연의 능력을 습득하고 있다. 공학은 물질을 설계하는 능력을 습득하고 있다. 이는 일상적인 진보가 아니라 현재 패러다임의 한계를 뛰어넘어 새로운 패러다임을 채택할 때 일어나는 혁명이다.

역사가 지침서라면 이러한 돌파구로 인류가 급속한 성취를 이루는 시대가 열릴 것이다. 이미 일부는 신기술 형태로 등장하고 있고 일부는 잠재적인 상태로 남아 있다. 뇌가 어떻게 작동하는지를 밝혀내고 다른 장기를 재생하기 시작한 것처럼 뇌를 재생하는 약도 만들 수 있을까? 인공지능이 인간의 인지능력을 복제하거나 능가할 수 있을까? 아무도 모른다. 그러나 더 이상 우리의 능력을 한참 벗어난 일처럼 보이진 않는다.

500년 뒤에 일어날 일은 알 수 없다. 그러나 확신할 수 있는 것은 훗날 21세기 역사가 기록될 때 그 제목은 어떻게 인류가 새로운 자연의 능력을 개발했는지와 그 능력을 지혜롭게 또는 어리석게 활용했는지에 대한 내용을 담고 있으리라는 사실이다.

천재성이 폭발하는 시대적 조건

천재성이 번영하는 현상은 그냥 '일어나지' 않는다. 창의성을 발휘할 수 있는 특정한 사회적 조건과 지적 조건이 갖춰질 때 비로소 천재성이 번영할 수 있다. 왜 르네상스 시대에는 천재성이 그토록 빛날 수 있었을까? 그리고 왜 똑같은 일이 하필이면 지금 벌어지고 있을까?

부분적으로는 당대에 태어난 남다른 개개인, 즉 천재들 덕분이다. 개별성은 모든 천재에게서 나타나는 중요한 요소다. 세계 최초로 이 분야를 연구한 사상가 중 한 명인 브라이언 아서는 '아하!의 순간', 즉 새로운 원칙이 오래된 원칙을 뒤집는 순간은 "언제나 '개개인의' 무의식에서 솟아난다."라고 말한다.[28] 누군가가 한 분야에 집중할 때 종종 기이하거나 독창적인 무언가가 떠올라 돌파구가 생기곤 한다. 코페르니쿠스는 프톨레마이오스보다 순수한 천체의 조화를 찾는 일에 집중했다. 레오나르도는 광학과 공학 연구에 집중했다. 미켈란젤로는 대리석 덩어리마다 해방을 기다리는 형상이 갇혀 있다고 생각해 대리석 조각에 집중했다. 이러한 집중력이 '아하!의 순간'으로 이어지는 찰나 그 결과물에는 창작자의 독창성이 드러난다.

그러나 한 분야에 집중한 위대한 개개인이 존재하는 것만으로는 사회 전반에 걸쳐 천재성이 분출되기에는 충분치 않다. 천재적인 인물 몇몇으로는 서유럽 문명은 1450년과 1550년 사이에 결코 중국 문명을 따라잡지도, 추월하지도 못했을 것이다. 중국은 기술적으로 우세한 상태에서 출발했고, 지역마다 천재적인 인물이 인구에서 차지하는 비율이 비슷하다고 가정하면 인구가 많은 중국 땅에는 서유럽보다 2배 많은 천재가 존재했을 것이다.

르네상스 시대에 유럽이 이룬 비약적인 도약은 뭔가 다른 중요한 조건이 있음을 시사한다. 바로 '집단적' 천재성이다. 모든 사람은 저마다 고유한 능력을 조금씩 가지고 있다. 집단적 천재성은 사회가 그 다양한 단편적인 능력을 육성하고 연결할 때 발생한다. 다양한 사람이 한 문제에 집중하면 독창적인 아이디어와 공헌이 불꽃처럼 일어나 개인적인 발전을 가속화하거나 앞당긴다. 인구에서 개개의 천재가 차지하는 비율은 어느 지역이나 일정할 수 있지만 집단적 천재성은 사회의 교육 수준이나 연결 수준에 따라 천차만별이다.

"어딜 가나 뛰어난 학자, 학식 있는 교사, 대형 도서관이 넘쳐난다. 개인적으로 나는 플라톤이 살던 시대에도, 키케로가 살던 시대에도, 파피니아누스가 살던 시대에도 오늘날과 같은 학문의 전당은 없었다고 생각한다." 1530년대에 프랑스 작가 프랑수아 라블레(1483~1553년)가 남긴 글이다.[29] 첫 번째 르네상스에 가장 큰 돌파구를 마련한 인물들의 전기를 보면 개인적 성취는 모든 것이 서로 얽혀 급속하게 발전했던 시대에 태어나 그러한 조건하에서 번영한 집합적인 천재성에 커다란 빚을 지고 있음을 보여 준다.

레오나르도는 역사가 기억하는 가장 유명한 토스카나 출생 박식가지만 결코 유일무이한 존재는 아니었다. 초기 인문주의자 페트라르카(1304~1374년)도 토스카나에서 태어났다. 레오나르도가 태어나기 훨씬 이전에 토스카나에 살던 공학자들은 페트라르카의 제자들과 나눈 고대 그리스·로마 문명에 관한 대화에서 얻을 것이 많다는 사실을 깨달았다. 고대의 사원과 돔과 도로는 1,500년이 지난 뒤에도 여전히 사용되고 있었다. 고대의 비결은 무엇이었을까? 과거에 찾아낸 해결책을 현재의 기술적인 문제와 창의적으로 결합하는 능력이나 이를 도면으로 옮겨 소통하는 능력은 레오나르도가 출생했던 당시 그 지역에서 이미 높이 인정받고 빠르게 전파되고 있었다. 레오나르도가 예술 분야에서 새로운 정점을 찍을 수 있었던 부분적인 이유는 시대를 잘 타고났기 때문이다. 과거에 대한 지식이 널리 공급되고 새로이 결합된 지식이 빠르게 확산되는 시대에 태어나 성장하는 행운을 누릴 수 있었기 때문이다.

구텐베르크의 고향인 독일 마인츠는 서로 매우 다른 산업인 와인 주조업과 동전 주조업이 교차하는 도시였다.[30] 와인 주조업 덕분에 다양한 포도 압착기와 부속품이 존재했고, 동전 주조업 덕분에 주형을 제작하고 개별 문자를 주조하기에 가장 적합한(쉽게 녹고 주형에서 모양이 잘 잡히면서 압착기의 반복적인 두드림을 견딜 수 있는) 합금을 찾는 실험을 할 때 필요한 금속 다루는 기술이 발달했다. 이러한 중요한 공예품과 기술은 지역에 한정돼 있었지만 일단 구텐베르크가 이를 성공적으로 결합한 인쇄기를 발명하자 1부에서 다룬 더 일반적인 힘을 통해 확산됐다(인쇄 기술을 기밀로 유지하고자 했던 구텐베르크의 노력에도 불구하고 말이다).

코페르니쿠스가 획기적인 업적을 남긴 장소는 폴란드의 바르미아라는 한갓진 지역으로 코페르니쿠스는 이 지역을 가리켜 지구 구석에 동떨어져 있는 곳이라고 묘사하기도 했다.[31] 그러나 코페르니쿠스는 18세에서 30세까지 인격 형성기를 배움의 중심지로 알려진 유럽의 도시를 전전하며 보냈다. 1491년에 코페르니쿠스는 크라쿠프에 있는 야기엘로니안대학교에 입학해 3년 동안 유럽 전역에서 온 다른 유능한 젊은이들과 함께 논리학, 시, 수사학, 철학을 공부했다. 여기서 코페르니쿠스는 인쇄술의 발달로 널리 보급된 과거와 당대의 주요 과학 저술을 두루 섭렵했다. 그중에는 유클리드의 고전 기하학과 당대 레기오몬타누스의 삼각법, 프톨레마이오스의 고전 천문학과 포이어바흐의 당대 천문표, 라틴어로 번역된 아랍의 주요 과학 저술 등이 포함됐다.[32] (특히 라틴어로 번역된 아랍계 학술 자료가 코페르니쿠스 혁명에 중추적인 역할을 했을 것이다. 기원전 3세기에 그리스에서 아리스타르코스가 태양 중심 우주를 최초로 제안했다. 유럽은 아리스타르코스를 잊었지만 아랍 학계는 잊지 않았다. 코페르니쿠스는 아랍 과학자들의 저술에서 영감을 얻었을 가능성이 크다.)[33] 1496년에 코페르니쿠스는 이탈리아로 이주했고 이후 7년간 유럽 학계를 주도했던 학자들과 교류했다. 이때 쌓은 인맥 덕분에 코페르니쿠스는 세계가 천체를 보는 관점을 바꿨다. 코페르니쿠스가 1543년에 출간한 『천체의 회전에 관하여』는 금서로 지정됐다. 코페르니쿠스의 지적 계보를 이은 갈릴레오는 이단으로 몰려 종교재판에 회부됐다. 그러나 코페르니쿠스가 초안을 동료 학자들에게 배포했던 1510년대에 이미 그의 사상이 걷잡을 수 없이 퍼져나가리라는 것은 예정된 수순이었다.

빠르게 흐르는 아이디어와 두뇌, 그리고 인센티브

특정 시대에 특정 장소에서만 천재성이 번영할 수 있었던 환경적 조건은 무엇인가에 관한 책을 쓰면 책장 전체를 가득 채우고도 남을 것이다. 그러므로 이 주제를 속속들이 다루는 것은 이 책의 범위를 벗어나는 일이다. 그러나 위에서 했던 이야기는 15세기와 16세기 유럽이 집단적 전성기를 맞이할 수 있었던 3가지 조건을 특히 강조한다(오늘날 학자들이 말하기를, 이 3가지 조건은 여전히 결정적이다).

첫 번째 조건은 아이디어의 이동 속도와 다양성과 양에서 일어난 일대 도약이다. 뻔하지만 중요한 사실이다. 아이디어가 빨리 이동할수록 새롭고 유익한 아이디어 조합도 빨리 나타난다. 다양성도 중요하다. 구텐베르크가 발견했듯이 (그리고 오늘날 연구가 증명하듯이) 커다란 발전은 서로 관련 없어 보이는 영역이 충돌할 때 발생하는 경향이 있다.[34] 마지막으로 아이디어가 많이 이동할수록 아이디어의 복잡성도 증가한다. 레오나르도는 "수학자가 아닌 사람은 누구라도 내 글을 읽지 못하게 하라."라고 썼는데 그 이유는 오직 학식이 있는 사람만이 자신이 검증한 아이디어를 충분히 이해할 수 있다고 생각했기 때문이다.[35]

1부에서는 이러한 도약을 일어나게 한 연결의 힘을 입증했다. 문명 간의 새로운 교류로 무역 및 금융 관계, 사회적 이동성, 도시화, 이주가 확대되면서 다양한 사람들과 다양한 삶의 방식 사이에 수많은 접점이 생겨났다. 그때나 지금이나 기존의 사고방식에서 오는 한계를 극복할 수 있는 가장 좋은 방법은 다른 사고방식을 지닌 사람들을 만나는 것이다.

아이디어의 이동을 강화한 가장 직접적인 촉매제는 인쇄라는 새로운 미디어의 등장이었다. 인쇄술은 오늘날 '범용 기술'로 분류된다.[36] 이를테면 바이올린의 발명은 음악 분야에만 한정적으로 영향을 끼쳤지만 인쇄술의 발명은 사실상 모든 활동 영역에 영향을 끼쳤다. 인쇄술 덕분에 지식 체계는 곱절로 늘어났고 모든 분야에서 해당 분야 종사자 간의 네트워크가 확대됐다. 중세에 학자들 사이에서 이뤄지던 서신 교환과 지역 토론회는 팸플릿 발간으로 진화해 광범위한 배포와 비판이 가능해졌다. 참여 주체가 엄청나게 늘어나면서 중요한 모든 문제와 관련해 지식과 경험과 아이디어의 교류도 확대됐다.

인쇄 미디어는 수학이라는 또 다른 범용 기술을 널리 퍼뜨렸다. 1494년에 루카 파치올리는 베네치아에서 『산술, 기하, 비례 및 비율 총람』을 출간해 유럽에서 산술이 대중화되는 데 기여했다. 인쇄술이 발명되기 이전에는 힌두-아라비아숫자를 아는 엘리트만이 산술을 배웠다. 그러나 대부분의 수학 계산에는 여전히 로마숫자와 수판을 사용했다. 하지만 수판을 마련할 경제적 여유가 없던 대부분의 사람들은 간단한 수 계산도 할 수 없었다. 산술이 확산되면서 석탄 조각만 있으면 누구나 수 계산을 할 수 있게 됐고, 복잡한 수학을 이해하고 표현하고 발전시킬 수 있는 인구도 곱절로 늘어났다.[37]

집단적 천재성이 피어날 수 있었던 두 번째 조건은 교육 기회의 확대와 영양 개선으로 늘어난 인재 집단이었다. 코페르니쿠스 혁명 같은 돌파구가 등장하기 이전에 그 기반을 마련한 이름 모를 수많은 사람들의 노력이 있었다. 교사와 장인은 학생과 도제에게 기록되지 않은 암묵적 지식, 막다른 골목에서 끝났기 때문에 되풀이할 필요가 없는 실패한 시도, 신비를 더 깊이 탐구할 수 있도록 장치와 기구를 개조하는 법, 다른 사람들과 구두 또는 서면으로 셀 수 없이 토론을 하면서 굳어진 이해나 새로이 깨달은 방향을 전수했다. 어떤 분야 및 한계를 이해하는 두뇌가 많아질수록 그 한계를 초월할 누군가가 나타날 가능성도 높아진다.

르네상스 시대에 다른 지역보다 유럽에서 집단적 천재성이 더 크게 번영할 수 있었던 세 번째 조건은 위험을 감수할 때 돌아오는 강력한 개인적·사회적 인센티브였다. 중국은 획일적인 관료주의 사회였다. 국가의 승인 없이는 아이디어를 교류할 수 있는 장이 없었고 1405년부터 1433년 사이에 인도양과 동아프리카를 탐사한 정화의 남해 원정처럼 전도유망한 탐사도 황제의 명령이 떨어지면 포기해야 했다. 반대로 유럽은 여러 약소국으로 이뤄져 있었다. 국가 간의 경쟁과 전쟁은(그리고 오스만제국의 침략에 맞선 전쟁은) 유럽 각국으로 하여금 군사적·경제적·문화적 우위를 제공할지도 모르는 신대륙 발견에 앞다퉈 투자하도록 부추겼다. 새로운 무기와 함선과 국방에 대한 수요가 증가하면서 누구든지 이를 설계해줄 사람에게 선뜻 지갑을 열었다(레오나르도는 왕성하게 활동하던 시기에 무기를 설계하는 일에 많은 시간을 쏟았다).[38] 부유한 도시는 (바다에서 경도 계산 등) 상업적으로 중요한 문제를 해결하기 위해 새로운 학교와 대학을 설립하고 교수직을 충원하는 데 돈을 기부했다. 반면 부유한 가문은 새로운 예술 작품과 조각과 건축에 돈을 투자했다. 예술 작품은 신흥 부자인 상인 계층이 고상하게 보이도록 도와줬으며, 부를 과시할 수 있는 사회적으로 용인되는 몇 안 되는 방법 중 하나였다.[39]

새로이 생겨난 아이디어 시장의 공급 측면을 보면 누구나 좋은 아이디어만 있으면 자유롭게 수익을 창출할 수 있었다. 구텐베르크의 인쇄기는 너무나도 빠르고 널리 모방돼 정작 구텐베르크 본인은 돈을 많이 벌지 못했지만 후대에 가서는 발명가들의 사정이 나아졌다. 1474년에 베네치아시는 세계 최초로 공식적인 특허법

안을 제정했다. 당시 법안 전문에 서술됐다시피 "뛰어난 천재성을 지닌 사람들이 발견한 작품이나 기기를 보호할 수 있는 법 조항이 마련되면 (……) 더 많은 사람들이 천재성을 발휘하고 (……) 공공의 이익에 도움이 되는 유용성이 뛰어난 기기를 제작할 것이다."[40] 16세기 중반에는 유럽 전역에 특허법 조항이 존재했다.

더 빠르고 풍부하게

지금도 동일한 조건이 무르익었다. 다만 체감하는 강도가 커지고 범위가 넓어졌을 뿐이다.

1부에서 그 핵심 증거를 제시했다. 발전의 힘은 오늘날 전 세계적으로 건강하고 똑똑한 인구수를 역사상 최대로 끌어올렸다. 연결의 힘은 정치, 무역, 금융, 인구 이동에서 인간 사회를 하나로 얽어놓았다. 발전과 연결의 힘은 아이디어의 확산에도 영향을 끼친다. 하나로 얽힌 세상에서 확산되는 아이디어의 속도와 다양성과 양은 폭발적으로 증가했다.

새로운 범용 기술

또다시 새로운 범용 기술이 대중매체를 저렴하고 풍부하게 만들었다. 컴퓨터 성능이 높아지면서 아이디어의 흐름이 다양해지고 풍부해졌으며, 서로에게 전달할 수 있는 내용의 복잡성 또한 증가했다. 무어의 법칙에 따른 컴퓨터 성능의 빠른 향상 덕분에 오늘날 우리 주머니에 쏙 들어가는 크기의 스마트폰이 크레이 2 슈퍼컴퓨터보다도 빠르다. 크레이 2 슈퍼컴퓨터는 1990년에 세계에서 가장 성능이 뛰어났던 컴퓨터로, 무게는 5,500파운드(약 2.5톤)에 이르고 가격은 3,500만 달러에 달했다.[41]

무어의 법칙은 인터넷을 우리 손가락 끝에 가져다주는 동시에 우리를 우주의 가장자리로도 데려다줬다. 지난 20년간 컴퓨터 성능이 폭발적으로 증가하면서 수학, 천문학, 생물학, 공학, 지질학, 기상, 전쟁, 경제, 기타 복잡한 학문 체계에 관한 폭넓고 심도 깊은 논의가 이뤄졌다. 그 결과 완전히 새로운 산업이 출현했고 오늘날 우리는 20년 전에는 이해할 수 있는 영역 바깥에 존재하던 아이디어를 연구한다. 수압 파쇄 산업에서는 슈퍼컴퓨터를 이용해 지표면에 구멍을 뚫어 고압 액체를 주입해 암반층에 갇힌 가스를 채취할 때 벌어지는 상황을 모델링한다. 의학에서는 뇌 활동을 시뮬레이션해 뇌가 어떻게 기능하며 약이나 수술이 뇌 기능을 어떻게 변화시키는지를 이해한다. 보건 당국에서는 췌장암의 전이 과정을 시뮬레이션해 가장 위험한 부위가 어디인지, 암세포 전이 경로에서 가장 먼저 차단해야 할 지점이 어디인지, 백신을 찾고 대량생산하고 배포하기 전에 바이러스가 얼마나 멀리까지 확산되는지를 파악한다. 공학에서는 역대 가장 큰 선박보다 2배 큰 선박을 제조했을 때나 역대 가장 높은 건물(2018년 완공 예정인 사우디아라비아의 킹덤타워는 높이가 1킬로미터에 달한다)보다 2배 높은 건물을 지었을 때 하중을 얼마나 견딜 수 있는지를 모델링한다. 영화 제작에서는 형광빛을 내는 행성, 블랙홀, 외계 로봇, 돌연변이 슈퍼히어로를 실감 나게 화면으로 옮긴다.

새로운 접점

오늘날 한층 더 자유로워진 아이디어의 이동은 서로 다른 사람과 물건과 생활 방식 사이에 아이디어가 풍부한 접점이 곱절로 늘어났다는 사실에서 확인할 수 있다.

학계가 대표적이다. 전 세계적으로 매년 300만 명의 학생이 중단기 체류를 계획하고 해외로 유학을 간다. OECD 국가의 경우 외국인 학생 3분의 2가 개발도상국 출신이며 아시아 지역 유학생 수가 가장 빠르게 늘고 있다. 30년 전에는 해외에서 중국 유학생을 거의 찾아볼 수 없었다. 오늘날 중국 유학생 수는 세계 어느 국가보다도 많다.

기회만 주어지면 많은 외국인 유학생이 졸업 후에도 유학한 국가에 남아 경제활동에 기여한다. 2011년에 미국에서 특허를 가장 많이 내는 상위 10개 대학을 대상으로 시행한 설문 조사에 따르면 특허출원자 4분의 3이 외국 출생이었다.[42] 유학한 국가를 떠난 졸업생도 연구 인력으로 세계시장에서 경쟁한다. 옥스퍼드대학교 교수진의 40퍼센트 이상이 외국인이며(출신 국가는 거의 100개국에 이른다) 그 비율은 계속 증가하고 있다.

학술적 이민자들은 세계의 지적 능력을 퍼뜨리고 연결한다. 국제적 연구 협력으로 출간한 논문 수는 1995년에 전체의 10분의 1 미만이었지만 지금은 거의 3분의 1을 차지한다.[43] 학계 역사상 세계적으로 가장 많은 인원이 협력한 논문은 2015년 5월에 출간된 스위스 제네바에 있는 대형 강입자 충돌기LHC를 사용한 물리학 연구 논문으로, 공동 저자가 5,154명에 이른다.[44] 암 치료는 이제 세계 각국의 유명 연구소들이 온라인에서 팀을 꾸려 24시간

연구하는 분야다. 하루가 끝날 때마다 시간대가 다른 지역 연구
소와 교대를 한다. 날이 밝으면 다른 나라 동료들이 하던 일을 넘
겨받아 연구를 시작한다. 게다가 가장 최근의 과학 분야 노벨상
15개 가운데 2개를 제외하곤 전부 국제 연구 팀에게 돌아갔다.[45]

한층 더 자유로워진 아이디어의 이동은 의약품, 화학물질, 중
장비, 컴퓨터 및 기타 전자 기기 같은 아이디어가 풍부한 상품 무
역에서도 확인할 수 있다. 지난 20년간 하이테크 제조업 무역 규
모는 명목상 1995년에 1조 4,000억 달러에서 오늘날 5조 달러로
4배 증가했다. 또한 하이테크 제조업에서 무역이 확산되고 있다.
1995년 전 세계 하이테크 교역 상품의 4분의 3은 선진국이 팔았
고 3분의 2는 선진국이 샀다. 오늘날에는 선진국과 개발도상국이
거의 50 대 50으로 하이테크 교역 상품을 사고판다. 하이테크 상
품을 생산하는 데 필요한 지식 또한 전 세계가 공유하고 있다.[46]

마지막으로 더 빠르고 풍부해진 아이디어의 흐름은 소셜 미디
어에서 분명히 나타난다. 트위터에서 모든 '팔로어'의 25퍼센트
가 본래 트위터가 창립된 국가인 미국이 아닌 다른 국가 출신이
다. 페이스북 대화는 세계의 모든 지역을 연결한다(그림 4-5 참
조). 그 결과 대중문화는 더 빠르게 더 멀리 확산된다. 2003년 최
초의 인터넷 '짤meme'이라고 할 수 있는 〈스타워즈 키드〉가 전 세
계를 휩쓸었다. 3년 만에 〈스타워즈 키드〉는 9억 번 조회된 것으
로 추산된다.[47] 2015년에 '퓨디파이PewDiePie'라는 한 유튜브 채널
은 3'개월'마다 9억 번의 조회수를 기록했다.[48] 스웨덴 출신 펠릭
스 셸버그가 운영하는 이 채널은 게임하는 모습을 익살스럽게 보
여주는 것으로 2015년 후반에 최초로 100억 뷰를 달성했다. 같

| 4-5 | 세계를 잇는 페이스북 물결
국제적인 페이스북 친교가 세계의 대화를 연결한다.
이미지 출처: 페이스북.

은 해 초반에는 이슬람 극단주의자가 정치 풍자 주간지 「샤를리
에브도」 파리 지사에 들이닥쳐 예언자 무함마드를 그린 만화에
대한 보복으로 12명을 살해하는 사건이 일어났다. 사건이 발생
한 지 24시간 만에 트위터가 금지되지 않은 세계 모든 국가에서
표현의 자유를 재확인하는 수단으로 '#JeSuisCharlie(프랑스어로
'내가 샤를리다'라는 뜻이다 – 옮긴이)'라는 해시태그가 340만 번 리
트윗됐다.[49]

갑자기 세계에 더 건강하고 더 교육 수준이 높은 두뇌 집단이
늘어났다. 이들은 어느 때보다도 생생하고 다양하고 많은 아이디
어를 국제적으로, 즉각적으로, 또 거의 제로에 가까운 비용으로
교환한다. 이 3가지 조건은 개인적으로나 집단적으로나 창의적

인 돌파구가 열리는 이상적인 세계를 묘사한다. 이 3가지 조건은 지금 커다란 변화가 일어나고 있는 이유이자 지금의 신 르네상스 시대의 천재성이 첫 번째 르네상스 시대의 천재성을 추월해야 하는 이유다.

그러한 잠재력을 발휘하며 살 것인가, 아니면 신념을 잃은 채로 살 것인가?

5장

인류의 모든 가능성을 실현하라

왜 한때 우리가 이해하지 못했던 업적이 지금은 흔한가

그리고 왜 우리 모두는 다가오는 번영을 포용해야 하는가

(비록 그 결과가 항상 우리 기대와 일치하진 않을지라도)

지식의 팽창

천재는 당대에는 머리기사를 장식하고 후대에는 역사책을 장식
한다. 우리는 오랜 한계를 깨부순 천재를 기념하고 찬양한다. 그
러나 천재라는 존재는 빙산의 일각에 불과하다. 수면 위로 드러
난 은빛 꼭대기 아래 심연에는 거대한 무언가가 자리하고 있다.
코페르니쿠스, 다빈치, 스티브 잡스, 스티븐 호킹 같은 천재들의
이야기 뒤에는 수많은 사람들의 재능과 역량의 확대라는 더 거대
한 이야기가 자리하고 있다.

　4장에서는 집단적 '천재성'이 우리 시대가 번영하는 데 어떤
역할을 했는지를 살펴봤다. 우리 모두는 각자 고유한 두뇌를 가
지고 있다. 오늘날처럼 여러 두뇌를 육성하고 연결하고 결집할
수 있는 조건이 갖춰지면, 다시 말해 문해력이 높아지고 세상이
디지털로 연결되면 개개인의 성취를 보완하고 가속화할 수 있는
돌파구를 함께 마련할 수 있다.

　집단적 '노력'은 집단적 천재성에 이은 르네상스 시대 공동 창
조의 두 번째 형태다. 집단적 노력은 집단적 천재성과 같은 조건
에서 번영하지만 다른 방식으로 사회에 기여한다. 개인으로나 집
단으로나 천재성은 사회에 '독창성'을 주입한다. 4장에서 봤듯이

천재성은 당대를 지배하는 사상이라는 감옥을 탈출해 우리가 새로운 방식으로 세상을 볼 수 있도록 도와준다. 그 시대를 살아가는 천재들이 지닌 독창성은 사회를 진보시킨다.

집단적 노력은 주로 '규모' 면에서 기여했다. 아무리 뛰어나더라도 개인이 혼자서는 이룰 수 없는 업적이나 풀 수 없는 문제를 집단적 노력으로는 해결 가능하다. 함께가 아니라면 불가능한 일이 존재한다. 성베드로대성당의 돔을 설계한 것은 미켈란젤로였지만 그 우아한 돔을 실제로 쌓아 올린 것은 집단적 노력이었다.

그리고 우리는 더 많은 것을 쌓아 올리고 있다.

새로운 높이로

로마에 있는 성베드로대성당, 세비야에 있는 세비야대성당, 안트베르펜에 있는 성모마리아대성당(노트르담대성당)은 순서대로 1550년에 모든 기독교 세계를 통틀어 가장 큰 대성당이었다(성베드로대성당과 세비야대성당은 오늘날에도 여전히 그 지역에서 규모로 1위와 3위 자리를 지키고 있다). 3곳 모두 바로 직전 세기에 준공이 시작됐거나 완공됐다.

유럽에 있는 대성당은 대부분 중세에 지어졌다. 그러나 규모 면에서 가장 큰 대성당은 비교적 최근에 유럽의 스카이라인에 추가됐다. 이 대규모 성당 건축은 흔히 '피렌체 두오모'로 불리는 산타마리아델피오레대성당('꽃의 성모 교회'라는 뜻이다 – 옮긴이)을 지으면서 시작됐다. 층수로 따지면 이미 1296년에 같은 규모의 대성당이 지어졌지만 두오모를 새로운 차원의 집단적 업적으로 이끈 것은 브루넬레스키가 설계해 1436년에 완공한 장엄한 돔이었다. 고대 로마의 판테온 신전에서 영감을 얻어 설계한 브루넬레스키의 거대한 돔은 피렌체의 지리적 중심에서 누구에게나 보이며 고대의 가치와 미학이 부활했음을 만천하에 선포했다. 두오모는 기술적 승리이기도 했다. 어떤 사회의 공학적 우수성을 판단하는 한 가지 기준은 건물 내부에서 별도의 지지 구조 없이 확장 가능한 돔의 지름이다. 고대 로마인들은 이 분야에서 기록을 경신했다. 로마 판테온 신전의 돔 지름은 43미터다. 브루넬레스키의 돔은 44미터로 1,300년 만에 처음으로 로마의 기록을 깼다.

대성당은 집단적 능력, 즉 '무엇을 함께 이뤄낼 수 있는가'를 가늠하는 척도다. 역사에는 브루넬레스키의 이름이 올라가 있지만 결코 그 혼자서 돔을 건축하진 않았다. 돔은 공동체 전체가 이룬 업적이었다. 그토록 야심 찬 석조 건물을 실현하기까지 어마어마한 부와 몇 세대에 걸친 숙련 노동력이 투입됐다. 로마제국 황제인 콘스탄티누스 1세 치하였던 360년에 지어져 거의 수 세기 동안 폐허로 남아 있던 성베드로대성당을 르네상스 시대에 완전히 허물고 (몇 배 더 크게) 새로 지은 것은 우연이 아니다. 같은 세기에 세비야와 안트베르펜에서 그다음으로 큰 성당이 지어진 것도 우연이 아니다. 조그마한 에스파냐 도시였던 세비야는 콜럼버스의 '(신대륙) 발견'으로 신세계 상품 교역을 위한 국제무역 중심지로 변모했다. 덴마크 항구도시였던 안트베르펜은 16세기에 유럽 전역의 금융 및 상업 중심지로 성장했다. 발전과 연결의 힘, 다시 말해 부, 보건, 교육, 정치적·경제적 통합, 도시화에서 일어난 단계적 변화는 거대한 비전에 생명을 불어넣었다. 전해오는 이야기에 따르면 한 세비야 시민은 "보는 사람마다 정신 나간 짓이라고 생각할 정도로 아름답고 거대한 성당을 짓자."라고 말했다고 한다.[1] 그리고 실제로 그렇게 했다. 1520년대에 이 정신 나간 공사를 끝냈을 때 세비야대성당은 이스탄불에 있는 하기야소피아대성당을 제치고 세계에서 가장 큰 성당이 됐다. 하기야소피아대성당은 거의 1,000년 동안 세계에서 가장 큰 성당 자리를 지킨 것이지만 세비야대성당은 100년이 채 되지 않아 그 자리를 내놓아야 했다.

르네상스 시대에 발현된 집단적 힘은 '지식의 대성당'이라고 할 수 있는 도서관도 새롭게 지어 올렸다. 도서관은 규모도 커졌지만 그게 다가 아니었다. 1450년에는 꽤 규모 있는 도서관의 장서 보유량이 100권 남짓이었다. 1550년에는 일반적으로 학자 개개인이 100권이 넘는 책을 소장했다.[2] 유럽에서 가장 큰 도서관의 장서 보유량은 2,000~3,000권이던 것이 1만 5,000~2만 권으로 늘어났다.[3] 이 같은 양적 팽창은 구텐베르크의 인쇄술 덕분에 가능했다. 인쇄술이 발명되고 첫 100년 동안 10만~15만 종의 책이 총 1억~1억 5,000만 권 정도 팔렸는데 이 중 대다수가 궁정 도서관, 수도원 도서관, 대학 도서관으로 흘러들어 갔다.[4]

그러나 도서관의 규모와 숫자보다 더 중요한 것은 책에서 다루는 내용의 범위였다. 집단적 성취는 바로 그 다양성에 있었다. 중세에는 굶주림, 전염병, 전쟁으로 서구 문명의 지적 유산이 유럽 전역에 있는 궁정 도서관과 수도원 도서관으로 산산이 흩어졌다. 상당수는 유실됐고 난리 속에서 살아남은 책도 대부분 책장에 꽂힌 채로 기억 속에서 잊혀 먼지만 쌓여갔다. 그러던 중에 인쇄술이 발명됐고, 100년 만에 새로운 인쇄물에 목마른 인쇄업자들이 유럽 전역에 흩어진 지적 유산을 파헤치기 시작했다. 특히 공급이 수요를 만족시키지 못했던 고대 그리스와 로마의 고전이 주를 이뤘다.

출판업자는 학자들의 무덤을 파헤치는 도굴꾼이 됐다. 출판업자가 구축한 서적 도굴망은 시대가 허락하는 가장 먼 곳까지 뻗어 나갔다. 유럽의 인구 밀집 지역이 경제적으로 연결되면서 출판업자들은 대서양 해안부터 흑해까지 진출했다. 당시 유럽에서 가장 왕성하게 활동했던 출판업자이자 이탤릭체 발명가인 알두스 마누티우스(1452년 추정~1515년)는 이탈리아, 프랑스, 독일, 영국, 폴란드, 헝가리에서 희귀 서적을 발굴했고 북쪽으로는 스코틀랜드, 동쪽으로는 오늘날의 루마니아까지 사람을 파견하기도 했다.[5] 알두스는 알다인프레스라는 출판사를 운영하면서 평생 동안 아리스토텔레스, 플라톤, 헤로도토스 같은 고전 저술가 90명 이상이 쓴 최초 그리스어판 저서를 포함해 120권(합계 최소 10만 부)에 이르는 책을 출간했다.[6] 알두스가 펴낸 그리스어판은 유럽 전역에서 판매됐고 배로 닿을 수 있는 곳이면 어디에나 동행하며 모든 고대 그리스 연구의 초석을 놓았다(저자들이 소속된 옥스퍼드대학교에도 지금은 가치를 매길 수 없을 만큼 귀한 알두스의 초판이 여전히 많이 남아 있다).[7] 알두스는 과거 위대한 도서관이 그러했듯이 장소나 시간에 구애받지 않고 세상의 경계 외에는 달리 경계를 알지 못하는 도서관을 만들어냈다. 적어도 알두스의 편집 팀에서 일하며 인맥을 활용해 몇몇 고전을 발견하는 일을 도왔던 데시데리위스 에라스뮈스(1466년 추정~1536년)는 그렇게 생각했다.[8]

여러 출판사가 앞다퉈 플라톤이나 프톨레마이오스의 차기작을 출간하며 업계 최고가 되려고 경쟁했지만 거의 모든 신간은 방대한 집합적 노력의 결과물이었다. 신간이 출간되기까지 유럽 전역에서 온 학자들이 힘을 모아 살아남은 고전 원문을 '인쇄에 적합한' 형태로 편찬하기 위해 애썼다.[9] 알두스가 1496년에 출간한 『테오크리토스Theocritus』처럼 때로는 단일 인쇄업자가 보유한 자원을 넘어서는 작업도 있었다. 그러나 알두스가 『테오크리토스』 서문에서 밝혔듯이 "약간이라도 없는 것보다는 낫다."(그 약간의 집단 지성은 오늘날 스타트업에서도 여전히 인기다.) 알두스는 동료 출판업자들이 자신의 팀이 시도한 결과물을 발판 삼아 더 나은 결과물을 출간할 수 있길 바랐고 실제로 그렇게 됐다.[10]

함께 경쟁하고 서로의 성공을 발판 삼아 더 큰 성공을 이룩하며 유럽의 출판 시장이 확산된 과정은 서구 문명의 지식 기반이 살아남은 과정과 닮았다. 출판업자들은 수요가 있는 곳이라면 어디에나 서구의 지식 문명을 복제하고 배포했다. 그 결과 1550년 무렵에는 한때 뿔뿔이 흩어져 구하기도 힘들었던 고대 서적을 사실상 글만 읽을 줄 알면 누구나 온전히 소비할 수 있게 됐다. 심지어 1539년이 돼서야 첫 출판업자가 등장한 신세계에서조차 말이다.[11] 이 집단적 성취가 첫 번째 르네상스 시대가 이룬 가장 중요한 지적 성취였음은 두말할 나위가 없다.

우리는 더 지혜로워졌을까

500년이 지나 이제는 비교적 소규모 인원이 기중기와 중장비의 도움을 받아 성베드로대성당보다 몇 배나 큰 건물을 수십 년이나 빨리 짓는다. 그러나 우리는 아직 여러 영역에서 규모에 항복하고 만다. 오늘날 집단적 능력의 성장으로 또 다른 정신 나간 비전이 성취 가능한 영역이 되고 있다.

우리 대부분은 이 새로운 힘을 벌써 예민하게 인지하고 있다. 불과 10년 전만 해도 불가능했던 일이 지금은 일반적으로 행해진다. 현대의 대성당에 비견할 만한 위키피디아와 리눅스, 아파치 같은 오픈소스 소프트웨어도 수천, 수만의 개개인이 힘을 모아 구축했다. 전 세계 각지에 흩어져 있지만 공통의 관심사를 가지고서 인터넷상에 모여든 이들이 창작한 이 공동 작업물은 여러 영역에서 가장 광범위하게 사용되고 있다. 위키피디아 때문에 종이 백과사전 대부분은 파산했다. 아파치는 모든 인터넷 서버의 60퍼센트를 점유하고 있다.[12] 첫 번째 르네상스 시대의 도서관처럼 페이스북과 유튜브는 수많은 사람을 끌어모아 여러 방면에서 인류의 역사를 기록한다. '협력'은 유행어이자 일상의 일부가 됐다. 협력은 우리의 직무 성과를 측정하는 기준이자 지원금을 선정하는 기준이며, 기업 전략, 정부 계획, 새로운 소프트웨어 산업에서도 우선순위를 차지한다.

모바일 데이터 연결이 확산되면서 우리는 살아가는 모든 순간에 협력하고 있다. 첫 번째 르네상스 시대에는 사람을 만나려면 광장으로 나가야 했다. 신 르네상스 시대에 이 광장은 우리의 정체성과 선택과 행동을 실시간으로 기록하는 지역별 데이터의 형태로 우리 곁에 언제나 존재한다. 우리는 언제든지 이 가상의 광장에 나가 쇼핑, 외식, 운동, 여행, 만남 등 역대 가장 다양한 욕구를 충족할 수 있다. (매치닷컴이나 틴더에서) 사랑하거나 섹스할 상대가 연결되고, (킥스타터닷컴이나 인디고고닷컴에서) 기업과 투자자가 연결되며, (우버나 리프트에서) 운전자와 승객이 연결된다. (에어비앤비에서) 남는 방과 여행자가 연결되고, (시클릭픽스닷컴에서) 시민 공무원과 일상적인 수준에서 해결할 수 있는 공무가 연결되며, (코지즈닷컴이나 펀들리닷컴에서) 도움이 필요한 사람과 선한 사마리아인이 연결된다. (해커톤이나 이노센티브닷컴에서) 문제와 문제를 해결할 인재가 연결되고, (우샤히디닷컴에서) 피해자에게 도움을 주거나 피해가 재발하지 않도록 감시해줄 사람과 피해자가 연결된다.

10년 전에는 이 중 어느 것도 가능하지 않았다. 이제 이러한 형태의 협업은 우리 모두가 말하고 학습하고 창조하고 공유하고 일을 하고 도움을 주고받는 필수적인 방식이며 덕분에 모든 일을 대규모로 (때로는) 사적으로 더 빠르고 효율적으로 할 수 있다.

그러나 가장 야심만만한 집단적 노력은 아직 잘 알려지지 않았다. 이 새로운 집단적 노력의 목표는 우리 일상을 돕는 것이 아니라 인류 문명을 구속하는 오랜 규모의 한계와 계속 성장 중인 컴퓨터 자원으로도 극복하지 못한 과학적 한계를 정복하는 것이다.

이 첫 번째 집단적 노력은 인류의 문화와 지식을 서로 이해할 수 없는 섬으로 나누는 언어적 한계를 극복하는 것이다. 오늘날 '공통어lingua franca'가 된 영어는 전 세계 인구의 약 25퍼센트만이 이해하며 이해 수준도 제각각이다.[13] 원어민 수준의 분명한 의사소통 능력으로 인류의 절반과 소통하려면 최소 14개국 언어를 구사해야 하며 인류의 75퍼센트와 소통하려면 최소 40개국 언어를 구사해야 한다.[14] 인류 소통의 장이자 지식 저장소인 인터넷도 언어의 장벽으로 분할되긴 마찬가지다. 무엇을 볼 수 있느냐는 무슨 언어를 사용하느냐에 달려 있다. 영어 사용자가 가장 풍부한 정보에 접근할 수 있다. 전 세계 트윗과 온라인상에서 접근 가능한 학술 연구의 절반은 영어로만 작성된다.[15] 위키피디아에 영어로 작성된 문건은 500만 건으로, 그다음으로 많은 독일어로 작성된 문건 190만 건보다 2.5배 많고 상위 50개국 언어로 작성된 문건 수의 중간값보다 15배 많다.[16] 한편 영어 사용자는 (사용자 수나 채팅 사용량에서 트위터를 훨씬 능가하는 웨이보와 웨이신 같은) 중국 소셜 미디어나[17] (나이지리아판 할리우드로 인도의 발리우드에 이어 세계에서 두 번째로 큰 모바일 동영상 제작의 중심지인) 놀리우드 Nollywood처럼 비영어 웹 사이트에서 벌어지는 거대한 현상에는 완전히 무지하다. 결과적으로 2005년 이후 국제 데이터 흐름은 20배 증폭된 반면 출신 지역을 벗어난 국제 트래픽이 차지하는 비중은 약 절반에 그쳤다.[18] 이는 국제 교역 상품 비중(68퍼센트)에 훨씬 못 미치는 수준으로, 물리적으로 이뤄지는 일인 상품 교역이 오히려 언어 장벽이나 문화 장벽의 영향을 훨씬 덜 받는다.[19]

완벽한 다국어 웹은 가치를 매길 수 없을 정도로 인류 문명에 크나큰 선물이 될 것이다. 불행히도 지금까지는 언어 장벽을 극복하는 일은 우리 능력 밖이다. 위키피디아에 있는 영어 문건 전체를 다른 한 가지 언어로 번역하는 데 소요되는 비용은 최소 1억 달러에 달하며 1만 명 이상이 수년간 매달려야 하는 작업이다.[20] 누군가 그 비용을 기꺼이 지불할 용의가 있다고 하더라도 도착어가 무엇이냐에 따라서 해당 작업을 수행할 수 있는 번역가가 충분하지 않을 수도 있다. 기계 번역 엔진은 위키피디아 번역 작업을 일정 수준까지는 자동화할 수 있다. 현재 기계 번역 엔진은 외국어 문장의 요지를 가끔씩 제대로 전달해주는 수준이다. 그러나 1990년대 '알타비스타 바벨피시'부터 오늘날 '구글 번역'에 이르기까지 번역 엔진을 사용해보면 알 수 있듯이 본래 의미와 명확함과 문체가 번역 과정에서 상당 부분 소실된다. 인간 번역가는 원문의 전체 의미를 인식하고 도착어로 충실하게 표현하고자 노력하는 데 반해 기계 번역은 원문을 전반적인 결과물이 아닌 단어 혹은 기껏해야 문구 단위로 인식하고 각 단위에 대응하는 외국어 등가물을 엮어서 번역을 완성하기 때문이다. 기계 번역이 정말로 괜찮은 수준에 이르려면 아직 수년이 더 걸릴 것이다.

그럼에도 다국어 웹은 벌써 실현 가능한 일처럼 보이기 시작했다. 예전에는 다른 언어를 배우고자 하는 충동이 얼마나 큰지는 계산에 고려하지 않았다. 최근에는 최대 12억 명이 외국어를 배우길 원하는 것으로 추산된다.[21] 게다가 많은 외국어 학습자가 언어를 습득하는 한 방편으로 웹 문서 일부를 번역하는 일을 즐기며 보수를 받지 않고도 웹 문서 번역에 기꺼이 참여할 의향이 있는 것으로 나타났다. 그 결과로 인류의 총 번역 자원은 엄청나게 도약했다. 엔터테인먼트 및 기타 대중 콘텐츠에서는 이미 그 존재를 느낄 수 있다. 중국에서는 할리우드 블록버스터 영화나 HBO에서 방영된 인기 드라마를 미국 방영 하루 만에 온라인에서 중국어 자막과 함께 시청할 수 있다(중국어 자막은 영어를 연습하고자 하는 열성 팬들이 만들어서 배포한다). 온라인 교육 서비스인 칸아카데미에서 제공하는 6,000개에 달하는 강의 영상 대부분은

65개국 언어 가운데 하나 이상의 언어로 번역돼 있으며 번역은 모두 자원봉사자가 한다. 또 다른 온라인 사이트인 테드 역시 자원봉사자 2만 2,000명 이상이 8만 개가 넘는 '테드토크' 영상을 100개국 이상의 언어로 번역했다. 합산하면 현재 전 세계적으로 번역 자원봉사자는 총 200만 명에서 400만 명에 이를 것으로 추산되며, 이들은 엔터테인먼트, 교육, 뉴스, 재난 구호(예를 들어 피해자의 트윗을 실시간으로 번역해서 구조 단체에 전달한다) 등 여러 분야에서 한 해에 2,500만~5,000만 시간에 달하는 번역 봉사를 제공한다.

영리한 비즈니스 모델은 이러한 집단 번역 능력의 규모를 더 확대해 자원봉사자가 간과하는 공공 콘텐츠 (또는 유료 민간 콘텐츠)에 접목할 수 있는 방법을 연구한다. 카네기멜론대학 컴퓨터공학부 교수 루이스 폰 안 박사가 설립한 듀오링고Duolingo가 한 예다. 듀오링고는 웹과 앱에 기반한 학습 플랫폼으로, 언어 학습자에게 위키피디아 문건이나 CNN 뉴스 기사에서 실제로 나온 문장을 주고 번역하게 한다. 같은 문장을 같은 방식으로 번역한 학생이 많을 때 시스템은 해당 번역을 신뢰할 만하다고 판단해 원문의 소유주에게 제공하거나 판매한다. 듀오링고는 게임에 기반한 효율적인 무료 학습 도구로 사용자가 계속 증가하고 있다. 2012년 6월 출시 당시 30만 명이던 사용자 수는 3년 뒤 2,500만 명(활성 사용자 수는 1,250만 명)으로 늘어났으며, 현재 13개 언어 학습이 가능하고 추가로 8개 언어를 개발하는 중이다.[22] 초급에서 고급으로 언어 실력이 향상되는 듀오링고 사용자 수가 충분히 많아지면 한때 정복할 수 없을 것처럼 보였던 온라인상에 존재하는 언어 장벽을 깨뜨릴 수 있을 것이다. 언어 능력 고급 단계 사용자 100만 명이면 듀오링고는 위키피디아 영어 문건 전체를 약 100시간 안에 번역할 수 있다.

집단일 때 극복할 수 있는 두 번째 규모의 한계는 과학 데이터 분석이다. 천체물리학자 크리스 린토트는 "과학의 여러 분야에서 우리는 어떤 데이터를 얻을 수 있느냐가 아니라 가지고 있는 데이터로 무엇을 할 수 있느냐에 제약을 받는다."라고 말했다.[23] 데이터는 넘쳐 나지만 그 데이터를 처리할 수 있는 우리의 능력은 제한적이다. 그래서 원하는 데이터를, 린토트의 경우에는 멀리 떨어진 은하의 이미지를 수집하는 컴퓨터 기술은 점점 향상되고 있지만 데이터에서 일정한 패턴을 발견하거나 의미 없는 노이즈에서 의미 있는 신호를 분리하는 기술은 여전히 갈 길이 멀다. 그 결과 언젠가는 연구해야 할 밀린 데이터가 엄청나게 쌓였으며 점점 늘어나고 있다. 스위스 유럽입자물리연구소CERN에 있는 대형 강입자 충돌기는 근본 입자가 어떻게 행동하는지에 관한 새로운 데이터를 매초마다 거의 1기가바이트씩 생성한다.[24] 전 세계에 있는 모든 DNA 염기 서열 분석 기계는 우리 유전자가 어떻게 작동하는지에 관한 새로운 데이터를 매초마다 1~2기가바이트씩 생성한다.[25] 나사에서는 그야말로 하늘에서 데이터가 쏟아져 내려서, 우주에 관한 새로운 관측 자료를 1초에 약 150기가바이트씩 만들어낸다.[26] (비교를 해보자면, 현재 20억 명이 넘는 페이스북 사용자들은 1초마다 약 5기가바이트의 자료를 업로드했다. 과연 전 세계에서 올라오는 새로운 페이스북 피드를 일일이 다 살펴보는 일이 가능하겠는가? 나사의 고민은 30배 더 크다.) 기후학자, 지질학자, 사회학자, 경제학자를 비롯해 데이터에 기반하는 학문을 연구하는 사람이라면 누구나 똑같이 데이터의 홍수 문제를 겪고 있다. 과학은 이미 수많은 큰 질문들에 대한 답을 모았다. 다만 우리가 아직 그 답을 추려내지 못했을 뿐이다.

그러나 답을 알게 될 날도 머지않았다. 집단적 천재성으로 이룩한 또 다른 업적 덕분에 과학자들은 컴퓨터는 패턴을 인식하고 노이즈를 걸러내는 일을 어려워하지만 인간의 두뇌는 쉽게 할 수 있다는 사실을 깨달았다. 다만 누구든 연구실 가운을 입고 있지 않다는 이유로 과학 연구에서 배제해버린 것이 실수였다. 이제는 연구 방법을 재설계해 컴퓨터는 컴퓨터가 가장 잘할 수 있는 일에 집중하도록 하고 인간의 두뇌 능력을 가장 필요로 하는 곳에는 자원봉사자 집단을 초청해 투입했다. 데이터 분석 작업 과정에서 겪는 병목현상을 자원봉사자의 힘을 빌리는 '시민 과학'으로 해결하고자 하는 시도가 다양한 분야에서 일어나고 있다.

2007년에 크리스 린토트와 케빈 샤윈스키는 갤럭시주Galaxy Zoo를 공동 창립해 2000년 이후 찍은 은하 사진 90만 장을 분류하는 작업에 아마추어 천문학자들을 초청했다. 열성적인 대학원생 한 명이 365일 동안 하루도 쉬지 않고 24시간씩 일한다고 가정했을 때 이 작업을 완수하는 데 걸리는 기간은 3년에서 5년 정도다. 검토 기간까지 감안하면 2배로 늘어난다. 그러나 자원봉사자 10만 명이 참여하자 채 6개월도 안 돼 작업이 끝났으며 은하 사진당 평균 검토 횟수도 38번에 달했다. 2014년 중반에는 갤럭시주 자원봉사자 수십만 명이 방대한 데이터 자료 7세트를 샅샅이 감별해 이전 은하 목록보다 분량이 10배로 늘어난 은하 목록을 완성하고 연구 논문 44편에 해당하는 결과를 산출했다.[27] 이 과정에서 수년 동안 가설로만 존재했던 희귀한 천문 현상이 실제로 관측됐고, '한니의 물체Hanny's Voorwerp' 같은 전혀 예상치 못한 천문 현상도 관측됐다.[28] 한니의 물체는 이 구조를 처음 발견한 덴마크 교사 한니 반 아르켈의 이름을 따서 붙여졌다. 천체에 개인의 이름을 붙이는 것은 전문 천문학자도 누리기 힘든 영광이다.

갤럭시주는 세계에서 가장 큰 시민 참여형 과학 포털 사이트인 주니버스zooniverse.org로 확대됐다. 현재 주니버스에 등록된 100만 명이 넘는 자원봉사자는 천문학, 생물학, 생태학, 기후 과학, 인문학에 걸쳐 수십 개 프로젝트에 참여해 방대한 데이터를 분석한다.[29] '플래닛 포Planet Four'라는 프로젝트에는 화성에 관심 있는 사람들이 참여해 화성 표면을 감별하는 일을 도왔다. '침팬지와 관찰' 프로젝트에는 동물 애호가들이 참여해 아프리카 산림 지역에 설치된 카메라 수백 대가 표범, 코끼리, 침팬지가 걷거나 사냥감을 덮치거나 나무 사이를 이동하는 모습을 수집한 데이터를 감별하는 작업을 도왔다. '올드웨더OldWeather' 프로젝트는 시민들에게 19세기 중반에 작성된 항해일지를 식별 가능한 언어로 옮기는 작업에 참여해달라고 부탁한다(옛날 항해일지는 현존하는 자료 가운데 가장 장기간의 기후변화를 가장 충실히 기록한 데이터지만 알두스 시대의 고대 그리스어 서적처럼 전 세계 해양 박물관 및 기록 보관소에 흩어져 먼지 속에 파묻혀 있는 실정이다). '고대의 삶' 프로젝트는 아마추어 고고학자를 소집해 2,000년 된 이집트 파피루스 문서 수천 건을 번역하는 일에 투입한다(상형문자 관련 지식은 필요치 않다). '힉스 헌터스Higgs Hunters' 프로젝트에는 누구나 참여해 대형 강입자 충돌기가 생성하는 데이터를 분류하는 작업을 도울 수 있으며, 이를 통해 힉스 보손Higgs boson을 비롯해 기타 특이한 입자를 발견하는 일에 기여할 수 있다.

주니버스가 유일한 시민 과학 플랫폼인 것은 아니다. 이 밖에도 자원봉사자가 인공위성 사진을 감별해 불법 포획 방지나 실종 여객기 수색을 도울 수 있는 톰노드tomnod.com, 인간 두뇌 매핑 작업을 돕는 아이와이어eyewire.org 등이 있다. 전 세계에서 자원봉사자 수백만 명이 시민 과학이 아니고서는 불가능한 야심찬 프로젝트 수천 개에 참여하고 있다.[30] 시민 과학 덕분에 연구 분야마다 연구 능력이 배가하고 있다. 생산적인 연구소에서 평생이 걸려야 산출할 수 있는 결과물을 이제는 시민 참여를 조직할 소수 인력만 있으면 불과 몇 년 만에 산출할 수 있다.

시민 과학이 만병통치는 아니다. 데이터를 대중이 접근할 수 있는 형태로 바꾸고 개별 프로젝트를 정리해서 동료 과학자들의 엄격한 심사를 통과하려면 여전히 전문적인 노력이 많이 필요하다. 때로는 시민 과학으로도 불가능한 일이 있다. 사진이나 음성이나 특수문자가 많은 데이터가 이를테면 입자가속기가 생성한 끝없는 수치만 나열된 자료보다 시민 과학에 더 적합하다. 게다가 연구 장비로 생성한 데이터가 계속 늘어나면 연구진이 지금보다 10만 배 유능하다고 하더라도 업무 속도를 높이지 않고서는 데이터 증가 속도를 따라갈 수 없다. 2020년에 본격적으로 가동될 거대 전파망원경인 스퀘어 킬로미터 어레이Square Kilometer Array는 매일 페이스북이 생성하는 데이터의 5,000배에 달하는 새로운 데이터를 생성한다.[31] 주니버스는 시민 과학 역량을 끌어올릴 수 있는 방안을 고민하고 있다. 예를 들어 정확도가 더 높은 자원봉사자를 가려내 작업 점검 횟수를 줄이면 생산성이 향상되므로 이러한 문제를 얼마간 해소할 수 있다.

시민 과학 플랫폼은 더 똑똑해져야 하고 앞으로 그렇게 될 것이다. 현재 최고의 성과는 시민 과학자와 학습 가능한 기계가 만나 인간이 새로운 은하를 발견하거나 표범과 치타를 구별하면 기계가 이 과정을 학습해 스스로 알고리즘을 개선하는 것이다. 기계가 이러한 작업을 대신해주면 인간은 더 복잡한 일에 집중할 수 있다. 그 사이에 기존 플랫폼은 이미 과학이 예상한 것보다 수십 년 빨리 몇몇 문제에 대한 해답을 찾아냈고 우리가 해결할 수 있으리라 상상도 못 했던 문제에 도전할 수 있도록 도와줬다.

사회 인식의 한계

천재성의 번영으로 16세기 유럽은 진보를 측정하는 여러 척도에서 나머지 세계를 순식간에 제치고 선두로 나아갔다. 그러나 이 사실은 훗날 역사를 뒤돌아보는 순간이 돼서야 분명하게 보였다. 당시 사회는 오스만제국의 동유럽 침략, 분열된 유럽공국 간의 끊임없는 전쟁, 급진적인 변화가 가져다준 경제적·사회적·종교적 동요 등 언제 폭발할지 모르는 불안 요소로 가득했기 때문에 정작 시민들은 예술, 과학, 기술 분야에서 일어난 일대 도약을 눈치조차 채지 못했다. 예술적·과학적·기술적 진보가 일어나도 시민들의 삶이 직접적으로 나아지지 않는다면 어느 누가 신경이나 쓰겠는가?

　바로 이 때문에 콜럼버스의 신세계 발견은 아시아의 엄청난 부에 접근할 수 있는 더 빠른 바닷길을 발견한 사건임에도 수년 동안 실질적 이득이 없는 별것 아닌 사건으로 치부됐다.[32] 새롭게 발견한 땅에 향료 같은 중요한 일상재가 없었던 탓에 수익성이 전혀 없는 것처럼 보였고 원주민에게도 유럽인이 인식할 수 있는 유형의 종교나 교양은 부족했다. 당대를 지배하던 관점에서 보면 대서양을 가로질러 서쪽으로 떠났던 대항해는 아무런 소득 없이 끝이 났다.

　마찬가지로 코페르니쿠스가 이룬 과학적인 업적도 일상적인 우선순위와는 전혀 관련이 없는 것처럼 보였다. 심지어 교육받은 계층에서조차 지구가 태양 주위를 돈다는 이 폴란드 학자의 주장이 지닌 혁명적 중요성을 이해하는 사람이 드물었다. 코페르니쿠스는 자신의 '이단적' 주장을 뒷받침할 증거를 제시하지 못했다. 태양중심설은 단지 사실에 더 잘 부합하는 이론일 뿐이었다. 게다가 그 가치는 소수에 국한돼서 점성술사가 별자리 운세를 더 잘 점치는 데 도움을 줬을 뿐이었다. 기하학과 수학에서 사용하는 기호언어가 하느님 말씀으로는 이해할 수 없는 물리적 현실을 이해할 수 있도록 도와준다는 사실을 사회가 받아들이기까지는 1~2세기가 더 걸렸다. 코페르니쿠스의 『천체의 회전에 관하여』에 수록된 출판사 서문에는 다음과 같이 적혀 있다. "이 가설이 진실이거나 증명 가능할 필요는 없다. (……) 이 책은 진리를 설득하기 위해서가 아니라 단지 신뢰할 만한 계산의 기초를 제공하기 위해 집필됐다. (……) 천문학에서는 어떠한 확정적인 진리도 기대해서는 안 된다. 천문학으로는 그 기대를 충족할 수 없다. 만약 다른 목적으로 생겨난 사상을 진리로 받아들이는 사람이 있다면 그 사람은 이 책을 읽기 전보다 읽고 난 후에 더 멍청해질 것이다."[33]

심지어 필사보다는 발전한 형태임이 틀림없는 구텐베르크의 인쇄술조차도 처음에는 숱하게 무시당했다. 단지 책 몇 권을 생산하기에는 필사가 훨씬 빠르고 저렴하고 덜 위험했다. 구텐베르크가 금속활자 수천 개를 주조하고 조판하려면 상당한 투자금이 필요했다. 경제적으로 인쇄술이 필사보다 합리적인 대안이 되려면 대량생산만이 답이었다. 그러나 책은 사치품이었다. 소수에게만 쓸모가 있었고 그보다 더 소수만이 소유했다. 과연 수백 명이 주문하는 책이 존재할까? (성경은 바로 떠올릴 수 있는 답이 아니었다. 당시 성경은 전문 지식이 있어야 이해할 수 있는 전문 서적이었기 때문이다. 그렇지 않은가?)

오늘날 인류가 이룬 업적을 둘러싸고도 비슷한 의심이 피어오른다. 학계와 산업에서는 도입이 시급한 돌파구나 발명이 번영하기는커녕 점점 줄어들고 있음을 우려하는 목소리가 커지고 있다.

암울한 통계, 측정되지 않은 발전

경제통계는 현실을 암울할 정도로 지나치게 단순화한다. 경제통계는 미켈란젤로의 천장화 〈아담의 창조〉가 지닌 아름다움이나 오늘날 국제적으로 친구를 사귀고 우정을 이어나갈 때 느끼는 편리함처럼 우리가 중요하게 생각하는 여러 척도를 측정하지 못한다. 그러나 소득이나 미래 소득 증가율 같은 다른 중요한 척도는 측정 가능하다. 콜럼버스의 '실패'가 알려지고 그를 반겼던 질문은 다음과 같이 숫자만을 중요시하는 질문이었다. 천재성의 번영이 우리에게 측정 가능한 이익을 가져다주지 않는다면 천재성은 정말로 번영하고 있는 것일까?

가장 중요한 숫자는 일한 시간당 생산량, 경제학 용어로는 '노동생산성'이다. 1시간의 노동으로 산출 가능한 '가치'는 얼마인가? 이 질문에 대한 대답은 우리 소득수준과 직결된다. 경제학자는 노동생산성이 사회의 기술적 진보를 추적할 수 있는 좋은 척도라고 말한다. ('기술적 진보'에서 기술은 단순히 기계만이 아니라 법, 규제, 비즈니스 모델 등을 포함하는 개념이다.) 농산물을 수확할 때 낫을 사용하느냐, GPS가 달린 콤바인을 사용하느냐에 따라 노동생산성, 즉 시간당 노동의 가치는 매우 달라진다.

현재 이 숫자를 보면 걱정스럽다. 미국의 경제성장 전문가인 로버트 고든은 2012년에 1세기 동안 미국의 생산성을 기록한 데이터를 면밀히 살펴본 뒤 우리가 최근에 이룬 기술적 성취가 실질 경제성장률에 미치지 못한다고 결론지었다. 고든의 연구에 따르면 1891년부터 1972년까지 80년 동안 미국의 노동생산성은 매년 2.3퍼센트씩 성장했다. 거시경제학적 관점에서 매우 빠른 성장률이다(이런 속도라면 생산성은 세대가 바뀔 때마다 2배씩 높아진다). 노동생산성이 증가한 속도와 기간은 당대에 일어난 기술적 변화가 일상적인 삶을 더 나은 방향으로 완전히 바꿔놓았음을 입증한다. 그러나 미국에서 일어난 이러한 변화는 미국 시민 모두가 자동차와 전기와 깨끗한 물을 소유하게 되면서 종료됐다. 1972년 이후 노동생산성은 매년 1.4퍼센트씩 아주 천천히 증가했고, 경제학자들은 다음 대격변이 일어나 노동생산성이 새롭게 증가하기를 기다렸다.[34]

다행히도 기다리던 대격변이 일어났다. 컴퓨터와 정보 기술이 도래해 노동 세상을 또다시 변화시켰다. 1996년에 노동생산성은 매년 2.5퍼센트 가까이 증가했다. 불행히도 이번에는 변화가 순식간에 종료됐다. 기술 채택은 신속하게 이뤄졌다. 2005년에 미국은 경제 전반에 산업로봇, 바코드 스캐너, 현금인출기, 개인용 컴퓨터, 전자 상거래 도입을 완료했고 노동생산성은 또다시 1.3퍼센트대로 떨어졌다. 그 뒤로는 계속 그 숫자에 머물고 있다. 모두에게 실망스러운 소식이 아닐 수 없다. 미국 평균 임금은 1932년부터 1972년까지 40년 동안 350퍼센트 상승했으나 그다음 40년 동안에는 고작 22퍼센트 상승했다. 달리 말하면 수세식 변기보다 컴퓨터가 국민소득에 더 적은 영향을 끼쳤다는 뜻이기도 하다.[35]

멀고 먼 유토피아

숫자가 없더라도 오늘날 우리가 침체를 겪고 있다는 사실은 명백하다. 가리 카스파로프와 맥스 레브친의 주장을 떠올려보라. 1875년에 미국에서 태어난 사람이 있다. 당시 A에서 B까지 이동할 때 선택할 수 있는 수단은 걷거나 말을 타거나 보트를 타거나 셋 중 하나였다. 매일 사용할 물과 사용한 물을 퍼 날랐고, 나무와 석탄과 기름을 태워 빛과 열을 공급했으며, 인간이나 동물의 노동력을 이용해 대부분의 일을 했다. (불량한 위생 상태 때문에 당시 기대 수명은 40세에 불과했음에도) 이 사람은 일찍 죽지 않고 오래 살아남아 자동차와 비행기를 타고 다니고, 수도꼭지만 틀면 물이 나오고(마찬가지로 손잡이만 누르면 변기 물이 내려가고), 스위치 하나로 불이 켜지고, 기계가 세탁부터 월급 계산까지 해주는 세상을 목격했다고 가정해보자. 이 사람은 평생에 걸쳐 전기 및 전기에서 파생된 각종 발명품, 자동차와 고속도로, 수돗물과 실내 상수도 시설 및 난방시설, 라디오와 전화기, 비행기, 진공관, 페니실린, 레이다, 로켓, 핵무기가 발명되는 것을 목격했다. 그리고 1950년에 태어난 누군가는 30세가 되기 전에 우주 시대의 여명이 밝아오고, 트랜지스터와 컴퓨터가 발명되는 것을 목격했다.

앞서 나열한 발명들은 모두 근대를 정의한다. 또한 사람들에게 기술이 유토피아적 미래를 선사할 것이라는 기대감을 불어넣기도 했다.

이제 오늘날로 빨리 감기를 해보자. 기대는 실망으로 바뀌었다 (그림 5-1 참조). 오늘날 부엌의 모습은 몇몇 가전제품이 더 생기고 재질이 대부분 알루미늄으로 바뀌고 디지털 화면이 추가된 것을 제외하면 우리 조부모가 알고 있는 부엌의 모습과 별반 다르지 않다. 오늘날 자동차는 조부모가 타던 자동차보다 고속도로에서 약간 더 빨라졌지만 교통 정체 때문에 도시 안에서는 오히려 훨씬 느려졌다. 콩코드기는 운항이 중지됐지만 뉴욕에서 런던까지 비행기로 여전히 6시간이 걸린다. (심지어 우리는 이제 달에도 가지 않는다.) 지난 40년간 의학 연구에 수천억 달러를 쏟아부었

| 5-1 | 하늘을 나는 자동차는 어디에?

지금까지 미래에 대한 많은 예상이 빗나갔다.

이미지 출처: 빌 워터슨, 1989년, 『캘빈과 홉스(Calvin and Hobbes)』, 유니버설 유클릭(Universal Uclick)의 허락을 받아 재인쇄, 무단 복제 및 배포 금지.

지만 부유층은 조부모 세대보다 기껏해야 8퍼센트(5년) 더 오래 살며 우리는 여전히 암, 심장병, 뇌졸중, 알츠하이머병, 장기 부전 등 만성질환으로 고통받고 있다.

페이팔의 공동 창업자 피터 틸은 이렇게 말했다. "우리는 하늘을 나는 자동차를 원했지만, 그 대신 140자(트위터를 가리키는 말 - 옮긴이)를 얻었다."[36]

꿈꾸기를 포기한 기업들

앞에서 제시한 모든 사례는 인류에게 영광스러운 날이 다시 오지 않으리라는 의심을 더 깊어지게 만들었다. 한번 발명하면 끝인 일회성 변화만 잔뜩 존재하기 때문에 인류가 이미 그중 대부분을 성취해버린 것은 아닐까? 과거에는 전기를 생산할 수 없었다. 지금은 가능하다. 과거에는 위생적인 생활환경을 유지할 수 없었다. 지금은 가능하다. 과거에는 어디든지 원하는 곳으로 이동할 수 없었다. 지금은 가능하다. 과거에는 아무나와 언제 어디서나 이야기할 수 없었다. 지금은 가능하다. 이제 남은 것이 무엇이든, 무인 자동차든, 심지어는 양자 원격 전송이든 체감상 변화의 정도는 상대적으로 미미할 것이다.

그리고 만약 진정으로 근본적인 변화가 아직 남아 있다면 그 변화를 이뤄내기란 훨씬 어려울 것이다. 낮은 가지에 열린 열매는 이미 다 따버렸다. 돌이켜보면 처음에 인간의 기대 수명을 2배로 늘리는 일은 간단했다. 집에서 (말, 소, 돼지, 닭 같은) 가축을 격리하고, 상수도를 하수도와 분리하고, 우연히 박테리아를 죽이는 곰팡이(페니실린)를 발견(한 뒤에 대량생산)하기만 하면 됐다. 아마도 기대 수명을 '또다시' 2배로 늘리는 일은 어려울 것이다. 노화를 멈추려면 유전자 수준(노화가 암호화된 곳)과 세포 수준(암호가 실행되는 곳)에서 노화를 이해해야만 한다.

최근까지 주요 제약 회사 경영진들은 연구 개발R&D 지출 내역을 (침울한 표정으로) 검토할 때마다 성과가 감소하고 있다는 증거를 마주했다. 제약 업계는 항공우주산업을 제외하곤 다른 어떤 산업보다 매출 대비 R&D에 가장 많이(거의 18퍼센트) 투자한다.[37] 지난 80년간 제약 업계는 차세대 신약을 찾고자 R&D에 엄청난 돈을 지출했다. 1990년에 세계의 제약 산업은 신약 개발에 약 250억 달러를 투자했다. 2000년에는 2배 많은 500억 달러를 투자했고, 2010년에는 또다시 2배 이상 증가한 1,300억 달러를 투자했다.[38] 콜레스테롤을 낮춰주는 스타틴을 비롯해 항우울제, AIDS 약 같은 주목할 만한 성공 사례도 있었지만 전반적인 연구 성과는 기대에 못 미쳤다. 해마다 상용화에 성공하는 진정한 신

(로그)

DNA 구조   제한효소   DNA 시퀀싱   돌리(양)

재조합 DNA   휴먼 인슐린   인간 게놈 v1.0

| 5-2 | 미국 제약 회사의 R&D 지출 10억 달러당 '새로운 분자 신약 물질'(인플레이션 반영)
최근까지 제약 업계 R&D 생산성은 장기적으로 하락하고 있다.
이미지 출처: 바트 얀센, 사이먼 구달 외, 2011년, 생명과학 R&D: 변화하고 있는 인도의 혁신 방정식.
보스턴: 보스턴컨설팅그룹.

약의 수는 고집스럽게 제자리걸음을 하고 있을 뿐이다.

도표 5-2에서 보다시피 연구비 1달러당 신약 개발 결과는 부인할 수 없이 암울한 하락세를 그린다. 도약은 없다. 미켈란젤로가 조각했던 그런 순간은 없다. 오로지 힘겨운 길을 따라 단계마다 갈수록 난도가 증가하는 어려움만 존재할 뿐이다.

사실상 너무 힘든 나머지 포기하는 제약 회사도 생겨났다. 2011년 12월에 노바티스Novartis는 스위스 바젤에 있는 신경과학 연구소를 폐쇄하고 뇌 질환에 관한 신약 개발 연구를 중단하기로 결정했다. 앞서 글락소스미스클라인GlaxoSmithKline, 아스트라제네카AstraZeneca, 화이자Pfizer, 머크Merck, 사노피Sanofi 모두 수년간의 투자가 판매 가능한 상품으로 이어지지 않자 뇌 질환을 위한 신약 개발 노력을 중단하거나 축소했다.[39]

모든 한계를 깨부수는 '천재성'

우리는 21세기 역사를 다시 쓸 개별적·집단적 천재성을 분명히 제시했다. 현재 시대를 구성하는 연결과 발전의 힘을 고려하면 천재성이 번영하리라는 것은 자명해 보인다. 그러나 지금 천재성이 분출하고 있다는 주장에는 인류가 내딛는 대담한 발걸음의 선봉에 서 있는 인물을 포함해 여러 저명인사가 깊은 회의감을 표시한다. 그렇다면 누가 옳은가?

좋은 소식은 천재성은 번영하고 있다는 사실이다. 경제학자들이 내놓은 데이터가 틀려서도 아니고 회의주의자들이 내놓은 사실이 틀려서도 아니다. 다만 경제통계와 대중의 기대가 천재성이 이미 우리 삶에 끼친 영향을 측정하기에는 빈약한 척도이기 때문이다.

1. 천재성은 경제적 용어로 환원되기를 거부한다

천재성은 뛰어난 개인적 성취와 뛰어난 집단적 성취를 모두 포함하며, 경제가 측정할 수 있는 것보다 훨씬 많은 것을 우리가 사는 세상에 가져다준다.

성장 통계에 꽂힌 회의주의자들은 선진국에서 성인의 3분의 2 이상이 다음 세대에 더 상황이 나빠질 것이라고 믿는다는 사실을 보여주는 설문 결과에 의미를 부여한다.[40] 그러한 설문 결과로 현재 성인 인구의 일반적인 정서를 잘 꿰뚫어 볼 수는 있지만 사실 더 중요한 질문은 '다음' 세대는 어떻게 생각하느냐다. 다음 세대도 30~50년 전으로 돌아가 부모 세대가 누렸던 직업 안정성과 소득 증가율을 누리길 원할까, 아니면 매우 불확실한 미래로 한 걸음 더 내딛길 원할까?

비록 최근에 레코드판이 부활하긴 했지만 아마도 우리 대다수는 후자를 선택할 것이다. 소득 안정성과 부의 축적도 중요하지만 건강 또한 중요하기 때문이다. 자유와 자율성과 참여와 연결과 영향력도 중요하기 때문이다. 생명과 우주의 가장 내밀한 신비와 좋아하는 운동선수와 연예인에게 더 가까이 다가갈 수 있게 된 것도 중요하기 때문이다. 이런 것은 정량화하긴 힘들지만 실제로 존재하고 또 중요하다. 과연 다음 세대가 이러한 모든 차원에서 얻은 놀라운 이익을 부모 세대의 직업 안정성과 맞바꿀 것인가?

그렇지 않다면 경제학자들이 뭔가를 놓치고 있는 것이다.

중요한 모든 것이 측정 가능하지는 않다. 경제학자는 지금 천재성이 번영하고 있다는 사실을 과소평가한다. 정량화할 수 있는 것, 즉 경제활동에만 집중하기 때문이다. 경제학자에게 획기적인 아이디어란 그것으로 새로운 경제활동이 창출될 수 있을 때에만 중요하다. '새로운' 경제활동을 창출하는 아이디어만이 우리 삶에 끼치는 영향을 경제학적으로 측정하고 분석할 수 있는 '혁신'이다.

그러나 앞서 정의했듯이 천재성이란 훨씬 더 심오하다. 그렇다. 천재성은 혁신을 창출할 수 있다. (예를 들어 구텐베르크의 인쇄술이나 구글의 검색엔진은 산업 전체를 창출했다.) 그러나 천재성의 더 광범위한 역할은 '변화를 이끌어내는 것'이다. 4장에서는 응용과학 분야에서 천재성의 역할을 강조했지만 천재성 없이는 현재 우리의 사고방식 및 행동방식의 가능성이 소진되기 때문에 창조, 보건, 예술, 지식 추구, 정의 등 인간이 추구하는 '모든' 차원에서 사회적 진보가 멈추고 말 것이다. 천재성의 역할은 창살에 갇혀 숨이 막히기 전에 우리를 감옥에서 탈출할 수 있게 해주는 것이다.

자유의 몸이 되면 새로운 경제활동은 그저 일어날 수 있는 한 가지 결과일 뿐이다. 다른 결과도 중요하다. 천문학을 예로 들면 머지않아 인류 역사상 가장 중요하지만 아직까지 미개발 상태인 발견이 일어날 것이다. 다름 아닌 다른 행성에 있는 생명체의 발견이다. 20년 전만 해도 지구 같은 행성이 존재할 가능성이 거의 없다는 가정이 지배적이었다. 망원경 성능이 더 좋아지고 컴퓨터가 더 똑똑해지고 아마추어 천문학자 수천, 수만 명이 인터넷으로 도움의 손길을 내미는 지금에 와서야 우리는 우리가 얼마나 틀렸던가를 안다. 현재 가장 보수적인 예상이 생명체가 살아가기에 적합한 크기와 온도와 궤도를 갖춘 행성이 은하수에만 최소 100억 개가 존재하리라는 것이다. 여기에 물만 있으면 된다. NASA는 2015년 후반에 이미 화성에서 물을 발견했다. 외계 생명체가 어딘가에 최소한 미생물 형태로나마 존재할 가능성은 '희박하다'에서 사실상 '확실하다'로 업그레이드됐다. 머지않아 이동형 탐사 로봇으로 화성에 있는 개울을 파고 망원경으로 먼 우주의 대기를 깊이 관측하면 외계 생명체의 존재를 확실히 알게 될 것이다. 한편 '지적' 외계 생명체를 탐색하는 일은 새로운 추진력을 얻고 있다. 2015년 7월 러시아 물리학자이자 사업가인 유리 밀너는 10년간 1억 달러를 투자해 세계에서 가장 좋은 전파망원경으로 E.T.를 찾기 위해 우주를 스캔하는 데 들이는 시간을 연간 수십 시간에서 수천 시간으로 늘리겠다는 '브레이크스루 리슨Breakthrough Listen' 프로젝트를 발표했다. 물리학자 스티븐 호킹은 프로젝트 출범 행사에서 다음과 같이 말했다. "무한한 우주에는 분명히 다른 생명체가 존재합니다. 외계 생명체를 찾는 일보다 더 큰 질문은 없습니다. 지금은 이 질문에 대한 답을 찾는 일에 전력을 다해야 할 때입니다."[41] 그 답은 우리가 별을 바라보는 방식을, 그리고 우리 스스로를 바라보는 방식을 영원히 바꿔놓을 것이다. 그러나 그 답을 찾는다고 해도 생산성은 조금도 올라가지 않을 것이다.

2. 천재성의 유형적 영향은 단순한 측정을 거부한다

물론 경제적 조건도 중요하다. 외계 생명체의 존재는 망원경은 고사하고 식량도 충분히 마련할 형편이 되지 않는 이들에게 아무런 위로가 되지 않는다. 일부 통계가 보여주는 그림은 암울하며 사실이기도 하다. 소득을 측정하는 일은 꽤 간단하며 지난 사반세기 동안 승자와 패자 간에 소득 격차는 급속하게 벌어지고 있다. 가파르게 벌어지는 소득 격차야말로 진짜 해결책이 필요한 진짜 문제다. (경제적 불평등 때문에 대중이 느끼는 좌절감이 첫 번째 르네상스를 상당 부분 망쳐놓았고 신 르네상스에도 같은 일이 반복될 수 있다.)

그러나 개인 소득 너머로 사회 전반적인 물질적 복지를 보는 일은 그렇게 간단하지 않다. 1970년에 태어난 사람은 그의 일생에 전 세계 인구가 2배로 늘어나고 1인당 소득이 40퍼센트 증가하는 것을 목격했다.[42] 현재 인구는 2배 더 늘어났고 우리 모두는 과거보다 훨씬 더 잘 산다. 어떤 문명에서도 이는 커다란 승리다. 왜 통계는 우리가 그 승리를 '만끽하도록' 도와주지 않는가?

그 이유는 국내총생산이나 생산성 같은 개념은 결코 총 복지를 대변할 의도로 만들어진 지표가 아니기 때문이다. 만약 그렇게 받아들일 경우 심각한 결함이 생긴다. 천재성의 번영이 우리에게 가져다준 무형적 이익뿐만 아니라 많은 유형적 이익조차 포착하지 못하게 된다.

단기 대 장기 | 1997년 인텔 주주총회에서 한 참석자는 당시 CEO였던 앤디 그로브에게 최근 회사가 인터넷 벤처 회사에 대규모 투자를 단행한 일과 관련해 예상 투자수익률이 얼마인지 물었다. 그로브는 다음과 같이 대답했다. "나는 신세계의 콜럼버스입니다. '콜럼버스'의 투자수익률은 얼마였습니까?"[43]

천재성으로 피어난 업적이 사회적으로 경제적으로 완전한 영향을 끼치기까지는 시차가 생길 수 있다. 특히 새로운 범용 기술의 경우에는 그 시차는 더욱 길어진다. 공중위생, 전력 보급, 화석 연료 사용이 선진국에서 경제성장으로 이어지고 생산성 통계에 잡히기까지는 75년이란 세월이 걸렸다. 개발도상국에서는 여전히 성장을 견인하고 있다. 반면 컴퓨터의 대중화 역사는 40년이 채 되지 않았고, 인터넷은 20년이 안 됐다. 유전자 염기 서열 기술은 이제 막 대중화 단계에 들어섰다. 양자 기술과 나노 기술은 아직 연구소 문을 나서지도 못했다. 최신 도구가 인류에게 선사한 물질적 이익을 정량화하기에는 아직 너무 이르다. 우리가 아는 것은 단지 그 이익이 넓고 깊을 것이라는 사실뿐이다.

그때까지 얼마를 기다려야 하는가는 영역에 따라 다르다. 예를 들어 물리학에서는 커다란 발견으로 노벨상을 타기까지 평균 25년이 걸린다. 새로운 발견으로 열린 새로운 통로를 보기까지는 그 정도 시간이 걸린다. 다른 영역에서는 심지어 25년도 빠른 편이다. 숫자의 속성을 연구하는 학문인 수 이론의 역사는 고대 그리스와 인도까지 거슬러 올라간다. 수 이론은 르네상스 시대에 고전 복원 바람이 불 때 그리스 수학 서적도 라틴어로 번역되면서 부활했다. 그러나 이후 줄곧 쓸모없는 학문으로 남아 있었다. 수 이론이라는 학문이 처음 생겨나고 2,000년이 지났을 때 21세기 수 이론학자 레너드 딕슨(1874~1954년)은 "하느님, 수 이론이 다른 응용 학문에 오염되지 않게 해주셔서 감사합니다."라고 말하기도 했다.[44] 오늘날 우리는 더 이상 그렇게 말하지 않는다. 수 이론은 마침내 컴퓨터라는 응용 분야를 찾았다. 수 이론이 없었다면 컴퓨터가 초당 1,000조 단위의 계산을 수행하게 만들 때 발생하는 기초적인 문제를 해결은커녕 이해조차 할 수 없었을 것이다.

돌파구의 종류에 따라서도 다르다. 돌파구가 기존에 존재하던 것에 단순히 추가됐는가, 아니면 기존에 존재하던 것을 완전히 파괴해버렸는가? 만약 AIDS 치료약을 찾는다면 우리는 그 즉시 무엇을 해야 하는지를 알고 바로 실행에 옮겨 같은 해에 그 영향력을 측정할 수 있을 것이다. 기존 제약 업계의 패러다임 안에서 발견되고 개발되고 배포되던 AIDS 백신은 이제 가정상비약에 추가되는 신약이 될 것이다. 반대로 유전자 치료는 우리로 하여금 가정상비약에 수많은 신약을 추가하게 할 수도 있지만 언젠가는 구급상자를 통째로 갖다 버리게 될 날이 올 수도 있다는 가능성을 암시하기도 한다. 세포 단위, 아니 어쩌면 분자 단위에서 우리 신체의 행동을 교정해 건강한 상태로 되돌릴 수 있다면 왜 굳이 통제할 수 없는 부작용이 뒤따르는 조그마한 화학 전사들을 우리 혈류 속으로 흘려 보내겠는가? 이 새로운 의학 모형은 기대 수명을 향상시켜 한 세대 집단 전체를 노동력에 추가하는 등 엄청난 경제적 결과를 낳을 것이다. 그러나 현실적으로 그러한 이익을 거두기까지는 모든 AIDS 환자에게 백신을 배포하는 데 걸리는 시간보다 훨씬 오랜 시간이 걸릴 것이다.

셀 수 있는 상품 대 셀 수 없는 상품 | 오늘날 돌파구의 장기적인 영향을 측정하는 것은 어렵다. 그러나 우리가 여기서 지금 당장 거둘 수 있는 단기 수익에만 초점을 맞추면 천재성 관련 회계는 훨씬 줄어들 것이다. GDP 같은 경제통계는 특정 시장에서 특정 가격으로 교환되는 것만 헤아리도록 설계됐고 우리가 즉각적으로 얻는 이익 중 상당수는 어떤 시장에서도 가격이 책정되지 않기 때문이다. 다시 말해 그것은 무료다.

경제학자들은 이러한 헤아릴 수 없는 이익을 '긍정적 여파'라고 부른다. 상품이 시장에서 진열되고 제값에 팔리는 대신 그 가치가 한 영역에서 다른 영역으로 물방울처럼 튄다. 독일 마인츠 시에 살던 금속 세공업자들은 구텐베르크가 인쇄기를 발명하기 위해 개발해야 했던 새로운 합금 제조에 기여했지만 인쇄술이 성공했을 때 이 'R&D'에 따른 경제적 이익을 얻지 못했다. 오늘날 이러한 무료 이익을 산출할 수 있는 방법 중 하나는 특허를 설정하는 것이다. 특허법을 이용해 아이디어에 대한 접근을 제한해 미래 사용자로 하여금 그 아이디어에 대한 가격을 제시하도록 강제하는 것이다.

특허는 일부 경우에만 적용되지만 긍정적 여파는 광범위하게 적용된다. 오늘날 회계에서 가장 익숙하면서도 가장 두드러진 구멍은 디지털 상품 때문에 발생한다. 『브리태니커 백과사전』이 권당 1,000달러씩에 총 100만 권이 팔린다면 그 판매액만큼 10억 달러가 GDP에 추가된다. 사용자 100만 명이 위키피디아에 접속한다면 위키피디아는 무료이므로 GDP에는 0달러가 추가된다. 위키피디아 사용자 수가 100만 명에서 10억 명으로 늘어난다고 해도 GDP에 추가되는 금액은 여전히 0달러다.[45] 절약된 시간과 비용으로 따지면 우리 형편은 훨씬 나아졌지만 GDP는 그대로다 (또는 위키피디아 때문에 백과사전 판매 부수가 줄었다면 오히려 GDP가 감소했을 수도 있다). 마찬가지로 GDP는 우리가 구글 검색에 얼마나 높은 가치를 매기는지를 반영하지 못한다(연구에 따르면 우리는 검색당 평균 15분을 절약하며 연간 500달러를 절약한다).[46] 또한 우리가 무료로 온라인상에서 소비하는 친구나 모르는 사람이 제공하는 엔터테인먼트 및 교육 콘텐츠도 반영하지 못한다. 자원봉사자가 주니버스에서 은하나 고래 울음소리를 감별하는 데 쏟는 수백만 시간을 비롯해 모든 무급 노동도 반영하지 못한다. 요컨대 거시 경제 통계는 우리 경제에서 일어나고 있는 가장 커다란 사건 중 일부를 놓치고 있다. 3D 프린터가 진화할수록 오늘날 우리가 구입하는 물리적 상품 가운데 상당수는 가정에서 제작하고 공유하고 다운로드하고 출력할 수 있는 디지털 상품으로 바뀔 것이다. 산출 가능한 이익과 산출 가능하지 않은 이익 사이에 이미 벌어진 커다란 구멍은 점점 더 커질 것이다.

3. 천재성은 기대를 거부한다

세 번째 요점은 우리의 기대는 천재성이 이룩한 업적을 측정할 때 신뢰할 만한 기준이 아니라는 점이다. 우리는 현재 돌파구가 어떤 미래로 우리를 데려갈지 추측하는 데 서툴다.

> 내 예상으로 인터넷은 (……) 초신성처럼 반짝 등장했다가 1996년에 급격하게 폭발할 것이다. (……) 인터넷이 채택한 고정 요금제에 기반한 순진한 비즈니스 모델로는 지속적인 성장을 위한 새로운 역량을 개발하는 데 필요한 자금을 조달하지 못한다. 새로운 역량이랄 것도 없어 보이니 문제는 되지 않겠지만 말이다.
> – 로버트 멧칼프, 이더넷 공동 발명가이자 3Com 창립자, 1995년[47]

우리는 미래의 돌파구가 무엇인지 추측하는 데는 더욱 서툴다. '하늘을 나는 자동차는 어디에 있나?'는 우리의 사고가 어떻게 현재 패러다임 속에 갇혀 있는지 완벽하게 설명해주는 질문이다. 1950년대와 1960년대에 갑자기 모두가 차를 몰고 비행기를 타기 시작했다. 당시 우리가 상상할 수 있는 가장 혁신적인 '차세대 기술next big thing'은 하늘을 나는 자동차였다. 정의에 따르면 천재성은 과거의 이러한 단순하고 선형적인 추정을 깨뜨린다. 오늘날 아무도 하늘을 나는 차를 운전하지 않으며, 심지어 대부분이 이 아이디어 자체를 완전히 잊어버렸다는 사실은 천재성의 실패가 아니라 우리의 초점과 자원이 어떻게 완전히 예상치 못한 방향으로 이동하는가를 보여주는 증거다. 자동차는 날지 않지만 우리의 아이디어는 1960년대의 상상력을 훨씬 초월한 속도로 날고 있다. 1960년대에 사용하던 미터법으로는 측정조차 할 수 없는 속도로 말이다. (10^{15}을 뜻하는 '페타peta'나 10^{18}을 나타내는 '엑사exa' 같은 접두사는 1975년이 돼서야 채택됐다.)

물론 '하늘을 나는 자동차는 어디에 있나?'라는 질문은 문자 그대로의 의미가 아니라 수사학적 의도를 내포한 경우가 대부분이다. 진짜 질문은 '왜 천재성은 우리가 지닌 모든 문제를 해결해주지 않는가?'다. 그리고 바로 여기에 우리의 기대가 만들어내는 두 번째 실수가 존재한다. 천재성은 만병통치가 아니다.

우리는 기술이 끊임없이 (더 작게, 더 빠르게, 더 싸게, 더 즉각적으로) 향상되길 기대한다. 우리는 끊임없이 진보하고 성장하길 기대한다. 우리는 '천재성'과 '신기술'을 동일시하며 천재성을 발휘해 발명한 신기술로 현실에서 부닥치는 모든 한계를 뚫고 해마다 업그레이드가 일어나길 기대한다.

그러나 천재성은 그런 식으로 작동하지 않는다. 천재성은 결코 우리의 문제를 제거해주지 않는다. 새로운 문제로 대체해줄 뿐이다. 우리가 요구하는 모든 새로운 기술적 해결책은 새로운 요구와 새로운 한계와 새로운 의도치 않은 결과를 낳기 때문이다. 에너지를 예로 들어보자. 화석연료를 사용하는 기계 덕분에 우리는 더 많은 일을 하고 도시를 성장시키고 비행기로 도시 사이를 이동한다. 그러나 동시에 탄소 배출이라는 과거에는 몰랐던 결과에 노출됐다. 재생에너지는 탄소 배출 문제를 해결해줄 수 있지만 화석연료가 깔끔하게 해결했던 (배터리에) 에너지를 저장하는 방법과 (자동차와 비행기의 추진력 등과 같이) 에너지를 집약해 폭발적인 힘을 내는 방법이라는 2가지 문제를 다시 불러온다. 핵융합으로는 거의 무한에 가까운 에너지를 생산할 수 있지만 동시에 향후 4만 세대까지 영향을 끼칠 대량 살상 무기와 핵폐기물 처리 문제가 뒤따른다. 언젠가 태양과 동일한 방식으로 수소 원자를 결합해 에너지를 생산하는 핵융합 방법을 발견한다면 또다시 이를 악용하려는 세력을 어떻게 막을 것인가라는 새로운 문제가 떠오를 것이다. 원료 투입물(우라늄과 플루토늄)이 매우 희귀하고 정화하기가 어렵기 때문에 핵분열을 일으키기는 힘들다는 문제가 있다. 그러나 초등학생도 소금물에 9볼트 배터리를 떨어뜨려서 순수 수소를 만들 수 있다.

이 불편한 협상은 영역이나 시대에 상관없이 언제나 존재했다.[48] 마키아벨리는 "인간사를 주의 깊게 관찰하면 한 가지 불편함이 해소되면 필연적으로 다른 불편함이 나타난다는 사실을 알 수 있다."라고 말했다.[49] 르네상스 시대 엔지니어는 큰 바다를 항해할 수 있는 선박을 제작했고 덕분에 신대륙을 발견했지만 유럽발 세균이 아메리카 대륙에 퍼졌다. 오늘날 엔지니어는 길이가 500미터에 이르는 컨테이너선을 제작한다. 컨테이너선으로 세계 무역 비용은 대폭 줄였지만 선박평형수가 퍼뜨린 외래 침입종이 전 세계 해양생태계를 교란한다. 500년 전 군의관은 총상에 항생제를 도포하고 찢어진 혈관을 봉합해 부상당한 군인을 살리는 방법을 알아냈다. 그러나 그 뒤에 따르는 고통과 장애를 방지할 방법은 알지 못했다. 현대 의학은 신체 수명을 급속히 연장시켰지만 그로 인해 점점 더 많은 사람이 겪게 된 (알츠하이머병 같은) 정신적 퇴행을 치료할 방법은 알지 못한다. 전자공학이 발전하면서 희귀 금속류에 대한 세계적 의존도가 높아졌다. DNA 종합 기계는 유전공학으로 만들어낸 생물 병원균에 대한 공포를 불러일으킨다.

천재성은 결코 우리의 모든 문제를 해결해주지 않는다.

4. 가장 위대한 업적이 기다린다

그러나 천재성은 우리가 직면한 문제에 대응해 인류를 끊임없이 변화시킬 것이다.

장담컨대 회의론자들이 주장하는 암울한 미래 예측, 즉 미래에 천재성이 이룩할 어떠한 업적도 전기 보급, 위생, 대중교통 같은 우리가 이미 이룩한 거대한 일회성 근대화에 비견할 만한 사회적·경제적 영향을 끼치지 못할 것이라는 예측은 완전히 빗나갈 것이다.

이 주장이 틀린 이유는 2가지다. 첫째, 앞서 설명했듯이 기술이 발전할 때마다 '모든' 수준에서 똑같이 발전된 문제가 '언제나' 나타날 것이다.[50] 이러한 문제에 맞서 우리는 변화할 것이며, 기술이 더욱 강력해질수록 이러한 변화의 영향력 또한 '더 커질' 것이다.

현재 기술 개발 수준에서 우리가 직면한 가장 큰 문제 가운데 하나는 어떻게 부자 나라가 이룩한 근대화를 나머지 세계와 미래로 확장할 것인가다. 중국은 지난 40년간 꾸준히 높은 성장률을 기록해왔다. 선진국이 개척해놓은 변화를 좇아왔기 때문이다. 이제 이후 50년 동안 아프리카, 낙후된 아시아 지역, 인도, 라틴아메리카, 중동도 중국과 같은 길을 걷길 우리는 바란다. 선진국이라는 경계를 벗어나 잠시라도 세계적으로 생각한다면 그 자체로 21세기를 인류 역사상 최고의 시기로 만들기에 충분하다.

그러나 안타깝게도 아직은 멀었다. 선진국이 의존하고 있는 화석연료 인프라로는 21세기 전력 공급을 감당할 수 없다. 전 세계 규모의 전력 공급은 고사하고 현재 수준도 유지하기 힘들다. 만약 선진국이 이미 쌓아둔 이익을 영원히 지키고자 한다면, 그리고 개발도상국이 이를 따라잡고자 한다면 천재성을 발휘해 화석연료에 의존하고 있는 현실에서 벗어나는 일이 급선무다. 때마침 에너지 연구에서는 엔진 효율성 및 신재생에너지 개선부터 나노 단위 배터리, 유기 태양전지, 이산화탄소를 먹고 액체연료를 배출하는 미생물에 이르기까지 광범위한 해결책이 고안되고 있다.

둘째, 회의론자들의 암울한 주장에서는 수확 체감의 법칙을 인간의 창의성에 잘못 적용하고 있다. 회의론자들은 천재성은 항아리에서 공을 뽑는 것과 같다고 주장한다. 각각의 공은 새로운 아이디어나 기술을 나타낸다. 처음에는 항아리에 공이 가득하지만 공을 하나씩 뽑을 때마다 항아리는 점점 바닥을 드러낸다. 그리고 언젠가는 항아리가 텅 비게 된다. 언젠가는 인류가 발전할 수 있는 잠재력도 고갈된다.[51]

그럴듯한 은유지만 틀렸다. 천재성은 오히려 연금술사의 실험실에서 혼합물을 제조하는 것과 같다. 각각의 혼합물은 '기존에 있는' 아이디어나 기술이다. 처음에는 소금, 설탕, 일반적인 액체류처럼 재료가 몇 가지 없다. 그러나 이 재료들을 섞으면 서로 화학반응을 일으켜 새로운 혼합물이 생성된다. 얼마 지나지 않아 텅 비어 있다시피 했던 작업대는 각종 산과 알코올과 분말로 빼곡해진다. 새로운 혼합물을 만들기 위해 실험실에 들어설 때마다 지난번보다 가짓수가 훨씬 많아진 혼합물을 마주하게 된다. 실험해볼 혼합물 조합이 바닥날 걱정은 전혀 없다. 오히려 새로운 혼합물과 가능한 조합이 너무 빠르게 배가되는 바람에 그중에 숨어 있는 정말로 유용한 반응을 찾아내지 못할까 봐 걱정이다.

두 번째 은유가 우리의 현재 경험과 훨씬 유사하다. 같은 학문 내에서 또는 서로 다른 학문 간에 지적 연결이 확산되고 컴퓨터 및 도구가 진화하고 새로운 집단적 능력을 가진 연구자들이 가능성의 산을 정복할 수 있게 힘을 보태면서 과학에서 발견의 속도는 일반적으로 느려지는 것이 아니라 빨라지고 있다.

특히 제약 업계에서는 신약 개발에서 돌파구가 마련되면서 항아리가 곧 텅 비게 될 것이라던 기존의 예측이 최근 뒤집히고 있다.[52] 게놈 염기 서열 분석으로 질병이 발병하는 과정에 대한 의학적 이해가 깊어지면서 마침내 그 결실을 맺고 있다.[53]

최근에 개발된 블록버스터급 신약으로는 고령화된 세계에서 주요 사망 원인인 심장마비를 예방할 수 있는 약, 화학요법을 전면 또는 일부 대체할 신체 면역반응을 향상시켜 암을 무찌르는 데 도움을 주는 면역요법, 주입형 약물보다 더 안전하고 더 빠르고 2배 효과적인 알약형 C형 간염 치료제, 환자의 건강 수명을 늘리고 기존에 매일 복용해야 했던 수많은 약을 알약 하나로 응축한 AIDS 치료제 등이 있다.[54] 제약 업계를 절망에 빠뜨리고 있는 알츠하이머병조차 이제는 치료가 가능할 것으로 보인다. 몇 년 안에 기억 퇴행 질환의 진행을 느리게 하는 약이 최초로 개발될 전망이다.[55] 게다가 2015년에 글락소스미스클라인은 30년간 매달렸던 소아 말라리아 백신이 최종 임상 시험을 통과했다고 발표했다. 이 백신이 승인되면 매년 어린이 50만 명의 목숨을 구할 수 있다.[56]

모든 신약 개발은 연금술사의 작업대에 또 다른 혼합물을 추가한다. 신약 연구자가 시험할 수 있는 경우의 수는 아직도 1,000조 가지에 이른다. 지구상에서 살고 있는 것으로 추정되는 생물 900만 종 가운데 약 10퍼센트만 알려져 있다.[57] 평균적으로 '우리 콧구멍 안에' 있는 외래 DNA의 약 30퍼센트는 아직 알려지지 않았다. 그러나 모든 것이 바뀔 것이다. 우리가 살아 있는 동안 과학은 해저와 지구 표면과 우리 몸속에 로봇 군단을 배치해 염기 서열을 분석하고 컴퓨터와 대중의 도움을 받아 자연의 신비를 이해하게 될 가능성이 크다. 한편 이론적으로 조작 가능한 인공 약 분자의 총 가짓수는 10^{60}개로 우주에 있는 별의 개수보다 3배나 많다.[58] 오늘날 컴퓨터는 신약 개발자가 유용한 화합물을 찾을 때까지 한 번에 인공 약 분자 수천 개를 시험할 수 있도록 도와준다. 미래에는 컴퓨터 시뮬레이션으로 환자의 가상 신체에 약물을 투여해 그 실제 효과를 정확하게 예측함으로써 한 번에 인공 약 분자 수백만 개를 임상 시험할 수 있게 될 것이다.

천재성으로 이룩한 업적으로 어떤 특정 산업에 이익이 돌아갈지는 미지수다(이 질문에 대한 대답은 업적 자체보다는 대중이 수용할 수 있는 획기적인 신약의 시장가격 같은 요인에 달려 있다). 천재성으로 이룬 업적이 그 시대에 지배적인 통계로 측정 가능한 경제성장으로 이어질지는 더 대답하기 어렵다. 보다 확실한 것은 우리가 지적으로 그리고 기술적으로 얼마나 멀리 왔다고 생각하든지 간에 과거에 지나온 것보다 훨씬 더 많은 발견과 변화가 우리 앞에 놓여 있다는 사실이다. 우리는 이제 막 가파른 학습곡선의 아래쪽에 가까이 다가섰다.

후대에 남길 것들

천재성은 우리를 구속하는 한계를 돌파한다.

아마도 우리를 구속하는 모든 사슬을 끊어야 하는 것은 아닐 듯하다. 어떤 사슬은 우리를 구속하지만 어떤 사슬은 안전하게 보호해주기도 한다. 불행히도 천재성은 이 둘을 항상 구분하진 않는다. 천재성은 이익뿐만 아니라 그 이익을 상쇄할 곱절의 위험을 낳는다는 점에서는 회의주의자들이 옳을지도 모른다.

모두를 위한 총기

> 칼륨이 섞인 화약의 폭발력은 너무도 강력해서 포탄이 엄청난 속도로 엄청난 굉음을 내며 공중을 날아갔다. (……) 이런 종류의 대포는 이전에 존재했던 모든 무기를 보잘것없게 만든다.
> – 프란체스코 구이치아르디니(1483~1540년)[59]

폭력이 난무하는 피 튀기는 영역에서 화약은 수천 년 동안 이어진 인간의 힘과 능력과 속도의 한계를 돌파했고 전쟁은 이제 화학으로 무장했다.

9세기에 중국에서 발명된 화약은 1453년 오스만제국이 콘스탄티노플을 포위했을 때 대포에 넣어 발포하면서 유럽에 화려하게 그 도착을 알렸다. 대포는 "인간의 무기라기보다는 악마의 무기"에 가까웠고 50년 만에 조그만 (초기 머스킷 총인) 아쿼버스 형태로 축소돼 개개인의 손에 쥐어졌다.[60] 1503년 체리뇰라 전투에서 아쿼버스 총 1,000정을 소지한 에스파냐군 6,300명은 프랑스군 9,000명을 대파했다. 소형 화약 무기로 승패가 갈린 역사상 첫 전투였다.[61] 프랑스군과 에스파냐군 사상자 비율은 4 대 1로 프랑스군의 피해가 막심했고 프랑스군 장군이었던 느무르 공작 역시 아쿼버스 총탄에 사망했다. 20년간 단련했을 검술이나 값비싼 도금 갑옷으로는 쏜살같이 날아드는 아쿼버스 총탄을 막기에 역부족이었던 듯싶다. 아쿼버스 총은 며칠이면 능숙하게 다룰 수 있었고 전장에서 육체적으로 쇠약해지거나 지치거나 병들어도 적에게는 동일한 화력으로 치명상을 입힐 수 있었다.

500년이 지나 이제 모든 공동체는 휴대용 대포가 나쁜 사람의 수중에 들어갈지도 모르는 위험에 대처해야만 한다. 한편 첫 번째 르네상스 시대의 전임자들과 마찬가지로 우리도 한때는 소수만 접근할 수 있었던 매우 강력한 도구를 소유하게 됐고 그것을 수많은 사람 손에 쥐여줬다.

우리가 직면한 가장 심각한 새로운 위험은 생물 테러bioterrorism다. 총기는 파괴력을 지녔지만 한계가 있다. 사수 한 명이 소지할 수 있는 탄약에는 한계가 있고 총알 1개가 날아갈 수 있는 사정

거리에도 한계가 있으며 사수가 소지한 총탄이 모두 떨어지면 위협도 끝난다. 바이러스에는 이러한 한계가 없다. 핵무기조차 폭발 반경은 한정돼 있지만 (천연두 같은) 생화학 무기는 모든 잠재적 숙주가 면역이 되거나 죽을 때까지 확산된다.*

오직 국가와 재정적으로 국가에 버금가는 단체만이 자금과 군사력을 동원해 화약 무기로 대규모 전쟁을 일으킬 수 있다. 현재까지 입증된 바로는 국가만이 핵무기를 개발하고 배치할 수 있다. 그러나 오늘날 천연두(나 에볼라나 호흡기로 전파되는 흑사병) 합성에 필요한 DNA 장비는 고소득 국가라면 어디든 갖추고 있다. 가격도 30년 전 최고급 사무용 복사기와 똑같은 수준이라 국가가 아니더라도 웬만한 자금력을 갖춘 조직 예산으로 감당할 수 있다. 그러나 천연두 바이러스 등은 매우 복잡한 생화학 무기를 제조하는 데 쓰이는 한 가지 재료에 불과하다. 과학계에서는 진정으로 위협석인 생화학 무기를 비밀리에 제조하는 것이 가능한가를 놓고 갑론을박을 벌이고 있다. 위험성은 제로가 아니다. 생화학 무기가 어디선가 비밀스럽게 제조될 가능성은 점점 작아지는 것이 아니라 점점 커지고 있다. 이대로 가다가는 머지않아 역사상 처음으로 한 개인이 수억 명을 죽일 수 있는 힘을 손에 넣을 수 있는 시대에 접어들지도 모른다.

냉전의 역사는 국가는 이러한 힘을 보유할 때 매우 신중하게 처신한다는 사실을 보여줬다. 그러나 냉전 시대 국가들조차 아

---

* 이러한 위협에 대비해 미 질병통제예방센터(CDC)는 모든 미국 시민에게 접종할 수 있는 천연두 백신을 비축해두고 있다.

마켓돈이 벌어질 수도 있다는 사실은 진지하게 받아들이지 않았다. 총기의 역사는 개개인은 훨씬 신뢰하기 어렵다는 사실을 보여준다. 메시아나 악인을 자처하는 이들에게서 우리를 방어할 수 있는 최우선적인 수단은 자연에서 가장 치명적인 바이러스를 제조할 수 있는 소스 코드를 비밀로 유지하는 능력에 달려 있다. 과연 우리는 성공할 수 있을까? 2002년에 과학자들은 1981년 「네이처」에 실린 소아마비 게놈을 이용해 무에서 소아마비 바이러스를 합성하는 데 성공했다.[62] 2005년에는 역사상 최악의 전염병 중 하나인 에스파냐 독감을 일으키는 바이러스를 재생하는 데 성공했다.[63] 누군가 훨씬 더 치명적인 인공 바이러스를 합성하기까지 얼마나 시간이 걸릴까? 정확히 이러한 두려움 때문에 2012년에는 「사이언스」가 치명적인 H5N1 조류독감을 인간에게도 쉽게 전염시키는 돌연변이를 자세히 다룬 논문을 게재해도 되느냐를 놓고 세계 과학계에서 6개월간 치열한 논쟁이 벌어졌다. 결국 담당 편집자들은 이 논문을 출간하기로 결정했다. 「사이언스」는 새로운 발견은 선한 목적을 위해서도, 악한 목적을 위해서도 사용될 수 있다고 출간 이유를 밝혔다. 잠재적으로 파괴적인 결과를 초래할 수 있는 새로운 지식이 언제까지고 사람들의 머릿속에만 갇혀 있지 않을 것이기 때문에 그때그때 세상에 알려 남용이나 오용에 대비하는 편이 더 낫다는 것이다.

심지어 새로운 DNA 기술이 등장해 생화학 테러 위협을 현재 수준으로 끌어올리기 전에도 아슬아슬한 사고가 몇 차례 있었다. 1995년 도쿄 지하철에 사린 가스를 살포했던 일본 사이비 종교 집단 옴진리교는 탄저균을 보유하고 있었다. 경찰이 이를 알고 체포했을 때는 이미 도쿄에 있는 건물 옥상에서 분무기로 탄저균을 몇 차례 살포하려고 시도한 뒤였다. 다행히도 탄저균이 확산되기에는 이들이 보유한 숙주가 너무 약했고 분사액이 너무 묽었다.[64] 2001년 9월 18일에는 탄저균 포자가 포함된 편지가 몇몇 미국 언론사와 상원 의원 2명에게 배달돼 5명이 죽고 60~80여 명이 다쳤다. FBI 조사 결과 당국에 불만을 품은 정부 관할 생물 방역 실험실 소속 과학자의 단독 소행인 것으로 밝혀졌다. 이 과학자가 탄저균을 대량으로 만들어내 배포했다면 사상자는 훨씬 더 늘어났을 것이다.* 한 화학 공학자에게서 압수한 파일에서는 임파선종 흑사병을 무기화하려는 시도가 드러나기도 했다.[65]

집단적 악

우리의 새로운 집단적 힘은 상대적으로 정도는 약하지만 실현 가능성과 범위는 훨씬 큰 위험을 제시한다. 1장에서는 우리를 연결해주는 인프라와 네트워크와 투자가 어떻게 범죄와 폭력 행위를 조직하는지, 잠재적 해커와 사기꾼과 폭탄 테러리스트를 양성하는지, 마약부터 가짜 신분증, 아동 노예에 이르는 불법 거래를 용이하게 해주는지를 살펴봤다. '다크웹(인터넷을 사용하지만 접속을 위해서는 특정 프로그램을 사용해야 하는 웹 사이트로, 일반적인 방법으로 접속자나 서버를 확인할 수 없기 때문에 사이버상에서 범죄에 활용된다 - 옮긴이)' 시장에서는 (플라스틱제 폭발물인) 셈텍스를 구

---

* 한편 미래에 이러한 사건이 재발하는 것을 막기 위해 미국 우체국에서는 연간 1,000만~1,200만 달러에 달하는 세금을 들여 연방 정부로 발신되는 모든 우편물을 방사선투시기로 정밀 검사한다.

하는 방법이 나오는 전자책, 휴대용 기폭 장치 제작법을 설명해 주는 동영상, 필로폰 제조법, 바이러스 제조법, 3D 프린터로 총기 만드는 법을 쉽게 구할 수 있다.

더 위험한 것은 한때 소외되거나 쇠퇴하던 해로운 아이디어가 지금은 (자유, 안보, 관용 같은) 공공선公共善을 위협할 수 있을 만큼 큰 지지 세력을 확보할 수 있고 이러한 시도를 박멸하려는 모든 시도를 무시할 수 있을 만큼 강력해졌다는 사실이다. 국가가 아닌 극단주의 조직은 집단적 천재성이 악하게 변질될 수도 있다는 사실을 가장 잘 보여주는 사례다. (알 카에다가 자신들의 소행이라고 주장하고 있는) 2001년 미국에서 발생한 9·11 테러, 2004년 3월 마드리드에서 일어난 열차 폭탄 테러, 2005년 런던에서 발생한 7·7 지하철 테러는 모두 자금력이 보통인 극단주의 세력도 공공 보안을 뚫고 전략적으로나 상징적으로 중요한 장소에서 대규모 살상 및 파괴 행위를 저지를 수 있다는 사실을 생생하게 증명한다. 알 카에다에 대항한 아프가니스탄 전쟁과 더불어 2011년 그 지도자인 오사마 빈 라덴이 사살되면서 알 카에다 세력은 약화됐지만 서남아시아와 중동과 북아프리카 전역에서 그 연합 세력이 형성됐다. 우리 사회에서 나타나는 극단주의는 또 다른 사례다. 이라크와 시리아에서 권력을 장악하고 있는 이슬람 극단주의 운동이나 미국 내에서 무슬림에게 폭력을 휘두르는 기독교 극단주의 운동을 가능하게 하는 인프라 및 기술은 시리아 난민과 이들에게 집을 제공하려는 유럽의 일반 가정이 연결되도록 돕는 인프라 및 기술과 부분적으로는 동일하다.

개별적·집단적 천재성이 낳은 또 다른 결과는 그다지 나쁘지 않지만 우리가 살고 싶은 세상은 도대체 어떤 세상인가라는 어려운 질문을 던진다.

직업이 없는 세상

구텐베르크의 인쇄술부터 오늘날에 이르기까지 생산성을 높인 큰 요인 가운데 하나는 수많은 노동자를 소수의 기계로 대체한 것이다. 농업과 제조업에 기계가 도입되면서 일자리를 잃은 노동자는 서비스업으로 이동했다. 현재 우리 대부분은 서비스업에 종사하고 있다. 서비스는 기계화하기 힘든 분야임이 입증됐다. 고객이 원하는 신선함, 다양성, 창의성, 즉흥성, 친근함은 자동화로는 전달하기 힘든 가치다. 엔진 조립 과정은 자동화할 수 있지만 아직까지 훌륭한 미용 서비스를 제공하거나 좋은 책을 저술하는 일은 상대적으로 자동화하기 힘들다.

최근 인공지능과 로봇이 발전한 덕분에 이 또한 변하고 있다. 2004년에만 해도 무인 자동차는 실현 불가능한 일처럼 보였다. 저명한 경제학자 두 명은 "반대쪽에서 오는 차를 피해 좌회전하는 작업을 수행할 때 너무 많은 요인이 관여하므로 인간 운전자의 행동을 모방할 수 있는 일련의 규칙을 발견하기란 상상하기조차 힘들다."라고 말했다.[66] 그로부터 6년 뒤 구글은 그 일을 해냈다고 발표했다. 오늘날 테슬라Tesla 무인 자동차는 웬만한 인간 운전자보다 낫다. 정신 질환자와의 공감부터 일상적인 뉴스 기사 작성, 수술, 금융거래, 과학 실험, 퀴즈 쇼 〈제퍼디!〉 우승(IBM이 개발한 왓슨 시스템이 2011년에 해당 퀴즈 쇼에 출연해 우승했으며 현재는 암 환자를 진단하고 치료 계획을 제안하는 일을 수행하고 있다)

까지 한때 너무 복잡해서 자동화하기 힘들다고 여겨졌던 다른 인지 작업도 이제는 기계가 수행한다.

현재 미국 내 전체 일자리의 거의 절반이 20년 이내에 자동화되리라는 예측이 있다. 세계경제포럼 창시자인 클라우스 슈밥은 이 고통스러운 교체 과정을 일컬어 '4차 산업혁명'이라고 했다.[67] 생산성은 천정부지로 치솟을 것이다. 자동화로 수많은 사람이 갈 곳을 잃고 만성적 실업 상태에 처할 것인가, 아니면 기계가 인력을 대체하기보다 능력을 '증강하는' 새로운 산업을 구축할 것인가? 21세기에 들어서고 첫 10년 동안에는 만성적 실업자 군단이 발생했다. 2010년에는 미국 노동인구의 0.5퍼센트만이 2000년에는 존재하지 않았던 새로운 산업군에 취직했다.[68] 자동화로 창출한 수익은 어떠한가? 그 수익의 일부를 노동자와 공유해 적응을 도울 것인가, 아니면 사회가 붕괴되는 지경까지 빈부 격차가 계속 확대되도록 내버려둘 것인가? 그다음 10년 동안에는 심각한 빈부 격차가 시급한 현안으로 떠올랐다. 불행히도 일부 선진국에서는 인기에 영합하는 정치인들이 미래를 직면하기보다는 노동자 계층의 좌절감이 해외무역과 이민으로 향하도록 조종하고 있다.

강한 국가

르네상스 시대에 화약은 개개인에게 권력을 이양하는 동시에 국가를 부강하게 만들었다. 화약이 없던 시절에 '국가'는 귀족 연맹의 지원을 받으며 자그마한 궁정에 둘러싸여 있는 세습 왕조를 가리키는 느슨한 개념이었다. 화약이 등장하면서 국방 예산은 치솟았다. 먼저 대포의 공격을 견딜 수 있는 더 튼튼한 요새를 지어야 했고, 반격할 수 있는 더 강한 대포를 제작해야 했으며, 새로운 요새를 공격하고 방어할 더 큰 군대를 모집해야 했기 때문이다. 같은 논리로 수많은 상선은 바다를 떠다니는 요새가 됐다. 전쟁의 경제학으로 약소국가가 떨어져 나가자 '국가'가 권력을 독점하기 시작했고 '현대적' 군대를 유지하는 데 드는 엄청난 비용과 복잡함을 감당하기 위해 세금 징수원, 회계사, 재정 관리사 등 역대 가장 거대한 관료주의를 구축했다.[69]

오늘날에도 기술 덕분에 개인과 국가는 더 강해졌다. 의사소통 기술 덕분에 개개인은 자신이 전달하고픈 메시지를 방송할 수 있게 됐고 국가는 최근까지 사생활이라고 여겨졌던 영역을 감시할 수 있는 새로운 자원을 공급받을 수 있게 됐다. 대중의 동의도 없이, 심지어 부지불식간에 공공 안보와 시민의 사생활 사이에 상당한 트레이드오프가 일어났다. 미 국가안전보장국은 최소 10년 동안 모든 미국 시민의 통화 내역 전체에 관한 메타데이터(누가, 무엇을, 언제)를 수집했다.[70] 외국과 관련한 이메일, 채팅, 문자메시지 수집 내역은 훨씬 방대하며 미 정부 기관 20곳 이상이 열람할 권한을 가지고 있다.[71] 국가가 또 무엇을 감시하고 있는지 우리는 아직 알지 못한다.

이게 과연 감수할 만한 가치가 있는 트레이드오프일까? 우리에게는 선택권이 있는가? 우리 시대에 폭발하는 천재성은 우리로 하여금 이러한 질문을 마주할 수밖에 없도록 만든다.

발견의 시대는 아무것도 보증해주지 않는다. 가능성을 제시할 뿐이다. 그 가능성을 실현시키는 것은 모두 우리 몫이다. 회의주의자들이 지적한 것 중에 맞는 말은 공동체에서 창조 행위 및 협력 행위에 불을 붙이기 위해 개선할 수 있는 일이 많다는 것이다. 마키아벨리는 학생들에게 '느림'이 "종종 우리에게서 기회를 빼앗아 간다."라고 가르쳤다.[72] 적극적인 실천 계획을 원한다면 종장을 참조하라.

그동안에 다른 힘들도 작동하고 있다. 첫 번째 르네상스 시대에는 천재성의 번영과 급작스러운 재난과 당시에는 해결 방안을 알지 못했던 새로운 갈등이 공존했다. 그런 추악함 속에서도 끈질기게 500년 뒤에도 여전히 추앙받을 만한 아름다움을 창조하고 돌파구를 마련했다는 사실이 바로 후대에 남긴 유산이다.

우리는 지금 비슷한 폭풍우 속으로 뛰어들고 있다. 후대에 우리는 어떤 유산을 남겨줄 것인가?

3부

번성하는 위험성

인류 최악의 시나리오를 피하는 법

어떻게 현시대는 위험을 생성하고
사회를 압박하는가

6장
무찔러야 할 거대한 적들

어떻게 현시대는 시스템적 위험을 확대하고

그 위험이 다가오는 것을 알아차리기 어렵게 만드는가

전염병의 발견

어린 조카를 대신해 13년 동안 밀라노공국을 섭정한 루도비코 스포르차는 1494년에 한발 더 나아가 공작 자리를 꿰찼다. 나폴리 왕(이자 밀라노공국의 주권이 자신에게 있다고 주장한) 알폰소 2세는 스포르차의 행보에 반발해 이 반역자를 처단하겠다고 협박했다. 그러나 스포르차에게도 동맹국이 있었다. 강력한 프랑스 군주 샤를 8세는 나폴리공국의 주권이 자신에게 있다고 주장했고 스포르차는 지금이 기회라고 샤를 8세를 설득했다.

샤를 8세는 유럽 전역에서 모인 용병 8,000명을 포함한 2만 5,000명에서 3만 명에 이르는 군대를 소집해 이탈리아 전쟁을 일으켰다.[1] 샤를 8세의 군대는 밀라노공국을 통과해 나머지 이탈리아반도를 전쟁의 소용돌이로 몰아넣었고 1495년 2월에 나폴리공국을 점령했다.

그러나 샤를 8세는 오판을 했다. 프랑스군의 잔인함과 압도적인 군사력은 신속한 승리를 가져다줬지만 동시에 나머지 이탈리아 국가들 전체가 프랑스 침공에 맞서 동맹을 맺는 역효과를 낳았다. 교황은 신성동맹을 소집해 프랑스군을 이탈리아, 베네치아, 에스파냐, 영국, 신성로마제국(대략적으로 오늘날의 독일에 해당한다)에서 몰아냈으며, 심지어 밀라노공국도 신성동맹에 가입했다. (스포르차 역시도 샤를 8세가 자신을 배신하고 밀라노공국을 침략할까 봐 두려웠던 것이다.)

1495년 7월 6일, 신성동맹군은 비에 젖은 들판에서 샤를 8세와 마주 섰다. 이탈리아의 운명을 결정할 포르노보 전투가 시작되려 하고 있었다. 신성동맹군은 수적으로 우세했다. 샤를 8세는 유리한 진형을 차지했다. 전투는 2시간도 걸리지 않아 끝이 났다. 프랑스군은 군사 1,000명을 잃었고 신성동맹군은 군사 2,000명을 잃었다. 양쪽 다 승리를 주장했지만 아무도 확실한 결론을 내리고자 전투를 재개하진 않았다. 샤를 8세는 프랑스로 퇴각했고 프랑스군은 뿔뿔이 흩어졌다.[2]

그러나 프랑스군이 남기고 간 것이 있었다.

처음 그 질병을 발견한 것은 이탈리아 군의관이었다. 그때까지 목격되거나 기록된 어느 질병과도 달랐다. 로마 황제 마르쿠스 아우렐리우스와 그 주치의 갈렌이 남긴 의학 논문까지 거슬러 올라가봐도 비슷한 질병을 찾을 수 없었다.

전염병은 보통 끔찍한 증상과 신속하고 자비로운 죽음으로 잘 알려져 있었다. 전염병에 걸리면 피를 토하고 3일 만에 죽는 것이 보통이었다. 그러나 이번 질병은 달랐다. 더 잔인했다. 이 병에 걸린 환자는 끔찍한 방식으로 쇠약해졌고, 수개월, 길게는 수년 동안 살이 문드러지는 고통에 시달렸다. 당시 의학 기록에는 환자의 온몸에 "역겨운 냄새를 풍기고 짙은 초록색 고름이 나오는 도토리만 한 종기가 번졌다."라고 쓰여 있다.[3] 이 종기는 종종 성기에 처음 생기곤 했다. 초기 진행 단계에서 살아남으면 "롤빵만 한

종양과 궤양이 점차 번지다가 피부를 녹였다."[4]

게다가 '노아의 방주' 시대부터 이어져온 암수가 서로 정다운 본성 덕에 이 병은 빠르게 확산됐다.[5] 포르노보 전투에 참전했던 군인은 고향으로 돌아갔고 용병은 뿔뿔이 흩어졌다. 여름이 끝날 무렵 원인 모를 이 질병은 이탈리아, 프랑스, 독일, 스위스의 마을들을 공포에 몰아넣었다. 이듬해에는 네덜란드와 그리스를 강타했고, 그 이듬해에는 영국과 스코틀랜드 차례였다. 처음 발병된 지 4년 만에 유럽 전역으로 확산된 것이다. 또다시 5년이 지났을 때에는 고립된 몇몇 지역을 제외하곤 전 세계에서 발병했다.[6]

처음부터 이 질병이 유럽에서 흑사병보다 치명적인 것은 아니었다. 나머지 세계에서도 확실히 유럽 선원이 퍼뜨린, 아메리카 원주민을 거의 전멸시킨 천연두 같은 질병보다 파괴적이진 않았다. 이 새로운 질병에 사람들이 적응하기 시작하면서 가장 혐오스러운 증상도 점차 완화돼 오늘날 우리에게 매독으로 알려진 만성적인 성병이 됐다.

풍요의 딜레마

우리 모두 특정한 종류의 위험을 각별히 주의해야 한다. 교통사고나 강도 사건 같은 일상적으로 겪을 수 있는 직접적인 위험이 아니다. 그런 구체적인 위험은 이미 모두가 잘 인지하고 있다. 오히려 우리가 경계해야 할 위험은 눈에 보이지 않는다. 우리가 관찰할 수 있는 한계점 바깥에서 서서히 다가와 우리 모두를 한꺼

번에 충격에 빠뜨리는 그런 종류의 위험이다. 이러한 '나비 결점' 은 광범위한 사람이 느끼지만 다가오는 것을 목격하기란 힘들다. 그 원인이 일상적인 경험이나 걱정과는 한참 동떨어져 있기 때문이다. 이러한 위험은 구체적이지 않고 '시스템적'이다.*

시스템적 위험이 현시대에 번성하고 있다. 천재성을 촉발시킨 연결과 발전의 힘이 시스템적 위험이 번성할 수 있는 2가지 조건을 창출하기 때문이다. 바로 복잡성과 집중이다.

복잡성의 악마

우리 대부분은 현시대가 점점 복잡해지고 있다는 사실을 잘 알고 있다. 우리 삶 곳곳에서 그 증거를 볼 수 있다. 1부로 돌아가 수치들과 도표들을 다시 살펴보면 전 세계 여객기 항로 변화, 국제금융 투자의 다양성 및 규모 증가, 인터넷 인프라의 성장 등 높아진 복잡성을 분명히 볼 수 있다. 한편 발전의 힘은 수많은 다양한 연결 전반에 흐르는 교통량을 증가시키고 새로운 도시, 대학, 산업단지, 항구, 발전소, 연구소, 콘퍼런스나 저널 등 새로운 거점을 추가함으로써 복잡성을 증폭시킨다.

복잡성이 가져다준 혜택도 있다. 복잡성은 유형적인 혜택의 숫자와 다양성을 증가시킨다. 복잡성은 창의성을 발휘하고 아이디어를 창출하는 주요 촉매제 역할을 하기도 한다.

위험성 관점에서도 복잡성은 좋은 것일 수 있다. 연결과 흐름

---

* 이언 골딘과 마이크 마리아테이잔은 이 현상과 결과를 탐구해 2014년에 프린스턴 대학교 출판사에서 『나비 결점(The Butterfly Defect)』을 출간했다.

의 다양성 및 규모가 커지면 중복이 발생하는데 오늘날 가장 좋은 예가 바로 인터넷이다. 링크 하나가 다운되면 거의 동시에 트래픽이 대안 링크로 우회하므로 최종 사용자의 경험에는 아무런 지장이 없다. 복잡성은 혜택을 낳는다.

그러나 복잡성은 문제도 제시한다. 상호작용이 복잡해질수록 인과관계를 파악하기가 힘들어진다. 우리를 둘러싼 사건을 바라볼 때 '사각지대'가 생기게 된다(도표 6-1 참조). 결과를 제대로 볼 수 없는데 어떻게 좋은 의사 결정을 내릴 수 있겠는가?

복잡성은 매독이 첫 번째 르네상스 시대를 강타한 과정과 그토록 파급력이 강했던 이유를 상당 부분 설명해준다.

질병의 확산은 언제나 인적 교류에 뒤따르는 의도치 않은 첫 번째 결과였다. 매독은 단지 끔찍한 한 가지 사례일 뿐이다. 오늘날 가장 널리 받아들여지는 매독의 진원지에 관한 학설에 따르면 콜럼버스가 신세계를 발견하고 3년 뒤에 유럽에 매독이 출현한 것은 우연이 아니었다.* 콜럼버스와 함께 아메리카에 다녀온 선원들이 매독균을 유럽에 전파했을 가능성이 높다.[7] 유럽과 아메리카 사이에 개척된 신항로를 따라 아메리카 대륙에도 천연두, 장티푸스, 홍역, 인플루엔자, 임파선종, 콜레라, 말라리아, 결핵, 볼거리, 황열병 등 치명적인 유럽 세균이 상륙했다. 유라시아 대륙에도 새로운 질병이 흘러들었고 해당 병원균에 대한 면역이 없던 원주민은 고스란히 질병의 위험에 노출됐다. 마찬가지로 유럽과

---

* 매독의 진원지가 아메리카 대륙이라는 학설이 가장 널리 받아들여지고 있지만 확정적이지는 않다.

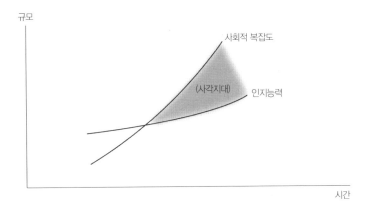

| 6-1 | 복잡성과 사각지대의 상관관계
우리가 이해할 수 있는 속도보다 빠르게 복잡성이 증가할 때 사각지대가 발생한다.

아시아 전역에 전염병이 빠르게 확산된 이유 역시 새로운 바닷길을 따라 이동하는 상품과 사람과 가축의 다양성 및 규모가 전례 없이 늘어났기 때문이었다.

실병의 기원과 확산 과정의 복잡성은 르네상스 시대 사람들이 질병에 속수무책으로 당할 수밖에 없도록 만들었다. 당시 의학 지식으로는 대부분의 질병의 원인을 이해할 수 없었다. 설사 익숙한 질병이고 사회가 효과적인 대응책을 마련했더라도 말이다. 직전 세기에 흑사병과 그 여파로 질병을 발견하면 환자를 격리하고 질병이 사라질 때까지 질병이 발병한 장소 근처에 가지 않아야 한다는 교훈을 얻었다. 이러한 대응 체계 덕분에 매독이 유럽에 남긴 상처는 흑사병보다 훨씬 작았다. 그러나 매독은 너무나도 순식간에, 미처 피할 겨를도 없이 소작농부터 교황까지 사회의 모든 계급에 침투했다. 게다가 사라지지도 않았다. 매독은 그 환자들과 함께 피할 수 없는 만성질환으로 남았고 사회는 어떻게

든 적응해야 했다.

질병의 원인과 결과를 분명히 이해하지 못해서 생긴 인지적 격차를 온갖 고정관념과 미신과 이념이 파고들었다. 이탈리아인은 매독을 '프랑스 병'이라고 불렀다. 샤를 8세의 군대가 퍼뜨린 것이 분명했기 때문이다. 프랑스인은 매독을 '나폴리 병'이라고 불렀다. 나폴리 군대가 이탈리아에서 귀향하기 전까지는 프랑스에 없던 병이었기 때문이다. 신성로마제국의 막시밀리안 1세는 매독이 인간의 죄에 대한 하느님의 심판이라고 생각했다. 듣도 보도 못한 질병이 느닷없이 나타나 전 세계를 휩쓸며 환자를 고통과 수치심에 빠뜨리고 방탕한 생활을 되돌아보게 만든 것을 달리 어떻게 설명할 수 있단 말인가? 가장 많은 사람이 납득했던 설명은 매독은 하느님이 육신의 죄를 지은 인간에게 내린 벌이라는 것이었다. 장 칼뱅(1509~1564년)은 "하느님이 성적 방탕함을 처벌하기 위해 새로운 질병을 일으키셨다."라고 말했다.[8] 사람들은 매독 증상이 처음에 성기에 나타나기 시작한다는 점과 (성적·도덕적으로 가장 문란했던 두 직업군인) 군인과 매춘부의 발병률이 가장 높다는 점에 커다란 의미를 부여했다. 당시 매독 치료제로 흔히 수은을 사용했던 것을 빗대어 "비너스와의 하룻밤으로 평생을 수은과 함께 A night with Venus, a lifetime with Mercury"라는 말이 유행했다.

집중의 딜레마

집중 역시 인간이 서로 얽히고 발전하면서 나타난 복잡성보다는 덜 분명하지만 그만큼 불안정한 결과다. 발전의 힘이 집중을 창출한 과정은 단순하다. 전 세계적으로 건강과 보건과 교육에서 발전이 일어나면서 인구수가 늘어났고, 기존 사회 인프라, 서비스, 천연자원, 환경에 대한 수요도 급증했다. 생각해보라. 인류는 수천 년 동안 화석연료를 태웠지만 그로 인해 딱히 눈이 보이는 결과는 나타나지 않았다. 그런데 이제 세계적으로 20억 명에 달하는 탄탄한 중산층이 나타나 모두가 차를 몰고 비행기를 타고 냉난방기를 사용하길 원한다. 갑자기 급증한 총 에너지 소비량을 고려해야만 한다.

집중으로 연결의 숫자와 다양성 역시 증가했다. 언뜻 보기에는 반직관적인 결과처럼 느껴진다. 상품과 서비스와 사람과 아이디어가 이동하는 경로가 다양해지면 인류 활동도 확산되는 것이 맞지 않은가?

그렇기도 하고 그렇지 않기도 하다. 연결성이 높아지면 상품과 서비스와 사람과 아이디어가 이동할 때 선택할 수 있는 경로가 늘어나는 것은 사실이다. 하지만 상품, 서비스, 사람, 아이디어는 무작위로 이동하지 않는다. 우리가 가장 가치 있다고 생각하는 곳으로 이동한다. 가장 효율적이라고 생각되는 곳에 정부는 공공 인프라를 집중시키고 기업은 생산 시설을 집중시킨다. 이민자와 구직자는 일자리가 많고 삶의 질이 높다고 생각되는 곳에 집중적으로 몰린다. 산업은 인재 공급이 수월하고 아이디어와 자본이 풍부한 곳에 집중된다.

연결성은 선택을 나타낸다. 많은 사람이 비슷한 선택을 할 때 집중이 발생한다. 지리적 집중뿐만 아니라 개념적 집중과 행동적 집중도 나타난다. 관리자가 되기 위한 준비 과정이 MBA라는 형태로 표준화됐고, 오늘날 농업에서 농작물과 경작 방식은 균일화됐으며, 은행업과 무역 규제는 전 세계적으로 통일화됐다.

복잡성과 마찬가지로 집중 역시 그에 따른 혜택도 있고 문제도 있다. 2부에서는 혜택을 중점적으로 살펴봤다. 부와 아이디어와 천재성과 단편적 역량이 집중돼 임계점에 다다르면 창조적인 업적을 촉발시킨다.

집중이 가져오는 문제점도 이미 암시했다. 집중은 인프라 공급, 자원, 심지어 평화로운 공존을 도와주는 사교성과 선의에도 부담을 준다. 부담이 높아질수록 실패할 가능성도 커진다. 모든 조건이 동일하다는 가정하에, 집중도가 높을수록 실패가 발생할 때 그 비용은 더 높고 결과는 더 심각하며 더 많은 사람에게 영향을 끼친다. 1990년에 전 세계 인터넷을 마비시킨 태양 플레어가 오늘날에도 똑같이 발생한다고 상상해보자. 1990년에는 일부 군사 연구 시설 및 물리학계만 타격을 입었을 뿐이지만 오늘날에는 전 지구적 재앙이 될 것이다. (이는 단순히 사고 실험이 아니다. 2012년 7월에 태양의 코로나 질량 방출CME이 지구와 불과 일주일 차이로 지구궤도를 뚫고 지나갔다. 미국 국립과학아카데미는 CME가 지구 전기 시스템에 입힌 피해가 2조 달러를 넘을 것이라고 추산했다. 이는 미국 역사상 가장 피해가 막심했던 허리케인 카트리나로 발생한 피해액의 40배가 넘는 액수다.)[9]

매독이 첫 번째 르네상스를 강타했을 때 그 피해가 빠르고 컸던 이유 중 하나는 사람들이 마을이나 도시에 집중적으로 모여 살기 시작했기 때문이었다. 도시화는 한때 자급자족했던 가정과 마을을 상호의존적인 밀집된 공동체로 압축했다. 인구가 밀집된 도시환경은 질병이 확산되기에는 이상적인 조건이었다. 집집마다 사람이 넘쳐 났고 공중위생은 느슨해졌다. 마을 주민들은 말, 돼지, 닭 같은 가축과 그 배설물 바로 곁에 살았다. 여행객이 흔해서 이방인과의 접촉도 잦았다. 문란한 성생활이 유행했다.[10] 1490년대에는 홍수나 유난히 혹독한 겨울 등 환경적 불운도 겹쳐서 이미 취약했던 공동체 상황을 더욱 악화시켰다.[11]

오늘날 인구가 과밀하고 수용 능력을 초과한 도시 지역은 여전히 자연의 살인자가 번식하기에 좋은 환경이다.

새로운 천연두

질병은 언제나 인간 사회와 떼려야 뗄 수 없는 존재였다. 연간 전 세계 인구의 5~15퍼센트가 독감에 걸리는 것으로 추산되며, 300만~500만 명이 심각하게 앓고, 25만~50만 명은 사망에 이른다.[12]

최근 수십 년 사이에는 급속도로 전파되는 '전염병'이 출현했다. 사람 간에 쉽게 퍼지고 최초 발병 이후에 단시간 내에 '전 세계적으로' 감염을 일으킬 수 있는 바이러스가 새롭게 등장한 것이다.[13] 21세기에 인류는 이미 몇 차례나 이러한 전염병의 위협에 직면했다.

사스

세계 공중 보건을 위협하는 감염 속도가 빠른 신종 바이러스가 등장했다는 첫 번째 증거는 중증 급성 호흡기 증후군 또는 줄여서 사스였다. 지금은 대부분이 잊었지만 2003년에는 이 21세기형 급성 감염성 질환에 순식간에 전 세계의 이목이 집중됐다. 사스를 처음 규명한 (그리고 사스로 사망한) 세계보건기구WHO 의사 칼 어바노는 사스가 "세계 공중 보건과 인류의 생존과 정상적인 의료 체계 작동과 경제성장 안정성에 심각한 위협을 가했다."라고 말했다.[14]

독감과 비슷한 증상을 보이며 바이러스 감염으로 발병하는 사스는 2002년 11월 중국 광둥성에서 처음 발생했다. 바이러스 학자들은 현재 사스가 직접적으로든 인구가 밀집한 아시아 도시 지역의 가축 시장을 통해서든 박쥐에서 인간으로 전염됐다고 믿는다. 서로 다른 종 간에 바이러스가 전염되는 사례는 전례가 없었기 때문에 인류 역사상 어느 시점에 발병했어도 단순히 지역에 유행하는 전염병 정도로 생각했을 것이다. 광둥성에서 처음 사스가 발병했을 때도 다들 그렇게 생각했다. 최초 감염자인 64세 의사 리우 지안룬은 가까운 홍콩으로 여행을 갔고 어느 유명한 비즈니스 호텔에 묵던 중에 사스를 앓았다. 일상적인 접촉만으로도 감염을 일으키기에 충분했다. 당시 리우와 같은 호텔에 묵었던 여러 나라의 숙박객들은 엘리베이터와 식당과 기타 시설을 리우와 공유했다. 이들이 캐나다, 싱가포르, 베트남 등 자국으로 돌아갈 때는 사스 바이러스도 함께였다. 불과 4개월 만에 사스는 남극을 제외한 모든 대륙으로 전파됐다. 인류 역사상 가장 빠르게 전파된 바이러스였다.

다행히도 인류 역사상 가장 치명적인 바이러스와는 거리가 멀었다. 처음 발견된 지 9개월 만인 2003년 7월 30개국에서 총

8,300명의 감염자(775명의 사망자 포함)가 보고됐다. 일단 사스를 일으키는 병원체가 밝혀지자 WHO의 후원 아래 바이러스가 확산됐던 네트워크와 동일한 네트워크로 신속하고 세계적인 대응 체계가 마련됐다. 적극적인 검역 조치로 사스의 확산을 저지했고, 자칫 전 세계적 재앙으로 치달을 수도 있었던 상황을 진압했다. 이 같은 성공은 부분적으로는 계획 덕분이었다. 초기 경보 체제인 국제공중보건정보네트워크는 사스가 아직 대유행 전 단계일 때 WHO에 신종 바이러스가 위협적일 수 있다고 경고했다. 운이 좋았던 덕분이기도 했다. 사스의 첫 번째 진원지인 홍콩, 토론토, 싱가포르는 모두 대규모 검역 조치를 발동하고 집행할 수 있는 선진적이고 견고한 공중 보건 체계를 갖춘 국가들이었다. 만약 사스가 초기에 라고스나 킨샤사 같은 개발도상국에서 발병했다면 전파가 쉬운 환경 탓에 훨씬 심각한 국면으로 치달았을 수도 있다. 뒤돌아보면 사스는 '발생하지 않은 전염병'이었다.[15]

그래도 사스로 인한 비용은 상당했다. 독감철에 발생하는 연간 사망자 수보다 사스 사망자 수가 적었지만 치사율은 거의 10퍼센트로 독감보다 훨씬 높았고 생존자 다수도 장기 호흡기 합병증을 일으켰다. 질병에 대한 공포와 검역으로 2003년 세계경제에는 최소 400억 달러의 비용이 발생했다. 관광 및 여행 산업이 특히 큰 타격을 입었고 노동자가 사스에 감염되는 바람에 몇몇 대규모 제조업 지역도 타격을 받았다.[16] 사스는 완전히 퇴치되지 않았지만 인간이 사용하기에 안전한 백신은 아직 존재하지 않는다.[17]

에볼라

더 최근에 나타난 에볼라는 우리가 갈수록 질병에 취약해지고 있다는 증거다. 사스가 발생하지 않은 전염병이었다면 에볼라는 '발생한 전염병'이다.

2013년 12월 라이베리아, 시에라리온과 국경을 접하고 있는 서아프리카 기니의 한 외진 산간 마을에서 에밀이라는 2살짜리 아이가 갑자기 쓰러졌다. 에밀은 처음에는 고열에 시달리다가 며칠 뒤에 심하게 설사를 하고 피까지 토했다. 1~2주 뒤에 에밀은 피와 체액을 너무 많이 잃은 나머지 결국 죽고 말았다. 지역 풍습에 따라 가족들은 에밀의 시체를 깨끗이 씻겨 이웃 마을을 돌았고 다들 위로의 뜻으로 소년의 시체를 포옹했다. 그 뒤 얼마 지나지 않아 몇몇 사람이 에밀과 똑같은 증상을 보이기 시작했다.[18]

사스는 호흡기에 문제를 일으키며 때로 사망으로 이어지기도 하지만 사망자는 보통 지병이 있는 노인인 경우가 많다. 그런데 에볼라는 감염 기간 내내 다량의 출혈 증세를 보이며 본래 건강한 사람의 치사율도 50퍼센트에서 90퍼센트에 이른다. 또한 생물 안전도 등급에서 탄저균이나 천연두와 같은 위험도가 가장 높은 제4군 감염병 판정을 받았는데 전 세계에서 제4군 바이러스를 안전하게 다룰 수 있는 공기 밀폐 및 샤워 시설, 자외선 조사실, 공기 및 수질 정화 체계, 별도의 산소 공급 장치가 달린 보호복 등을 갖춘 연구소는 100군데 미만이다.

이전에 서아프리카에서는 에볼라가 발견된 적이 없었다.[19] 1976년 에볼라 바이러스가 처음 발견된 이래로 에볼라는 주로 가봉, 우간다, 수단, 콩고민주공화국 등 중동부 아프리카 지역에서만 발병했다. 이들 지역 모두 서아프리카와는 3,000~5,000킬로미터 떨어져 있다. 게다가 2010~2011년에 WHO는 긴축재정으로 예산을 10억 달러 가까이 삭감했다.[20] 그래서인지 에볼라가 확산될 때까지 아무도 발병 사실을 눈치채지 못했다. 2014년 3월에 WHO가 기니에서 에볼라가 발병했다고 처음 발표했을 때쯤에는 이미 이웃한 라이베리아와 시에라리온까지 퍼져 60명이 죽고 난 뒤였다. 2014년 6월에는 감염자 수가 750명을 넘어섰고 이 중 467명이 사망해 사상 최악의 에볼라 사태로 번졌다.[21] 2015년 중반에는 보고된 감염 사례가 2만 8,000건에 달했고 사망자 수는 1만 1,300명을 넘어섰다. 역대 발병한 모든 전염병 감염자를 합친 것보다 20배 많은 숫자였다.[22] (보고되지 않은 사례를 포함해 실제 감염자 수는 2~3배 더 많을 것으로 추정된다.) 한편 이미 절망적 빈곤에 시달리던 지역에 에볼라가 창궐하면서 발생한 경제적 손실은 세계은행 추산 40억 달러에 달해 결국에는 에볼라로 죽은 사람보다 빈곤이 심화돼 죽는 사람이 더 늘어날 터였다.[23]

사스처럼 에볼라도 공중 보건 체계가 잘 갖춰진 지역에서 먼저 발병했다면 재빨리 진압될 수도 있었을 것이다. 에볼라는 치명적이지만 예방 조치만 제대로 취한다면 확산을 막기란 어렵지 않다. 홍역 환자는 평균 18명을 감염시킨다. 반면 에볼라 환자는 평균 2명 이하를 감염시킨다. 에볼라가 숙주인 감염자를 빨리 죽음에 이르게 하기 때문이기도 하지만 무엇보다 공기 중으로는 잘 전파되지 않는 까닭이다. 환자의 신체나 체액에 접촉해야 에볼라에 감염된다. 다시 말해 에볼라를 진단하고 감염자를 격리하며 최근에 감염자와 접촉한 사람을 추적해 격리하고 감염 사태에 제대로 즉각 대응할 수 있는 의료진을 갖춘 국가였다면 에볼라의 확산을 신속하게 막을 수 있었을 것이다. (에볼라 사태를 맞아 나이지리아가 보여준 대응은 비교적 가난한 나라에서도 의지와 자원만 있다면 전염병을 효과적으로 봉쇄할 수 있다는 사실을 증명한다.) 그러나 에볼라는 사실상 공중 보건 체계가 전혀 갖춰지지 않은 나라에 발병했다. 에볼라 피해가 가장 극심했던 시에라리온, 기니, 라이베리아는 세계에서 가장 가난한 나라이며, 최근에 군사 쿠데타나 내전을 겪은 나라이기도 하다. 시에라리온의 공공 기관은 오랜 내전(1991~2002년)에서 이제 막 회복 단계에 접어들고 있었다. 라이베리아 내전(1989~2003년)의 상처는 더 깊어서 여전히 라이베리아에는 유엔 평화유지군이 상주하고 있었다. 서아프리카에서 온 에볼라 환자 2명을 돌보던 간호사가 감염되는 바람에 에볼라 감염 사례 1건을 기록한 에스파냐가 국민 1인당 지출하는 의료비는 3,000달러에 이른다. 반면 시에라리온은 96달러를 지출하고 기니는 32달러를 지출한다.[24] 구호단을 파견했지만 에볼라 감염 사례는 소수에 불과했던 미국의 경우 인구 10만 명당 의사 수는 245명이다.[25] 에볼라 발병 당시 라이베리아 인구수는 430만 명이었으나 의사 수는 모두 50명에 불과했고 그나마도 발병 초기 단계에 몇 명이 사망했다.[26] 에볼라 바이러스가 출현한 외곽 지역은 교육 수준이 낮아 그렇지 않아도 미약한 공중 보건 체계가 작동하기에 더욱 열악한 환경이었다. 결국에는 태도를 바꾸긴 했지만 발병 초기에 마을 주민들은 공무원을 불신했다. 따라서 환자를 격리하려는 의료 종사자를 폭행하고 (심지어 살인 사건도 최소 1건 이상 일어났으며)[27] 환자를 교회로 데려가 가족과 이

옷과 전통 치료사가 모인 가운데 죽으면 시체를 만지는 전통적인 치료와 장례 절차를 고집했다. 시에라리온에서 보고된 에볼라 첫 감염 사례가 바로 이 전통 치료사였다. 그다음으로 이 전통 치료사의 시체를 씻긴 마을 사람들이 감염됐다.

최초 발병부터 급속한 확산을 거쳐 마침내 진압되기까지 서아프리카 에볼라 전염병은 완전히 새로운 종류의 공중 보건 비상사태였다. 어떻게 에볼라가 3,000킬로미터 떨어진 곳까지 이동했는지는 아직 밝혀지지 않았다. 1995년부터 2012년 사이에 아프리카 내 무역 거래가 명목상 연간 10퍼센트 이상 성장한 것과 관련이 있을 수도 있다.[28] 콩고민주공화국에서 피난민이 (대부분은 인접국으로 도망쳤지만) 대거 유입된 것과 관련이 있을 수도 있다. 에볼라 바이러스의 자연 저장소로 추정되는 과일박쥐가 기후변화 때문에 서식지를 옮긴 것과 관련이 있을 수도 있다. 마을 주민들이 인구압population pressure으로 다른 주민이나 고기를 제공하는 야생동물과 가까이 접촉하게 된 것과 관련이 있을 수도 있다.

어떻게 발병 규모가 폭발적으로 증가했는지는 알려져 있다. 에볼라는 역사상 최초로 시골에서 발병해 도시로 확산됐다. 시골과 도시 사이에 교류가 증가한 탓이 크다. 이 때문에 선진국 개입도 늦어져 에볼라 확산을 막기 위한 돈, 의료진, 군인이 뒤늦게 투입됐다.[29] 미국군과 영국군은 임시 병동을 지었다. 모바일 기술로 감염자의 최근 동선 및 접촉자를 추적했다. 신속한 DNA 염기 분석 기술로 환자 수백 명의 바이러스 게놈 지도를 제작하고 에볼라 바이러스 숙주의 기원과 종류를 완벽하게 파악했다. (시에라리온에서 초기 염기 서열 분석에 참여한 과학자 중 5명이 에볼라로 사망했다.)[30] 주요 제약 회사 및 정부 출연 연구소는 임상 시험을 거쳐 빠르게 백신을 추적하기 시작했다.

멀리 떨어진 시골 지역에서 발생한 전염병은 비극이 된다. 일 반적으로는 엄격한 안전 조치에 따라 차단돼야 마땅한 치명적 인 바이러스가 대도시 지역을 자유롭게 떠다니다가 공항이나 항 구를 통해 나머지 세계로 전파되면 세계적인 안보 위협이 된다. 2014년 9월 WHO는 "역사상 생물 안전도 등급 제4군에 속하는 병원체가 이토록 많은 사람을 단기간에 광범위한 지역에 걸쳐 오 랫동안 감염시킨 사례가 없다."라고 밝혔다.[31] 만약 에볼라 바이 러스가 공중 보건 체계가 취약한 다른 지역으로(예를 들어 서아프 리카가 공격적으로 무역 거래를 늘리고 있는 일부 낙후된 아시아 지역 으로) 확산됐다면 전 세계적인 재앙으로 이어졌을 수도 있다.

조류독감

미래에는 H5N1(조류독감)에 대한 우려가 커지고 있다.

사스와 마찬가지로 H5N1도 1997년에 동남아시아와 홍콩 혹 은 그 근처에서 처음 발병했다. 이 신종 바이러스는 종種이라는 장벽을 넘어 가금류에서 인간으로 전파됐다. H5N1은 이제 전 세 계적으로 인간뿐만 아니라 동물도 병원체로 함께 연결돼 있다는 사실을 증명했다. 우리 모두에게 책임이 있다. H5N1에 감염된 새가 장거리를 이동할 수는 있지만 이주 시점과 다른 새에게 바 이러스를 전염시키는 시점은 거의 겹치지 않는다. 인간의 도움이 없었다면 H5N1은 동남아시아 지역에 분포하는 조류 집단에만 유행하는 전염병에 그쳤을 것이다.[32] 그러나 살아 있는 새와 동물을 상업적으로 거래하는 과정에서 H5N1은 전 세계 조류 집단으로 전파됐다. 조류 수천만 마리가 죽었고 수억 마리가 도살됐다.

과학자와 공중 보건 당국은 H5N1을 매우 주의 깊게 관찰하고 있다. 2003년 이후로 인간이 H5N1에 감염된 사례는 15개국에서 600여 건 정도 보고됐다(일반적으로 살아 있는 감염된 조류와 장시간 긴밀한 접촉으로 발생했다).[33] 연구에 따르면 H5N1은 점차 병원성이 증가하고 있으며 오래 살아남아 돼지나 고양이나 개 같은 다른 동물군도 감염시킬 수 있다.[34] 인간 감염자의 치사율은 60퍼센트 이상으로 에볼라 및 다른 치명적 병원체와 같은 수준이다. 에볼라와 달리 H5N1은 (조류 사이에) 일반적인 독감처럼 쉽게 전파된다. 아직까지 인간과 인간 사이에서 전염된다는 확증은 없으나 연구에 따르면 이미 변이가 일어나 인간끼리 전염이 가능해질 것으로 보인다. 행운을 비는 것밖에는 달리 이를 막을 수 있는 방법은 없다.

H5N1이 인간에서 인간으로 전염된다는 소식을 듣게 되는 날에는 전 세계가 일시 정지 상태에 돌입할 것이다. 전염성이 매우 강하고 치사율이 60퍼센트에 달하는 바이러스의 존재를 알고도 비행기를 탈 수 있겠는가? 실제로는 비행기를 타느냐 마느냐는 개인이 선택할 수 있는 일이 아닐 것이다. 전염병 예방 조치가 가동돼 국경이 통제되고 국제항공교통이 일시에 중단될 것이기 때문이다. 전염병 모형에 따르면 인간 H5N1 바이러스는 역사상 가장 치명적이었던 흑사병(1348~1350년)보다 더 많은 사상자를 낼 것으로 예상된다. 얼마나 초기에 발견하고 얼마나 신속하게 백신을 배포하느냐가 관건이다. 하지만 전염병학자들은 H5N1 감염

자 수가 10억 명에 이르고 사상사 수는 1억 5,000만 명에 이를 것으로 추산한다.* 공포에 질리면 일반적으로 나타나는 사회질서 붕괴 현상인 공황, 폭동, 약탈 등으로 사망자 수는 더 늘어날 전망이다. 살아남은 사람들도 수십 조에 이르는 경제 손실로 세계적으로 경기가 침체되면서 고통받을 가능성이 크다.

기타 전염병의 위협

사스, 에볼라, H5N1은 가장 많은 머리기사를 장식한 전염병이지만 결코 이게 전부는 아니다. 지난 20년간 질병 전문가들은 C형 간염, 지카 바이러스, 콜레라, 말라리아를 비롯해 30가지 이상의 신종 또는 재발 병원체를 규명했으며, 자연은 날마다 새로운 바이러스를 발명하고 있다.[35] 2013년 초반에 중국에서는 새로운 조류독감 바이러스인 H7N9이 발견됐다. H7N9은 심각한 호흡기 문제를 유발하며 보고된 사례를 종합하면 인간 치사율은 3분의 1에 달한다. H5N1과 달리 H7N9에 감염된 조류는 아무런 증상을 보이지 않고 바이러스를 옮길 수 있는 것으로 드러났기 때문에 발견하기가 훨씬 힘들다.[36]

　최소한 앞서 언급한 질병만큼 끔찍한 또 다른 전염병은 바로 HIV/AIDS이다. 현재까지 HIV/AIDS로 인한 사망자 수는 거의

---

* 2013년에 글락소스미스클라인은 최초로 FDA 승인을 받은 H5N1 백신을 개발했다고 발표했다. 2017년에 첫 생산 물량이 공급될 예정이다. 이 백신이 미래 감염 숙주에 효과가 있을 것이라고 가정하면 백신이 대량생산되기까지 3개월 정도가 걸릴 것으로 예상된다. 현재 계획으로는 최초로 발병한 첫해에 10억 개를 생산하는 것이 목표다.●

4,000만 명에 이르며, 이는 캐나다 인구보다 많은 숫자다.[37] HIV/AIDS는 1981년에 미국 공중 보건 당국이 처음 발견했다. 당시 전 세계적으로 HIV/AIDS 보균자는 20만 명에 달했을 것으로 추정된다. 1980년대 중반까지 이 숫자는 300만 명으로 치솟았다. 1990년에는 800만 명으로 늘어났고 2000년에는 4,000만 명을 넘어섰다.[38] 오늘날에도 여전히 3,500만 명이 HIV/AIDS 보균자이며 매년 150만 명 이상이 죽고 200만 명이 새롭게 감염된다.[39] 그러나 HIV/AIDS는 전 인류에게 균등한 위협은 아니다. HIV/AIDS 보균자의 3분의 2 이상이 아프리카에 있다.[40] 지속적인 공중 보건 및 교육 캠페인과 항바이러스 치료법 보급으로 개발도상국의 HIV/AIDS 발병률이 낮아지고는 있지만 너무 가난해서 필요한 약을 구입할 수 없거나 너무 늦게 안전한 성생활 수칙을 받아들인 사람들은 여전히 고통받고 있다.

　범위로 보나 지속성으로 보나 결과로 보나 HIV/AIDS는 전염병이나 다름없다. 그런데도 선진국에서 더 이상 머리기사로 다루지 않는다는 사실은 시스템적 위험이 번성할 때 생기는 또 다른 결과를 암시한다. 바로 불평등이다. 르네상스는 더 빈번하고 강력한 충격에 대비하고 회복할 수 있는 능력의 차이를 확대했다.

미래 보건을 위협하는 악마와 딜레마

지금까지 인류는 세계 보건을 위협하는 이러한 신종 바이러스에 대처할 능력이 있음을 증명했다. 질병에 대응하는 국제 체계는 모든 국제적 협력을 통틀어 가장 발전적이고 효과적이다. WHO 및 회원국의 보건 당국은 제2차 세계대전 이후로 전염병 위협에 잘 대처해왔다. 유엔 에이즈 같은 더 전문적인 새로운 국제기구는 특정 질병이 발생했을 때 국제적인 대응 노력을 조직하기에 더욱 효과적인 것으로 나타났다. 그렇다. 질병은 과거 어느 때보다도 빠르고 광범위하게 전파되지만 우리가 이를 발견하고 대응하는 속도 및 범위 또한 어느 때보다도 빠르고 광범위하다.

반면 어려움도 점점 커지고 있다. 복잡성이 증가하고 있기 때문이다. 최근의 시뮬레이션 연구는 (H5N1 같은) 공기 중으로 전파되는 전염성 병원체는 최대 3일 만에 전 세계 모든 주요 공항과 대륙으로 확산될 수 있음을 보여줬다.[41] 만약 감염된 개인이 보건당국의 격리 조치 전에 항공편 2대에만 탑승했다고 하더라도 전 세계인이 감염되는 것을 막기 위해서는 (인류의 75퍼센트인) 50억 명 이상이 백신을 맞아야 한다. 항공편 3대에 탑승했다면 전 인류가 백신을 맞아야 한다.[42]

집중의 딜레마도 갈수록 어려워지고 있다. 집중의 딜레마는 정치, 경제, 산업의 중심지에도 전염병이 확산될 것이냐, 말 것이냐의 문제가 아니다. 그건 시간문제이기 때문이다. 전염병이 발생해 (임시일지라도) 국제 체제 안에서 일어나는 모든 물리적 이동으로부터 이들 중심지를 고립시킨다면 에너지나 IT 같은 인프라 서비스에 닥칠 결과는 예측조차 힘들다. 그러나 어떤 대기업이 런던, 뉴욕, 중국의 주강 삼각주 등지에 주요 사업 본부를 배치하지 않을 수 있겠는가?

전 세계적으로 신흥 중산층에 걸쳐, 또한 병원부터 목축에 이르기까지 모든 분야에서 항생제와 항균제 사용이 보편화되고 있다. 이에 따라 항생제와 항균제에 내성을 지닌 슈퍼박테리아의 출현을 재촉하고 있다. 게다가 연결성이 증가한 덕분에 슈퍼박테리아는 전 세계로 확산되고 있다. MRSA라는 슈퍼박테리아는 이미 어딜 가나 병원과 요양원에서 끈질긴 골칫덩이가 (때로는 심각한 위협이) 됐다. 2015년 중국에 있는 돼지 농장에서 발견된 대장균류는 콜리스틴에도 내성을 보였다. 콜리스틴은 돼지 농가에서 돼지를 건강하게 키우기 위해 사료에 섞어 먹이는 강력한 항생제이지만 인류에게는 다른 모든 항생제가 듣지 않을 때 쓰는 '최후의 무기'이기도 하다. 만약 콜리스틴에 대한 내성이 다른 박테리아에게로 확산된다면 한때 간단하게 치료할 수 있었던 감염도 불치병이 될 수 있다.[43] 전 인류의 보건 안보를 위해 우리는 콜리스틴을 대체할 수 있는 항생제를 개발할 때까지 항생제를 사용하는 것(특히 동물에게 항생제를 사용하는 것)을 급격히 줄여야 한다. 그러나 어느 누가 스스로 감염에 노출되기를 원하겠는가?

개발도상국에서는 이민이 늘고 영유아사망률이 낮아지면서 도시가 팽창하고 있다. 도시는 시골보다 더 나은 일자리와 교육과 보건 및 기타 서비스, 그리고 더 나은 기회를 제공한다. 도시는 또한 과밀하고 더럽다. 인간과 동물이 다닥다닥 붙어 살고 물 공급원은 과부하로 쉽게 오염된다. 이러한 조건에서 사스와 H5N1이 탄생했고 미래에도 수많은 전염병이 탄생할 것이다. 이러한 병원체는 우리 모두를 위협할 것이다. 가난한 도시는 전염병에 가장 취약한 곳이 될 것이다. 그러나 가난한 시골 마을에서 태어나든 도시 빈민가에서 태어나든 성장 기회를 모색하는 선진 경제에서 태어나든 어느 누가 신흥 중심지의 유혹을 뿌리칠 수 있겠는가?

우리는 여러 번 시험을 받았고 대부분 성공했다. 그러나 병원체가 우리가 구축한 국제 물류 및 교통 인프라를 역이용해갈수록 집중도와 상호 연결성이 높아지는 인류를 무자비하게 공격하리라는 것은 생물학적으로 확실하다. 자연은 결코 포기하지 않는다.

어리석은 역사를 반복할 것인가?

그때의 위기

1부에서는 르네상스 시대 금융에 일어난 변화를 다뤘다. 새로운 대륙 내 무역과 대륙 간 무역과 더불어 급속도로 팽창한 해안 경제의 유혹으로 금융 활동의 중심지는 지중해에서 대서양으로 이동했다. 상업 활동이 갈수록 복잡해지고 비용도 높아짐에 따라 새로운 금융 도구 및 시장이 생겨나 자본과 보험을 공급했다. 차용증서IOU는 규제가 풀리면서 더 이상 최초 거래 당사자에게만 귀속되지 않았다. 이제 유통시장에서 제3자도 자유롭게 IOU를 사고팔 수 있었다. 이러한 혁신 덕분에 실물시장이 보증하는 가치보다 수백 배 큰 대륙 자본시장이 탄생했다. 가장 명망 있는 상인 가문은 일체의 담보물 없이도 이름만으로 주식시장에 IOU를 발행할 수 있었고 여러 가지 방법으로 개인 화폐를 발행할 수 있었다.

일부 군주는 이렇게 쉽게 많은 돈을 유통할 수 있다는 사실에 저항할 수 없는 매력을 느끼고는 상인 가문에 접근해 전쟁과 야망을 실현할 막대한 자금을 조달했다. 당시 에스파냐 왕 카를로스 1세가 1519년 아우크스부르크의 푸거 가문에게 85만 골드 플로린을 빌려서 신성로마제국 선거인단에게 뇌물을 주고 황제 자리에 선출된 일화는 유명하다.[44]

오늘날 우리 모두는 이러한 상황을 재단할 수 있는 지혜가 있다. 할 수만 있다면 500년 전으로 거슬러 가서 르네상스 시대 투자자들에게 그다음에 일어날 수 있는 일을 경고해줄 것이다. 불행히도 투자자들은 스스로 알아내야 했다. 16세기에 푸거 가문은 유럽 왕들에게 주식시장에서 조달 가능한 만큼 많은 자금을 (고금리로) 대출해주고 싶어 안달했기 때문에 군주도 채무를 불이행할 수 있다는 가능성을 묵인했다. 카를로스 1세는 수많은 경쟁자를 제치고 황제 자리에 올랐으나 약속을 어기고 빚을 갚지 않았다. 푸거 가문과 푸거 가문의 채권을 구입했던 유럽 전역의 수많은 투자자들은 커다란 손실을 입었다.

지금의 위기

우리도 2007~2008년 금융 위기와 그 여파를 겪으면서 비싼 대가를 치르고 동일한 교훈을 얻었다. 미국과 유럽의 은행은 매우 수익성 높은 도박판에 뛰어들었다. 소비자와 주택 구입자에게 현금을 대출해주고 증권화와 신용 파생 상품으로 대차대조표에서 채무와 위험을 이전한 뒤 다시 대출을 해주는 식이었다. 도박은 가계가 부채의 늪에서 허우적거리고 대형 금융기관의 대차대조표가 결코 청산되지 않을 악성 부채 수천억 달러로 도배될 때까지 이어졌다. 신흥 경제국이 세계 자본시장에 통합되면서 위험은 증폭됐다. 중국은 수많은 현금을 창출했지만 1997년 외환 위기 이후 아시아에서 마땅한 투자 기회를 찾지 못했고, 따라서 미국 국채를 잔뜩 구입했다. 외국 자금이 유입되자 국내 금리는 다시 낮아졌고 도박은 연장됐다.

우리는 이러한 활동이 국제금융 체계를 얼마나 취약하게 만드는지 분명하게 이해하지 못했고 결국 파산했다. 가계는 주택 가격이 결코 하락하지 않으리라는 믿음으로 주택을 담보로 대출을 많이 받았지만 결국 그 믿음은 틀렸다. 계량 분석가 또는 '퀀트quant'는 불량 채무를 영리하게 묶어서 위험을 줄이고 수익을 유지했다고 생각했지만 그 생각 역시 틀렸다. 기업이 채무불이행 위험에 대비해 구입한 '보험(신용 파생 상품)'은 충분하지 않았다. 후폭풍은 엄청났다. 2009년에 전 세계 자본시장에서 금융 위기로 비롯된 손실액은 4조 1,000억 달러에 달했다.[45] 세계적으로 대략 5,000만 명이 일자리를 잃었다. 가까스로 실직을 면한 이들 가운데서도 2억 5,000만 명이 '근로 빈곤층'으로 전락했다.[46] 세계 경기 침체가 이어졌고, 그 직접적인 결과로 아프리카에서는 어린이 3만~5만 명이 굶주림으로 사망한 것으로 추산된다.[47]

지금까지 이 이야기는 신문 사설에서, 책에서, 할리우드에서 제작한 투자 다큐멘터리영화 및 드라마에서 수없이 되풀이됐으며 비난이 오고가는 가운데 주된 교훈은 뒷전으로 밀려났다. 그러나 르네상스 시대의 관점에서 보면 다시 본래 교훈에 집중할 수 있다.[48]

예측 능력을 제한하는 복잡성

첫 번째 교훈은 복잡성이 증가해 금융 체계 안에서 위험을 알아차리기 힘들어졌다는 것이다. 연결의 힘과 발전의 힘이 충돌하면서 국제금융 체계는 20년 전보다 급작스럽게 커지고 복잡해졌다. 따라서 위험을 알아차리기도 힘들어졌을 뿐만 아니라 위험이 확산되는 범위도 넓어졌다. 이제는 모두가 이 위험에서 자유로울 수 없다.

되돌아보면 복잡성이 증가하는 데 뒤따르는 위험은 분명했다. 시스템적 수준에서는 전 세계 정부와 기관과 개인 투자자 들의 대차대조표는 두꺼워졌고 서로 연결됐다(1부를 참조하라). 상품 수준에서는 포트폴리오 제작에 쓰이는 컴퓨터의 성능이 갈수록 향상된 덕분에 금융 도구도 복잡해졌다. 연금 펀드 같은 대형 기관투자가는 주택 담보대출과 기타 소비자 대출에 투자할 수 없었다. 산업 전체의 연금 저축을 위임받은 연금 펀드는 주요 신용 평가 기관(스탠더드앤드푸어스, 무디스, 피치)이 안전하다고 판단한 자산에만 투자할 수 있었고, 소비자 부채는 기관투자가의 관심을 끌기에는 너무 작고 위험했다. 그러나 만약 정교한 컴퓨터 알고리즘이 채무불이행 가능성이 천차만별인 개인 주택 담보대출 및 부채 수천 개로부터 크기와 품질 면에서 기관투자가의 기준을 충족시키는 묶음 상품을 구성할 수 있다면? 바로 이것이 본질적으로 주택 담보대출 채권자가 했던 일이었다. 이른바 증권화 과정이다.[49] 주택 담보대출을 계속 보유하면서 채무불이행 위험을 대차대조표에 남겨놓기보다 증권화해서 기관투자가에게 즉시 판매함으로써 주택 담보대출 기관은 미래 주택 소유자의 상환 능력을 자세히 검토하지 않게 됐다. 주택 담보물의 질은 떨어졌지만 평가 기관이나 이 복잡한 상품을 구매한 기관투자가나 양쪽 다 진실을 풀 수 있는 분석력도 없었고 그럴 동기도 없었다. 일부 펀드는 채무불이행 위험에 대비해 (신용 부도 스와프CDS라고 불리는) 보험을 구입했지만 이러한 관행은 새로운 부문에 채무불이행 위험을 퍼뜨릴 뿐이었다. 보험 회사는 연금 펀드와 마찬가지로 주택 담보물의 잠재적 위험에 대해 까맣게 몰랐고 연금 펀드는 스와프를 자신들에게 판매한 보험 회사의 지급 능력에 대해서도 아는 바가 없었기 때문에 까맣게 모르는 것이 '하나 더' 늘어났다.* 전염성 병원체와 마찬가지로 작고 후미진 곳(서브프라임 주택 담보대출)에서 시작된 악성 부채는 서로 얽히고설킨 대차대조표 사이로 빠르게 확산돼 세계 금융 체계를 위협했다.[50]

금융 부문을 위에서 아래로, 그리고 아래에서 위로 얽어맨 복잡성은 그 안에 선 사람들의 시야를 혼탁하게 흐려놓았다. 민간 부문 종사자도, 공공 부문 종사자도 축적되고 있는 위험을 보지 못했다. 블룸버그의 한 칼럼니스트는 2008년에 "회사가 무너지는 동안 (베어스턴스 CEO는) 브리지 게임을 하고 (메릴린치 CEO는) 골프를 쳤는데 그 이유는 회사가 무너지는 걸 신경 쓰지 않았기 때문이 아니라 몰랐기 때문이다."라고 썼다.[51] 2007년 「세계 금융 안정 보고서」에서 IMF는 다음과 같은 결론을 내렸다. "서브프라임 시장의 특정 부분은 약점을 포함하고 있지만 심각한 시스

---

* 가장 큰 보험 회사인 AIG가 CDS로 인한 보험금 요청으로 파산 위기에 처하자 연방 정부 및 주 정부로부터 1,800억 달러에 달하는 구제금융을 받은 사실은 유명하다.

템적 위험을 초래할 가능성은 낮다. 투자은행이 실시한 재무 건전성 조사에 따르면 (……) 증권화된 구조를 통해 서브프라임 주택 담보물에 노출된 투자자 대부분이 손실을 입지 않을 것이다."[52]

이들의 위험 개념은 선형적이었고 대차대조표의 여백에서 끝났다. 따라서 이들은 모든 사람들의 대차대조표가 나란히 놓여 있을 때 나타나는 큰 그림을 보려고도 하지 않았으며 심각하게 생각하지도 않았다.

회복 탄력성을 약화하는 집중

두 번째 교훈은 집중도가 증가하면서 금융 체계에서 실패가 발생할 가능성이 더 커진다는 것이다. 금융 위기에 이를 때까지 모든 수준에서 집중도가 증가했다.

기업 차원에서 보면 자본 및 자원이 새롭게 증권화된 주택 담보 상품과 부채 상품에 집중됐다. 21세기에 접어들면서 이 새로운 금융 상품은 틈새시장이 됐다. 금융 위기가 발생했을 무렵에는 매년 미국에서 두 번째로 많이 팔린 자산 담보부 증권이 됐다. 서브프라임 주택 담보대출이 첫 번째였다.[53]

산업 집중도 증가했다. 1990년에서 2008년 사이에 미국 상위 3개 은행의 시장점유율은 10퍼센트에서 40퍼센트로 4배 증가했다. 2008년 영국 상위 3개 은행의 시장점유율은 (1997년 50퍼센트에서) 80퍼센트로 증가했다.[54] 이 비대해진 은행을 묘사하는 "너무 커서 실패할 수 없다."라는 문구가 공적 담론에 들어왔다. 이 거대 은행의 임원진은 정부가 결코 자신들이 파산하도록 내버려두지 않을 것이라는 사실을 알았다. 너무 큰 혼돈이 뒤따를 것이기 때문이다. 거대 은행의 투자 수칙은 느슨해졌고 경제학자들은 이러한 현상을 가리켜 '도덕적 해이'라고 불렀다. 가장 큰 금융기관은 과도한 위험을 감수하기 시작했다. 일이 심각하게 틀어져도 국민 세금으로 구제금융을 받을 수 있으리라는 사실을 알았기때문이다. 그리고 실제로 그렇게 됐다.

집중도는 전체 경제 수준에서도 상승했다. 금융 부문이 팽창하면서 총 경제 조합에 커다란 그림자를 드리웠다. 영국에서 금융부문이 총 GDP에서 차지하는 비율은 1990년에 6퍼센트 미만이었다가 금융 위기 발생 당시에는 거의 10퍼센트에 달했고 런던경제 생산량의 5분의 1을 넘어섰다.[55] 아이슬란드의 상황은 더 위험했다. 새 천년이 밝았을 때만 해도 아이슬란드는 인구 30만 명이 조금 넘는 작은 어업 중심 경제였다. 2008년 무렵에는 유럽 투자자의 천국으로 탈바꿈해 있었다. 아이슬란드 정부가 금융 산업 규제를 파격적으로 철폐하고 난 뒤였기 때문이다. 아이슬란드은행들은 750억 달러의 채권을 끌어모았다. 어린이를 포함한 국민 모두에게 1인당 25만 달러씩 돌아가는 금액이었다. 금융 위기가 닥쳤을 때 아이슬란드 화폐 크로네는 급락했고 한때 단순하지만 안정적이었던 경제는 천정부지로 치솟는 외채에 대한 이자 지불에 드는 비용을 감당하느라 휘청거렸다. 아이슬란드의 경제 규모를 감안하면 과거와 현재를 통틀어 역사상 규모가 가장 큰 은행 파산이었다.[56] 0퍼센트였던 실업률은 10퍼센트로 치솟았고 연금은 증발했다. IMF는 아이슬란드가 2017년부터 2023년까지 매년 총 GDP의 6퍼센트를 영국과 네덜란드 투자자에게 상환한다는 조건으로 구제금융을 승인했다. 아이슬란드 은행이 파산할 당시 금융 부문은 실물경제에 비해 지나치게 비대했고 국가 경제도 마찬가지였다.

아이슬란드는 또한 전 세계가 공통적으로 자국 금융 산업 규제를 철폐하는 정책을 채택하면서 일각에서는 규제 집중이 심화되고 있음을 강조했다. 2009년에 잉글랜드은행 재무 안정성 담당 이사 앤디 홀데인은 이러한 '단일 문화'는 "동식물 및 해양 생태계와 마찬가지로 질병에 대한 저항력을 약화시킨다."라고 말했다.[57]

이러한 규제 집중 현상은 진정한 딜레마를 불러온다. 우리가 공공의 위험을 제대로 이해하지 못한 채 합법적인 사적 목표와 맞바꾸도록 만드는 것이다. 자본이 매우 유동적으로 보이고 유권자가 규제 철폐에 환호하는데 어떤 정치가가 그 추세에 동참하기를 거부하겠는가? 신흥 금융시장에 진입한 이들이 매우 높은 수익을 올리고 있는데 어느 금융 회사가 그런 기회를 마다하겠는가? 아주 적은 돈 또는 무일푼으로도 집을 살 수 있고 집값이 오를 전망이라 가만히 앉아만 있어도 자산이 불어난다는데 어느 개인이 그러한 유혹에 빠지지 않을 수 있겠는가? 그렇다면 한 가지 질문이 남는다. 누구에게 책임을 물어야 하는가?

금융 위기는 이러한 딜레마가 얼마나 어려워질 수 있는지를 보여줬다. 파산 위험을 이해하는 사람이 많았더라도 달리 행동했을지는 의문이다.

그렇다면 우리는 교훈을 체득했는가, 아니면 또다시 역사를 반복할 것인가?

극악무도한 범죄와 재앙적 자연재해

인프라는 필수적이다. 인프라Infrastructure는 문자 그대로 현대 사회의 '기저infra'에 깔린 '구조물structure'로, 우리는 인프라 위에 경제, 기업, 도시, 가족과 개인의 인생 계획을 구축한다. 인프라는 원자재, 상품과 서비스, 사람과 아이디어가 이동하는 교통망, 에너지와 식량과 물을 공급하는 체계, 전력망 원격 감시부터 핀터레스트까지 모든 것을 처리하는 통신 채널 등을 포함한다.

이 인프라가 위협받고 있다. 새삼스러운 일은 아니다. 전 세계적으로 운 좋은 소수만이 공공 제도가 제공하는 서비스로 필요한 수요를 안정적으로 충족한다. 그러나 대다수는 인프라가 심각하게 부족해 일상생활에서 고통을 겪고 있다. 건강과 부와 인구를 증가시켰던 바로 그 연결과 발전의 힘이 낙후되고 노후화된 인프라에 대한 수요도 배가시켰다. 금융 위기로 대중이 허리띠를 졸라맨 탓에 인프라에 대한 수요는 더 높아졌다. 특히 오늘날 삶을 영위할 때 필수인 에너지, 물, 식량을 공급하는 인프라에서 문제는 더욱 심각하다.

세계경제포럼에 따르면 향후 20년간 전 세계적으로 전반적인 인프라에 100조 달러를 투자해야 한다.[58] 낙후된 인프라는 부유한 국가들의 문제다. 미국토목학회ASCE에 따르면 현재 미국 인프라의 전반적인 성적은 D+다. 미국 철도 및 교량 시설은 '보통'이고, 도로, 식수, 폐기물 관리 체계는 '열악', 둑과 수로는 '표준 이하'와 '부적합' 사이다.[59]

낙후된 인프라는 가난한 국가들의 문제이기도 하다(부유한 국가들보다 훨씬 시급하다). 개발도상국은 2020년까지 급격히 증가하는 수요를 충당하려면 현재 인프라에 지출하는 총 8,000억~9,000억 달러의 2배가 필요하다.[60] 예를 들어 인도에서는 전력난이 갈수록 심화되고 있다. 도심지에서는 몬순 시기가 되면 하루 평균 17시간씩 정전이 되고 몬순 시기가 지나가도 하루 평균 3시간씩 정전이 된다. 게다가 농촌인구의 약 40퍼센트는 전기를 전혀 공급받지 않고 있다. 2012년 7월에는 역사상 가장 큰 정전 사태가 일어나 전 세계 인구의 9퍼센트에 해당하는 6억 명 이상이 전기 없이 2일 이상을 살았다.

인프라 위기는 긴급하고 거대하지만 이 문제에 대한 이해도는 높다. 우리 대응이 불충분할지는 몰라도 최소한 대응 방법은 안다. 지난 2년여 동안 다자간 인프라 펀드 및 시설 6개가 새로 설립됐다. 그러나 오늘날 다른 사회 체계를 위협하는 복잡성과 집중도가 인프라도 위협하고 있으며 이 위험에 대한 이해도는 '낮다'. 기본적인 사회 체계에 대한 모든 위험과 마찬가지로 인프라에 대한 위협도 심각한 결과를 초래한다. 그러나 전통적인 인프라에 대한 위험과는 달리 우리는 아직 명확한 대응 방법을 모르며 부유해지고 발전한다고 해서 해결되는 문제도 아니다. 새로운 인프라 문제 앞에서 부유층과 빈곤층 모두 똑같이 취약하다.

가라앉는 베네치아

이는 르네상스 시대에 베네치아가 배웠던 교훈이기도 하다. 11세기 이래로 베네치아는 서유럽에서 가장 부유하고 성공적인 경제를 자랑했다. 1500년 무렵 1인당 국민소득을 기준으로 했을 때 베네치아 시민은 세계에서 가장 부유했다.[61] 유럽 경제 대부분이 벌목업, 목축업, 농업, 광산업 등 1차 산업에 의존하고 있을 때 무역 및 무역 관련 서비스가 지배적이던 베네치아 경제는 놀랍도록 현대적이었다. 본질적으로 베네치아는 (오늘날 싱가포르와 다르지 않은) '해외 보세 창고'였다. 지리적 위치와 베네치아로 몰려드는 수요와 공급, 소비자 선택, 실시간 배달, 협력적인 세금, 법제, 통화정책의 중요성을 이해하는 현대적인 상인 집단이 곧 베네치아의 주요 자원이었다.[62] 거대한 상선을 보유한 베네치아는 세계를 선도하는 해양 세력이었고 지중해 무역 대부분을 독점하며 유럽 국가 중에서는 최초로 이슬람 문명과 진지하게 지속적으로 교류했다.

베네치아는 유리 세공 제품, 실크, 종이, 기타 고급 공예품을 생산하기도 했지만 대부분의 부는 향료 무역에 투자했다. 향료는 실크로드와 인도양을 따라 수백 명의 중개인과 무역상을 통해 유럽으로 수입됐다(도표 6-2 참조). 오늘날 후추는 입맛에 따라 음식에 뿌리기도 하고 뿌리지 않기도 하는 양념이지만 냉장고가 없던 시대에는 후추, 사프란과 그 밖의 향료들이 고기의 맛을 결정했다. 유럽 대륙이 발전하고 향료 수요가 증가하면서 베네치아가 향료 무역으로 얻는 이익도 증가했고 지중해 수송 인프라가 베네치아 경제에서 차지하는 비중도 커졌다. 그러나 2가지 충격적인 사건으로 이 인프라가 베네치아공국의 가장 큰 취약점이라는 사실이 드러났다.

첫 번째 충격적 사건은 오스만제국이 지중해로 진격한 것이었다. 1453년에 오스만제국은 수 세기 동안 이슬람 세력이 유럽 해

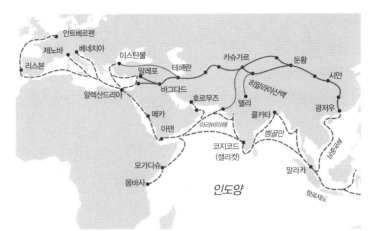

| 6-2 | 실크로드 및 인도양 무역 경로 일부

베네치아는 국부의 상당 부분을 세계에서 가장 긴 공급 사슬에 의존했다.

출처: 그레그 프릭먼, 2008년, 「초기 인쇄술의 아틀라스: 무역 경로」, 아이오와대학교 도서관 소장, URL: atlas.lib.uiowa.edu: 저자 분석 추가.

상으로 진출하지 못하게 막아온 난공불락의 요새였던 콘스탄티노플을 점령했다. 콘스탄티노플이 함락되고 뒤이어 지중해에서 크고 작은 해전이 벌어졌다. 1499년에 그 대미를 장식한 존치오 해전은 당시까지 해상에서 벌어진 전쟁 중 가장 규모가 큰 전쟁으로 함선 350척과 군인 5만 5,000명이 투입됐다. 베네치아는 패배했고 이를 기점으로 동부 지중해에 대한 지배권은 오스만제국으로 넘어갔다.

오스만제국의 관점에서 보면 이러한 사건으로 새로운 연결과 경제 발전이 제국의 확장과 자원에 긍정적인 영향을 끼친다는 사실이 입증됐다. 오스만제국은 중국에서 들어온 화약과 헝가리에서 설계한 대포를 결합해 콘스탄티노플을 함락했다. 오스만제국은 유럽의 해군 기술을 이용해 기존 군함보다 크고 빠르며 세계 최초로 대포를 적재한 갤리선을 건조해 세계에서 가장 경험 많은 함대로부터 지중해 제해권을 지켜냈다. 오스만제국은 베네치아의 무역 관행과 전초기지를 해체하지 않고 개조해 제국 건설 자금을 조달했다. 또한 전쟁을 치른 국가와 협상해 동방무역 및 교류를 재개했다(물론 가격 조정이 이뤄졌다).

오스만제국과는 협상이 가능했으나 지리는 협상이 불가능했다. 따라서 장기적인 관점에서 두 번째 충격적 사건은 더욱 치명적이었다. 1499년에 베네치아에 전보가 날아들었다. 인도 향료 시장에 포르투갈 '상선' 3척이 나타났다는 소식이었다. 바스쿠 다 가마가 신항로를 발견한 것이다. 베네치아 의원이자 은행가였던 지롤라모 프리울리는 "이 소식을 듣고 도시 전체가 (……) 할 말을 잃었으며 최고의 지성들은 역대 최악의 소식이라고 평했다."라고 말했다.[63] 베네치아 상인들은 즉각 이 소식이 의미하는 바를 알아차렸다. 포르투갈은 이제 직거래를 할 것이고 베네치아가 지난 7세기 동안 건설하고 유지했던 육로를 따라 늘어섰던 중개인 수백 명과 어마어마한 세금은 대폭 줄어들 터였다. 경쟁자가 일거에 베네치아의 지중해 향료 무역 인프라를 무용지물로 만들어버린 것이었다.

어떤 결과는 즉각적이었다. 이듬해 대서양 연안 무역의 조건이 더 나아지리라는 기대와 달리 베네치아의 물가는 폭락했다. 많은 독일인 향료 구매상이 리스본으로 사업을 이전했다. 결과적으로 육로를 통한 향료 무역은 처음에 우려했던 것보다 감소 폭이 가파르지 않았다. 신항로를 통한 해상무역에는 폭풍우, 해적, 아프리카 서해안 및 동해안의 적대적인 정착 세력 등 위험이 뒤따랐기 때문이다. 그러나 결코 피할 수는 없었다. 바그다드, 베이루트, 카이로, 다마스쿠스, 흑해와 홍해 등 육로 무역로를 따라 고대부터 상업과 문화의 중심지로 번영했던 도시 및 지역은 이제 변방으로 밀려났다. 베네치아도 처음에는 그다지 밀리지 않았으나 결국에는 뒤처졌다. 베네치아 경제 주역들은 오랫동안 용감하게 조선업, 제조업, 농업 쪽으로 선회하려고 시도했으나 신흥 해양 세력과 경쟁하기에 베네치아는 지리적으로 너무나 불리했다.

베네치아도 다른 수많은 국가가 그러했듯이 지금 누리는 장기적 호황이 영원하리라고 생각했다. 그래서 오스만제국의 등장과 더 많은 더 나은 신항로의 발견 같은 파괴적이고 비선형적인 충격이 다가오는 것을 보지 못했다. 지금까지 일군 무역에서의 성공이 베네치아를 이러한 충격에 매우 취약하게 만들었다는 사실도 알지 못했다. 베네치아는 2가지 충격적 사건 모두에 대비하지 못했고 굴복했으며 한때 번영했던 대륙 간 무역 네트워크와 함께 침몰했다.

침수되는 태국

오늘날에도 마찬가지로 공급 사슬과 인프라의 집중은 우리를 갑작스럽고 예상하기 힘든 충격에 취약하게 만든다. '세계화'는 위험을 분산하는 데 도움이 된다는 직관적인 약속과는 달리 투자와 활동의 다양성을 감소시켰다. 어떻게 어디에서 비용을 최소화하고 효율성을 최대화하며 다른 공동의 목표를 달성할 것이냐와 관련해 우리 모두가 독립적으로 비슷한 결론에 도달하기 때문이다.[64] 최근에야 우리는 사적으로 모두가 비슷한 결과를 추구할 때 충격적 사건에 대한 집단적 취약성이 높아진다는 사실을 깨닫기 시작했다.

500년 전 베네치아가 보여줬듯이 공급 사슬은 특히 집중을 축적할 가능성이 높다. 사기업은 수익 창출 기회를 좇아 빠르게 움직인다. 1990년 태국의 전자 제품 산업과 자동차 산업 규모는 보통이었다.[65] 그러나 1995년에 태국이 세계무역기구에 가입하면서 2010년 전자 제품 산업과 자동차 산업이 태국 GDP와 고용에서 차지하는 비중은 각각 35퍼센트와 20퍼센트로 증가했다.[66] 전 세계 하드디스크 드라이브HDD 조립 작업의 40퍼센트 이상과 일본 자동차 부품 제조의 상당 부분이 방콕으로 이전했다.[67] 노동력이 저렴했고 정부 정책이 우호적이었으며 가까운 아시아 허브에 접근하기가 편리했기 때문이다. 같은 논리에 따라 점점 더 많은 기업이 방콕으로 몰려들었고 그럴수록 방콕에 둥지를 틀어야 한다는 논리가 지니는 설득력도 점점 더 강해졌다. 그래서 2011년 후반 강력한 열대 태풍으로 방콕의 산업 단지가 침수됐을 때 그 타격은 깊고 넓었다. 직접적인 홍수 피해 및 손실은 총 400억 달러에 달했고 임시로 200만 명 이상이 대피했다.[68]

간접적으로는 자동차 부품 수출이 중단되면서 닛산과 도요타는 말레이시아, 베트남, 파키스탄, 필리핀, 미국, 캐나다에 있는 공장에서 자동차 생산을 중단하거나 지연했다.[69] 전자 제품 제조 시설이 피해를 입으면서 소비자가격이 급등했고 일본 니케이와 뉴욕 나스닥 증시에서 기술주가 폭락했다. 전 세계 하드 드라이브 생산량이 거의 절반으로 줄면서 전 세계 컴퓨터 생산도 중단됐다. 태평양 건너 캘리포니아주 산타클라라에 있는 인텔은 2011년 4분기 수입에서 10억 달러 손실을 입었다.[70] 태국의 HDD 제조업은 회복됐지만 일시적이었다. 2011년 홍수는 전 세계 기술 산업이 태국의 이웃 국가가 생산하는 솔리드 스테이트 드라이브SSD로 전환하도록 재촉했고, 2013년 이후로 태국의 HDD 수출은 계속 감소하고 있다.[71]

비슷한 이야기가 2010년 봄 아이슬란드에서 에이야프야틀라 이외쿠틀 화산이 폭발했을 때도 펼쳐졌다. 화산재가 서유럽을 뒤덮으면서 6일 동안 유럽과 나머지 세계를 연결하는 런던 히드로 공항, 독일 프랑크푸르트 공항, 프랑스 파리 샤를 드골 공항의 3대 공항이 모두 폐쇄됐다. 거의 10만 건에 달하는 항공편이 취소되면서 유럽 병원에서 계획됐던 장기 이식수술 취소부터 케냐와 잠비아 창고에 쌓인 꽃과 과일의 부패에 이르기까지 온갖 혼돈이 뒤따랐고 이로써 세계경제가 입은 피해는 50억 달러에 이르는 것으로 추산된다.[72]

새로운 사회의 복잡성 및 집중도가 실제 화산 폭발의 위험을 증가시키지는 않았지만 일단 화산이 폭발한 후에는 그에 따른 비용을 인상시켰다.

그 밖의 거대한 인프라 실패는 우리가 자초한 것이었다. 2003년 8월 북아메리카 역사상 최악의 정전 사태가 미국 북동부와 캐나다를 강타했다. 5,000만 명이 넘는 인구가 30시간 이상 어둠 속에 갇혔고, 약 60억~100억 달러의 손실이 발생했다.[73] 그전까지는 정부 및 공공시설 관계자 가운데 그만한 규모의 단일 정전이 일어날 수 있다고 생각한 사람은 거의 없었다. 그러나 미국의 전력 소비는 인터넷 사용 증가로 10년 만에 거의 30퍼센트나 급증했다. 1990년대 초에 시작된 규제 철폐와 민영화로 전력 공급 주체는 수백에서 수천으로 늘어났다. 노후화된 발전소에 대한 대책으로 등장한 스마트 그리드(기존의 전력망에 정보기술을 접목해 전력 공급자와 소비자가 양방향으로 실시간 정보를 교환함으로써 에너지 효율을 최적화하는 차세대 지능형 전력망-옮긴이)는 제어 체계를 복잡하게 만들었다. 게다가 (변덕스러운 햇빛과 바람의 변화에 따라 멈추고 시작되는) 재생에너지 사용이 증가한 것도 전력망 부하 균형을 유지하는 작업을 복잡하게 만들었다. 미국과 캐나다 합동대책위원회가 2003년 정전 사태를 초래한 주요 원인 2가지가 "전력 체계에 대한 불충분한 이해"와 "불충분한 상황 인식"이었다고 결론지은 것은 전혀 놀랍지 않다.[74]

최근에 일어난 이러한 사건으로 우리는 시스템적인 인프라 위험에 민감해지기 시작했다. 21세기에 접어들어서 첫 15년 동안 겪은 자연재해로 전 세계는 2조 5,000억 달러짜리 교훈을 얻었다.[75] 미래에 닥칠 수많은 자연재해를 생각하면 오히려 지금이라도 교훈을 얻을 기회가 있어 다행이라고 여겨야 한다. 국제 운송망 전반에 걸쳐 다양성은 훨씬 늘어났지만 운송 경로는 훨씬 줄어들었다. 오늘날 세계 상위 30개 공항에 모든 국제 승객의 40퍼센트와 모든 국제항공편의 3분의 2가 집중돼 있다.[76] 세계 10대 항구가 세계경제의 컨테이너 통행량의 50퍼센트를 차지한다.[77] 인도양과 태평양을 잇는 말라카해협은 전 세계 교역 상품의 25퍼센트가 통과하며, 가장 좁은 지점의 너비가 2.8킬로미터에 불과하다. 수에즈운하로 지중해와 인도양을 잇는 아덴만도 그만큼 중요하고 너비도 좁다. 소수의 국제 플랫폼이 우리에게 중요한 모든 것을 제조하고 운송하는 일의 거의 대부분을 감당한다.

특히 인터넷이 대표적이다. 인터넷은 21세기에 새롭게 등장한 시스템적 위험의 근원이다. 인터넷은 매우 유용해서 오늘날 우리는 모든 분야에서 인터넷을 사용한다. 그 안에 바로 위험이 존재한다. 사용자 관점에서 보면 인터넷은 우리를 모든 곳으로 연결해주는 장이다. 그러나 이 사용자 경험에는 우리의 연결성을 위험한 방식으로 집중시키는 데이터 센터와 광섬유 케이블이라는 물리적 차원이 존재한다. 전 세계의 선박이 통과해야 하는 해협과 운하는 해저 케이블을 배치하기에 가장 적합한 경로이기도 하다. 아프리카에서는 해마다 이 케이블 중 하나가 지나가는 선박의 닻이나 도끼에 절단돼 모든 국가의 인터넷이 다운되는 사고가 일어난다. 2013년에 이집트 해안경비대는 고기잡이배를 타고서 고의로 수에즈 케이블을 끌어올려 해킹하려던 3명을 붙잡았다. 이들이 해킹하려던 시미위See-Me-We 4 케이블은 유럽과 아프리카와 아시아를 잇는 주요 데이터 링크 중 하나다. 만약 이 케이블을 절단하는 데 성공했다면 3대륙에서 모든 네트워크 연결이 끊겼을 것이다. 또한 일부 정부 기관이 필수 서버를 마비시키는 등의 방법으로 목표 국가의 인터넷 연결을 효과적으로 차단할 수 있는 '킬 스위치' 능력을 보유하고 있을 가능성도 있다. 그렇다면 미국 정부가 북한 정권을 풍자한 영화 개봉에 대한 보복 조치로 소니 픽처스를 해킹한 북한을 비난한 지 불과 며칠 만인 2014년 11월에 북한의 인터넷이 잠깐 다운된 이유를 설명할 수 있다.

한편 네트워크 하드웨어 및 소프트웨어의 복잡성 때문에 안정적인 서비스를 유지하기가 점점 어려워지고 있다. 구글, 마이크로

소프트, 아마존, 페이스북은 각각 서버 100만 대 정도를 운영하는 데 결함, 자연재해, 장비 고장, 인간의 실수로 서버가 다운되면 손해가 막심하다. 한 세계 산업 설문 조사에 따르면 예기치 못한 데이터 손실과 서버 중단 때문에 연간 2조 달러에 육박하는 비용이 발생한다.[78] 클라우드 서비스 사용자 수가 증가하는 등 인터넷 의존도가 높아질수록 이러한 비용은 급증할 것이다.[79] 이른바 '제로데이' 취약점 공격, 즉 대량 배포된 소프트웨어나 운영체제의 코드 깊숙이 정체불명의 버그들을 숨겨놓는 행위는 의도적으로 서비스를 중단시킬 수 있다. 종종 이러한 버그는 해커가 사용하고 난 뒤에만 수정된다. 2014년 9월 셸쇼크ShellShock로 알려진 보안 공격은 맥과 리눅스 운영체제의 핵심 취약점을 악용해 컴퓨터 수백만 대에서 악성코드를 실행했다. 버그는 20년 동안 눈에 띄지 않았다. 2014년 11월에 발견된 유니콘이라는 또 다른 제로데이 취약점 공격은 1995년부터 생산된 모든 마이크로소프트 인터넷 익스플로러에 존재하는 것으로 밝혀졌다.[80]

인터넷 네트워크의 복잡성 때문에 제로데이 공격 같은 보안 공격은 완벽에 가까운 익명성을 유지하며 실행될 수 있다. 가장 잦은 공격 유형은 분산 서비스 거부 공격, 일명 디도스 공격으로 해킹한 컴퓨터 수천 대에서 동시에 피해자 서버에 무차별 접속 요청을 보내 합법적 사용자들의 접속 요청을 무산시킨다. 인터넷은 본래 보안이 아닌 공유를 목적으로 고안됐기 때문에 범인은 자신이 소집한 영문도 모르는 군중들 틈에 공개적으로 숨을 수 있다. 어쩌다가 해외 어딘가에 있는 범인을 색출하더라도 관할권의 한계로 처벌하기가 어려운 실정이다.

20년 전만 해도 사이버 범죄를 거의 찾아볼 수 없었지만 오늘날에는 이메일, 웹 사이트, 소셜 미디어, 모바일 기기, 개인 네트워크 등 어디에나 존재한다. 사이버 범죄를 저지를 수 있는 인력과 도구를 제공하고 훔친 물건을 처분할 수 있는 온라인 시장이 성장하면서 사이버 범죄는 급속도로 확산됐다. 이제 더 이상 사이버 범죄의 희생자가 '되느냐 마느냐의 문제'가 아니다. '언제 되느냐의 문제'다. 사이버 범죄는 우리의 개인 정보, 로그인 정보, 웹캠 영상이나 스냅챗 사진을 훔치고 이를 인질로 돈을 요구해 개인적인 피해를 입힌다. 또한 우리를 이용해 다른 사람에게 피해를 입히기도 한다. 우리도 모르는 사이에 스팸이나 피싱이나 악성 이메일을 퍼뜨리는 일에 공모할 수도 있고 우리 컴퓨터가 악성 소프트웨어나 아동 포르노 웹 서버로 이용될 수도 있다. 게다가 가전제품부터 자동차와 집 잠금 장치에 이르기까지 점점 더 많은 스마트 기기가 '사물 인터넷'에 연결되면서 사이버 범죄의 피해 유형은 앞으로도 계속 늘어날 것이다. 2015년 7월에는 버그를 이용해 인터넷에서 원격으로 지프 차를 해킹하고 충돌시킬 수 있다는 사실을 연구원들이 입증하면서 140만 대가 회수되는 일도 있었다.[81]

사이버 범죄는 지식재산권과 기타 기관의 비밀 정보도 절도한다. 매년 전 세계 중소기업의 절반, 중견 기업의 3분의 2, 대기업의 5분의 4가 사이버 범죄의 대상이 된다.[82] 2014년까지 미국 국가안전보장국 국장을 역임했던 키스 알렉산더는 사이버 간첩 활동을 가리켜 "역사상 최대의 부의 이전"이라고 묘사했다.[83] 전체 사이버 공격의 절반이 일어나는 미국에서만 사이버 간첩 활동에 따른 기업 손실은 연간 3,000억~4,000억 달러에 이른다.[84] 사이버 간첩 공격은 고객의 개인 정보를 노출시켜 신원 도용에 취약하게 만든다. 2014년에 시행된 한 설문 조사에 따르면 가장 큰 온라인 서버 제공 업체와 소매 업체, 은행을 포함해 미국 기업의 43퍼센트가 지난 1년 동안 데이터 유출 사고를 겪은 것으로 나타났다.[85] JP모건체이스앤드컴퍼니가 해킹 당해 7,600만 가구의 은행 기록과 700만 중소기업의 은행 기록이 유출됐다.[86] 공용 데이터 네트워크 또한 위험에 처해 있다. 2007년 4월에 세계에서 가장 먼저 종이 없는 정부와 인터넷뱅킹을 시행한 에스토니아는 은행, 통신사, 언론, 정부 부처 등이 동시에 디도스 공격을 받아 순식간에 이 모든 것이 중단됐다. 좀 더 최근인 2015년 중반에는 미국 인사 관리처가 해킹돼 560만 명의 지문 사진을 포함해 미국 정부의 전현직 공무원 2,150만 명의 인사 기록이 도난당했으며, 정보 제공자나 간첩을 물색하려는 외국 정부의 소행으로 추정된다.[87] 이 밖에도 배후에 다른 정부가 있는 것으로 추정되는 매우 정교한 악성 소프트웨어 공격이 전 세계 대사관, 연구 기관, 정부 기관을 상대로 일어났다.[88]

국방, 화학, 식품, 교통, 원자력, 물, 금융, 에너지 등 인터넷과 연결된 중요한 인프라의 규모가 커지면서 이제는 사이버 범죄뿐만 아니라 사이버 전쟁도 가능하다. 2010년 스턱스넷 웜Stuxnet worm이 제어 시스템을 감염시키고 우라늄 원심분리기를 자체 폭파시켜 이란의 우라늄 농축 인프라를 파괴했다.[89] (유사한 웜이 북한 시설도 겨냥했지만 북한은 극단적으로 고립된 국가였던 까닭에 목표물에 도달하는 데 실패했다.)[90] 2014년 독일의 한 제철소는 사이버 공격자가 발전소 제어 시스템에 접근해 중요한 부품에 고장을 일으키는 바람에 '막대한 피해'를 입었다.[91] 이러한 사이버 공격은 갈수록 늘어나고 있다. 미국 국토안보부는 주요 공공 인프라 (주로 에너지 분야와 핵심 제조업 분야)에 대한 심각한 사이버 공격이 연간 250건가량 일어난다고 보고했다. 공격 형태는 무허가 접근, 악성 소프트웨어 감염, (미래 공격을 위한 정찰 용도의) 데이터 도용 등으로 다양하다.[92]

기타 사이버 공격은 특정 목표물 대신 디지털화된 사회 전체를 겨냥한다. 2017년에 일어난 랜섬웨어 공격인 워너크라이WannaCry는 영국 국민보건서비스 일부를 무력화하고 150개국의 컴퓨터를 감염시켰다. 한 달 후 또 다른 랜섬웨어인 페티야Petya가 우크라이나 전역에 있는 공항과 은행과 정부 부서를 마비시켰다.

점점 더 다양한 국가들과 범죄자들이 보안이 철저하다고 알려진 국가나 기업 시스템을 상대로 성공적인 사이비 공격을 감행하고 있다(예를 들어 미 국가안전보장국에서 훔친 것으로 추정되는 스파이웨어를 사용한 사례도 있다). 어떤 인프라도 당연하게 여길 수 있는 시절은 지났다.

자연이라는 인프라

인프라에는 자연도 포함된다. 기후 같은 자연 인프라는 첫 번째 르네상스 이후로 어떻게 위험이 변했고 500년 전 교훈이 우리와 어떻게 연관돼 있는지를 보여주는 가장 분명한 예시다.

500년 전과 비교해 달라진 것은 인간 활동의 규모다. 그때보다 인구 규모는 17배 커졌고 기술 발전으로 1인당 소비하는 에너지량도 훨씬 증가했다.[93] 반세기 전에 자연의 힘은 인간 산업과는 연결되지 않은 것처럼 보였다. 인류는 농업과 임업으로 자연의 풍경을 바꿔놓았지만 대부분의 자연은 통제는 고사하고 인간의 영향력 바깥에 본연의 모습 그대로 존재했다. 오늘날에는 더 이상 그렇지 않다. 이제 더 이상 인재와 자연재해가 명확하게 구분되지 않는다. 인간 활동의 규모가 전 세계 서식지, 종 다양성, 기후, 온도, 대기, 해수면 높이에 측정 가능할 만큼의 영향을 끼칠 수 있을 정도로 커졌기 때문이다.

연결과 발전의 힘이 복잡성과 집중의 문제를 낳았다는 교훈은 여기서도 명백하다. 기후변화를 예로 들어보자. 인류와 기후의 관계는 모든 과학을 통틀어 가장 복잡한 현상 중에 하나다. 여기에는 태양주기, 지구 공전궤도 변화, 기류와 해류, 동식물의 온실가스 흡수 및 배출 주기, 서로 다른 지표면의 흡수 능력 등 수많은 자연적 요인이 관여한다. 거기에다가 또 급증한 온실가스 배출량, 토지 사용, 오존층 파괴, 농업, 삼림 파괴 등 인간 사회가 끼친 영향을 중첩해야 한다. 그러고 나면 이제 이 거대한 2개의 변수 집합 내부와 사이에서 상호작용, 피드백, 비선형적 분기점을 발견하는 어려운 작업이 시작된다. 원인과 결과를 찾아내기란 매우 어렵다. 날씨 변화, 초강력 허리케인 및 기타 '자연'재해 같은 기후변화의 결과 때문에 고통받고 있는데도 이를 완화하기 위한 강력한 시민 행동을 조직하기가 힘든 절반의 이유다.

나머지 절반의 이유는 기후변화가 패러다임 집중의 딜레마에 빠지게 만들기 때문이다. 기후변화는 연결과 협력을 위해 인간이 활동하고 도전하고 탐험한 결과 전혀 의도치 않게 생겨난 부산물이다. 다시 말해 선한 의도로 이뤄진 행동의 부산물인 것이다. 사회가 긍정한 목표를 개인적으로 추구하는 과정에서 갈수록 실존적 위협이 되고 있는 탄소 오염이 가중된다면 우리는 어떻게 해야 하는가?

위험이 번성하고 있다. 우리 시스템 안에서 복잡성과 집중이 증가하고 있는 탓이다.

복잡성과 집중은 서로 다른 어려움을 제시한다. 복잡성 문제에서 가장 해결하기 힘든 부분은 문제를 발견하는 것이다. 인과관계를 볼 수만 있다면 경영적 해결책이나 기술적 해결책을 조합해 우리를 보호할 수 있을지도 모른다. 그러나 문제 자체를 볼 수 없으므로 해결책도 찾을 수 없다.

복잡성이 우리의 인지능력을 압박한다면 집중은 우리의 판단력을 압박한다. 집중은 모든 개인의 선택이 모여 초래한 집단적 결과다. 개인은 자유의지와 야망, 사랑하는 사람에 대한 책임감에 따라 각자 최선의 선택을 한다. 사적인 행동이 의도치 않게 집단적 충격을 불러올 위험을 높인다면 우리는 어떻게 해야 하는가? 충격이 다가온다는 사실을 안다고 하더라도 대답은 쉽지 않다.

우리는 이러한 압박을 피할 수 없다. 우리가 태어난, 급속도로 발전하는 얽히고설킨 세상의 또 다른 측면인 데다 우리 삶에, 우리가 서로 구축한 관계 속에 이미 깊숙이 침투해 있기 때문이다.

7장

공정하고 정의로운 세상

어떻게 현시대는 우리를 하나로 묶는

연대감을 압박하는가

이탈리아에는 전쟁이 한창이고 굶주림이 새로운 거처를 찾고

전염병이 가는 곳마다 승리하고 하느님의 분노에 찬 종말이 퍼진다.

눈먼 자에게 남겨진 어둠의 양식과도 같도다.

유리만큼 연약한 믿음을 지닌 인류여, 그 스러진 목숨이여

신이시여, 신이시여, 신이시여……

– 지롤라모 사보나롤라[1]

포퓰리스트의 탄생

그는 정치적 아웃사이더였다. 분노에 찬 언사가 대중 담론을 지
배했다. 그는 타고난 연사였다. 대중의 마음을 흔드는 능력은 새
로운 미디어를 통해 증폭됐다. 그는 선지자였다. 공포와 분노를
몰아내겠다고 약속했으나 청중의 공포와 분노에 불을 지핀 것도
사실은 그 자신이었다. 자신의 주장이 진리에 더 깊이 맞닿아 있
다고 믿었기에 그에게 논리 따윈 중요하지 않았다.

　바로 도미니코수도회 설교자로 1490년대에 혜성처럼 등장해
르네상스 유럽 전역을 충격에 빠뜨린 지롤라모 사보나롤라다. 사
보나롤라는 민중을 상처 입히고 두려움에 떨게 한 사회 엘리트

계층의 무능함을 정면으로 비판하는 종말론적 메시지만으로 대중 혁명을 이끌어냈고 메디치 가문을 몰아낸 뒤 피렌체공화국을 차지하고 스스로를 사실상 왕으로 세웠다.

피렌체공화국은 르네상스 유럽의 지적·문화적 중심지였다. 미켈란젤로와 마키아벨리의 고향이기도 한 피렌체는 당시 지구상에서 가장 교육 수준이 높고 부유하며 자유분방한 시민 집단이었다. 그러나 사보나롤라는 대중 연설과 인쇄 팸플릿을 이용해 급격하게 변화하는 세상에서 경제적으로나 문화적으로 뒤처졌다고 느끼던 피렌체인의 마음을 움직였다. 사보나롤라는 매일 설교를 통해 대중의 불만이 지도층을 향하도록 유도했다. 사보나롤라가 판단하기에 피렌체 지도층은 도덕적으로 나태했고 정책은 악했으며 외국과의 교섭력도 형편없었다. 사보나롤라와 그 열렬한 추종자들은 소수파였지만 누구보다 큰 목소리로 시의회를 장악했다. 사보나롤나는 자유주의적 가치에 대항하는 민중운동을 선동했다. 피렌체공화국의 국명을 '피렌체 기독교 공화국The Christian and Religious Republic of Florence'으로 바꾼 다음 종교적 정체성을 강조했다.[2] 사보나롤라는 동성애를 다음과 같이 묘사하며 법으로 금지했다. "피렌체는 이탈리아 전역에서 남색이라는 저주스러운 죄악으로 불명예를 얻었다. 이제 동성애를 하는 자는 법으로 엄하게 다스려 돌팔매질과 화형에 처할 것이다."[3] 사보나롤라는 또한 정치인, 예술가, 지식인의 표현의 자유를 공개적으로 탄압했다.

표현의 자유를 탄압한 가장 유명한 사건은 1497년 2월 초에 일어났다. 사보나롤라와 그의 광적인 추종자들은 부도덕한 책, 이단적 문서, 누드화 및 조각 작품, 도발적인 향수, 멀리 이국에서 수입한 새로운 악기 및 장식품 등 사치와 방종을 증거하는 물품이라면 손에 잡히는 대로 모조리 수거했다. 이렇게 모은 물품을 피렌체 두오모광장 중심에 총 7층(7가지 치명적인 죄를 상징)으로 쌓으니 그 높이가 6피트(약 2미터)에 달했다. 그런 다음 더미를 불살랐고 오늘날 우리는 이 방화 행위를 '허영의 불꽃'이라는 이름으로 기억한다.

1494년 집권 4년 만에 공개 처형을 당하기 전까지 이 논란의 중심이던 선지자는 손쉽게 피렌체 정계를 손아귀에 넣었다.[4] 과두정치로 피렌체를 이끌었던 메디치가부터 로마 교황까지 모두가 의아하게 여겼던 것은 도대체 어떻게 사보나롤라가 정권을 거머쥘 수 있었는가였다![5] 사보나롤라는 모든 공권력을 쥐고 있던 부유한 엘리트 계층과 종교 제도에 반발한 일개 개인에 지나지 않았다. 게다가 그는 말 그대로 아웃사이더였다. 사보나롤라는 성직자'이면서' 피렌체공화국 시민도 아니었기 때문에 통치는 고사하고 공직에 오르기에도 부적절한 인물이었다.

사보나롤라가 펼친 민중운동 형식이 딱히 새로웠던 것도 아니었다. 공개 화형식으로 죄를 불살라 없애버리는 것은 1420년대 베르나르디노 다 시에나부터 1483년 베르나르디노 다 펠트에 이르기까지 기존 이탈리아 성직자들도 행해오던 일이었다.[6] 사보나롤라라는 인물 자체도 전혀 새로울 건 없었다. 사회에 만연한 도덕적 타락을 꾸짖는 타고난 연사였지만 이전에도 그런 인물은 많았다.[7]

시대를 조금만 일찍 태어났어도 사보나롤라 같은 인물은 권력의 문턱에도 가보지 못하고 무시당했을 것이다. 그러나 사보나롤라와 그 사상은 어찌 된 영문인지 문턱을 넘어 합법적으로 권력을 쟁취했고 많은 지지를 받았다. 사보나롤라의 사회적 지위를 고려하면 전혀 가당치 않은 일이었다. 사보나롤라는 38세에 1490년 5월 아니면 6월에 산마르코수도원 강사 자리에 부임하면서 처음으로 피렌체에 입성했다. 페라라 출신의 중급 수사였지만 종말론적 예언으로 조금씩 명성을 쌓아가고 있던 시절이었다. 그 후 1년 만에 브루넬레스키가 설계한 성당 두오모의 돔을 머리 위에 이고서 1만 5,000명의 청중이 모인 가운데 당시 피렌체에서 가장 권위 있는 강단에 서게 된다.

사보나롤라가 성공한 첫 번째 이유는 기득권을 쥔 엘리트 계층이 국경 너머에서 시시각각 다가오는 안보 위협을 해소하는 데 실패했기 때문이다. 당시 오스만제국은 아시아와 그리스를 정복하고 이탈리아 해안을 위협하며 동유럽 국경에 먹구름을 드리웠다. 1492년에 메디치가 수장이자 피렌체공화국의 실세로서 피렌체의 위대함을 상징하는 인물이었던 '위대한' 로렌초가 병으로 숨졌다. 로렌초를 계승한 '불운한' 피에로는 별 볼 일 없는 인물로 민중에게 확신을 주지 못했다. 1494년 프랑스의 샤를 8세가 이탈리아를 침공했을 때 피에로가 평화에 대한 대가로 막대한 국부를 갖다 바치면서 불신은 더욱 깊어졌다. 사보나롤라는 이 모든 일을 전반적으로 예언했다. 안보 위협이 가중되면서 시대는 도덕적으로도 정치적으로도 강한 리더십을 원했다. 사보나롤라는 "오, 피렌체여, 피렌체여, 손에 든 잔에는 구멍이 가득하도다."라고 통탄했다. 사보나롤라는 피렌체 민중이 자신들의 영혼과 국가 제도를 좀먹고 있는 죄를 회개하지 않는다면 하느님이 새로운 홍수를 보내실 것이라고 예언했다.

부분적으로 사보나롤라가 정권을 잡을 수 있었던 이유는 급속한 시대 변화 속에 공격받고 있던 전통적 가치를 격렬히 방어했기 때문이다. 당시 수많은 피렌체인, 특히 창조적 직업 계층은 예술적·과학적·정치적 투쟁에서 '신성함'을 찾아내 위대한 존재의 사슬에서 '인간'의 위치를 끌어올리자는 새로운 '인문주의자' 어젠다에 고취돼 있었다. 사보나롤라는 이러한 인문주의 사상에 극심한 공포를 느꼈고, 이를 설파해 추종자들 사이에서도 공포 여론을 조성했다.

사보나롤라와 추종자들에게 사회의 계층적 가치 구조에서 물질적 아름다움과 세속적 성공을 추구하는 것은 곧 금욕과 회개 같은 종교적 가치를 격하하는 것이었다. 회화에서 아름답고 부유한 여인으로 묘사된 성모마리아가 일부 남성들 사이에서 정욕의 대상으로 전락했다.[8] (오늘날 본명의 성에 해당하는 보르자Borgia로 더 널리 알려져 있는) 교황 알렉산데르 6세는 지나치게 세속적인 인물이었다. 역사에 따르면 알렉산데르 6세는 여자를 밝혔고 일시적인 권세와 가족들의 부귀영화를 좇느라 영적 의무를 게을리했다고 한다. "교회는 우두머리부터 말단까지 혐오스러운 자들로 들끓고 있다!" 사보나롤라는 교황과 과두정치를 이끄는 피렌체 가문이 공익을 수호하겠다던 맹세를 저버리고 사사로운 이익을 좇느라 사탄의 위협이 절정에 다다른 시대에 기독교 가치를 보강하는 데 실패했다고 비난했다.

최소한 민중은 천국과 지옥이 실제로 존재한다는 사실을 잊어버리지 않게 하고자 사보나롤라는 설교했다. 구원은 인간이 스스로를 넘어설 때가 아니라 하느님이 주신 도덕적 계명에 순종하고 사후 세계를 소망할 때 이뤄지는 것이었다. 예수그리스도의 영적 방주에 오른 사람만이 다가올 홍수에서 살아남을 수 있었다. 이 같은 교리를 믿는 자에게는 당시 교회와 사회에 뿌리내리고 있던 도덕적 관대함을 즉각 뿌리 뽑을 수 있는 반대 세력이 절실했다. 사보나롤라는 이러한 믿음을 이용해 전통적 관습을 퍼뜨리고 새로운 의미와 긴박함을 주입했다. 무엇보다 사보나롤라는 피렌체의 기독교 학교를 장악하고 교과과정을 개편했다. 사보나롤라의 통솔 아래 기독교 사상으로 무장한 열렬한 청년 인력이 배출돼 거리를 순찰하고 폭력적 수단을 동원해 도덕 정책을 강제로 집행했다.[9]

사보나롤라가 충격적인 성공을 거둘 수 있었던 세 번째 요인은 인쇄 미디어의 출현이었다. 사보나롤라가 대변한 도덕적 가치는 당시 시대정신과는 대척점에 있었다. 그러나 사보나롤라는 자신이 믿는 가치를 전파하기 위해 신기술을 재빨리 받아들였다. 사보나롤라는 역사가 기억하는 한 인쇄술을 대중 선전 수단으로 사용한 최초의 이탈리아 정치인이었다.[10] 사보나롤라는 수천 명의 군중에게 열정적으로 설교를 했고 또 다른 수천 명에게 설교 내용이 담긴 한 장짜리 팸플릿을 저렴한 가격에 인쇄해 배포했다.[11] 또한 불특정 다수에게 대량 배포해 여론을 형성하는 것이 목적인 '공개서한'이라는 것을 만들어냈다.[12] 신생 미디어를 능숙하게 활용한 덕분에 사보나롤라는 언론을 장악할 수 있었다. 자신의 논리를 퍼뜨려 대중의 불안감에 불을 지폈으며 기득권 계층의 안일한 예상을 뒤집고 훨씬 빨리 세력을 확장했다. 정신을 차렸을 때는 이미 사보나롤라와 그 추종 세력이 손쓰기 어렵고 위험할 정도로 성장한 뒤였다.

무엇보다 사보나롤라는 믿음이 쇠퇴했던 시기에도 믿음을 잃지 않았다. 사보나롤라의 가장 열렬한 추종자는 바로 그 자신이었다. 하느님이 '그'에게 도시를 거듭나게 하라는 사명을 맡겼다. 하느님의 선지자로서 사보나롤라가 하는 말은 무엇이든 진리였다. 그 말을 한 사람이 곧 사보나롤라였기 때문이다.

이 황홀경에 빠진 자만심이 곧 사보나롤라의 가장 큰 강점이었다. 교황은 사보나롤라를 파문했다. 사보나롤라는 이를 가리켜 사탄이 로마를 점령한 증거라고 말했다. 사보나롤라는 마치 요술이라도 부리는 것처럼 어떤 공격에도 *끄떡*하지 않았다. 일반 쾌락주의자들뿐만 아니라 현실을 딛고 일어선 남자의 순수한 힘이 자신들의 잃어버린 신앙까지 회복시켜주길 바랐던 시민들은 사보나롤라의 설교에 빠져들었다. 사보나롤라는 피렌체에 옛 영광을 돌려주겠다고 약속했다. 정적들이 편협한 사상을 버리고 하느님이 자신에게 위임한 권한에 완전히 굴복하기만 하면 스스로 능히 그렇게 할 수 있다고 믿었다.

대중의 환멸과 극단주의

도널드 트럼프도 선지자이자 종말론적 예언가다. 현시대의 규범을 깨고 외견상 독창적으로 집권했으나 르네상스 시대의 관점으로 보면 트럼프는 표절자나 다름없다. 황금을 입힌 에스컬레이터를 타고 내려와 미국 대통령에 출마하겠다고 선언한 이후로 트럼프는 인쇄술만큼이나 오래된 대중주의자의 각본에서 대사와 지문을 도용했다.

충격적인 사실은 트럼프와 그의 방식이 아니라 사회 전반적으로 트럼프의 등장을 예상하지 못한 것이다. 우리는 공중 보건 체계와 경제와 주요 인프라와 자연 안에 위험이 축적되는 것을 목격했다. 이러한 격변의 소용돌이 속에 살면서 우리는 왜 '사회' 시스템이 취약하지 않다고 생각했을까?

'사회'는 함께 살아가는 사람들이다. 사회 시스템은 함께 살기 위해 공동의 규범 및 가치로 견고히 이룬 합의다. (정부, 법원, 언론 같은) 제도는 이러한 합의를 구체적으로 형상화한 것이다. 르네상스 시대는 사회 전체의 합의에 압박을 가했다. 그렇다. 사회를 바꾸는 힘은 새로운 위대한 가능성과 새로운 무서운 위협을 동시에 불러온다. 그러나 경험은 균일하지 않다. 커다란 승자도 존재하고 커다란 패자도 존재한다. 운이 좋은 사람은 살아남고 운이 나쁜 사람은 살아남지 못한다. 부와 가난이 양극단으로 집중되면서 기존의 공평성과 정의 개념이 시험대에 올랐다. 동시에 복잡성이 증가하면서 누가 또는 무엇이 걱정할 만한 변화를 일으키는지를 가려내기가 어려워졌다. 따라서 한때는 분명했던 도덕적 책임과 법적 책임도 모호해졌다.

공평성, 정의, 도덕적 책임, 법적 책임은 사회를 하나로 묶는 합의의 심장부에 있는 개념이다. 이 개념은 항상 시험받고 있지만 현시대에는 연대를 소집하거나 반란을 조직하는 기술이 갑자기 보편화되고 강력해지면서 그 확실성이 약화됐다.

두 번째 사보나롤라가 출현할 가능성은 항상 있었다. 다만 어떤 모방자가 그 역할을 자처하느냐가 문제였다.

분노가 쌓일 때

지키지 못한 약속으로 가득한 사회는 가연성이 매우 높다. 그러나 처음부터 그런 사회는 없다. 지도층이 지키지 않은 약속이 쌓여서 제대로 된 불꽃으로 점화하기까지는 시간이 걸린다.

돌이켜보면 피렌체 엘리트 계층은 깨뜨린 약속이 산더미처럼 쌓여도 민중이 여전히 복종하리라고 철석같이 믿었음이 분명하다. 피렌체 지배층은 자신들이 '공언한' 가치와 '행동으로 표출한' 가치 사이에 모순이 쌓이도록 내버려뒀다. 겉보기에는 심각한 결과가 초래되지 않았기 때문이다.

사보나롤라가 등장해 민중의 가연성을 입증하고 나서야 지배층은 자신들이 자만했음을 깨달았다. 사보나롤라의 언변에 기름을 부은 것은 하느님이 아니라 바로 피렌체 지배층이었다. 민중과 맺은 합의를 더 진지하게만 받아들였어도 사보나롤라를 쉽게 저지할 수 있었을 것이다.

결국 당시 피렌체는 사보나롤라의 대의명분에 합류한 평범한 소작농 계층에게 애초에 많은 것을 약속하지 않았다. 소작농 대부분은 자신과 귀족 사이에 존재하는 생활 방식의 차이를 자연 질서의 일부로 받아들였다. 10마일(약 16킬로미터) 정도 되는 편평한 세상에만 틀어박혀 사는데 더 멀리 여행을 가야겠다는 생각이 들 리가 없지 않은가? 아메리카산 칠리를 맛본 적이 없는데 먹고 싶다는 생각이 들 리가 없지 않은가? 글을 읽고 쓸 줄 아는 능력이나 책이 있어도 별 소용이 없었을뿐더러 습득할 수 있는 수단도 없었다. 오로지 창조의 중심에 지구를 고정하고 태양이 그 주위를 돌게 만드셨으며 사탄이 일으킨 열병과 감염병을 자비로 이 쫓아주시는 하느님께 기쁜 마음으로 의탁할 뿐이었다.

평범한 사람들 대다수에게 '구원'이란 사회가 지켜줄 것이라 기대하는 약속이었다. 그러나 이제 민중의 일상에 하느님을 끌어들이는 것이 유일한 직무인 신의 사자라는 자들조차 민중의 면전에서 부를 과시하고 악을 서슴지 않았다. 교회는 부자에게 면벌부를 팔았고 지배층에게 순종하지 않는 빈민에게는 지옥을 보장했다. 최후의 배신이었다. 민중의 이익을 수호해야 할 교회가 엘리트 계층에게 사로잡혀 그들의 이익을 수호했다. 환멸을 느낀 민중은 사보나롤라에게 권력을 주어 부자와 귀족에게서 헛된 재물과 세속적 권한을 빼앗아왔다.

그때 그 환멸이 되풀이되고 있다.

오늘날 복지와 복지 제도를 측정하는 기준인 소득, 교육, 기대 수명은 덜 종교적이고 더 물질적이다. 인간의 기본적인 인권을 측정하는 기준인 안보, 선택, 자기표현도 마찬가지다. 그러나 세속적인 기준으로 봐도 분노의 정서가 메아리친다. 그때처럼 오늘날에도 사회 최상층에 자리한 사람과 제도가 나머지 이들을 무시한다는 보편적이고 대중적인 정서가 존재한다. 그때처럼 오늘날에도 공공복지에 대한 책임을 위임받은 사람과 제도가 대다수를 살리기보다 소수를 배 불리는 데에 집중하고 있다는 강한 믿음이 존재한다. 그때처럼 오늘날에도 대중은 현시대에 구원을 받았다고 느끼는 것이 아니라 배신을 당했다고 느낀다.

그리고 그때처럼 오늘날에도 지도층은 자만심에 빠져 이러한 대중적 정서가 쌓이도록 내버려둔다. 우리를 하나로 묶어주는 합의를 당연시함으로써 너무 많은 선택의 순간에 집단적인 실패를 경험했다. 경제성장을 복지로 더 잘 변환하지 못했고, 사회적인 손익을 더 광범위하게 분배해서 더 많은 개인이 이득을 볼 수 있게 하지 못했으며, 급속한 변화로 공동체 내부나 공동체 사이에 새로운 소속감을 구축하지 못했다.

꺼진 불꽃

뒤돌아보면 이러한 실패의 순간이 분명하게 보인다. 실패의 순간은 이 신 르네상스 시대가 밝아 오는 순간에도 마수를 뻗친다. "무자비한 추진력으로 세력을 확장하는 듯하다."[13] 사보나롤라는 이렇게 말하며 교황청을 비난했을지도 모른다. 실제로는 1999년 유명한 무역 운동가 로니 홀이 '시애틀 전투'에서 세계무역기구 WTO를 가리켜 한 말이다.

당시 WTO 회원국 135개국에서 모인 정부 각료 및 협상단 3,000명이 시애틀에서 새로운 세계무역 협상인 '밀레니엄 라운드'를 시작했다.[14] 시위대 4만~10만 명이 무역 협상이 열리는 장소를 둘러싸고 길거리에 운집해 '무역 개방으로 모두의 이익을 추구'해야 할 WTO가 가난하고 취약한 나라를 희생시켜 부유한 나라의 이익을 촉진시킨다고 성토했다. 시위대의 마음속에서 '무역 개방'은 노동자와 사회와 환경을 보호하는 민주적 장치를 제거해 투자자가 더 높은 수익률을 올릴 수 있도록 하려는 WTO의 완곡어법에 불과했다.

시위대는 고춧가루 분사기와 최루탄과 섬광 수류탄과 고무 총알로 무장한 경찰에게 진압됐다. 그러나 꺼지지 않은 불만은 계속 타들어갔다. 시애틀에서 이뤄진 새로운 무역 협상은 불발로 끝나고 말았다. '반세계화'와 '공정 무역'이라는 단어가 대중 담론에 등장했다. WTO, 세계은행, IMF, G8, G20, 세계경제포럼 등 뒤따라 열린 국제회의마다 대규모 시위대가 동반했다.

그리고 나서 닷컴 버블과 9·11 테러가 터졌다. '세계화'에 관한 논의는 줄어들었고 시위대도 잦아들었다. 시민적 자유는 제한됐고 여기에 동의하지 않으면 애국심이 없다고 매도당했다. 이는 특히 미국에서 일어난 일이다. 사람들의 관심은 다른 곳으로 쏠렸다. 눈에 띄는 다국적기업의 위협이 감소했고 국제 정세가 더 냉혹해지고 어두워지면서 정부군과 민간군이 주요 악당으로 재등장했다. 한편 개발도상국에서는 자본 수익률은 올라가는데 임금은 제자리걸음이었다. 이는 곧 개발도상국에서 벌어들인 돈 가운데 점점 더 많은 돈이 본래 부자에게로 흘러들어간다는 뜻이었다.[15] 그 결과 2001년부터 2007년까지 북아메리카와 유럽에서 총 민간 자산, 즉 전 국민의 집, 투자, 기타 자산, 마이너스 부채를 합산한 총 가치는 75조 달러에서 거의 150조 달러로 2배 늘었다.[16] 그중 상위 10퍼센트의 가계가 총 자산의 65~70퍼센트를 소유했다.[17] 선진국 자본가 입장에서는 달러 가치로 보면 역대 가장 부유했던 5년이었다. 임금 노동자에게도 그럭저럭 괜찮은 기간이었다.

점화

선진국의 가계가 한계점에 다다른 것은 세계 금융 위기의 여파 때였다. 금융 위기의 직격탄은 강력했다. 그러나 당시 기록적인 압류와 봉급 및 사회복지 혜택의 삭감을 견뎌내던 일반 대중은 (정작 투자 활동으로 금융 위기를 일으킨 장본인인) 부유층은 이 고통을 함께 나누고 있지 않다는 사실을 알아차렸다. 2007년부터 2011년까지 선진국 전반에서 하위 10퍼센트의 소득 감소율은 상위 10퍼센트보다 2배 높았다. 미국에서 최상위 소득 계층의 소득은 전혀 감소하지 않았다. 실제로는 심지어 소득 증가의 결과를 얻었다.[18]

미국 사회의 합의는 전통적으로 커다란 빈부 격차를 용인해왔다. 열심히 일해서 부자가 되는 것은 모든 미국인의 권리였다. 그러나 이번에는 너무 지나쳤다. 금융 위기가 끝날 무렵부터 2011년까지 (소득이 이미 12퍼센트나 감소한) 하위 99퍼센트의 형편은 더 어려워진 반면에 상위 1퍼센트는 거의 완벽하게 금융 위기 이전의 소득 수준을 회복했다.[19] 그 결과 전체 국부에서 부유층이 차지하는 비중은 실제로 점점 높아졌고 2011년에는 소득 상위 1퍼센트가 미국 가계소득 전체의 37퍼센트를 소유했다. 이로 인해 많은 미국인들은 기존에 가지고 있던 정의와 공정함에 대한 개념이 흔들리는 것을 경험했다. 상위 1퍼센트는 돈을 벌지 않았다. 로빈 후드와는 반대로 모두의 주머니에서 자기 주머니로 부를 이전할 뿐이었다. 부유층을 제외하곤 전부 금융 위기로 상당한 대가를 치른 듯 보였다. 본래 교육이나 교통이나 세금 환급에 지출했어야 할 돈이 구제금융에 투입됐다. 2008년부터 2009년까지

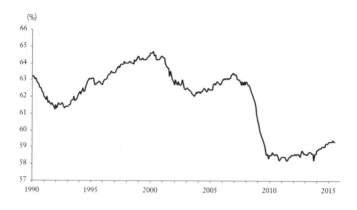

| 7-1 | 미국 경제활동 인구 중 취업자 비율(1990~2015년)

미국 노동인구 가운데 상당수가 일자리를 잃었(고 여전히 실직 상태)다.

출처: 미국 노동통계청. 2015년, 「최신 인구조사에서 노동인구통계 현황: 고용률」, 미국 노동부, data.
bls.gov에서 검색.

미국인 900만 명이 직장에서 쫓겨났다.[20] 2008년부터 2013년까지 은행은 주택 450만 채를 압류했다. 이는 직전 5년과 비교하면 300퍼센트 증가한 압류율이다.[21]

최상위 부유층은 다시 이익을 내기 시작했다.

삼키기 힘든 약은 사람들을 단합시킬 수 있다. 그러나 특권층이 자신의 복용량을 회피한다면 이야기는 달라진다. 오지 않는 '회복'에(도표 7-1 참조) 환멸을 느낀 수백 명의 사람들은 2011년 9월 '우리는 하위 99퍼센트다'라는 구호를 내세우며 뉴욕시 월스트리트 근처에 있는 주코티공원에 모여 시위를 벌였다. 다른 시대에 다른 장소에서 일어났다면 시민 불복종 행위로 남았을 시위에 전 세계에서 낙담한 시민들이 모여들었다. 한 달 만에 월스트리트 점령 시위는 5대륙 82개국 950개 이상의 도시로 확산됐다.

월스트리트 점령 시위는 국제적 브랜드가 됐지만 그 자체는 유럽과 아랍 세계에서 일어난 민중 봉기에서 영감을 받았다. 미국과 달리 에스파냐, 그리스, 아일랜드, 아이슬란드, 이탈리아 같은 유럽 국가에서 일어난 금융 위기는 유럽 정부가 대처할 수 있는 자원의 범위를 넘어섰다. 이 국가들은 ('삼두마차'로 알려진) 유럽연합, 유럽중앙은행, IMF에 구제금융을 요청했다. 삼두마차는 채무국이 공공 지출을 삭감하는 새로운 예산안을 통과시킨다는 조건 아래 구제금융을 수락했다.

이미 금융 위기로 일자리와 소득을 잃은 대중은 이 '긴축정책'에 반발했다. 애초에 무분별한 대출을 감행했던 주체들이 이제는 정부더러 국유재산을 사유화하고 국민의 연봉과 연금을 삭감하고 공공서비스를 축소해 국제 채권자들이 더 합리적으로 채무 상환을 기대할 수 있게 하라고 요구했다. 그리스에서는 2010년부터 수십만 명이 '분노의 시민운동'에 참여해 최근에 발생한 비참한 사태에 맞서 농성 시위를 벌였다.[22] 그리스 역사상 1973년 군사정권에 맞서 일어난 반란 이래로 가장 규모가 큰 시위였다. 청년 실업률이 40퍼센트 이상으로 치솟은 에스파냐와 포르투갈에서는 수천 명이 거리로 쏟아져 나와 '분노한 사람들Indignados' 시위에 동참했으며 2011년 5월 초부터 전국적으로 수백만 명이 시위대 캠프를 방문했다.[23] 이탈리아에서는 2011년에 긴축안이 발표되자 로마에서 20만 명이 시위에 나섰고 동시에 국제 채권자의 신뢰를 되찾기 위한 비선출직 과학기술 전문가로 구성된 새로운 내각이 출범했다.[24] 청년 실업률이 여전히 40퍼센트에 육박하며 제2차 세계대전 이후 이탈리아 역사상 가장 오랜 경기 침체를 겪고 있던 2013년 후반에는 전국적으로 학생, 농부, 노동자, 실업자

등 수천 명이 '피치포크Pitchfork 시위'에 참여해 정부가 국민의 신뢰를 되찾지 못했음을 거듭 확인시켰다. 2011년 3월 런던에서는 2003년 이라크 전쟁 발발 이후 가장 규모가 큰 시위가 일어났다. 영국 정부가 은행 산업에 1조 5,000억 파운드를 구제금융으로 지원하기 위한 긴축재정안을 발표한 직후 50만 명이 시위에 참여했다.[25] 2020년까지 GDP에서 공공 지출이 차지하는 비중을 1930년대 이후로 가장 낮은 수준으로 낮춘다는 긴축안 발표가 잉글랜드은행이 구제금융으로 받은 수십억 파운드를 임원 보너스로 지급했다는 뉴스 보도와 겹쳤다.[26] 2015년 6월에는 영국인 25만 명 이상이 추가 긴축정책에 반발해 런던에서 가두 행진을 벌였다.[27]

대중이 느낀 환멸은 유럽 전역에서 정치적 극단주의를 알리는 전조였다. 2012년 프랑스에서는 사회당 후보 프랑수아 올랑드가 대통령으로 당선됐다. 재산이 100만 유로 이상인 부유층에게 최고 75퍼센트의 세율을 부과하겠다는 선거공약이 경기 침체에 지친 대중의 마음을 움직였다. (이 부자세는 2014년에 폐지됐다.) 한편 프랑스 극우 정당인 국민전선은 지역 선거에서 반EU, 반이민, 보호주의 기조로 역사적인 대승을 거뒀다. 독일의 독일을 위한 대안Alternative für Deutschland, 덴마크의 인민당, 스웨덴의 민주당, 스위스의 인민당도 선거에서 압승했다. 에스파냐에서는 2014년 무명이나 다름없던 포데모스Podemos('우리는 할 수 있다'라는 뜻) 정당이 긴축정책에 반대하고 나서면서 급부상해 선거에서 두 번째로 많은 의석 수를 차지했으며, 그해 말에 포데모스 정당 페이스북 페이지는 다른 정당의 페이스북 페이지의 '좋아요' 수를 모두 합친 것보다 더 많은 '좋아요'를 받았다. 2015년에는 인기가 감소하기 시작했는데, 부분적인 이유는 '극우의 포데모스'라고 할 수 있는 시우다다노스Ciudadanos('시민'이라는 뜻) 정당이 등장해 정부 부패를 척결하겠다는 강력한 의지를 표명하며 에스파냐 유권자의 마음을 사로잡았기 때문인 것으로 보인다.[28] 같은 해 그리스에서는 급진좌파연합(약칭 시리자Syriza)이 집권에 성공했다. 해외 채권자에게 구제금융 조건을 완화해줄 것을 요구하겠다는 공약이 주효했다. 국민의 거의 3분의 1이 빈곤선 이하로 살고 있는 그리스에서 유권자가 원한 것은 긴축재정이 아니라 정부 보조였던 것이다.

영국에서는 2015년 총선에서 보수당이 치열한 접전 끝에 과반수 의석을 확보했다. EU 탈퇴를 국민투표에 부치겠다는 극우 노선을 채택함으로써 확보한 승리였다. 몇 달 뒤에는 지난 총선에서 패배했던 노동당이 압도적인 승리를 거두며 영국 역사상 가장 좌파적인 정당이 집권했다.[29]

결과적으로 금융 위기 동안 집권했던 EU 27개국 지도자 가운데 몇 년 뒤에도 정권을 유지한 사람은 단 1명이었다(독일의 앙겔라 메르켈). 대중이 전하고자 하는 뜻은 명확했다.

번지는 불꽃

시위와 저항은 더 포괄적인 합의를 이끌어내는 긍정적 힘이 될 수도 있다. 그러나 우리 사회에서 이익과 손실의 분배는 갈수록 악화되고 있다. 10명이 파이 1개를 나눠 먹는다고 상상해보자. 한 사람이 절반을 먹었다. 다섯 사람이 나머지 절반을 나눠 먹었다. 이제 남은 네 사람은 부스러기(여기서는 3퍼센트)를 긁어 먹었다.

이게 바로 관련 데이터가 가장 잘 보존된 선진국 18개국의 평균적인 가계소득 분배 현황이다.[30] (미국에서는 1명이 파이의 5분의 4를 가져간다.) 개발도상국에서는 누가 얼마를 가져가는지 알기가 힘든 실정이지만 일반적으로 가진 자와 못 가진 자 사이에 존재하는 격차는 선진국에서보다 더 크다.

부는 상호 간의 사회적 합의를 구성하는 차원 가운데 하나일 뿐이다. 보건, 교육, 기회에서도 심각한 불평등이 존재하며 대체로 과거보다 불평등 정도가 심화됐다. 미국 전역에서 여전히 백인이 흑인보다 평균적으로 5년 더 오래 산다.[31] 프랑스 파리에서는 (도시를 반으로 가르는) 센강 북동부에 거주하는 사람이 대학교를 졸업할 확률은 남서부에 거주하는 사람과 비교해 절반에 불과하다.[32] 오스트레일리아에서는 연소득 2만 달러 미만인 성인이 5만 달러 이상인 성인보다 심장 질환, 당뇨병, 우울증 같은 만성질환에 시달릴 확률이 2배 이상 높다.[33]

그렇다. 총체적인 관점에서 지금은 역사상 살아 '있기에' 가장 좋은 시절이지만 우리 대다수는 결코 그렇게 느끼지 않는다. 살아 있기에 가장 쉬운 시절이 아닌 것만큼은 분명하다. 개인으로서 우리는 선택과 부담, 조력자와 장애물, 상호의존성과 갈등이라는, 초국가적으로 얽히고설킨 덫에 걸려 있다. 인문주의는 거대한 이득을 가져왔지만 충격적인 격변과 새로운 취약점도 동반했다.

현재까지 이러한 격변 속에서 '커다란 승자big winner'가 탄생했다. 자본가, 신흥 시장에 진입하는 데 성공한 기업가, 저렴한 노동력이나 값비싼 능력으로 새롭게 얽힌 사회에서 분명한 역할을 찾은 개인은 승자가 됐다. 그러나 '커다란 패자big loser'도 생겨났다.

예측하지 못한 금융 위험 때문에 저축이 바닥난 연금 수급자와 주택 소유자, 빈곤에서 탈출한 해외 노동력 때문에 일자리를 잃은 중산층 노동자, 본래 수행하던 직무를 기계가 대체하면서 일자리를 잃은 또 다른 노동자, 기후변화로 농사에 실패한 농부, 소수의 엘리트 계층이 국제적 통합으로 창출한 국부를 해외은행 계좌로 빼돌린 국가의 시민은 패자가 됐다.

이 게임에서 모두가 승자가 될 수 있는가? 우리는 서로에게 모두가 승자가 될 수 있다고 거짓말을 하지만 솔직한 대답은 '될 수 없다'다. 거시적 수준에서 기회는 번성할 수 있지만 미시적 수준에서 우리 개개인의 삶에는 실질적인 제약이 가득하다. 고령화, 부족한 저축, 과도한 부채, 급등하는 집값 때문에 우리 사회의 많은 분야에서 새로운 일자리가 창출되지 않는다. 많은 사람이 꿈을 이룰 수단도 없는 곳에서 벗어날 길이 없어 그 자리에서 살아간다. 많은 사람이 아픈 가족을 부양해야 하는 등의 의무에서 벗어날 도리가 없어 그자리에서 살아간다.

모든 사람이 경제 이론에서 요구하는 열정을 좇아 신세계로 떠날 수 있는 것은 아니다. 그래서 항해로 이익을 본 정부와 기업과 우리 모두가 적극적으로 이익의 일부를 뒤에 남겨진 이들에게 이전해줘야 한다.

우리는 그렇게 할 수 있는 많고 많은 기회를 놓쳤다.

분열하는 세계

우리 시대의 정치적 불꽃은 이미 점화됐다. 이제 무슨 일이 벌어질 것인가? 우리가 계속해서 서로를 실패하게 만든다면 어떤 일이 벌어질 것인가? 경제성장을 복지로 변환하지 못하고 사회의 총 손익을 골고루 분배하지 못해서 계층의 사다리를 오르는 '개인'만 더 늘어나고 새로운 유대 관계를 구축하는 데 실패한다면 어떤 일이 벌어질 것인가?

대답은 명백하다. 우리는 분열할 것이다.

집권 중인 포퓰리즘 세력이 제거되면 불꽃은 사그라지고 옛 규범이 부활할 것이라는 안일한 신화도 있다. 그런 일은 일어나지 않을 것이다.

사보나롤라는 결국 제거됐다. 한때 승리의 불꽃을 지폈던 바로 그 광장에서 정치적 정적에게 끝내 화형 당했다. 사보나롤라가 고통스럽게 깨달았던 치명적인 '예언' 실수는 통치가 민중의 두려움을 이용하는 것보다 어렵다는 것이었다. 현실은 사보나롤라의 예언의 베일을 벗겼다. 대중의 믿음은 증발했다. 사보나롤라는 너무나 많은 적을 만들었다. '좌'에서는 사보나롤라의 도덕적 금욕을 거부했다. '우'에서는 교황과의 무역 전쟁을 두려워했다. 그리고 위쪽에서는 메디치라는 이름 아래 언제나 누렸던 특권을 잃을까 봐 두려워했다. 한때 사보나롤라의 정책을 지지했던 엘리트 계층조차(모든 귀족이 메디치 가문의 과두정치를 지지했던 것은 아니다) 자제해야 하는 순간에 선지자로서의 자아를 끝내 내려놓지 못한 사보나롤라에게서 등을 돌렸다.

사보나롤라를 처형하는 것은 그가 일으킨 소동을 신속하게 제거할 수 있는 해결책으로 여겨졌다. 교회는 내부에서 일어난 개혁주의 세력의 불만을 잠재웠다. 피렌체 정치에서 포퓰리즘 세력은 와해됐다(그리고 1512년에 메디치 가문이 다시 권력을 잡았다). 그러나 사보나롤라를 처형함으로써 교회는 유럽을 1세기 동안 지속될 고통에서 구할 수도 있었던 질문 하나를 회피한 꼴이 됐다. 만약 사보나롤라가 기득권에 반발한 고독한 성직자가 아니라 교회 내부와 민중 사이에 이미 광범위하게 퍼져 있던 혁명적 분위기를 대변한 목소리였다면 어땠을까.[34]

믿음의 위기

사보나롤라가 죽고 이듬해에는 그가 품었던 분노를 잠재울 순 없다는 사실이 점차 분명해졌다. 사보나롤라가 건드렸던 환멸감은 계속 확산됐고 피렌체뿐만이 아니라 유럽 전체를 하나로 묶고 있던 사회적 합의를 침식시켰다. 1503년에 교황 알렉산데르 6세가 세상을 떠나고 율리오 2세(재위 1503~1513년)가 즉위해 전임 교황이 벌여놓은 세속적인 싸움으로 교회를 더 깊이 끌고 들어갔다. '전사 교황Warrior Pope'이라는 별명에 걸맞게 심지어 때로는 직접 갑옷을 입고 말에 올라 전장에 뛰어들었고 민중을 구원하는 영적 임무는 저 멀리 내팽개쳤다. 독실한 기독교인이 보기에 새 교황은 또 다른 율리오(즉 카이사르)를 연상케 할 만큼 세속적인 권력에 목말라 있었다. 교황이 몸소 시범을 보이자 다른 고위 교회 공직자들도 예수의 가르침대로 민중을 섬기기보다 그 위에 군림하려는 생각에 사로잡힌 듯했다. 부를 과시했고 부유한 신자를 대신해 법제에 간섭했으며 거리낌 없이 돈을 쓰고 때로는 벌기도 했다. 그러나 주일이면 여전히 자선과 선행에 대한 설교를 했다.

많은 사람의 마음속에서 ('보편적universal'이라는 뜻의 그리스어 '카톨리코스katholikos'에서 유래한) '가톨릭'교회라는 명칭이 부적절하다는 생각이 피어오르기 시작했다. 교회가 그들의 믿음을 대변할 수 없다면 하느님께 다가가기 위해선 교회를 둘러 가야만 할지도 모를 일이었다.

독일의 한 독실한 수도사가 한계점에 다다른 것은 1517년 지역 추기경이 또 다른 교회 건물을 인수하기 위해 부유한 죄인들에게 면벌부를 판매하는 것을 목격했을 때였다. 이 같은 행위에 시위하고자 1517년 10월 31일 마르틴 루터는 비텐베르크 만성 교회 문에 「95개조 반박문」을 써 붙였고 의도치 않게 종교개혁이라는 도화선에 불을 붙였다.[35]

사보나롤라처럼 루터도 로마교회 안에서 금욕과 도덕적 완벽에 헌신하는 수도사이자 성직자로 경력을 쌓기 시작했다. 루터 자신도 사보나롤라의 발자국을 뒤따르겠다고 밝힌 바 있다.[36] 그러나 사보나롤라와는 달리 루터는 부패한 특정 교황이나 과두정 우두머리뿐만이 아니라 로마교회 전체를 비판했다. 루터는 성직자가 돈을 요구하는 행위는 차치하더라도 하느님과 평신도 사이에 영혼을 심판하는 권한을 가진 대리자가 있다는 개념 자체가 부패했다고 생각했다. 그러나 교회 전체가 사제는 하느님의 중개자라는 사상 위에 기초하고 있었기 때문에 루터의 생각을 전면 거부할 수밖에 없었다.

관료만 배 불리느라 정신없는 초국가super-state를 대신해 루터는 철저히 개혁된 교회, 즉 사제에게서 하느님 대신 죄를 용서하는 권한을 빼앗아 죄인이 하느님과 직접 소통하도록 하고 라틴어로 쓰인 성경과 전례문을 지역마다 모국어로 번역해 일반 성도가 읽고 자기 영혼을 스스로 돌볼 수 있는 교회를 꿈꿨다.

인쇄물, 특히 팸플릿이 결정적인 역할을 했다. 사보나롤라는 인쇄술의 설득력을 발견했다. 루터는 이를 극대화했다. 루터는 처음에 「95개조 반박문」이 너무 널리 퍼지자 당황했던 것 같다. 그는 친구에게 다음과 같은 편지를 보냈다.

> 나는 「95개조 반박문」이 널리 퍼지기를 원치 않았다네. 그저 배운 사람 몇몇이 검토하고 인정하려 들지 않는다면 압박을 하거나, 반대로 인정하고 회의를 주최한다면 그쪽에서 출판하게끔 하려 했던 걸세. 그런데 이제 각 나라 언어로 번역돼 해외에까지 퍼졌다더군. 이는 내가 결코 의도한 바가 아니니 애초에 그 글을 쓴 걸 후회하고 있는 중이네.[37]

그러나 글을 많이 썼던 루터는 그 이익도 재빨리 알아차렸다. 1500년부터 1530년 사이에 독일에서 출판된 모든 팸플릿의 5분의 1에 루터의 이름이 들어갔다. 팸플릿을 통해 루터의 생각은 다른 오피니언 리더들에게 급속도로 전파됐고, 이들은 서로 연락을 주고받으며 생각과 경험을 발전시켰으며, 역사상 유례없이 빠른 속도로 유례없이 많은 청중에게 공동으로 제작한 인쇄물을 배포했다.[38]

다른 시대, 다른 장소였다면 사보나롤라의 연설도 현실에 낙담해 기꺼이 혁명에 동참하고자 하는 청중을 찾지 못한 채 정치적 아웃사이더의 불평불만으로만 치부됐을 것이다. 때가 맞아떨어졌기에 혁명의 목적이 부패한 지도층에서 부패한 '시스템'으로 확대됐다. 상황을 개선하려면 현 체계를 거부해야만 했다. 사보나롤라의 개혁 운동은 결국 그가 위협했던 기득권 세력에게 처단당했다. 루터의 새로운 서사는 계속 확산돼 사보나롤라를 처단했던 세력을 집어삼켰다.

탈세계화 (1.0)

보편적 교회라는 오래된 서사는 파괴됐다. 교황청을 지지하는 무리와 루터의 합의를 지지하는 무리 사이에 전선이 형성되기 시작했다. 루터의 합의는 로마에서 권력을 빼앗아 일부는 해체하고 일부는 세속 군주에게 돌려주는 것이었다.

많은 유럽 군주가 더 민족주의적인 루터의 '개신교' 편을 들었다. 진지한 영혼 탐색 노력부터 현실 정치까지 이유는 다양했다. 루터의 신학으로 교황의 처벌에서 상당히 자유로워진 영국, 덴마크, 스웨덴, 독일, 스위스의 왕실은 독자적인 길을 걷기 시작했다. 교회 부동산과 토지를 압수하고 성직자 임명, 공교육, 도덕률 집행, 빈민 구제에 대한 권한을 환수했다. 그러나 국민들 가운데 독실한 가톨릭 신자들이 격렬하게 반발하고 나섰다. 이번에는 종교를 둘러싸고 새로운 내전이 타올라 유럽 전역으로 확산됐다. 1520년대부터 세기말까지 유럽 대륙이 완벽하게 평화로웠던 기간은 10년도 채 되지 않는다. 그다음 반세기 동안에 유럽 대륙이 평화를 누린 기간은 단 2년이다.[39]

소작농과 평민 계층이 전쟁에 참여한 이유는 비단 종교 때문만은 아니었다. 수년간 자신들을 착취한 지배 계층을 벌주기 위해서이기도 했다. 종교개혁은 이들에게 더 이상 참아서는 안 된다고 시사했다. 루터는 사람들에게 스스로 성경을 읽으라고 촉구했고 성경이 지역 소작농이 이해할 수 있는 언어(독일어)로 번역되도록 힘썼다. 성경은 소작농 계층에게 정직한 노동력이 보상받고 소수의 이해관계에 맞서 공익을 수호하는 등 사회가 어떠해야 하는지에 대한 급진적인 사상을 소개했다. 그 전까지는 귀족에게 차별 대우를 받는 것이 날 때부터 정해진 사회적 합의이므로 당연하게 감내했다면 이제는 지독하게 불공평하게, 심지어는 사악하게 보이기 시작했다. 그야말로 폭발적인 개념이었다. 1524년부터 1525년까지 신성로마제국 전역에서 소작농 25만 명이 '농민전쟁'에 가담했다. (250년 뒤에) 프랑스혁명이 일어나기 전까지는 유럽 역사상 가장 규모가 큰 민란이었다. 농민전쟁은 처음에는 단순히 토지를 빌려 경작하는 농민과 지주 사이에 토지세 인상 및 법적 부담 가중을 둘러싸고 벌어진 흔하디흔한 논쟁에 불과했다. 그러나 이번에는 지주들은 방어적이었고 이에 맞선 농민들은 새로운 자기 확신으로 가득 차 있었다. 결국 신성로마제국 군대는 농민 수십만 명을 죽이고 수천 명을 고문했다.

서유럽 전역에서 소규모 혁명이 동시다발적으로 일어났다. 에스파냐에서는 억압적인 세금 징수에 반발해 코무네로스 반란(1520~1521년)이 일어났다. 리옹에서는 폭등하는 밀 가격에 반발해 대폭동(1529년)이 일어났다. 토스카나에서는 공직 배제에 반발해 넝마주이의 반란(1531~1532년)이 일어났다. 영국에서는 종교개혁, 식료품 가격, 새로운 세금에 반발해 '은총의 순례 (1536~1537년)'가 시작됐다. 종교개혁으로 촉발된 전통적 권위에 대한 적대감은 치솟는 실업률, 경제적 불안정성, 청년 인구의 팽창과 맞물려 유럽 전역에서 비교적 손쉽게 반란으로 이어졌다.[40] 반란의 숫자가 늘어나면서 갈등의 규모와 비용이 증가했고 온건하게 시작했던 반란도 과격해졌다.[41]

가톨릭교회는 종교개혁에 대항해 로마 종교재판 등을 단행해 혼돈과 고통을 가중시켰다. 로마 종교재판은 1542년에 이탈리아에서 이단을 뿌리 뽑고자 시행된 제도다. 영국, 프랑스, 네덜란드 등 다른 국가에서도 16세기 내내 공권력이 나서서 비슷한 종교재판을 집행했다. 흔히 상상하는 것처럼 잔인하진 않았지만(최근 연구는 종교재판으로 처형당한 사람의 숫자를 수백만 명에서 수천 명으로 수정했다)[42] 종교재판은 때때로 특정 집단 전체를 공포에 떨게 하고 추방하기도 했으며 수많은 위대한 창조적 번영의 흔적을 억압했다.

요약하자면 16세기 전반에 걸쳐 유럽 인구가 가톨릭교도와 개신교도로 분열되고 어느 쪽에도 속하지 않은 유대인, 이슬람교도, 로마인 (집시) 공동체는 박해를 받으면서 수만 명이 목숨을 잃었고 수십만 명이 집을 잃었다. 종교개혁으로 로마제국 몰락 이후부터 제1차 세계대전까지 유럽 역사상 가장 큰 난민 사태가 발생했다.[43] 비참한 난민 행렬이 "유럽의 길을 따라 반복해서 이어졌고" 그중 일부는 피난길에 일상적인 범죄를 저질렀다.[44] 1526년에 노퍽 공작이 영국 소작농으로 이뤄진 이 피난민 무리를 맞닥뜨린 후 지도자와 대면을 요청했을 때 돌아온 이들의 대답은 유명하다. "우리 대장이 누구냐고 물으셨으니 드리는 말씀인데 그의 이름은 사실 '가난'입니다. 가난과 가난의 사촌인 '생필품'이 우리로 하여금 그런 일을 저지르게 만들었습니다."[45] 잘사는 사람들은 피난민 무리를 두려워하고 경계했다. 이민자들이 질병을 퍼뜨린다는 새로운 의학 지식에 사로잡혀 있던 도시민들은 본능적으로 피난민을 억압하고 격리했다. 부랑자들을 시야에서 없애기 위해 거대한 구빈원을 건축했다. 반이민법이 서유럽 전역으로 확산됐다. 외국인 거지는 엄격하게 정해진 시일 내에(보통 3일 안에) 도시를 떠나야 했고 그렇지 않으면 감옥에 가거나 채찍질을 당하거나 상선의 갑판 밑에서 힘든 노동을 해야 하는 등 다양한 처벌을 받았다. 그러나 이 같은 법을 엄격하게 집행하기에는 이주민 수는 너무나 빠르게 불어났고 공무원 수는 턱없이 부족했다.

대중적 믿음이 깨질 때 사회가 창출하는 전반적인 이익은 얼마나 안정적인가? 르네상스 시대가 시사하는 답은 '그다지 안정적이지 않다'다.

만인에 대한 만인의 투쟁

지난 30년간 우리가 창출한 이익도 그다지 안정적이지 않을지도 모른다. 마르틴 루터의 종교개혁 500주년 기념일에 서구 사회를 지탱하는 근본적인 교리에 대한 믿음이 또다시 흔들리고 있다.

정녕 자본주의는 보편적 경제 복지를 향상시킬 것인가? 짧디짧은 20세기 역사는 자본주의보다 나은 대안을 찾지 못했다. 역동적이고 경쟁적인 이 경제체제에서 광범위한 이익을 수확하고 싶다면 자본주의가 창출하는 부는 물론이고 격차마저도 악마 취급할 것이 아니라 축하해야 한다. 이것이 곧 우리가 상호 합의한 내용이다. 그러나 21세기는 우리가 이 합의를 얼마나 확장할 수 있는지를 시험하고 있다. 1990년에 디트로이트에서 가장 큰 대기업 3곳의 시가총액은 360억 달러였고 고용 직원 수는 120만 명이었다. 오늘날 실리콘밸리에서 가장 큰 기업 3곳의 시가총액은 (1조 달러 이상으로) 거의 30배 더 많지만 고용 직원 수는 (15만 명 이하로) 9배 더 적다.[46]

몇몇 억만장자의 탄생과 수백만 일자리의 증발은 기술적 진보와 복지 확대에 대한 대가다. 실제로 그러한가? 경제학자는 이제 과거 특정 시점에 불평등이 증가하면서 발생한 사회적 비용이 사람들에게 자신이 창출한 부를 축적할 수 있도록 허락했을 때 발생하는 이득을 훨씬 초과한다는 사실을 깨달았다. 극단적 불평등은 경제성장을 침체시킨다.[47] (본래 부유했던 사람은 더 부유해져도 이미 모든 것을 가지고 있어서 소비가 늘어나지 않기 때문이다. 저축과 투자가 늘어날 뿐이다. 그러나 본래 가난했던 사람이 부유해지면 자신의 건강과 자녀의 교육을 필두로 가지지 못한 모든 것을 구입하기 때문에 소비가 늘어난다.) 게다가 매우 부유하면 어마어마한 부를 이용해 정책 수립에 영향력을 행사함으로써 사회에 해가 되는 방식으로 경제를 조종할 수 있다. 자신에게 유리하도록 법을 고쳐 잠재적 경쟁자가 혁신을 창출하지 못하도록 막을 수도 있다.

우리 사회의 근간을 이루는 믿음을 좀먹는 두 번째 의심이 바로 여기에 있다. 민주주의에서는 여전히 '국민에 의한 통치'가 이뤄지고 있는가?

독재국가에서는 부유한 엘리트 계층이 장악하고 있는 공공 제도의 포획 및 부패가 눈에 분명하게 보인다. 과두정치를 채택하고 있는 러시아의 지도층은 1990년대 초반에 시장 개혁이라는 미명 아래 국유 인프라와 천연자원을 정권과 친분 관계에 있던 사람들에게 헐값에 매각해 막대한 부를 챙겼다. 중국에서는 전체 부의 3분의 1 이상이 상위 1퍼센트의 손에 있다.[48] 부패한 관료들은 국유재산을 통제할 수 있는 권한과 독립적인 감시 기관 없이 허가를 내주고 계약을 체결할 수 있는 권한을 남용해 막대한 사유재산을 축적했다. 천혜의 천연자원을 가진 앙골라의 정치체제는 본질적으로 도둑 정치kleptocracy이며, 수도인 루안다 주민의 90퍼센트는 상수도 없이 살아가는 반면에, 앙골라 지도층은 「이코노미스트」가 말하길 "아프리카판 생 트로페에서 살고 있다."[49] 앞서 설명한 모든 사례는 경제학에서 말하는 '지대 추구' 현상을 보여준다. 지대 추구란 직접 새로운 부를 창출하지 않고 기존에 타인이 가지고 있던 부를 빼앗아 자신의 부를 늘리는 행위를 가리킨다.

그러나 이제 이러한 포획 및 부패가 민주주의 국가에서도 분명히 나타나고 있다. 미국에서도 상위 1퍼센트가 전체 부의 3분의 1 이상을 독식하고 있다.[50] 입법기관은 사회적 사다리의 위아래로 부를 이전할 수 있는 막대한 권력을 증명하고 있다. 입법기관은 복지 제도를 확대하거나 축소할 수 있다. 부자와 빈민, 투자자와 임금 노동자, 또는 기업과 개인 사이에 세금 부담을 이전할 수도 있다. 국유재산과 철도, 우편, 석유, 무선 주파수 대역 같은 공공재 가격을 조정하거나 판매할 수도 있다. 산업 규제를 철폐하거나 복원할 수도 있다. 개인이나 기업이 파산 신청을 통해 채무를 탕감하는 일을 어렵게 만들 수도, 쉽게 만들 수도 있다. 통화정책으로 인플레이션을 낮출 수도 있고 완전고용을 실현할 수도 있다.

2016년 미 대선에서 대선 후보들은 총 70억 달러가 넘는 선거 자금을 조달해 지출했다.[51] 집권에 성공한 후보(와 선거운동본부 직원들)는 로비스트와 후원자에게 막대한 선거 자금을 빚졌음이 틀림없다. 로비스트가 하는 가장 흔한 청탁은 세율을 낮춰달라는 것이다. 세율을 낮추면 교육, 보건, 복지, 인프라에 대한 공공투자가 축소된다. 로비스트는 또한 규제 철폐를 주장한다. 규제를 철폐하면 지난 장에서 살펴봤듯이 복잡성이 증가하고 집중이 심화돼 금융 위기나 환경 위기 등을 초래할 수 있다. 로비스트는 지식재산권 강화를 요구하기도 한다. 특허와 저작권으로 창의성과 혁신을 석방하기보다 투옥하는 지점까지 독점권을 확대하길 원한다.

1990년대 시애틀 전투 당시만 하더라도 시위대는 여전히 민주주의가 모든 것을 바로잡아주리라는 믿음을 가지고 있었다. 시위대는 무역 거래에 대한 민주적 감시가 부족한 것에 좌절했다. 그러나 시위대가 월스트리트를 점령하기 위해 뉴욕 주코티공원에 도착했을 무렵에는 '#투표로 변화를 이끌어낼 수 있다면 진작에 변화가 일어났을 것이다'와 '#에러 404: 민주주의를 찾을 수 없습니다'라는 해시태그 슬로건이 가장 유행했다.

마르틴 루터 시절에는 부패한 지도층과 부패한 체계를 구분하기란 점점 더 불가능해져서 결국에 남은 유일한 방법은 종교 전체를 거부하는 것이었다. 오늘날도 다르지 않다. 너무 많은 위기를 지나오면서 어떤 지도자도 패자의 희생으로 승자의 이득을 확대하는 것 말고는 현재 정치체제 및 경제체제로 무엇을 성취할 수 있는지를 설득력 있게 증명하지 못했다.

깨진 합의의 대가

우리가 루터의 세계를 집어삼킨 혼돈을 피할 수 있을 것이라고 믿는 근거가 있다. 민주주의는 루터의 르네상스와 우리의 르네상스를 구분 짓는 거대한 정치적 혁신이다. 민주주의는 사회적 스트레스에 대단히 잘 적응할 수 있는 능력을 부여한다. (2011년 이래로 민주주의 국가를 휩쓴 시위에서 목숨을 잃은 사람의 거의 없다.)

그러나 이러한 적응력에는 대가가 따른다. 협력하지 않으면 어떤 중요한 일도 이룰 수 없다. 전통 정치에 대한 신뢰가 부족할 때 우리가 무엇을 돌이키고 무엇을 실패하는지를 잠깐 동안 생각해보라.

아마도 전쟁이 자주 일어나는 대륙 특성상 국가를 초월한 영원한 평화가 정착되길 바라며 시행한) 유럽연합이라는 대담한 정치적·경제적 실험은 이제 불확실성으로 병들었다.

르네상스 시대의 관점에서 보면 현재 유럽 정치에 일어난 대격변은 충분히 예측 가능했고 또 예측됐다.[52] 더 놀라운 사실은 그러한 격변이 불가능하다고 단언한 유럽 엘리트 계층이 보여준 자만심이다. 2015년에 당시 영국 보수당 수장이었던 데이비드 캐머런이 유로화 회의주의자들에게 EU 탈퇴 여부를 국민투표에 부치자고 제안했을 때 그는 500년 전 엘리트 계층의 자만심을 재현하고 있었다. 캐머런은 통합된 유럽이라는 서사가 사람들이 좌절감을 느끼는 대상이 되면 취약해진다는 사실을 이해하지 못했다. 다른 EU 지도자들은 캐머런의 국민투표를 위한 사전 노력에 퇴짜를 놓으면서도 동일한 자만심에 죄책감을 느꼈다. EU 지도자 모두가 역사를 돌아봤다면, 비슷한 스트레스가 비슷하게 무시되던 비슷한 순간을 돌아봤다면 상상력을 더 발휘해 지금은 이미 와버린 미래를 감싸 안을 수 있었을지도 모른다.

이제 EU가 염원했던 영구적 통합은 깨졌다. 남은 질문은 EU가 해체될 것인지, 만약 해체된다면 얼마나 산산조각 날 것인지다. 브렉시트나 마린 르 펜 같은 인물이 프랑스 대선 최종 후보 경선까지 진출하는 사건 등은 반EU라는 공포와 친민족주의 복음에 기름을 붓고 유럽 전역으로 확산시킨다. 그러나 결국 에마뉘엘 마크롱이 르 펜을 제치고 대통령에 당선된 것은 친유럽 플랫폼이 아직까지 대륙의 심장과 정신을 쥐고 있음을 보여준다.

현재가 끊임없이 변화하고 있기 때문에 EU의 미래는 활짝 열려 있다. 어느 석학이 말하느냐에 따라 유럽의 공용 화폐인 유로는 수렁에 빠진 상태이기도 하고 회복 탄력성의 상징이기도 하다. 기존 EU 회원국 간의 긴밀한 재정 동맹도 '생명 유지 장치에 의존하고' 있는 상태일 수도 있고 '심장이 뛰고' 있는 상태일 수도 있다. 발칸반도 국가들이 가입 승인을 기다리고 있는 가운데 모두들 EU가 확장될 것이라고 예상한다. 예측할 수 있는 대담한 행보는 터키의 가입을 승인하는 것이다. 터키는 제1차 세계대전이 발발하기 직전까지도 여전히 오스만제국이었다. 터키가 합류하면 EU의 지평은 중세 기독교 국경을 넘어 확장될 것이다. 그러나 10년이 넘는 세월 동안 EU의 문을 두드려온 터키의 면전에서 EU는 문을 쾅 닫아버렸다. EU의 문전박대로 권위주의적 대통령인 레제프 타이이프 에르도안과 그의 "내가 있는데 유럽이 왜 필요해."라는 서사가 터키 내에서 인기를 끌었다.

'범유럽'이라는 믿음에 닥친 위기는 선진 경제국 전반에서 정치적 위기를 불러일으키고 있다. 가난한 나라가 부유한 나라 시장에 더 쉽게 접근하도록 도와주기 위해 시작된 WTO 개발 라운드 협상은 시애틀에서 무산됐다가 2001년 카타르의 도하에서 재개됐다. 그러나 너무 오랫동안 아무런 합의를 도출하지 못했고 대부분의 사람들은 도하 개발 라운드가 공식적으로 아직 진행 중에 있다는 사실조차 모른다. 도하 개발 라운드는 세계무역 협상 안건 가운데 가장 큰 문제(특히 부유한 국가 농부에게 지급되는 농업 보조금이 왜곡되는 문제)를 해결하기보다 양자 간이나 지역 간 무역협정으로 분산하는 더 온건한 방식을 택했다. 이러한 무역협정조차 대중의 믿음을 압박할 수 있다. 25년 전에 미국은 북미자유무역협정을 주도했고 최근에는 환태평양경제동반자협정을 주도했다. 그러나 현재 미국 정치인들은 이 협정을 모두 파기해버리는 편이 표심을 더 쉽게 사로잡을 수 있는 방법이라고 믿는다. 한때 세계에서 앞장서서 무역협정을 옹호했던 미국인은 오늘날 프랑스인과 이탈리아인과 더불어 무역협정이 일자리를 빼앗고 임금을 낮춘다고 말할 가능성이 가장 높은 국민이 됐다(이제 중국이 가장 큰 목소리로 무역협정을 옹호한다는 사실은 놀랍지 않다. 중국 내 신흥 중산층의 등장은 30년간 수출 주도 경제성장 덕분에 가능했기 때문이다).[53]

국제 이민은 비극에 갇혀 있다. 미국은 벽을 세우고 불법 멕시코인이 입국하는 것을 저지한다. 통계에 따르면 매년 아메리칸드림을 좇기보다 포기하는 라틴아메리카인이 늘어나고 있다. (국경 보안이 강화되자 가장 직접적인 수혜를 입은 것은 밀수업자다. 덕분에 쇠퇴하던 밀수업의 가치가 올라갔기 때문이다.) 국경 너머에는 1,100만 명이 반쪽짜리 미국인의 삶에 갇혀 있다. 비숙련 노동에 종사하고 있지만 공공서비스에 접근하거나 스스로를 현재 거주하는 공동체의 구성원이라고 떳떳하게 말할 수 없기 때문이다. 최근 시리아와 아프가니스탄, 그 밖의 다른 분쟁 지역에서 기록적인 수의 난민이 유입되고 있는 EU에서는 난민 쿼터제가 장기적인 해결책이라고 조용히 주장하는 측과 난민 쿼터제는 권한 남용으로 EU가 회원국의 주권을 침해하고 있다고 소리 높여 시위하는 측이 첨예하게 대립하고 있다.[54] EU 내부에서 논쟁이 벌어지는 동안 난민 수백만 명은 요르단과 레바논과 터키에 흩어져 열악한 수용소와 도시 빈민가에서 고통받고 있다. 수용소를 우회하려는 시도만 수십만 건에 달하며, 밀수업자의 손아귀에서 학대나 죽임을 당하거나 임시변통으로 만든 보트로 지중해를 건너려다 익사하는 일도 부지기수다. 난민의 권리와 난민에 대한 국가의 책임을 정의하고 있는 1951년에 작성된 'UN 난민의 지위에 관한 협약'은 개정이 시급하다. 안정적이고 부유한 국가가 재난으로 고향을 잃은 사람들을 도울 책임을 공평하게 분담할 업데이트된 국제조약이 부재한 상황에서 매번 재난이 닥칠 때마다 우리의 대응은 지엽적이고 부실할 수밖에 없다. 게다가 재난은 앞으로 더 자주 일어날 것이다.

오늘날 기후변화는 이견의 여지 없이 가장 큰 국제적 위협이다. 그러나 수십 년간 인류는 기후변화를 저지할 공통적이고 포괄적이고 효과적인 합의를 요리조리 피해왔다. 완벽하진 않았지만 일부 국가가 온실가스를 감축하기로 결의한 최선의 체제였던 1997년 '교토 의정서'는 비준 국가 대부분이 결의안을 실천하는 데 실패하면서 끝이 났다. 2009년 코펜하겐에서는 전 세계 지도자들이 모여 고통을 분담하는 조약을 비준하지 않기로 합의했다 (9·11과 세계 경기 침체를 겪기 이전인) 교토 의정서 체결 당시에 가득했던 대담한 희망은 공동의 미래를 위해 희생을 감수할 개인적인 의지도 자국민의 지지도 없는 세계 지도자들의 냉정한 현실 인식으로 대체됐다.

최근 들어 국가적인 희생이 뒤따르더라도 전 세계적으로 기후 변화 대책을 마련해야 한다는 여론이 조금씩 형성되고 있다. 갈수록 극단적인 기후 현상이 나타나고 중국 도시를 비롯해 다른 지역에서도 환경오염이 악화되면서 화석연료에 의존하는 경제가 건강에 끼칠 영향을 둘러싸고 대중의 불안이 심화되고 있다.

지구온난화 정도를 '섭씨 2도 이하'에서 멈추고자 195개국이 자발적으로 합의한 2015년 '파리 기후 협정'이 그 결과다. 파리 기후 협정은 그 자체로 위대한 성취다. 역사상 최초로 과학적 증거가 사실상 전 세계 모든 국가를 설득해 합의를 이끌어낸 사례이기 때문이다. 파리 기후 협정은 과학의 힘을 번영하고 있으며 진보의 의도치 않은 결과에 대한 국제적 인식이 새롭게 결속되고 있다는 증거다.

그런데 심상찮은 의심이 피어오르고 있다. 과연 우리 모두가 이 약속을 지킬 것인가? 세계에서 중국 다음으로 가장 많은 온실가스를 배출하고 있는 미국은 파리 기후 협정을 탈퇴하겠다고 선언했다. 다른 국가들도 미국을 핑계 삼아 약속한 온실가스 감축량을 완화하거나 폐기할 것이다. 미국이 아니더라도 핑계는 얼마든지 있다. 파리 기후 협정 체결 당시 주요국들은 법적 구속력을 부여하자는 제안에 망설였고 자발적 온실가스 감축 노력도 2020년부터 시작하기로 합의했다. 지구 온도 상승을 섭씨 2도 이내로 막자는 목표 달성 여부도 5년마다 온실가스 감축량을 자발적으로 늘리겠다는 국가들의 약속에 달려 있다. 또한 전 세계가 온실가스를 감축할 수 있는 더 나은 기술을 대대적으로 채택할 것이며 (그러나 현재까지 충분한 투자가 이뤄지지 않고 있다), 개발도상국으로 대규모 현금 및 기술 이전이 일어난다는(이 또한 현재까지 심각할 정도로 충분히 이뤄지지 않고 있는 상황이다) 전제 아래 달성 가능한 목표다. 우리는 용감하고 새로운 합의를 구축했는가, 아니면 또다시 가장 어려운 선택을 걷어차버렸는가?

기후 관련 협약은 오늘날 세계적으로 가장 야심만만하게 추진하고 있는 정치적 과제다. 그리고 지금 현재 이 모든 과제가 생명 유지 장치로 목숨을 부지하고 있다. 다른 긴급한 국제적 대화는 무산되고 있다. 국제적으로 항생제 사용을 재분배할 방법도 합의해야 한다. (주로 부유한) 일부 국가에서 이는 곧 항생제 사용을 줄여서 자연이 항생제에 내성을 지닌 박테리아를 개발하는 속도를 늦춰야 한다는 의미다. (주로 가난한) 다른 국가에서는 가장 필요한 사람이 기존 항생제를 사용할 수 있도록 해주는 방법을 모색해야 한다는 의미다. 동시에 현재의 방어선이 무너지기 전에 국제적으로 새로운 항생제를 개발하도록 노력해야 한다.

인간의 유전자조작과 인공지능 연구에 관한 국제조약 또한 확립해야 한다. 세계적으로 유전자조작 및 인공지능 기술 분야에서 핵 군비 경쟁만큼이나 치열한 경쟁이 벌어지고 있다. 어떤 국가도 (전략적 동등함을 상실할지도 모른다는 두려움에) 단독으로는 이 분야를 포기하지 못한다. 그러나 이러한 경쟁 논리는 곧 이러한 기술을 안전하게 만들기보다 강력하게 만드는 데 더 많은 자원이 투자되고 있음을 의미한다.

잃어버린 선량함

'우리는 (……) 해야 한다. 그러나 우리는 그렇지 않다.'

　오래된 종교를 신실하게 믿는 사람들은 어디서나 이렇게 통탄하곤 한다. 새로운 '의무 또는 책임'이 등장해 이 서사를 위협한다. 이 서사 안에서는 앞서 말한 모든 것이 당연히 선하고 긴급하고 중요했다.

트럼프의 복음

진보적인 엘리트 계층은 우리 모두에게 급속한 (경제적·사회적·인구통계학적·지정학적) 변화를 강제했다. 개인적 복지와 공공 가치가 퇴보하고 있는 까닭은 외부적 힘이나 우리가 적응에 실패한 탓이 아니다. 비록 지금까지 이 2가지가 원인이라고 반복적으로 들어왔지만 말이다. 오히려 실패한 리더십이 원인이다. 너무나 오랫동안 지도자층은 사사로운 이익만을 추구하느라 대중의 긴급한 욕구는 망각했다. 자신들만의 세상에 갇혀서 더 많은 대립이 가득한 이 새로운 세상에서 우리를 어떻게 이끌고 나아가야 할지를 알지 못한다.

개인적인 삶과 공동체에서 일어나는 변화에 위협을 느끼는 수많은 이들이 이 새로운 서사를 매혹적이라고 느낀다는 것이 입증됐다. 이 새로운 서사는 동시에 대중이 불안과 분노를 느끼는 '이유를 설명'하고 그러한 감정이 대중의 신뢰가 배반당한 것에 대한 정당한 반응임을 '증명'하며 우리가 받는 스트레스를 타인에게 '전가'한다. 일부 학자와 평론가는 이러한 서사를 가리켜 '민족주의'라고 부르지만 이 단어는 혼란만 가중시킬 뿐이다. 이 새로운 서사의 핵심은 '충성심'이라는 훨씬 더 원초적인 감정에 호소한다.

이 충성심 서사의 강점은 중도파가 저지른 일을 원상 복구해서 상황을 개선하겠다고 약속하는 극우 및 극좌 정치인이 선거에서 계속 인기를 얻고 승리하는 현상에서 드러난다. 미국, 영국, 이탈리아, 그리고 다른 주요 민주주의 국가에서 유력한 정치인이 한때 부적절하다고 여겨졌던 언사로 이민과 자유무역과 중도정치인의 도덕적 약점을 비난하며 선거에서 승리한 데서 드러난다.[55]

중도정치 세력의 힘없는 대응에서도 드러난다. 이미 정립된 과제와 규범을 방어하는 목소리를 내려는 공인이 있으면 충성심 서사를 적용해 손쉽게 '불충하다고' 매도해버림으로써 목소리를 내지 못하게 막는다. 이 충성심 서사에서는 공동체 구성원이 특정 피해나 고난을 감수하더라도 (기후변화 같은) 광범위한 시스템적 위험을 완화하자는 발언조차 반역 행위가 된다. 같은 맥락에서 가치를 보편화하거나 국가를 초월한 정체성을 확립하는 과제를 추진하는 것도 공동체의 안보를 희생시키는 행위다. '타자'는 우리와 가상으로 법적 '평등'을 이룰 수 있을지는 몰라도 결코 동등하게 신뢰해선 안 되는 존재다.

매혹적인, 그러나 치명적인

이는 긴급성을 느끼지만 합리적 논증에는 대항하기 힘든 집단적 고발이다. 그렇기에 이 새로운 복음은 계속해서 오래된 복음에 도전할 것이다.

그러나 무찌를 수 없진 않다. 오히려 이러한 서사는 더 널리 확산될수록 더 취약해져서 자기모순이라는 무게를 견디지 못하고 무너질 수 있다.

세계화라는 오래된 복음은 일반 대중에서 엘리트 테크노크라트technocrat(과학적 지식이나 전문적 기술을 소유함으로써 사회 또는 조직의 의사 결정에 중요한 영향력을 행사하는 사람-옮긴이)로 정치권력을 이전했다. 어디에나 존재하는 '세계화'라는 단어를 만들어낸 것 자체가 대중에게서 권력을 빼앗는 행위였다. 세계화라는 단어는 경제가 발전하는 '과정'을 가장해 부를 창출하는 방법과 그에 따른 보상과 위협을 분배하는 방식 같은 여러 중요한 정치적 '선택'이 보이지 않도록 만들었다. 세계화라는 복음은 대중에게는 정치적 발언권이 없다고 가르쳤다. 대중의 선호는 불가피한 경제법과 경제 세력으로 제한될 수 있다고 가르쳤다. 불가피한 '—화ization'에 저항하는 것은 비합리적이라고 가르쳤다.

(세계화의 '교리'인) 세계'주의ism'는 더 정직하게 포장할 수도 있었을 것이다. 어떤 '주의'든지 비판적 사고 없이 받아들이면 그

게 곧 비합리적이다. '과정'이라는 단어만 '교리'라는 단어로 바꾸면 증명 책임은 세계화 복음에 영향을 받은 사람에게서 세계화 복음을 전파하는 사람으로 전가됐을 것이다.

궁극적으로 이렇게 대중의 선택을 억압하는 것은 자멸하는 길이라는 사실이 증명됐다. 세계화가 극명한 불평등을 낳았을 때 소외되거나 뒤처진 사람이 원망할 대상은 세계화 과정밖에 없었다. 만약 세계화 서사가 더 직설적이었다면 (세계화에 따른 손익 분배가 단순히 경제적 결과도 아니고 누군가의 정치적 선택의 결과도 아니라는 사실을 분명히 밝혔다면) 세계화 복음 전파자들은 대중이 느낀 좌절감이 내부에 있는 가장 좋은 몫을 차지한 자국 내 의사 결정자를 향하도록 할 수 있었을 것이다. 그러나 대신 이들은 대중의 좌절감이 외부에 있는 처음부터 이익을 창출할 수 있도록 도와주는 무역국과 이민자를 향하도록 만들었다.

새로운 반세계화 복음은 세계화 복음과는 반대 방향으로 대중을 기만한다. 통제할 수 없는 눈에 보이지 않는 세력과 과정에 휘둘리는 데 지친 이들에게 반세계화 복음은 대중의 의지로 현실을 거부할 수 있다고 역설한다. 사보나롤라는 새로운 예술과 문학을 불태워 없애려고 했다. 오늘날 반지성주의는 경제 교과서와 과학 교과서를 불태운다.

그때나 지금이나 거부하기 힘든 변화가 있다. 사보나롤라가 저지른 가장 큰 범죄는 추종자들에게 무엇이든 시도할 수 있는 권한을 부여했다는 점이다. 사보나롤라의 추종자들은 그가 지닌 예언 능력이 자신들을 구원해줄 것이라고 믿었다. "나는 피렌체에 복음을 선포한다. 따라서 이 도시는 역대 최고로 영광스럽고 부유하고 강력해질 것이다!"라고 사보나롤라는 선언했다. 그러나 사보나롤라의 자기 확신으로는 이탈리아를 침략한 프랑스군의 군사적 우위를 뒤집을 수도 없었고, 신세계에서 유럽으로 전파된 매독에 걸린 환자들을 치료할 수도 없었으며, 지중해에서 대서양으로 무역 상권이 이동하는 상황에서 상인들을 보호해줄 수도 없었다.

궁극적으로 오늘날 대중주의 서사도 자멸할 것이 분명하다. 트럼프 미국 대통령은 과거의 영광을 되찾자고 설파한다. "미국을 다시 위대하게." 그러나 과거는 재건될 수 없다. 인문주의는 우리가 되돌릴 수 없는 방식으로 변화했다. 우리는 '오직' 적응할 수 있을 뿐이다. 조부모 세대와 비교해 지구상에는 인구가 2배 늘었고 도시인구는 4배 늘었으며 중산층 소비자는 30억 명 늘었다. 마찬가지로 기술도 변화했고, 변화하고 있다. 정치 담론에서 자유무역협정과 다자간 조약에 모든 관심이 쏠리는 이유는 단지 되돌릴 수 없이 얽히고설킨 인간 조건 위에서 관심을 쏟기에 편리한 대상이기 때문이다.

미래에 우리 복지를 위협할 가장 큰 (환경적·생물학적·경제적·사회적·기술적) 충격을 완화하고 이러한 충격 속에서도 사회를 하나로 묶으려면 대중의 적응이 더 많이 필요하면 필요했지 더 적게 필요하지는 않다. 정책을 수립하려면 과학이 더 많이 필요하면 필요했지 더 적게 필요하지는 않다. 다자간 협력이 더 많이 필요하면 필요했지 더 적게 필요하지는 않다. 결국 이 모든 것을 이루려면 대다수 시민이 공공 기관에 권한을 위임해 이들 기관이 시민을 대신해 공공선을 실천할 수 있도록 더 많은 신뢰를 보내야 한다.

급속한 변화의 시기에 시민들이 서로에게 기대도록 격려하는 충성심은 선견지명이다. 이러한 회복 탄력성을 사회구조 내부에 도입하는 일은 시급하다. 그러나 다른 모든 것, 다른 모든 사람을 관련이 없다고 치부해버리는 충성심은 의도적인 외면이다. 어느 때보다도 공동체 내부에서, 그리고 이 얽히고설킨 세상에서 우리의 복지는 우리의 행위뿐만 아니라 타인의 행위에 달려 있다. 우리는 '그들의' 선택과 행위에 신경을 써야 한다. '우리'가 누구고 '그들'이 누구든지 말이다.

우리의 직접적이고 편협한 이익을 먼저 내세우다가는 정치적 아웃사이더에게 권력을 쥐여줄 수 있다. 그러면 잃어버린 통제권이나 지위는 되찾을 수 있을지도 모른다. 그러나 다른 사람이 제공해야만 하는 해결책이나 일자리를 받을 순 없으며, 우리가 승인하지 않은 제앙에서 구조받을 수 있는 것도 아니다.

천재성과 위험성의 갈림길에서

누구든 이 서사를 소유한 사람이 이 시대의 역사를 쓸 것이다.

지금은 우리 시대에서 결정적인 대립의 순간이다. 인문주의는 에너지로 들끓어 넘치기 직전이다. 이 에너지를 어디로 보내느냐에 따라 우리 모두는 함께 상승할 수도 있고 분열될 수도 있다. 첫 번째 르네상스가 우리에게 남긴 가장 암울한 교훈은 분열을 택한다면 모두가 끔찍한 대가를 치르고 사회 전체가 또다시 퇴보하리라는 사실이다.

민주주의라는 정치적 기술 덕분에 우리는 르네상스 유럽이 감내했던 최악의 분열은 피할 수 있을 것이다. 그러나 신뢰에 기반한 사회제도가 부패하는 것을 막지 못한다면 거대한 정치적 과제뿐만 아니라 거대한 창조적 노력이 침체될 위험을 무릅써야 한다. 신 르네상스 시대가 제시하는 정점에 이르지 못하고 그럭저럭 살아만 가게 될 것이다. 서로에 대한 냉소주의를 키우고 분열과 무관심이 자라나 천재성이 번영할 수 있는 활력 있는 공동체 환경이 약화될 것이다.

무관심은 특히 치명적이다. 공공질서가 무너지면 타격은 크지만 유형적 재난에서 회복할 때처럼 회복할 수 있다. 탑이 무너지면 다시 세우면 된다. 인간의 정신이란 그런 것이다. 그러나 애초에 세운 적이 없는 탑을 대체하기는 더 어렵다. 방치된 사람들의 에너지는 이미 방전됐거나 낙심한 사람들의 재능은 이미 사라졌기 때문이다.

일각에선 벌써 사라진 서사를 되찾기 위한 싸움을 고려한다. 이들은 '브렉시트'와 '트럼프'라는 두 점을 연결해 경제 민족주의가 득세할 미래와 국제적 지배 구조의 와해와 범세계적 가치의 쇠락을 점친다.

그러나 이러한 예상은 애초에 이러한 대립을 낳은 자만심만큼이나 편협하다. 사보나롤라와 같은 시대를 살았던 마키아벨리는 허영의 불꽃과 그 여파를 생생히 목격했다. 마키아벨리가 가장 두려워했던 것이 바로 그러한 운명론이었다. 운명론은 지도자와 시민이 그들을 불행으로 몰고 가는 힘에 '저항'하기보다는 함께

'표류'하게 만든다.

도널드 트럼프와 브렉시트와 독일, 프랑스, 그리스, 브라질, 오스트리아, 필리핀 등지에서 일어난 유사한 대중주의 반란의 순기능은 더 많은 사람에게 충격을 주어 우리가 실제로 처한 곤경이 무엇인지를 깨닫게 해준 것이다. 점점 더 많은 국가에서 시민들이 중립을 되찾고 극단적이고 고립주의적인 경향에 맞서고 있다. 2017년 프랑스 대선에서 에마뉘엘 마크롱과 그가 소속된 앙마르슈! 정당이 승리한 것은 중도주의자가 전통적 정당과 언론을 극좌나 극우만큼 효과적으로 피해 갈 수 있다는 사실을 보여준다. 중도주의자도 전통적 권위에 대한 분노의 방향을 조정해 시장을 개방하고 협력적 개혁을 단행할 수 있다.

발견의 시대를 항해하는 동안 배에 탑승한 시민들을 합리적인 발전으로 이끌어줄 현명한 선장은 없다는 사실을 우리는 점차 깨닫고 있다. 배에는 오직 우리만 있을 뿐이다. 우리 모두가 조종사가 돼서 낯선 바다를 뚫고 배를 조종해 나아가야 한다.

서사의 부활

아직까지는 배를 조종할 수 있는 권한을 되찾아 이 시대가 품은 진보적 가능성을 향해 나아가는 것이 가능하다.

그러나 우리를 여기까지 끌고 온 서사로는 불가능하다.

'세계화'는 정치적으로 막다른 골목이다. 세계화는 결코 추세에만 그쳤던 적이 없다. 세계화는 언제나 믿음에 대한 시험이었다. 그리고 우리는 그 시험을 통과하지 못했다. 시민들은 더 많은 기회와 존엄성을 합법적으로 기대했으나 그 기대는 너무 오랫동안 충족되지 않았고 그 울부짖음은 이제 무시당하고 있다.

오래된 복음을 지지했던 사람들이 이제 '세계주의'로 몰려가고 있다. 세계주의도 마찬가지로 무시당하기 쉽다. '변화ization'를 '주의ism'로 바꾸기에는 너무 늦었으며 환멸을 느낀 사람들에게 그 차이가 들리기를 기대하기에도 너무 늦었다. 냉소적인 사람에게는 세계주의를 표방하는 그 어떤 의제도 암묵적으로는 기술 관료적 전문 지식을 찬양하고 대중의 지혜를 폄하하는 것처럼 느껴진다.

사람들은 이제 '개방된' 세상을 만들자는 호소에 꿈쩍도 하지 않을 것이다. '개방'이냐 '폐쇄'냐는 틀린 선택지다. '개방'이라는 단어가 내포하는 긍정적 함의는 미국이 최우선이라는 트럼프의 약속만큼이나 가짜다. 우리 모두는 서로 얽혀 있다. 우리의 행동은 모든 분야에서 국경이라는 개념을 거부한다. 개방은 우리가 더 진지하게 씨름해야 할 위험성과 복잡성을 단순화해버리는 부조리한 관점이다.

예전 항로에서 이탈을 겪은 뒤 옛 복음을 설교하던 사람들은 새로운 약속의 땅을 찾아 나섰다. 현시대가 향하는 곳을 따라 우리가 이룩한 발전이 보존돼 있는 새로운 장소를. 하지만 더 공정하고 더 상냥하고 더 예민하고 더 정의로운 곳을.

그러나 이제 시민들은 거대한 설교를 들을 때마다 깊은 회의주의로 일관한다. 목적지를 바꾼다고 해서 타고 있는 배의 상황이 나아지겠는가? 분명하고 솔직한 새로운 담론이 필요하다. 어려운 선택을 분명하게 서술하고 지도자는 논쟁적인 공약에 책임을 지며 고통을 더 널리 인식하고 분담하는 새로운 담론이 필요하다.

첫 번째 르네상스 시대의 석학들이 사람들을 모아서 끌고 갔던 목적지는 더 부유하거나 더 잘 굴러가는 사회가 아니라 '더 완전히 인간다운' 사회였다. 그리고 우리 시대 석학들이 우리를 한데 묶어주는 줄을 불태워버리고 있는 포퓰리즘 복음에서 가장 불편하게 느끼는 점은 경제적 진실이나 과학적 진실에 대한 무지가 아니라 바로 두려움이다.

신대륙을 발견하고 오래된 진리를 파기했던 시대에 미켈란젤로, 레오나르도, 에라스뮈스, 코페르니쿠스 들은 두려움을 정복하고 덕virtue을 장려했다. 개인적인 천재성을 꽃피운 다양한 활동을 하나의 사회적·지적·예술적 현상으로 묶어준 서사는 현재 지나고 있는 폭풍우 속을 항해하려면 용기, 인류, 인문주의, 존엄성 같은 고전적 덕목을 시대에 맞게 부활시키고 재해석해야 한다는 것이었다. 인류 앞에 놓인 미래는 불가능할 정도로 다양해 보였다. 그러나 번영하는 사회가 나아갈 길을 조종하는 방법은 많지 않았고 역사는 이를 증명했다. 르네상스 시대 석학들에게 덕은 듣기 좋은 말 그 이상이었다. 덕은 사회적 기술이었고 어떻게 사용하느냐에 따라 역사의 평가가 달라질 터였다.

현재 사회적·정치적 분위기는 전례가 없는 것처럼 느껴진다. 그러나 르네상스 시대의 관점으로 바라보면 지금 우리에게 필요한 서사와 그 안에서 우리가 취해야 할 행동은 놀라울 정도로 분명하다.

우리에게는 더 나은 세계가 기다리고 있다

다윗, 무엇을 할 것인가

내가 지금의 경지에 이르기까지 얼마나 열심히 노력했는지를 안다면
그다지 대단해 보이지 않을 것이다.

– 미켈란젤로

미켈란젤로의 〈다비드상〉은 500년 전 피렌체 광장에서 공개된
이래로 많은 시련을 견뎌왔다. 1511년에는 조각상 받침대가 번
개에 맞았다. 1527년에는 쓰러져(위쪽 창문에서 날아온 의자에 맞
았다는 이야기가 있다) 왼쪽 팔이 부러졌다. (부러진 왼팔은 1543년
에 새것으로 대체됐다.) 1843년에는 누군가가 아무 생각 없이 대리
석으로 된 〈다비드상〉의 피부를 (50퍼센트 염산 용액으로) 청소하
려고 하는 바람에 단 하루 만에 지난 3세기 반 동안 피렌체의 햇
빛과 비에 마모된 것보다 더 큰 피해를 입었다. 1873년에는 거듭
된 풍화 때문에 본래 서 있던 곳에서 마침내 아카데미아미술관으
로 옮겨져 10년째 궤짝 속에 수감돼 있다. 1878년에 피렌체를 방
문한 마크 트웨인은 "한참 동안 재미없는 그림 같은 풍경을 뒤지
다가 (……) 벽장 속에서 (조각상을) 발견했다."[1] 〈다비드상〉은 제2
차 세계대전 중에 다시 폭탄과 도둑을 피해 모래와 벽돌 속에 매

장됐다.[2] 다행히도 폭탄과 도둑에게서 모두 무사했다.

비록 오늘날 미켈란젤로의 〈다비드상〉은 손가락과 발가락도 몇 개 잃었고 똑같은 자세로 500년 동안 무게를 지탱하느라 발목에도 금이 갔지만 여전히 남아 우리와 함께다. 〈다비드상〉이 탄생했던 시기에 인류가 얻은 지혜도 대부분 오늘날까지 남아 우리와 함께하고 있다.

〈다비드상〉은 그 존재 자체만으로 르네상스 시대의 지혜를 캐도록 우리를 초대한다. 당시 발견의 시대를 정의하는 아름다움과 추함에서 영감과 깨달음을 얻으라고 말이다. 현재는 과거의 반복이 아니지만 그렇다고 해서 세대가 바뀔 때마다 인류가 완전히 새롭게 태어나는 것도 아니다. 상황은 변한다. 기술도 변한다. 그러나 우리의 깊은 목적은 비교적 안정적으로 남아 있으며 그렇기 때문에 우리는 역사를 돌아보고 현재를 살아갈 중요한 교훈을 되살려야 한다.

그중에서도 가장 중요한 교훈은 〈다비드상〉 자체에 나타나 있다. 한 예술 사학자는 〈다비드상〉이 "인간 잠재력의 가장 필수적인 형태"라고 말했다.[3] 〈다비드상〉은 우리에게 영감과 경고를 동시에 준다. 자신처럼 용감하게 서 있으라고, 그리고 피할 수 없고 이겨야만 하는 대립에 맞설 준비를 하라고 말이다.

폭발하는 천재성과 번성하는 위험성 사이에 벌어질 이 대립은 〈다비드상〉의 르네상스를 정의했고 우리의 현재를 정의한다. 역사가 지금 이 순간을 인류 역사상 최고의 시절로 기억하느냐, 최악의 시절로 기억하느냐는 우리 모두가 어떻게 천재성을 확대하고 위험성을 완화하느냐에 달려 있다.

폭발하는 천재성을 확대하라

천재성을 환영하자

> 내 입장에서 나는 실제 내 모습과 다른 모습일 수가 없다.
>
> - 데시데리위스 에라스뮈스(1466년 추정~1536년)[4]

당연한 소리 같지만 실제로는 반대로 행하는 경우가 많다. 천재성은 두려움을 불러일으킬 수 있다. 천재성은 세상을 바라보는 다른 방식을 제시하며 그렇게 보는 세상은 우리 마음에 들지 않을 수도 있다. 코페르니쿠스는 수학을 이용해 당대 사람들에게 기존의 천체관이 완전히 틀렸음을 증명했다. 그것은 위험한 진실이었다. 삶의 의미에 대한 성경의 기본적 믿음에 도전하는 듯 보였다. 하느님은 창조의 중심에 지구를 두었고 '인간'을 그 관리인으로 두었다는 생각은 위안이 됐다. 그러나 만약 지구가 태양에서 세 번째 행성에 불과하다면 인간의 자리는 어디인가?

물론 당시에 인류는 훨씬 더 미개했다. 오늘날 우리는 훨씬 더 과학적으로 사고한다. 이 또한 위안이 되는 생각이지만 우리는 생각보다 갈 길이 멀다. 예를 들어 유전학 연구는 인종(차별)주의가 과학적 근거가 없음을 확실히 증명했다. 서로 다른 '인종'보다 같은 인종 '안'에서 유전적 차이가 훨씬 다양하게 나타난다. 이 책의 저자 2명을 포함해 세계적으로 75만 명이 내셔널지오그래픽의 제노그래픽 프로젝트Genographic Project에 DNA 샘플을 채취한 면봉을 제출했고 모두가 아프리카 조상에게서 갈라져 나왔다는 개인적인 결과를 돌려받았다. 이러한 증거가 있는데도 우리 사회에서 인종적 편견의 역할은 아직 약화되지 않았다.

어떤 진리는 견고한 믿음이나 굳어진 습관과 너무나도 상충된다는 이유만으로 무시당하기도 한다. 지금 현재 우리는 최근에 세계 기후 체계, 국제금융 체계, 빈곤의 대물림, 심장 질환, 공교육에 대한 투자가 어떻게 경제성장을 촉진하는지에 관해 발견한 많은 사실을 무시하는 중이다. 게다가 우리 대부분은 여전히 자외선 차단제를 바르지 않는다.[5]

우리는 모두 평생 동안 수많은 새로운 진리를 무시하면서 살아간다. 무시하지 않으려고 노력하라. 결국에 현실은 거부하기 힘들다. 새로운 진리를 바탕으로 삼는 사람과 사회가 건강하고 성공한다. 그러니 위안을 준다는 이유로 신화를 붙잡고 있지 말라. 신화를 밀어내고 그 자리에 비판적 사고가 들어서게 하라.

디지털화는 과거 인쇄술처럼 모든 발언을 동등하게 확성했다. 비록 모든 발언이 청중에게 동등한 가치를 전달하진 않지만 말이다. 온라인에서는 사실과 의견이 크게 다르지 않아 보인다. 그러나 현실에서 사실과 의견은 매우 다르다. 우리는 끊임없이 사실과 의견을 분리해야 한다. 의견은 논증으로 뒷받침할 것을 요구하고 논증이 편향돼 있지는 않은지 시험하고 어떤 다른 견해가 있는지를 질문해야 한다. 첫 번째 르네상스 시대에 이렇게 했던 이들이 있었기에 다음 세대인 16세기 중반부터 17세기 중반 사이에 갈릴레오 갈릴레이, 토머스 홉스, 르네 데카르트, 존 로크, 고트프리트 라이프니츠, 아이작 뉴턴 같은 자유로운 사상가가 등장할 수 있었다. 그리고 이들이 있었기에 과학혁명과 계몽주의가 일어날 수 있었다. 새로운 정점이 기다리고 있다. 우리가 그 정점에 오를 수 있는 지적 용기를 끌어모을 수 있다면 말이다.

비슷한 정신으로 새로운 아이디어를 포용해야 한다. 탐구의 길을 따라 진보를 이뤄내려면 언제라도 현재의 시각을 던져버릴 준비가 돼 있어야 한다. 우리는 기득권을 위협한다는 이유로 너무 자주 새로운 아이디어에 저항하거나 이를 억업한다. 코페르니쿠스의 태양중심설만이 격렬한 반대에 부닥친 '아하!의 순간'은 아니었다. 스위스 서기들은 인쇄술에 반대했다. 네덜란드 길드는 조선술이 발전하는 것을 막기 위해 싸웠다. 프랑스 제지 업자들은 펄프 제조 속도를 올려주는 기계를 불태웠다.[6] 마찬가지로 오늘날 화석연료 산업은 사회가 대체에너지로 이행하는 것에 저항한다. 주요 은행들은 크라우드 소싱 대출에 찬물을 끼얹는다. 택시 운전사들은 누구든지 운전자가 될 수도, 승객이 될 수도 있게 도와주는 앱이 부당하다고 외친다. 그렇다면 새로운 아이디어는 모두 좋은 아이디어일까? 아니다. 하지만 르네상스 시대에는 기본적으로 그렇다고 가정해야 한다. 직접적으로 인류에게 해를 끼치는 아이디어만 아니라면 말이다. 지금 사회는 역사상 그 어느 때보다도 어떤 아이디어를 판단하고 공유하고 더 나은 아이디어를 촉발하기에 충분한 역량을 갖추고 있다.* 실험적인 아이디어에 박수를 보내자. 심지어 그 아이디어가 사회의 성역을 침범할지라도 말이다. 그렇지 않으면 21세기 가장 위대한 발명 가운데 일부는

---

* 심지어 H5N1보다 더 위험한 돌연변이도 결국에는 대중에게 공개됐음을 기억하라. 존재조차 모르고 있다가 어느 날 갑자기 전염병이 퍼지는 것보다 공개하고 사람들로 하여금 백신에 대해 고민해보게 하는 편이 낫다고 「사이언스」는 판단했다.

결코 일어나지 않을 것이다.

천재성의 포용 | 천재성이 나타날 징조를 반기지 않으면 천재성도 반길 수 없다.

노벨상 수상자는 완벽한 지표는 아니지만 그럼에도 세계가 무엇을 놓치고 있는지를 분명하게 보여주는 지표다. 1901년에 노벨상이 제정된 이후로 1990년까지 배출된 노벨상 수상자 597명 가운데 아프리카 출생은 단 10명이었고 라틴아메리카 출생은 12명이었으며 아시아 출생은 22명이었다.[7] 짐작했겠지만 1990년 이래로는 이들 지역에서 국제적으로 명성 있는 실력자가 훨씬 많이 배출됐다. 지난 25년간 아프리카와 아시아에서 배출된 노벨상 수상자 수는 지난 90년간 배출된 노벨상 수상자를 모든 합친 수보다 2배 많다.* 그러나 전체 수상자 가운데서 이 세 지역 출신 수상자가 차지하는 비중(1990년 이래로 16퍼센트)은 진 세계 인구수에서 이 세 지역 인구가 차지하는 비중(2015년 기준으로 85퍼센트였으며 계속 증가하고 있다)을 여전히 훨씬 밑돈다.[8] 이러한 왜곡 현상은 현대 과학이 여전히 서구를 중심으로 발전하고 있으며 다른 지역 출신은 매우 소수의 최상위 두뇌 집단만이 서구에 있는 최상위 대학에 진학할 수 있다는 사실을 반영한다. 각국 정부가 본국에 남은 나머지 인재들이 세계를 주도할 학문적 돌파구를 마련할 수 있도록 지원하는 연구 시스템을 구축하기까지는 시간이 걸릴 것이다.

---

* 같은 기간에 라틴아메리카 출생 노벨상 수상자는 3명밖에 늘지 않았다.

그러나 이러한 국가적·사회적 편향은 개개인이 어디에서 일하든지 따라다니는 선입관을 반영하기도 한다. 같은 대학에 소속된 아프리카인 과학자와 영국인 과학자가 연봉, 승진, 실험실 공간, 연구 자금에서 과연 똑같은 대우를 받을 것인가? 슬프게도 연구 결과는 그렇지 않다고 말한다.[9] 여성도 비슷한 장애물을 마주하고 있다. 2013년까지 노벨상 수상자를 통틀어 여성 수상자는 5퍼센트에 지나지 않았다. 이러한 결과가 발생한 이유가 남성과 여성의 두뇌가 다르기 때문이라는 주장은 '쓰레기 학문'이다.[10] 어릴 때부터, 그리고 경력의 사다리를 오를 때마다 여성을 수학과 과학에서 돌아서게 만든 사회적 편견이 이러한 결과를 낳은 주범이다. 세계 어딜 가나 거의 동등한 수의 남성과 여성이 함께 살아가지만 세계에서 가장 교육 수준이 높은 국가에서조차 여성 연구자가 전체 연구자에서 차지하는 비중은 3분의 1에 지나지 않는다.

코페르니쿠스의 혁명적인 천체 지도부터 인간 게놈 프로젝트에 이르기까지 다양성은 창의적 돌파구에서 필수적인 요소였다. 선입관은 어떤 형태든 다양성을 저해한다. 다양성이 저해되면 좋은 아이디어는 태어나기도 전에 죽임을 당한다. 지금은 역사상 그 악순환의 고리를 끊기에 가장 좋은 순간이다. 이를테면 수많은 국가가 다양한 성적 지향을 급속도로 수용하고 있다. 이는 공동체를 강화할 뿐만 아니라 인류의 집단적 창의성을 풍성하게 한다고 저자들은 믿는다. 게다가 다른 많은 형태의 선입관 또한 줄여나가게 한다. 우리는 분명히 할 수 있다.

공공 후원 늘리기 | 첫 번째 르네상스 시대에 창의적인 천재성을 가장 많이 후원한 것은 메디치 가문이었다. 엄청난 부자였던 메디치가는 예술을 사랑했고 시대를 앞서가는 예술 양식에 후원하기를 좋아했다. 기베르티(회화와 조각), 도나텔로(조각), 브루넬레스키(건축) 등이 실험적인 양식으로 전통적인 양식에 도전할 때마다 새로운 양식이 주류가 될 수 있게 해준 것은 바로 메디치가의 후원이었다.

그때나 지금이나 천재에게는 관대한 후원자가 필요하다. 예술이든 과학이든 창조자의 비전과 대중의 관심 사이에는 보통 커다란 차이가 있다. 그 사이를 메우는 것은 돈이다. 일부 후원자는 한발 더 나아갔다. 일례로 엑스프라이즈재단의 '이노베이션 엔진'은 "인류에게 이익이 되는 급진적인 돌파구"를 마련한 사람에게 거액의 상금을 수여한다.[11] 또 다른 희망은 군중이다. 이들 중 일부는 오로지 과학을 위해 기꺼이 과학을 지원한다. 2010년에는 크라우드펀딩 플랫폼 100개 정도가 총 9억 달러 가까이를 모금했다.[12] 2015년에는 1,250개 이상의 크라우드펀딩 플랫폼에서 350억 달러를 모금한 것으로 추산된다.[13] 이는 세계 벤처 캐피털 산업의 연간 평균 투자 금액(약 300억 달러)보다 많은 금액이며 현재 추세라면 최소 2020년까지 3배로 늘어날 전망이다.[14] 크라우드펀딩으로 광범위한 인구가 새로운 발견을 지원할 수 있게 됐으며, 특히 과학자들은 크라우드펀딩을 연구 제안서에 포함하는 일에 능숙해질 필요가 있다.

그러나 크라우드펀딩에도 한계가 있다. 군중은 최고의 과제가 눈앞에 있어도 해당 연구에 별로 관심을 보이지 않을 가능성이 있다. 2015년에 이뤄진 크라우드펀딩의 70퍼센트 이상은 대출자가 상환을 기대하는 이자가 붙는 일대일 단기 대출 형식이었다.[15] 게다가 과학은 인간 이해 영역에서 머나먼 북쪽 경계에 진을 치고 있는 경우에 단기 상환 일정을 지키지 못하기로 악명 높다. 특히 기초연구는 구체적인 응용을 염두에 두지 않고 새로운 지식을 습득하는 것이 목표다. 이익을 보려고 기초연구에 투자한 사람이 실제 보상을 받기까지는 너무 오랜 시간이 걸리고 그나마도 불확실하다. 그래서 선진국에서는 '총' 연구 개발 비용의 70퍼센트 가까이를 민간 부문에서 지원하지만 그중에서 '기초'연구가 차지하는 비중은 20퍼센트 정도일 뿐이다.[16]

대신 시민으로 이뤄진 훨씬 많은 군중이 매년 납부하는 세금으로 진행되는 국가 지원은 비용과 시간 면에서 기초과학을 지원할 여력이 더 있다. 코페르니쿠스 혁명에 비견할 만한 혁명은 기초과학 분야에서 일어날 수 있으며 정부 지원이 반드시 필요하다. 다른 실질적 대안은 없다. 불행히도 선진국에서 정부 지원은 2가지 측면에서 잘못된 방향으로 나아가고 있다.

첫째, 기초과학 예산이 줄었다. 북아메리카와 유럽 전역에서, 특히 미국과 영국에서 긴축재정 때문에 연구 예산이 엄청나게 삭감됐다.[17] 실질 달러로 계산했을 때 미국 정부는 10년 전보다 지금 민간 R&D 부문에 더 적은 금액을 투자한다.[18]

둘째, 지원이 지나치게 보수적으로 변했다. 자금 부족과 더불어 실질적인 투자 성과를 보여줄 것을 요구하는 대중적 압박 때문에 모험적인 연구에 정부 지원을 감행하기가 어려워졌다. 미국 전체 비국방 연구 지출의 절반 가까이를 차지하는 미국 국립보건

원NIH을 예로 들자. 대개 결과가 미리 알려진 안전한 소규모 연구 제안서가 혁신적인 대규모 연구 제안서보다 승인율이 점차 높아지고 있다. 2013년과 2014년에 NIH가 지원한 연구 보조금은 1999년 이래 최저 수준으로 떨어졌다.[19] 게다가 갈수록 젊은 야망보다 경험이 연구 지원을 받기에 유리해지고 있다. 1990년에는 연구비 수혜자 가운데 2퍼센트만이 65세 이상이었고 11퍼센트는 36세 이하였다. 오늘날에는 상황이 역전됐다. 연구비 수혜자 가운데 65세 이상과 36세 이하의 비율은 2 대 1이다.[20] 최첨단 의학 연구는 갈수록 여러 학문을 통합해야 하므로 연구자들은 경력이 후반부에 접어들어서야 관련 분야를 주도하는 데 필요한 역량을 갖추게 된다. 그러나 경험을 강조할 때 치러야 하는 대가가 있다. 낙담한 수많은 젊은 연구자들이 과학에 종사하는 것을 완전히 포기하고 있다.[21]

한때 후원을 이끌었던 대담한 정신은 많이 사라졌다. 정부 지도자는 이 대담한 정신을 다시 소환해야 한다. '지출을 더 늘려야' 한다. 개발도상국에서 정부의 연구비 지원은 해마다 최소 3퍼센트씩 증가해야 한다. 그리고 즉각적인 상환을 받을 수 있으리라는 '기대는 더 낮춰야' 한다. 정부의 연구비 지원에서 연간 증가분의 3분의 1 이상을 떼어 경력 단계에 상관없이 독창적이고 위험부담이 크며 불확실한 연구를 하는 뛰어난 개인 지원자에게 지급해야 한다. 1508년에 교황 율리오 2세가 미켈란젤로에게 시스티나성당 천장화 그리는 일을 위임했을 때 결코 여기에 〈아담의 창조〉를 그리고 저기에 〈대홍수〉를 그리라고 지시하지 않았다. 율리오 2세는 (결국에는) 미켈란젤로에게 "하고 싶은 대로 하라."고 말했다.[22] 그때나 지금이나 대부분 천재적 업적의 필수 요소는 자율성이다.

기꺼이 실패하자

> 대부분의 사람들에게 목표를 너무 높게 잡아서 이루지 못하는 것보다
> 목표를 너무 낮게 잡아서 이루는 것이 더 위험하다.
> – 미켈란젤로

미켈란젤로가 남긴 것으로 알려진 이 말은 500년 전에도 일반적인 사회 통념이었고 오늘날에도 여전히 유효하다. 노벨 경제학상을 수상한 에드먼드 펠프스는 2013년 그의 저서 『대번영의 조건』에서 독자들에게 "'행동'에서 감지되는 활력의 감소"를 더 많은 실험과 탐구와 설익은 추측으로 대체함으로써 개개인과 사회 전체가 단순히 느리게 걸어갈 것이 아니라 번영할 것을 촉구했다.[23] 발견의 시대에 위험과 보상의 균형은 대담한 행동을 하는 쪽이 유리하도록 기울어져 있다.

첫 번째 이유는 갑자기 탐험할 새로운 영역이 순식간에 많이 생겨났기 때문이다. 우리 정치와 경제는 세계의 인구와 시장을 개방했다. 물질의 근본 입자와 우주의 광활함을 탐사할 도구도 생겼다. 컴퓨터 성능을 개발해 은하의 형성부터 기후 통제, 뇌가 의식을 생성하는 과정에 이르기까지 창조의 가장 복잡한 신비를 시뮬레이션하고 있다. 2020년까지 세계 중산층은 30억 명에 이를 전망이며, 주머니 속에 있는 스마트 기기로 이들 모두와 연결

될 수 있을 것이다.[24]

두 번째 이유는 우리가 서로 얽히면서 우리 자신과 타인을 위해 가치를 창출하는 속도가 가속화됐고 그 가치가 확산됐기 때문이다. 가치 창출 행위가 가져다줄 혜택을 완전히 예측할 수는 없다. 소셜 미디어에는 예시가 수없이 많다. 3일 만에 만들어진 조잡한 모바일 게임 '플래피 버드'는 2013년에 엄청난 인기를 끌었고, 베트남 사람인 이 게임 개발자는 하루에 5만 달러의 수익을 올린 것으로 추산된다.[25] 2014년에 루게릭병ALS 연구 자금을 모금하기 위해 소셜 미디어에서 친구가 친구를 지명해 연달아 얼음물을 머리에 뒤집어쓰는 운동인 아이스 버킷 챌린지가 유행했다. 전 세계에서 30일 만에 1억 달러가 모금됐고 추가로 2억 2,000만 달러가 더 모였다.[26] 아이스 버킷 챌린지에 참여해본 사람은 알 것이다. 자신이 변화를 만들어냈다는 사실을 말이다. 1년 뒤인 2015년 8월 존스홉킨스대학교에 모인 과학자들은 루게릭병의 치료법을 찾을 수 있는 주요 돌파구를 발견했다고 발표했다.[27]

세 번째 이유는 실패에 따른 비용이 곤두박질치고 있기 때문이다. 오픈소스 소프트웨어 및 하드웨어, 자금 조달과 제조와 유통을 위한 세계 온라인 플랫폼, 3D 프린터로 출력한 시제품으로 다양한 아이디어를 현실화할 수 있는 비용이 획기적으로 줄었다. 10년 전만 해도 불가능하거나 대형 실험실에서만 시도할 수 있었던 일을 이제는 조그만 방 한 칸이나 사무실에서 적은 비용으로 구축할 수 있게 됐다. 독자적인 연구를 하는 바이오테크 공학자들은 3만 달러에 달하는, 연구에 필수적인 장치인 중합효소연쇄반응PCR 기계를 이제 600달러 미만에 구매할 수 있다(오픈피시 알OpenPCR.org에서 판매하는데 대신 조립은 직접 해야 한다). 예술가들은 이제 선행 투자 없이 스마트폰, 트위터 계정, 수많은 소셜 미디어 친구만으로 자신의 재능과 전 세계 반응을 가늠할 수 있다. 20년 전에는 상업적으로 성공한 소프트웨어를 개발한다는 것은 일반적으로 컴퓨터공학 학위를 취득한 다음 소프트웨어 회사에 취직하는 것을 의미했다. 이제는 거대 모바일 플랫폼 제작자가 제공하는 무료 개발자 키트를 몇 달 가지고 놀다 보면 성공적인 소프트웨어가 탄생하기도 한다. 애플 개발자 커뮤니티가 2012년에서 2014년 사이에 450만 명에서 900만 명으로 2배 늘어났다는 사실은 전혀 놀랄 일이 아니다.[28]

실패에 따른 평판 비용도 낮아지고 있다. 명성을 너무 자랑스러워하지 말라. 혁신적인 시도가 실패했다고 해서 부끄러워하지도 말라. 갈수록 명성과 실패 둘 다 개인의 통제력을 넘어 네트워크 효과로 견인되며 그다음 유행하는 주제가 등장하면 모두의 관심 밖으로 순식간에 밀려난다. 관심은 값싸다. 이 사실을 알면 스스로에게 속아 넘어가지 않을 수 있고 그만큼 자신에게 진짜 중요한 일을 이룰 수 있다.

대담해지는 방법 | 첫 번째 용기 있는 행동은 장기적인 큰 그림을 그리는 것이다. 뉴스 미디어와 소셜 미디어는 우리에게 어떤 사건이 일어나고 있는지 알려주지만 사건을 바라보는 '관점'은 스스로 정해야 한다. 우리는 최근 힘든 시간을 지나왔다. 우리 앞에는 더 큰 불안정성과 더 많은 충격이 기다리고 있다. 게다가 점점 더 많은 인류가 얽혀 있는 동일한 시스템에 접속하게 되면 그 충격

은 더 빠르게 더 다양한 곳에서 더 크게 다가올 것이다. 이 모든 사실은 극단적으로 비관적이지 않다면 우리를 신중하게 만든다. 그러나 이 책의 1부와 2부에서 살펴봤듯이 낙관적 주장도 설득력 면에서 동등하거나 오히려 더 낫다. 이를 증명하는 강력한 데이터가 있다.

그러나 이 사실은 덜 알려져 있다. 우리가 소비하는 미디어는 현시대에 깔려 있는 광범위한 긍정적 변화를 축소해서 보도하거나 보도하지 않는다. 이러한 보건, 부, 교육, 얽힘에서 새로운 정점으로의 이동은 우리가 좋아하는 TV 드라마 전개와 비교해 상대적으로 느리게 일어나고 있으며 유명 인사의 트윗 대신에 통계로 나타난다. 뉴스는 또한 나쁜 뉴스를 과장해서 보도한다. 뉴스만 보면 9·11부터 이슬람 극단주의 세력의 성장과 시리아 내전에 이르기까지 21세기는 유난히 폭력적으로 출발했던 것처럼 느껴진다. 실제로 2014년은 냉전 종식 이래로 전쟁으로 사망한 사람 수가 가장 많은 해였다. 그러나 또 다른 측면도 있다. 2014년에 7곳에서 내전이 종식됐고 평화 협정 10건이 체결됐다.[29] 역사상 가장 치명적인 국가들 '사이'의 직접적인 전쟁은 2003년 이라크 침공 이후에는 발발하지 않았다.

큰 그림을 붙잡는 데는 용기가 필요하며 비관론이 만연한 가운데 낙관론을 주장하려면 더 큰 용기가 필요하다. 그 용기를 찾아야 한다. 오늘의 뉴스를 소비하면서 올해를 내다보고 그다음 10년을 내다보고 또 그다음 10년을 내다보는 장기적인 관점을 읽고 관찰하고 교류하자. 국경 너머에 있는 목소리와 자신이 몸담고 있는 분야나 산업 바깥에 있는 목소리에 귀를 기울이자. 다양한 생각에 열려 있으면 다가오는 천재성의 번영에 눈과 귀를 열어두는 데도 도움이 될 것이다.

그곳에서부터 새로운 신항로 개척에 나서라. 콜럼버스는 아시아를 찾으러 나섰다가 아메리카를 발견했다. 마찬가지로 금세기는 최종 목적지가 불분명해도 항해에 나서는 탐험가에게 보상을 해줄 것이다. 항상 그랬다. 그러나 과거에는 지금만큼 기회가 많지 않았다. 지금 이 책을 읽고 있는 독자가 젊은이라면 또래들처럼 월급날만을 기다리는 일을 멈춰라. 내년의 꿈을 좇고 실패에서 배우며 독특하고 결정적인 경험을 하는 데 투자하라. 남은 생애에서 충분히 보상받을 것이다. 더 이상 젊은이가 아니라면 다음 세대에게 가르침을 전수하라. 그러면 그들은 보답으로 새로운 것을 더 많이 가르쳐줄 것이며 그다음 발걸음을 크게 내딛도록 활기를 불어넣어줄 것이다.

'용기'의 경제적 등가물은 '투자'다. 세계 경기 전망이 여전히 불투명하기 때문에 몇 년째 기업은 현금을 쌓아두고 있으며 재무부는 허리띠를 졸라매고 있다. 단기적인 현실은 그러하다. 그러나 현재 작동하고 있는 세계적 얽힘과 인간 개발이라는 더 큰 힘은 그 힘에 동참하는 사람들에게 커다란 기회를 제시한다.

지금은 큰 그림을 볼 수 있는 통찰력이 부족한, 지나치게 조심스러운 경쟁자를 제치고 나아가야 할 때다. 이를 직접 보여주는 기업과 기업가가 있다. IBM은 2014년에 순소득의 10퍼센트를 차세대 실리콘 반도체에 투자하겠다는 5개년 계획안을 발표했다.[30] 구글(알파벳)은 최근에 새로운 양자 인공지능 연구소와 자율주행차와 항노화제에 장기적으로 투자하겠다는 계획을 밝혔다.[31] 페이팔의 공동 창업자 일론 머스크는 (우주 운송 회사로 화성을 개척해 정착하는 것이 궁극적인 목표인) 스페이스X와 (전기차 대량 보급, 재생에너지를 저장하는 가정용 배터리팩 및 로스앤젤레스에서 샌프란시스코까지 시간당 600마일로 사람을 수송할 수 있는 하이퍼루프hyperloop 개발 등이 목표인) 테슬라에 투자하고 있다.

시민이 대담하게 실패할 수 있도록 | 학계의 연구자와 두뇌 집단은 더 나은 세금 제도와 공공 법제와 규제를 놓고 끊임없이 토론한다. 사실 정답은 없다. 가치 문제인 동시에 경험 문제이며 전 세계에서 정책적 대응은 객관적 증거만큼이나 시민이 소중하게 여기는 가치에 기반해야 한다.

그러나 르네상스 시대에는 옳은 정책 '질문'을 하는 것이 최소한 올바른 정책 답안을 찾는 것만큼이나 중요하다. "어떻게 정부가 더 잘할 수 있을까?"라는 질문은 물론이고 "어떻게 정부가 '시민을 더 대담하게 만들' 수 있을까?"라고 물어야 한다. 우리에게 서비스를 제공하는 공공 시스템이 우리의 행동을 형성하기도 한다. 현명한 정부는 시민들이 앞에 놓인 기회를 붙잡도록 끌어줄 것이다.

<u>세제 개혁</u> 우리는 정부가 제공하는 재화에 대해 세금을 지불한다. 그러나 이러한 세금이 어떻게 징수되느냐에 따라 사회적 행동이 판이하게 달라진다.

1. 과세 표준을 상향 조정하라. (부자에게 세율이 높게 적용되

는) 누진세는 빈민층에게는 소비할 수 있는 더 많은 현금을 주고 부유층에게는 현금을 재투자할 더 많은 이유를 제공함으로써 사회를 대담하게 만든다. 먼저 개인과 기업의 탈세 구멍을 막고 주로 부자에게게만 혜택이 돌아가는 세금 공제를 폐지하며 (가난한 사람은 거의 또는 아예 소유하고 있지 않은) 토지세를 인상하라. 토지세를 인상하면 부동산 투기도 억제할 수 있다.

2. 세금을 이용해 (교통 혼잡, 공해, 지방이 많은 음식 등) 공공 악재를 제거하라. 소득세는 근로 의욕을 저하시키지만 탄소세는 사람들로 하여금 탄소 배출을 영리하게 줄일 수 있는 방법을 찾게끔 이끈다.

3. 왜곡된 에너지 및 농업 보조금을 폐지하라. 에너지 및 농업 보조금으로 혜택을 보는 이는 소수이며, 오히려 무역을 왜곡하고 환경적으로 재앙을 초래한다. 2015년에 에너지 보조금 명목으로 전 세계 납세자는 5조 3,000억 달러(또는 세계 GDP의 6.5퍼센트)를 냈고 OECD 국가에서 농업 보조금 명목으로 시민들에게 과세한 금액은 6,000억 달러에 달한다.[32] 이 보조금을 폐지해서 발생하는 여윳돈으로 인프라, 교육, 보건에 과감하게 투자할 수 있으며, 재생에너지나 지속 가능한 농업에 대한 유인도 높일 수 있을 것이다.

4. 상속세를 높여라. 후손을 위해 부를 많이 축적할 수 없게 되면 현재에 대한 투자가 늘고 세대 간 불평등이 줄어들 것이다.

사회 안전망 강화 대부분의 사람들은 취직할 기회나 더 나은 곳으로 이직할 기회를 재빨리 잡는다. 1990년대 이후 (특히 하위 3분위

임금 노동자 계층에서) 파트타임, 프리랜서, 그 밖의 표준에서 벗어나는 일자리 등 급여 및 복지 혜택이 적은 직업이 급속히 증가하면서 이러한 현상이 두드러졌다.[33] 비표준적인 일자리를 수락하거나 창출함으로써 경제는 전반적으로 유연해지고 기술 변화나 시장 변화에 빠르게 적응할 수 있다. 이는 모두에게 좋다. 그러나 비표준적 일자리에 종사하는 개개인은 더 빈약한 직무 훈련과 빈곤의 나락으로 떨어질 더 큰 위험을 감수해야 한다. 본인을 비롯해 가족들이 이 비용을 고스란히 부담하도록 해서는 안 된다. 이들의 생산성이 감소하면 사회 전체가 고통받기 때문이다. 위험을 무릅쓰고 새롭고 유연한 노동시장에 종사하는 사람들을 지원하려면 실업 급여와 사회보장제도를 확충하고 다양한 신종 직업에 종사하는 사람들이 이러한 혜택을 받을 수 있도록 자격 요건을 완화해야 한다.

지식재산권 보호의 재조정 1486년 베네치아에서 최초로 특허를 발행했던 순간부터 오늘날까지 법으로 지식재산권IP을 보호하는 이유는 2가지다. 첫째, 혁신을 이뤄낸 사람에게 보상을 주고 둘째, 나머지 사람들에게 해당 아이디어에 대한 접근권을 부여해 다음 혁신을 촉진하는 것이다. 지난 20년에 걸쳐 이 균형추는 혁신을 이룬 사람 쪽으로 더 기울어 있었다. 대부분의 관할 지역에서 현재의 저작권 보호 기간은 지나치게 길다(저작물의 성격에 따라 최장 70년까지 보호된다). 또한 특허는 너무 쉽고 광범위하게 취득할 수 있다. 예술부터 바이오테크와 소프트웨어에 이르기까지 모든 분야에서 이 지식재산권 덤불IP thicket 때문에 발전이 지체되고 있다. 크리에이티브 커먼즈 라이선스CCL(저작물 이용 약관. creativecommons.org) 같은 상향식 법은 저작권을 얼마간 재조정하는 데 도움이 됐지만 아직 한참 부족하다. 먼저 학술 연구와 비영리 목적의 '공정 사용'은 저작권료를 내지 않도록 면제 범위를 확대해야 한다. 라이선스 시스템을 개선해 IP 취득을 어렵게 만들고 상업화는 쉽게 만들어야 한다. 너무 많은 발명이 거대 제약 회사와 기술 회사에 묶여 있어서 혁신을 저해하고 수백만 명의 삶을 개선하거나 생명을 살릴 수도 있는 신약 개발을 지연시킨다. 동시에 IP 보호는 원주민 등 오랫동안 발명의 소유권을 주장하지 못하고 있는 사람들에게로 확대해 이들이 전통적인 약이나 음악 등이 무단으로 도용되는 일을 막을 수 있도록 법적 권리를 부여해야 한다.

<u>규제 간소화</u> IP 덤불은 느리지만 지나갈 수 있다. 규제 덤불은 지나가기가 거의 불가능하다. 연구에 따르면 새로운 회사를 설립할 때 지켜야 하는 규칙이 늘어나면서 스타트업이 줄고 있다고 한다.[34] 일반적으로 규제가 늘어날수록 사회가 규제를 준수하기 힘들어지고 규제를 준수하느라 창조적 자원 낭비가 늘어난다. 규제를 탐색하려면 변호사를 고용해야 하므로 스타트업이나 규모가 작은 회사는 진입 장벽이 매우 높아진다. 규제 당국이 현시대의 복잡성을 복잡함으로 통제하려고 하면서 이 같은 낭비가 급속히 증가하고 있다. 2008년 금융 위기에서 나타난 문제점을 해결하기 위해 미국 입법자들이 2010년에 제정한 848쪽짜리 도드 프랭크법Dodd-Frank Act에서 요구하는 총 서류 작업을 수행하는 데 2014년

에만 연인원 3만 명이 투입됐다.[35] 이는 지구상에 존재하는 모든 생물종을 목록화할 때 예상되는 소요 시간보다 더 많은 시간이 낭비된 것이라는 계산도 있다.[36]

입법자와 규제 당국은 이러한 추세에 저항해야 한다. 불확실한 시기에는 경험 많은 감독관이 체화한 경험칙이 정교한 규제 모형만큼(또는 그보다 더) 잘 기능하며 사회적 비용도 훨씬 낮다.[37] 현명한 인재를 채용하고 적절히 보상하며 똑똑하고 간결한 규칙을 세우고 감독하도록 권한을 부여하라.

자신만의 피렌체를 찾자

15세기와 16세기 초반의 피렌체는 서구 세계에 존재하던 다른 어떤 곳과도 달랐다. 이탈리아의 심장부에 위치한 덕분에 무역과 금융의 주요 교차로이자 동방과 교류가 이뤄지는 최일선이 될 수 있었다. 유럽 대부분 지역이 귀리죽으로 연명하고 있을 때 피렌체 시민은 시장에 나가 아르메니아산 가지와 아스파라거스, 이집트산 바나나, 터키산 병아리콩, 페르시아산 시금치를 사 먹었으며 나중에는 아메리카에서 들여온 칠리고추와 초콜릿과 옥수수도 사 먹었다. 지적으로도 피렌체 시민은 완전히 다른 세상에 살고 있었다. 피렌체는 서구 세계에서 가장 낮은 문맹률을 자랑했다. 유럽인 가운데 자기 이름을 쓸 줄 아는 사람이 10퍼센트 미만이던 시대에 피렌체 시민은 30퍼센트 이상이 글을 읽고 쓸 줄 알았다. 피렌체 청소년의 4분의 3 이상이 학교 교육을 받았으며, 신분 질서가 엄격했던 나머지 유럽 사회에서는 환상과도 같았던 사회적 계층 이동이 뛰어난 기술, 재능, 지식을 보유하고 있다면 피렌체에서는 실제로 가능했다. 평범한 백정이 힘 있는 정치인이 됐고 소상인이 거대한 무역상이 됐으며 날카로운 지성을 갖춘 극빈층도 장학금을 받고 국무 장관이 됐다.[38]

문화적으로도 피렌체는 명성이 드높았다. 피렌체에 기반한 메디치 가문은 각종 사업에 투자해 가문의 권세와 피렌체의 국력을 강화했다. 피렌체는 도나텔로, 브루넬레스키, 레오나르도 다빈치, 미켈란젤로, 마키아벨리를 비롯해 여러 혁신적 업적을 이룬 인물들이 태어난 곳으로 르네상스 시대를 통틀어 유럽 어느 지역보다 인구 1인당 예술적 거장 수가 많았다. 예술가 인구는 끊임없는 이주민 유입으로 계속 증가했다. 거장, 도제공, 도제공 후보생 등 수많은 사람이 최신 동향을 좇아 새로운 기술을 배우고 열정을 공유하기 위해 피렌체로 흘러들어 왔다. 르네상스 시대 예술의 초기 걸작품 중 하나인 브루넬레스키의 돔을 머리에 인 성당 두오모가 피렌체 중앙 광장에 세워졌고 오늘날에도 당시 피렌체에서 탄생한 수많은 걸작품이 도시 박물관에 전시돼 있다.

중요한 것은 장소 ｜ 예전보다 지리적 위치가 훨씬 덜 중요해졌다는 생각이 들지도 모른다. 원자재, 자본, 사람, 아이디어 같은 필수적 투입은 이제 전 세계적으로 유통된다. 디지털 미디어를 통해 우리는 정보에 접근할 수 있고 서로 소통할 수 있으며 어디에서나 일할 수 있다. 확실히 세상이 얽히면 얽힐수록 물리적 위치의 중요성은 감소한다.

그러나 사실 진실은 그 반대다. 천재성을 갈고닦기 위해서는 '어디에' 정착하느냐가 그 어느 때보다도 중요하다. 그 2가지 이유는 바로 기교와 집중 때문이다.

기교 지식은 어느 때보다도 자유롭게 유통되지만 모든 영역 안에서 표면적 지식 밑에 숨겨진 더 심오하고 더 어려운 전문 지식을 찾을 수 있다. 이를 가리켜 경제학자 브라이언 아서는 '깊은 기교 deep craft'라고 이름 붙였다.[39]

첫 번째 르네상스 시대에 피렌체를 예술가를 끌어당기는 자석의 도시로 만든 것은 지식이 아니라 바로 이 기교였다. 기교는 당시 인쇄 미디어를 통해 지역에 상관없이 누구나 접할 수 있었던 지식이 아니라 긴밀한 직업 공동체 내부에서 형성되고 구속된 일련의 지식 체계였다. 이 지식 체계는 어떤 실험이 제대로 작동하고 어떤 실험이 작동하지 않을지를 '아는 것', 어떤 새로운 지식이 금방 잊히고 말 유행이고 어떤 지식이 영속적인 가치를 지닌 지식일지를 '아는 것', 이러저러한 예술적·기술적 장애물을 극복하기 위해 어떤 사람에게 상담해야 할지를 '아는 것', 누구에게 탄원하고 어떻게 희소한 자원을 확보할지를 '아는 것' 등을 포함했다.

이러한 암묵적 지식은 숙련된 직업인이라면 당연하게 아는 것이었지만 질문을 받았을 때 말로 전달하기란 어려웠다. 결과적으로 깊은 기교는 생겨난 곳에서 머물게 된다. 깊은 기교는 그 특혜받은 장소에서 창조적 활동에 추가적인 가속력과 열정과 성공 가능성을 부여했다. 르네상스 시대에 경계를 확장했던 모든 예술가는 형편만 허락한다면 피렌체로 순례를 떠나 그곳에 있는 공방과 광장과 궁전에 스며 있는 지혜를 흡수했다.

당시 깊은 기교의 유혹은 매우 강력했지만 지금은 더욱 강력하다. 우리의 과학과 기술과 체계는 훨씬 더 발전했다. 음악을 믹스하든지 코드를 짜든지 로봇을 설계하든지 경제적 성장을 산출하든지 간에 관련 분야의 최첨단 지식의 신비는 더 깊고, 학습하는 데 더 오래 걸리며, 돌파구를 마련하기 위해 종합해야 하는 학문의 범위는 더 넓다. 가능한 해결책은 무궁무진해서 잘 연마한 직관이 있는 사람만이 생산적인 길을 갈 수 있다. 이 모든 조건 때문에 할 수 있는 사람과 능숙하게 할 수 있는 사람을 구분하는 암묵적 지식은 곱절로 늘어났고, 기교를 다른 장소로 이전하기는 더 어려워졌다.

사방팔방에서 사람들이 모여드는 물리적 장소를 찾아가 열정을 공유하라. 진정으로 1년 이상의 시간을 헌신해서 그곳에 머무르고 연결하고 창조하라.

집중 아직 열정을 찾지 못했다면 또는 단순한 정의를 거부하는 열정이라면 그 열정을 찾기에 가장 좋은 장소는 세계에서 가장 위대한 도시 또는 한창 성장하고 있는 도시다.

2부에서 우리는 천재성이 번영할 수 있도록 도와주는 환경적 조건을 살펴봤다. 다양한 아이디어가 풍부하게 흐르고 교육 수준이 높은 인재가 많으며 이러한 두뇌 집단이 창조적 일에 집중할 수 있는 개인적·사회적 유인이 있는 곳에서 천재성은 번영한다. 필연적으로 이러한 조건에 가장 잘 들어맞는 곳은 대도시다.

3부에서는 왜 대도시가 천재성이 번영할 수 있는 환경적 조건을 갖출 수밖에 없는지를 설명했다. 지리적 장소가 어느 때보다도 중요할 수밖에 없는 이유 중 하나도 여기서 설명했다. 바로 집중이다. 창조적 투입은 모든 곳으로 균일하게 흘러가지 않는다. 국제적으로 흐르게 놓아두면 매우 빠르게 지리, 기후, 인프라, 정부 정책, 대도시의 군중과 복잡성이 낳은 정의하기 힘든 '활력' 등의 차원에서 비교 우위가 있는 장소로 흘러가 '웅덩이'를 이룬다.

첫 번째 르네상스 시대에는 어느 도시가 가장 위대한 곳인지가 분명했다. 파리는 서구에서 가장 큰 도시였다.[40] 로마는 서구 기독교 국가들에서 영원한 종교적 중심지였다. 모든 길은 로마로 통했다. 피렌체는 메디치가의 후원으로 웅장한 아름다움을 뽐냈다. 나중에 이스탄불로 바뀐 동방의 보석 콘스탄티노플은 술탄의 후원 아래 새롭게 반짝였다. 아메리카산 은으로 반짝거렸던 세비야와 혁신의 도시 안트베르펜을 비롯해 리스본, 마드리드, 런던, 암스테르담은 아시아와 대서양을 잇는 신흥 중심지로 거듭났다.

오늘날 도시는 여전히 문명의 심장이다. 도시에 인류의 절반 이상이 살고 있으며 부의 대부분이 몰려 있고 대부분의 투자가 집중되며 세계경제활동의 5분의 4 이상이 창출된다.[41] 경제 규모로도 상위 100개 도시가 세계 GDP의 40퍼센트를 차지한다. 그중 가장 유명한 뉴욕, 샌프란시스코, 런던, 파리, 싱가포르, 도쿄가 오늘날의 피렌체이자 로마이자 콘스탄티노플이다. 이 도시들이 가장 밝게 빛나지만 수백 개의 새로운 세비야와 안트베르펜과 암스테르담이 숫자로 압도한다. 인도 섬유 산업의 수도 수라트부터 브라질의 포르투알레그레(세계사회포럼이 출범한 도시)에 이르기까지 신흥도시는 각각 새롭고 흥미로운 경험으로 들어가는 문이다.

이 도시에는 하나같이 스트레스와 갈등이 넘친다. (첫 번째 르네상스 시대에 피렌체의 자살률은 급증했다.)[42] 그러나 이 도시는 전부 창조적 자원이 가장 풍부하게 존재하고 발전과 연결의 힘이 문자 그대로 거리에서 충돌해 끊임없이 새로움을 창출해내는 교차로이기도 하다. 혁신과 기회의 도가니이자 방문하는 데서 그치지 않고 한번 살아볼 만한 가치가 있다.

새로운 교차로의 구축 | 공동체를 형성할 권력과 책임이 있는 시민으로서 우리가 맡은 임무는 피렌체를 찾는 것이 아니라 재창조하는 것이다. 피렌체의 매력 가운데 일부는 지리적 중심지 같은 자연적 요인에서 파생된다. 그러나 대부분의 매력은 만들어진 것이었다. 우리도 그 업적을 재현할 수 있다.

첫 번째 단계는 교류를 위한 공동체의 물리적 또는 디지털 기반을 강화하는 것이다. 세계에서 두바이나 상하이처럼 지리적 행운을 타고나거나 국가가 새로운 국제 중심지로 키우려고 전폭적으로 지원하는 도시는 매우 드물다. 그러나 강력한 힘이 없는 곳에서도 훌륭한 지배 구조와 시민 의식이 있다면 많은 것을 이룰 수 있다. 인터넷 초기 시절에 암스테르담의 지역 사업자들은 모든 사람의 네트워크가 합쳐지고 트래픽이 거래되는 중립적인 중심지를 구축했을 때 발생하는 이익을 예견했다. 오늘날 암스테르담은 세계에서 가장 큰 인터넷 교환 지점으로 모든 대륙의 네트워크 사업자 650곳이 연결된다. 세계적 수준의 데이터 인프라 덕분에 암스테르담은 유럽 기술 회사뿐만 아니라 금융기관과 그 밖의 다른 빠르고 안정적인 네트워크 접근성이 비교 우위인 모든 산업의 중심지가 됐다.

한편 토론토는 세계에서 가장 많은 사람이 통행하는 교차로가 됐다. 도시민의 절반 이상이 이주민이므로 1인당 이주민 비율로 따졌을 때 세계에서 가장 개방적인 도시다.[43] 토론토가 매년 외국인 10만 명을 성공적으로 흡수할 수 있는 것은 잘 정비된 인프라 덕분이다. 신규 이주민 전략Newcomer Strategy 프로그램은 병원, 학교, 서비스 기관을 편성하고, 이민자 포털은 이민자가 의료보험, 저렴한 주거 시설 및 어린이집, 언어 교육 같은 공공 혜택에 접근할 수 있도록 도와준다. 이민자들은 정착한 도시에 받은 것보다 더 많이 돌려준다.[44] 2015년 「이코노미스트」가 선정한 '안전한 도시 지수'에서 토론토는 세계에서 '가장 살기 좋은 도시'로 선정되며 이민이 나쁘다고 주장하고 싶어 하는 사람들을 혼란에 빠뜨렸다.[45]

뭄바이(국제 오프쇼어 서비스), 라고스(아프리카 무역 및 금융), 텔아비브(기술)는 의도적인 설계를 통해 새로운 국제 교차로가 되는 방법을 보여준 대도시들이다. 운영만 잘 하면 비교적 작은 도시도 틈새시장이나 지역 단위에서 주요 교차로가 될 수 있다. 코펜하겐은 전통적인 금융 흐름으로는 뉴욕이나 런던을 절대 상대할 수 없었겠지만 암호화폐의 중심지로 급성장하고 있다. 스칸디나비아의 1인당 비트코인 사용량은 다른 어느 곳보다 많다.[46] 캐나다 초원 지대 중부에 위치한 작은 도시 리자이나는 2010년에 캐나다 내륙에서 가장 큰 항구를 개항했다. 1,700에이커(약 690만 제곱미터)에 달하는 국제 운송 허브는 북아메리카 주요 철도와 트럭 수송망을 상호 연결한다. 허허벌판 한가운데 위치한 도시는 어디에서나 등거리이며 세계무역량이 늘어나면서 이러한 지리적 위치 덕분에 서로 다른 운송 체계 간에 수송량의 균형을 맞추는 데 도움이 되는 필수 거점이 될 수 있다.

새로운 구성원을 환영할 것 | 모든 사람이 살아갈 여유가 없는 곳에서는 다양성이 번창할 수 없다. 세계 여러 대도시와 신흥도시에서 부동산 가격이 소득보다 빠른 속도로 오르고 있다.[47] 런던 부동산 가격은 2014년에만 20퍼센트 뛰어올랐다.[48] 지금 집을 살 형편이 안 되는 사람들은 내 집 마련의 꿈이 점점 더 멀리 사라지는 것을 지켜보고만 있다. 한편 임대료가 오르고 출퇴근 시간이 늘어나면서 처음에 사람들을 매혹했던 도시의 장점이 사람들을 쫓아내고 있다. 인간의 흐름을 촉진하려면 도시는 주택 밀도와 공급을 늘리고 (특히 젊은층을 위한) 저렴한 주택을 더 많이 공급해야 하며 투기꾼이 시장에 진입하지 못하도록 막아야 한다.

도시는 또한 정책적 지원을 늘려서 사람을 위한 교차로로 번성해야 한다. '상상을 현실로 만드는 힘'이라는 슬로건을 내건 세계 최대 기업 중 하나인 GE의 부사장은 2014년에 "모든 혁신은 이제 사회 간 협력을 포함해야 한다."라고 말했다. 정부가 폐쇄적인 이민정책으로 타인이 들어오지 못하도록 사회를 격리하면 국내의 모든 창조적 야망은 고통을 겪는다.

불행히도 최근 선진국 동향이 그러하다. 미국에서는 불법 이민자 1,100만 명이 반쪽자리 미국인의 삶에 갇혀 있다. 불법 이민자 10명 가운데 7명은 미국에서 비숙련 노동직에 취직할 수 있지만,[49] 공공서비스에 접근하거나 세금을 낼 수는 없기 때문에 미국 사회의 완전한 일원이 될 수 없다.[50] 고숙련 이민자 또한 거절당하고 있다. 2004년에 미국이 숙련 임시 노동자를 위한 연간 비자 할당량을 19만 5,000개에서 8만 5,000개로 대폭 줄이면서[51] 외국인 학생이 졸업 후 미국 내에 체류하기가 훨씬 어려워졌다.* 그 결과 거의 즉각적으로 혁신이 약화됐다. 1995~2005년에 실리콘밸리 테크 스타트업 52퍼센트의 창립자 또는 공동 창립자는 이민자였다. 그때 이후로 이 수치는 42퍼센트까지 하락했다.[52] 미래에 기업가를 꿈꾸는 이들은 머릿속에 아이디어를 잔뜩 가지고 여전히 미국으로 건너온다(매년 미국 대학에서 수학, 과학, 공학 관련 대학원 학위를 취득하는 학생 15만 명 가운데 절반 이상이 외국인이다). 그러나 점점 더 많은 외국인 졸업생이 본국에 돌아가 회사를 설립(하고 관련 일자리 및 부를 창출)한다.[53]

　이민 통제를 강화하는 의도가 경제 불황기에 자국민을 돕는 것일지라도 전반적인 결과는 그 반대다. 2013년 초당적 연방 기관인 미 의회예산처는 현재의 이민법을 개혁하지 않으면 향후 20년간 미국의 경제성장에 5퍼센트 이상 손실이 발생하며 세수도 9,000억 달러 가까이 줄어들 것이라고 내다봤다.[54] 연구 결과에 따르면 영국 경제는 매년 이민자 유입으로 노동인구 고령화 및 감소로 번성하는 위험성을 향후 50년간 10퍼센트 정도 완화할 수 있다.[55] 무엇보다 부실한 이민정책은 대도시의 활력을 조성하려는 도시의 노력을 저해한다. 이민 장벽이 높아지면 도로, 공항, 광섬유, 기타 세상과 통하는 창에 지출하는 공금의 효용이 감

---

* 정확히는 숙련 임시 노동자 비자 할당량은 6만 5,000개이며 나머지 2만 개는 미국 대학교에서 대학원 학위를 취득한 비자 소지자에게 할당된다.

소한다. (2005년부터 2014년까지 미국의 불법 이민자 추정 인구는 1,000만 명에서 1,100만 명으로 10퍼센트 상승하는 데 그쳤다.[56] 그럼에도 이민법 집행에 투입된 연간 연방 정부 지출은 100억 달러에서 180억 달러로 80퍼센트 증가했으며, 이는 다른 모든 연방법 집행기관의 지출을 합한 것보다 많다.[57]) 늦었지만 지금이라도 반이민 추세를 역전시켜야 한다.

앞서 언급한 의제의 절반은 우리 스스로와 우리 정치에 대해 많은 것을 묻는다. 대부분의 사람과 장소는 이 시대가 제공하는 잠재력이라고 할 만한 모든 것을 수확하는 데 어려움을 겪고 있다. 실제로 이 잠재력을 수확하는 사람이 21세기의 변화를 주도하게 될 것이고, 이 잠재력을 수확하는 장소가 21세기의 창조적 중심지가 될 것이다.

번성하는 위험성을 완화하라

첫 번째 르네상스 시대는 또한 우리가 번성하는 위험성에 잘 대처하도록 지혜를 전해준다.

새로운 지도를 제작하자
첫 번째 르네상스 시대에 학식 있는 사람들은 눈앞에 있는 새로운 도전에 맞춰 정신적 세계지도를 완전히 바꿨다. 우리에게도 여전히 갈 길이 남았다.

우리가 사는 지구를 더 정확하게 이해하는 것을 방해하는 주요 장애물은 국가와 사람을 구분 짓는 언어다. 예를 들어 이 책에서는 '개발 완료developed'국과 '개발도상developing'국을 구분 짓거나 '부유한rich' 나라와 '가난한poor' 나라를 구분 짓거나 '선진advanced' 경제와 '신흥emerging' 경제를 구분 짓는 일을 피할 수 없다. 너무 많은 데이터와 분석과 의견이 이렇듯 단순한 이분법에 갇혀 있으므로 이분법적 언어를 사용하지 않고는 오늘날 세계에 대해 아무것도 논할 수 없다.

그러나 이러한 이분법적 언어는 모두 오해를 불러일으킬 소지가 있다.

첫째, 이분법적 언어는 '개발 완료'국, '선진'국, '부유한' 나라가 인류 역사에서 일종의 안정적인 종점에 도달했다고 시사한다. 이보다 그릇된 생각은 없다. 선진국에서도 여전히 정치적·경제적·사회적 혁신이 일어나고 있을 뿐만 아니라 아직 해결하지 못한 문제가 산재해 있기 때문이다.

둘째, 이분법적 언어는 '개발 완료'국은 국제 정세의 핵심에 있고 '개발도상'국은 변방에 있다고 시사한다. 그렇지 않다. 2014년에 이른바 '신흥' 시장이 세계 GDP에서 차지하는 비중이 (57퍼센트로) 선진 경제가 차지하는 비중보다 컸다.[58] 게다가 중국이나 인도 같은 가장 큰 개발도상국은 다른 여러 선진국보다 기후변화를 해결하는 일 등에서 더 중요한 역할을 한다.

셋째, 이분법적 언어는 같은 집단으로 분류된 국가끼리는 대체

로 비슷하다고 시사한다. 이 또한 틀렸다. 같은 선진국 또는 개발
도상국이라도 (민주주의부터 절대왕정에 이르기까지) 지배 구조 및
통치 체제는 서로 대척점에 있을 수 있다. 경제 및 인구 규모도
판이하다(중국 경제는 다른 모든 개발도상국 경제를 합친 것만큼 크
다). 부존자원 현황도 완전히 다르다. 말라위는 내륙 국가인 반면
이웃 나라인 모잠비크는 광대한 해상 가스 자원의 혜택을 톡톡히
누리고 있다.

우리의 정신적 지도는 진화해야 한다. 단순한 이분법으로는 오
늘날 전 세계의 정치적·경제적·사회적·환경적 다양성을 설명
할 수 없다. 이분법을 사용하면 가장 중요한 문제를 흐지부지하
게 만들거나 6장에서 경고했던 인식의 사각지대 문제를 심화할
위험이 있다. 이 문제를 즉각적으로 개선할 수 있는 방법은 세계
를 1차원이 아니라 2차원으로 생각하는 것이다. 국가의 절대적인
크기를 한 축으로 하고 1인당 개발 정도를 측정하는 기준을 다른
한 축에 놓으면 된다. 그러나 메르카토르가 세계지도를 제작할
때 깨달았듯이 구체를 평면에 투영할 때 완벽한 방법이란 있을
수 없다. 무슨 수를 써도 왜곡되는 부분이 항상 있기 마련이다.

우리가 이름을 붙이는 방식도 개선해야 한다. 기독교인, 무슬
림, 유대인, 불교 신자, 무신론자라는 단순한 꼬리표는 서로를 찾
는 데 도움이 되기보다 서로를 서로에게서 고립시킨다. 터키, 세
네갈, 인도네시아 등의 나라에서 나타나는 이슬람 민주주의와 미
얀마에서 불교도가 아닌 사람에게 자행되는 인종 청소는 종교에
따라 인종을 구분 지으려는 우리의 시도가 정당화될 수 없음을
보여준다.

이러한 오류를 기억하는 동시에 세계에 대한 더 정확한 개념을 도출하려고 시도한다면 우리는 21세기를 더욱 잘 항해해 나아갈 수 있을 것이다.

위험을 인정하자

베네치아가 저지른 가장 큰 실수는 취약성이 증가하는 것이 눈에 빤히 보이는데도 안일하게 대처한 것이다. 우리도 같은 실수를 반복할 위험에 처해 있다.

우리의 자만심은 1) 인식 부족과 2) 위기감 부족에 뿌리 내리고 있다. 인식 부족 문제를 해결하는 방법은 명확하다. 정치적 리더십, 공교육, 소셜 미디어 운동은 모두 부족한 인식을 효과적으로 개선할 수 있는 방법임이 증명됐다. 오늘날 세계에서 가장 큰 문제인 기후변화를 예로 들어보자. 2014년 UN 기후변화에 관한 정부 간 협의체IPCC가 "심각하고 광범위하며 돌이킬 수 없는 결과"가 초래될 가능성이 증가하고 있다는 내용의 업데이트된 보고서를 발간했고, 거의 동시에 사람들이 걱정하는 일에 순위를 매겼을 때 기후변화가 12위(유럽)와 14위(미국) 사이 어디쯤에 있다는 설문 조사 결과도 나왔다.[59] 2015년 중반 파리에서 UN 기후변화 회의가 열리기 전까지 이 순위는 유럽과 미국에서 각각 3위와 6위까지 올라갔다. (특히 기후변화에 취약한) 사하라 이남 아프리카 지역과 라틴아메리카 지역에서 설문 조사 응답자들은 세계 경제 불안정이나 이란 핵 개발, 이슬람 국가IS의 등장보다 기후변화를 가장 큰 국제적 위협으로 꼽았다.[60] 우리는 어떻게 하면 어떤 문제를 전 세계 시민의 레이다망에 잡히게 할 수 있는지는 알고 있다.

그러나 위기감을 고조시키기는 훨씬 어렵다.

'의무'에서 '의지'까지의 머나먼 거리 | 우리가 '해야 하는should' 일은 분명하다. 높고 불확실한 위험을 마주했을 때 인류에게는 항상 2가지 대처 전략이 있었다. 바로 내구성과 회복 탄력성이다. 내구성이란 각 부분을 강화해서 실패할 가능성을 줄이는 것이다. 회복 탄력성이란 위험을 다각화해서 어느 한 부분이 실패하더라도 전체는 여전히 기능할 수 있도록 하는 것이다. 오늘날 이 내구성과 회복 탄력성은 시스템 이론학자가 사용하는 언어이지만 우리 모두는 이 개념을 직관적으로 알고 있다. 콜럼버스도 마찬가지였다. 콜럼버스는 바다에서 어떤 위험이 기다리고 있는지 몰랐기 때문에 선체를 특별히 두껍게 제작했으며 선박 3척을 이끌고 항해에 나섰다.

이러한 지혜는 여전히 유효하다. 예를 들어 규제 당국이 세계 금융 위기에 대처할 때도 지침이 됐다. 세계 금융 위기 이후에 규제 당국은 은행의 대출 활동을 규제하기 위해 법정 지급준비금을 높였다(각 은행의 내구성을 더 높였다). 또한 다자간 감시 체제를 개선하고 투기 자본 흐름을 제한하며 국가 위기 상황에 융통할 수 있는 비상 자금을 다각화하는 새로운 절차를 수립했다(전반적인 은행 시스템의 회복 탄력성을 더 높였다).

똑같은 지혜는 우리에게 기업 재고에 여유분을 추가하고 공급 사슬을 다각화하며 천편일률적으로 'MBA'를 수료한 경영진이 아닌 다양한 인재를 고용함으로써 경영 전략을 다각화'해야 한다'고 알려준다.

우리는 전력망, 항구와 둑 등 공공 인프라에서 과부하 상태인 거점을 찾아 힘든 시기에도 견딜 수 있도록 업그레이드'해야 한다'. 규제나 유인을 통해 인터넷 교환 지점, 금융 중심지, 운송 통제 센터 등 주요 인프라를 분산하고 취약 지역에서 멀리 배치해야 한다. (이상적으로는 인간도 분산할 수 있다. 허리케인이 발생하기 쉬운 해안가나 범람원과 물이 부족한 사막 지역에서 멀리 떨어진 곳으로 이주할 수 있다.)

우리는 H5N1 같은 신종 전염병이 창궐하기 쉬운 상대적으로 가난한 나라가 공중 보건 체계를 강화할 수 있도록 도와'야 한다'. 전염병 발생 시 지역 내 대처가 실패했을 때 신속히 출동해 확산을 막을 수 있도록 국제적으로 '신속한 대응력'을 구축하고 유지해야 한다. WHO에 재투자해야 한다. WHO의 현재 연간 예산은 22억 달러 정도로 대도시 병원 1곳의 예산과 비슷한 수준이다.[61]

우리는 화석연료 사용을 줄이고 기후변화를 늦추기 위해 탄소세를 도입'해야 한다'. 탄소세는 또한 해양, 극지방, 열대우림 등 전 세계가 공유하고 있는 자산 또는 '세계 공유재'를 보전하는 데 도움이 된다. 특히 열대우림은 거대한 온실가스 흡수원이자 지구 생물 다양성의 50~75퍼센트의 보금자리이기도 하다.[62]

우리는 전 세계 빈곤층과 청소년층에게 엄청나게 투자'해야 한다'. 무상으로 유치원 및 초중등 교육을 받을 수 있게 하고 소득 수준이 낮은 가정의 여성 가장에게 자녀를 학교에 보내고 예방접종을 시킨다는 조건 아래 현금을 직접 송금해줌으로써 이들이 세계적 이익 창출에 참여할 수 있도록 도와야 한다. 이 모든 비용은 누진세율은 높이고 법인세 탈세를 어렵게 만들며 보편적 복지 대신 차별적 복지를 시행해서 충당해야 한다. 공격적으로 자유로운 이민을 보장해 노령화된 선진 경제에 활력을 불어넣고 그 긍정적 여파로써 부자 나라의 소득, 지식, 기술, 제도를 가난한 나라로 확대해야 한다.

예측은 누구도 책임지지 않는다 | 문제는 대부분 우리가 해야 할 일이 무엇인지 알고도 하지 않는다는 것이다. 은행 산업은 개혁으로 칭찬받을 자격이 없다. 이미 금융 위기가 닥치고 피해가 발생한 뒤에 소 잃고 외양간 고치는 식으로 개혁을 단행했기 때문이다.* 깊고 고통스러운 위기가 닥친 뒤에는 언제나 변화를 꾀한다.

그러나 위기가 닥치기 '전에' 변화를 꾀할 순 없을까? 뒤돌아볼수록 예방 조치가 얼마나 어려운 일인지를 씁쓸하게 되새기게 된다. 그 이유는 어디를 봐도 우리를 취약하게 만드는 행동과 똑같은 행동을 반복할 수밖에 없는 인물과 제도밖에 찾을 수 없기 때문이다.

독재 정부이건 민주주의 정부이건 정부는 지지자와 시민을 행복하게 해줄 의무가 있다. 사람들은 정부가 경제, 부채, 실업률, 복지, 범죄 같은 분명하고 시급한 문제를 해결해주길 원한다. 이와는 대조적으로 6장에서 살펴봤듯이 우리 앞에 놓인 대부분의

---

* 이 개혁도 불완전했다. 금융 위기 이후로 국제은행 업무는 더 집중됐다. 대부분 국가의 큰 은행은 여전히 "실패하기에는 너무 크다." 게다가 최근에 투자가 잘못돼도 정부가(곧 납세자가) 구제금융을 해주리라는 사실을 알게 되면서 용인할 수 없을 정도로 위험 부담이 큰 투자도 서슴지 않고 있다.

주요 위험에는 (선택, 소비, 이익, 효율성 같은) 개인의 선private goods 을 장려하고 (환경오염, 불평등, 간헐적 재난 같은) 공공의 악public bads을 수용할 것이냐 하는 딜레마가 있다. 개인선이 공공악을 일 으키는 과정은 너무 복잡해서 대중에게 세금을 더 내든지, 아니 면 힘들더라도 트레이드오프를 감내하라고 설득하기가 어렵다. 비용과 편익의 지리적 불균형(비용은 여기서 치르고 혜택은 저기서 보는)과 세대적 불균형(비용은 현 세대가 감당하고 혜택은 아직 태어 나지 않은 세대가 누리는)도 설득을 거의 불가능하게 만든다.

기업은 소유주를 행복하게 해줄 의무가 있다. 일부 소유주는 연금 펀드처럼 장기적 재무 건전성에 중점을 두지만 대부분은 단 기적 이익을 추구한다. 단기적으로는 위험을 감수하지 않고서 높 은 투자수익을 올릴 수 없다. 시스템 전반적인 이익은 실제로 존 재하지만 단일 기업의 재무제표상에는 어디에도 나타나지 않는 다. 비용은 나타난다. 한편 단기적 수익을 증대시킬 수 있는 확실 한 방법은 비용이 낮은 중심지에 생산을 집중시키고 (공기, 하천, 숲, 해양 등) 세계 공유재를 자유롭게 활용하고 수익을 해외로 이 전해서 국내 세금을 회피하는 것이다.

마지막으로 개인으로서 우리는 가장 최선의 모습으로 발전하 고 사랑하는 사람들에게 가장 좋은 삶을 제공할 의무가 있다. 우 리 대부분에게는 이러한 개인적인 의무가 더 보편적인 다른 일보 다 훨씬 중요하다. 물론 다른 일도 중요하다. 그래서 우리는 전기 차나 자전거를 타고 출근하기도 하고 사회적 책임을 다하는 기업 을 지지하기도 하고 봉사 활동을 하거나 자선단체에 기부를 하기 도 한다. 그러나 다른 모든 사람이 자유롭게 소비하는 재화를 나와 내 가족만 거부하기란 쉽지 않다. 우리 중에 대기오염을 걱정해 비행기 타는 것을 포기할 사람이 몇이나 될까? 우리 중에 슈퍼박테리아의 출현을 늦추기 위해 항생제를 사용하지 않거나 허리케인에 대한 국가의 회복 탄력성을 높이기 위해 이사를 갈 사람이 과연 있을까? 우리는 과연 희소한 재앙을 예방하거나 소외된 사람이 소속감을 느낄 수 있도록 돕기 위해 소득을 얼마나 포기할 수 있을까?

위험이 분명하고 급박하다면 우리는 기꺼이 희생을 감수할지도 모른다. 그러나 개인적 삶과 개인적 삶이 만들어내는 시스템적 위험 사이에 인과관계가 복잡하다면 개인적 선택으로 얼마나 큰 차이가 생길지 또는 차이가 생기기나 할지 알기가 힘들다. 수많은 사람이 자유로운, 그러나 비슷한 선택을 함으로써 쌓인 집중이 우리 개인의 고독한 희생으로 창출할 수 있는 모든 긍정적 결과를 압도하는 것처럼 보인다. 500년 전 베네치아 상인들처럼 가장 합리적으로 보이는 선택은 위험을 피하고 군중을 따라가고 가족을 제대로 부양하고 아마도 커다란 충격적 사건이 일어나 사회적 행동을 일거에 수정할 새로운 기술이나 정책이 나타나길 그저 기다리는 것이다.

더 안전한 21세기로 나아가기 위한 가장 큰 단계는 이것이 바로 사회가 굴러가는 방식이라는 사실을 우리 스스로 인정하는 것이다. 이것이 곧 우리 대부분이 삶에 접근하는 방식이라는 사실을 말이다. 매일매일 적극적으로 새로운 연결을 지도에 표시하지 않기에 그 복잡성 속에서 길을 잃기 쉬워졌다. 매일매일 적극적으로 사회적 부와 기업체와 공공 인프라와 우리 집중력을 다각화하지 않기에 집중이 심화됐다. 우리 모두는 스스로 깨닫고 있든 깨닫지 못하고 있든 간에 벌써 이러한 위험에 맞서 아무런 행동도 하지 않아서 입은 부상으로 고통받고 있다. 그 부상은 재정적 손실일 수도 있고 악화된 건강일 수도 있고 잃어버린 기회일 수도 있다. 그러나 우리는 이러한 위험성이 쌓이도록 내버려두는 길을 선택했다. 달리 행동할 수 있을 것 같진 않기 때문이다.

덕을 북돋우자

당신은 스스로의 창조주인 것처럼
원하는 어떤 모양으로든 자기 자신을 만들 수 있다.
– 조반니 피코 델라 미란돌라, 「인간 존엄성에 관한 연설」[63]

니무 늦기 전에는 변화하지 못하는 우리의 무능함은 비극적인 인간 조건일까, 아니면 극복하고 올라설 수 있을까?

3장은 첫 번째 르네상스 시대의 가장 중요한 사상적 과제 중 하나가 실제로 '우리는 할 수 있다'는 사실을 증명하는 것이었다는 사실로 시작했다. 페트라르카부터 에라스뮈스, 마키아벨리에 이르기까지 인문주의자들은 위대한 존재의 사슬에서 '인간'의 위치는 고정적이라는 중세의 관념을 수정하고 의지와 행동으로 스스로를 바꿀 수 있다는 가능성을 수용하기 시작했다.

스스로를 바꾸는 도구로 인문주의자들이 제안한 것은 바로 '덕'이었다. 그리스 철학자 아리스토텔레스는 덕을 '해야 하는' 대로 하기가 어렵거나, 대중적이지 않거나, 기득권과 상충될 때도 그대로 행하는 인성이라고 설명했다. 15세기와 16세기에 주변에서 목격한 도덕적 타락에 대한 실천적인 대응을 모색하던 인문주의자들은 덕에 2가지 중요한 기능이 있음을 발견했다. 첫째, 덕은 행동으로 습득할 수 있다. 덕을 가르칠 순 없다. 덕은 몸에 밴 생각과 행동이므로 덕을 습득할 수 있는 유일한 방법은 나가서 덕있는 일을 행하는 것이다. 그러면 마침내 습관이 형성되고 덕은 새로운 본성이 된다. 둘째, 덕은 전염성이 있다. 덕은 어느 곳에나 퍼질 수 있다. 우리의 덕 있는 행동은 우리만 바꾸는 것이 아니라 덕 있는 행동을 의미 있고 보편적으로 여기는 전통을 만들어냄으로써 우리를 둘러싼 사회도 바꾼다. 특정한 덕을 실천하는 사람이 많아질수록 그 덕은 다른 사람의 행동을 지배하는 규범이 된다.

덕의 이러한 기능을 활용해 르네상스 시대 인문주의자들은 주변에 덕을 북돋우고 당대에 덕이 보편화되도록 애썼다. 이미 잘 알려진 성인들의 삶과 고대 그리스와 로마 시대에 덕 있는 인물을 본보기로 삼았다. 건축가는 고전적인 조화로운 비율을 부활시켰다. 예술가는 고전적인 미의 개념을 부활시켰다. 정치가는 키케로의 수사적 습관과 합리적 논증과 시민 참여를 부활시켰다.

인문주의자는 당대의 위기와 갈등 때문에 사회적·정치적 리더십의 고전적인 덕이라 일컬어지는 지혜, 공정, 자제, 용기를 장려하는 데 유독 애를 먹었다. 그러나 인문주의자들은 옳았다. 오늘날 사회과학자들은 '덕'을 언급하진 않지만 규범은 많이 이야기한다. 행동 규범은 복잡한 체계 안에서 결과를 바꿀 수 있는 강력한 수단이다. 하향식 통제는 담당 기술 관료가 올바른 지시를 내릴 수 있을 만큼 충분히 아는 것이 불가능하므로 실패한다(심지어 충분히 안다고 해도 그 지시 사항을 이행하기가 어렵다). 상향식 노력 또한 사람들이 개인적 이해에 따라 스스로 행동을 바꾸는 데 의존하기 때문에 실패한다. 장기적으로 일관성 있게 행동하는 사람은 드물기 때문이다. 그러나 규범은 내부화된 습관적 행동으로, 우리 행동을 직접적으로 규제하고 주변 사람도 감염시킨다. 비만을 예로 들어보자. 모든 사람이 건강한 생활 습관을 지키도록 의무화하는 것은 불가능하다. 개개인의 자율성에 기댔더니 필연적으로 비만이 현대병이 되는 결과를 낳았다. 그러나 비만한 사람을 건강한 공동체에 보내면 비만에서 탈출할 가능성이 높아진다는 연구 결과가 있다.

규범과 덕의 차이는 규범은 우리가 인식하지 못하는 사이에 행동을 교정할 수 있는 반면에 덕은 우리가 의도적으로 선택해 키우는 습관이라는 점이다. 선택하기만 한다면 오늘날 직면한 위험을 잘 헤쳐 나가(고 기회를 잡)는 데 도움이 되는 유용한 습관이 많이 있다. 이러한 습관 가운데에는 고전적인 습관도 있고 현대적인 습관도 있다. 그러나 그중에서도 정직honesty, 담대함audacity, 존엄성dignity에 주목해야 한다.

정직 | 개발도상국에서는 부패한 정부 관리와 배부른 독점기업이 국고에서 빼돌리는 돈이 연간 1조~2조 달러에 이르는 것으로 추산되며, 이를 가능케 하는 것은 선진국에 있는 국제 투자가와 금융 기업이다.[64] 2015년에 폭스바겐이 5년간 디젤엔진 배출량을 속였다는 것이 들통난 사건이나 런던의 은행들이 2012년까지

20년간 리보 금리를 조작한 사건 등 선진 경제에서 일어난 스캔들은 유인과 기회만 있다면 사람들은 어디서나 사기를 저지를 수 있다는 사실을 상기시켜준다. 또한 내부 고발자의 폭로는 정부 관료조차도 로비스트에게 넘어가 다수의 이익보다 소수의 이익을 우선하거나 강력한 관료주의에 휘둘려 국민의 사생활보다 데이터 수집을 우선할 수 있다는 사실을 상기시켜준다.

이러한 속임수는 모두에게 손해를 끼친다. 직접적인 재정 손실은 정량화할 수 있기 때문에 두드러진다. 그러나 그 밖에도 깨끗한 공기나 안전한 소비자 상품 같은 중요한 공공의 목적도 방해받는다. 참다랑어나 희귀한 하드우드 같은 보호 자원도 위협받는다. 새로운 정책 의제에도 필요한 세금이 투입되지 않는다. 사생활을 보호받을 권리부터 공정한 대우를 받을 권리와 심지어는 생명권까지 침해받는다.

머리기사를 장식하는 부정행위는 예측 가능한 하향식 반응을 이끌어낸다. 우리는 실수를 개선하고 아마도 처벌을 강화해 비슷한 범죄가 재발하는 것을 막을 것이다. 이러한 대응은 필요하지만 불완전하다. 부정행위를 저지른 이들이 더 깊은 진실을 이해하지 못한다. 이 '범법자'는 이따금 사람이 아니라 공공선이나 공공 의무보다 사적인 이익을 우선시해도 괜찮다고 용인하는 공유 문화인 경우가 많다. 폭스바겐 같은 상징적인 기업도 국제적 책임을 감당하기보다 전 세계에 있는 수백만 고객과 규제 당국을 속였다. 더 큰 스트레스가 닥쳤을 때 우리 사회의 윤리가 올바른 일을 수행할 만큼 강하지 않을지도 모른다는 걱정스러운 신호다.

우리 사회의 밑바닥에서부터 꼭대기까지 정직함을 북돋우는 일이 시급하다. 정직은 신뢰를 낳는다. 신뢰는 아마도 내구성과 회복 탄력성이 더 높은 인류가 되기 위해선 필수적인 자질일 것이다. 정직함을 키우기 위해 우리 모두가 할 수 있는 일은 2가지다.

첫 번째는 '데이터를 공유'하는 것이다. 더 많은 데이터를 공유할수록 서로에게 숨길 수 있는 유해한 비밀이 감소하기 때문이다. 정부는 데이터 공개 운동에 참여하고 국민 세금으로 구축한 데이터베이스를 납세자에게 공개해야 한다(data.gov나 data.gov.uk를 참조하라). 기업은 채굴 산업 투명성 조치, 지급액 공개 운동, 국제투명성기구 같은 데이터 공개 노력에 동참해 공공선에 영향을 끼치는 의사 결정을 대중에게 공개해야 한다. 개인은 성적 착취나 노동 착취 경험이나 정신적·육체적 건강 문제를 인권 전문가에게 더 많이 알려서 사회가 언제 어디에서 무너지고 있는지를 더 잘 볼 수 있도록 협조해야 한다.

두 번째로 할 수 있는 일은 '데이터 품질을 향상'시키는 것이다. 일관성 없고 불완전하고 체계적이지 않은 사실은 비밀만큼이나 우리 인식을 방해할 수 있다. 아무도 얼마나 많은 세금이 범죄로 손실되고, 얼마나 많은 생물종이 도시화로 멸종되는지 정확히 알지 못한다. 아무도 세상에 얼마나 많은 이민자가 존재하고, 이들이 어디에서 오고 어디로 가는지 정확히 알지 못한다. 그래서 국가마다 독립적이고 일관적인 통계가 있다. 가끔 문제는 우리가 너무 많이 '안다'는 것에 있다. 2007~2008년 금융 위기가 다가오는 동안 은행 관리자와 규제 당국은 산업 데이터로 익사할 지경이었다. 이들에게 부족했던 것은 데이터를 비교하고 증류해 시스템의 취약점을 있는 그대로 드러내줄 수도 있었던 정보를 추출하는 능력이었다. 각국 정부는 특히 개발도상국에서 국제 데이터 수집 및 분석 관행을 개선하기 위해 월드스탯WorldStat이라는 새로운 나사간 기구를 설립했다.[65] 각 산업은 위험 평가를 표준화해 보다 쉽게 산업별 위험을 비교하고 산업 전반에 걸친 위협을 보다 정확하게 파악한다. 개인은 시클릭픽스SeeClickFix나 넥스트도어Nextdoor 같은 공용 데이터 앱을 통해 사는 지역에서 관심을 갖는 쟁점을 위치 기반으로 업로드한다.

우리 모두가 투명해질수록 의심이나 고정관념, 잘못된 정보에 의존할 가능성이 낮아지며 서로를 신뢰하기가 쉬워진다. 모든 공개 행위가 유익하다.

나는 확신한다.

신중한 것보다 충동적인 것이 낫다는 것을 말이다……[66]

– 니콜로 마키아벨리

담대함 | 고대에 담대함은 덕이었다. "운명은 용감한 자를 돕는다." 베르길리우스가 기원전 1세기에 쓴 서사시 『아이네이스』에 나오는 구절이다.[67] 마키아벨리도 동의했다. 비록 마키아벨리가 생각한 운명은 조금 다른 모습이었지만 말이다. 마키아벨리에게 운명이란 '무시무시한 강'이었다. "강이 분노하면 평야가 물에 잠기고 나무와 건물이 무너지고 토양이 본래 있던 곳에서 다른 곳으로 완전히 쓸려 나갔다."[68] 마키아벨리는 강의 분노 앞에서 다른 어떤 덕목보다도 없으면 가장 아쉬울 덕목이 바로 담대함이라고 생각했다.

혼돈과 불확실성의 소용돌이 속에서 위험을 무릅쓰는 것이 가장 사려 깊은 판단인 경우가 많다. 왜 그럴까? 왜냐하면 담대함은 우리가 번영하도록 도와주고 인내하도록 도와주기 때문이다. 충동적인 결심은 사람들로 하여금 불행을 자초하게 만드는 나쁜 습관에서 빠져나오게 한다. (재앙이 닥쳤을 때 사람들은 "운명을 탓해서는 안 된다. 오히려 자신의 나태함을 탓해야 한다.")[69] 담대함은 사람들로 하여금 인식을 업데이트하고 급속도로 변하는 세상과 보조를 맞추도록 강제하는 새로운 발견으로 이끈다. 담대함은 사람들로 하여금 지도자에 대해 자신감을 갖도록 북돋우고 지도자가 눈앞에 닥친 폭풍우를 헤쳐 나갈 수 있도록 잘 이끌어줄 것이라는 희망을 가져다준다.

오늘날 우리에게는 담대함이 가져다주는 이 모든 것이 필요하지만 그중에서도 특히 자신감과 희망이 필요하다. 현시대에 팽배한 반세계화, 유럽 회의주의, 보호주의 정서는 큰 충격과 장기적 불안에 맞선 단기적이고 소심한 조치에 대중이 보이는 필연적인 반응이다. 지금 이 시점에서 심화되고 있는 얽힘으로 더 큰 스트레스와 위험에 노출되기보다 긍정적인 결과를 이뤄낼 수 있다고 회의적인 대중을 설득할 수 있는 것은 담대한 행동뿐이다.

먼저 가기 내가 행동한다고 해서 모두가 따라오는 것은 아니다. 그렇다고 모두를 기다려줄 수도 없다. 비전이나 권한이 부족한 사람이 참여하길 기다리느라 행동을 미루기에는 기회비용이 너무나 크다. 비슷한 마음을 가진 사람끼리 모여 시작하라.

디스체인지스에브리싱solutions.thischangeseverything.org 같은 크라

우드 런치패드를 통해 개인과 공동체는 실질적인 차이를 만들어 낼 수 있는 수백 가지 방법을 찾을 수 있다. 더비팀The B Team, 세계지속가능발전기업협의회WBCSD, 유엔 글로벌콤팩트UN Global Compact 같은 비영리 기업은 산업 부문에도 게으름에 맞서 선을 행할 수 있는 기회를 제공한다. 앞서가는 기업이 이끌어야 한다.

해야 하는 일의 대부분은 문제를 이해하고 시급성을 이해하는 영향력 있는 시민과 기업과 도시나 국가로 구성된 '연립 단체'가 나서서 해결할 수 있으며 이들은 조직적 행동으로 뒤처진 이들까지 끌어들이는 추진력을 창출할 수 있다.[70] 전 세계 40개 메가도시(현재 69개)가 설립한 C40기후리더십그룹c40.org이 좋은 사례다. 가입 도시는 온실가스 배출량을 줄이기 위해 실질적인 행동에 나서고 좋은 방법은 공유하기로 약속했다. 이처럼 수많은 세계적 문제가 주요 인물이나 단체, 국가가 나서면 해결될 수 있다. 이러한 세계적 문제로는 기후변화와 금융이 있다. 4개국(중국, 미국, 인도, 러시아)에서 전 세계 온실가스의 절반 이상을 배출한다. 전 세계에서 상위 30개 남짓 되는 은행이 국제은행 시스템을 좌지우지할 수 있다.

불을 질러라. 단 책임감 있게 새로운 행동 양식을 채택한다는 것, 즉 오래된 행동 양식을 바꾼다는 것은 결코 쉽지 않다. 소비, 분배, 투자의 사회적 습관은 여기에서 우리가 얻는 이익으로 날마다 강화된다. 솔선수범하거나 다른 긍정적인 본보기를 보이는 것만으로는 사회가 기존 관행이나 기득권이나 매몰 비용을 포기하도록 만들기에 충분치 않다. 밑에서부터 불을 질러야 할 때도 있다.

권력 남용이나 나쁜 관습에 맞서거나 목소리를 높이는 것은 어렵지만 그렇다고 침묵하는 것은 비겁하고 우리답지 않다. 마르틴 루터는 "한 말뿐만 아니라 하지 않은 말에도 책임이 있다."라고 했다. 그리스 철학자 아리스토텔레스는 인간은 본디 사회적 동물이라고 가르쳤다. 이 말은 인간은 자신의 가치관을 공개적으로 표현한다는 뜻이다. 만약 우리가 세속과의 격리를 덕으로 삼고 세계 개발과 대면하기를 피해 개인적인 은신처로 숨어버린다면 온전히 살아 있다고 할 때의 본질적인 일부분을 스스로 거부하는 셈이다.

더욱이 시민으로서의 의무를 저버리는 셈이기도 하다. 고대 로마 철학자 키케로와 그의 사상을 부활시킨 르네상스 인문주의자들에게 '시민 의식'이란 사회를 위해 일함으로써 사회를 강하게 만드는 것을 뜻했다. 더불어 '도덕적인 삶'의 기준이었다.[71] "우리는 자기 자신만을 위해 태어나지도, 그렇게 살아가지도 않는다. 우리 국가와 우리 친구도 우리에 대한 지분이 있다."[72] 21세기는 우리 한 사람 한 사람이 그 지분을 인정하기를 원한다.

시민 의식은 양심적인 방화자와 무분별한 방화자를 구분하는 기준이기도 하다. 대격변의 대리인이었던 지롤라모 사보나롤라와 마르틴 루터는 초기 기독교 공동체의 독실한 구성원이었다. 둘 다 수사로 사회에 발을 내디뎠고 둘 다 기독교 제도가 본래의 목적에서 멀어졌다고 판단했을 때 혁명적으로 돌아섰다. 루터의 종교개혁으로 가톨릭교회 권력이 일시적으로 약화됐음은 의심할 나위가 없지만 동시에 가톨릭교회 내부에서 사제를 제대로 훈련시키고 부패를 척결하고 지도자층이 영적인 문제에 다시 집중하는 등 반종교개혁을 촉진하기도 했다. 데시데리위스 에라스뮈스와 토머스 모어 같은 또 다른 열정적인 개혁자들은 교회에 충성을 유지하면서 교회가 스스로 천명한 표준을 지키라고 내부에서 완강히 목소리를 높여 변화를 꾀한 것으로 유명하다.

우리도 우리 사회에서 부족한 덕을 지지해야 한다. 먼저 소셜 미디어를 통해 잘못된 행동을 처벌할 수 있다. 발언권과 투표권으로 더 강력한 반부패 기구를 설립하고 더 강력한 반독점 정책을 수립하라고 요청함으로써 대중도 '돈을 추적'할 수 있을 뿐만 아니라 공공 안보 및 국가 안보에 대해 시민에게 더 강력한 감독 역할을 달라고 요구할 수 있다.

또한 우리는 타인을 대할 때 서로에게 시민성을 요구할 수 있다.

그러나 동시에 '부유층에게 더 많은 것을 요구'해야 한다. 메디치가는 공공사업에 많은 돈을 썼는데 자발적인 선의도 있었지만 사회적 압박도 있었다. 자선과 청빈을 미덕으로 여기는 기독교 세계에서 막대한 부를 소유하는 것은 도덕적 근거가 약하다. 부자는 자신의 부를 정당화할 새로운 덕이 필요했고 후원이 바로 그 수단이었다. 예술과 건축과 학문을 후원함으로써 부자는 많은 재산도 좋은 목적으로 쓴다면 선할 수 있다고 사회를 설득하려 했다. 이러한 시도는 서서히 성공을 거뒀다. 14세기 장례식 추도사에서는 세속적인 부를 포기하는 것을 칭찬했지만 15세기와 16세기에는 근면과 노력으로 재산을 쌓은 것을 칭찬했다.[73]

오늘날 사회 기저에 깔린 도덕성이 갈수록 세속적으로 변해가지만 부자들은 다시금 부를 정당화해야 한다. 온전히 자신만의 노력으로 획득할 수 있는 부는 없다. 부자가 되려면 부모, 교사, 행운이 모두 따라줘야 할 뿐만 아니라 지식, 기술, 시장, 인프라 같은 공공재도 중요한 역할을 한다. 디지털화로 인해 좋은 아이디어 하나로 시장점유율을 곱절로 늘릴 수 있게 되면서 '승자독식' 현상이 빚어졌고(페이스북, 우버, 에어비앤비를 떠올리면 이해가 쉽다), 정당하게 얻은 부와 축적한 부 사이에 격차는 더욱 벌어졌다.[74]

부자가 사회에서 이 격차를 수용할 수 있도록 충분히 노력하지 않았다는 증거는 많다. 금세기에 접어든 이래로 세계 총 민간 부는 2배 이상 늘었고 백만장자 가구 수는 (550만 가구에서 1,630만 가구로) 3배 가까이 늘었다. 또한 세계 총 가구 수에서 1.1퍼센트에 해당하는 백만장자 가구 수가 세계 총 민간 부의 절반 이상을 소유하고 있다.[75] 세계 민간 '기부 활동'은 정량화하기가 더 힘들지만 부의 성장 속도를 따라가고 있지 않다는 것만은 분명하다. 예를 들어 2008년부터 2011년까지 세계 부는 22'조' 달러나 늘었지만 주요 선진국 23개국과 브라질, 러시아, 인도, 중국이 개발도상국에 보낸 원조금은 (연간 550억 달러에서 590억 달러로) 고작 40'억' 달러 증가했을 뿐이다.[76]

일부 부자는 자신들이 사회에 진 빚을 인식하고 있다. 억만장자들이 모여 재산의 절반 이상을 사회에 환원하겠다고 약속한 기부 서약 같은 노력은 민간 후원 규범을 바람직한 방향으로 이동시키는 데 도움이 되고 있다.

그러나 여전히 너무 많은 부자가 사회적 채무를 완전히 인식하지 않고 있으므로 사회적 압박이 필요하다. 존경은 기부자를 위해 아껴둬라. "어떻게 사회에 환원할 계획인가요?"가 신흥 부자에게 던지는 첫 번째 질문이 돼야 한다. (사회에 환원하지 않는) 사회 기득권층이 있다면 지명해서 비난하라. 이들의 부는 정부가 거저 줬거나 잘못된 규제로 축적된 경우가 너무나 많다. 그래도 환원하지 않는다면 더 급진적인 세제 개혁을 요구하라.

존엄성 | 존엄성은 인간으로서 개인의 모든 잠재력을 존중하고 탐구하는 행위다. 첫 번째 르네상스 시대 인문주의자들에게 인간 잠재력을 탐구하는 것은 철학 전체에 깔린 일종의 '거대 덕meta-virtue'이었다. 인문주의자들은 인간의 잠재력과 가치, 가치와 다양성을 확장함으로써 인간을 더 인간답게 만들어주는 사고 습관이나 행동 습관이 있는 반면에 인간 경험을 돈, 명예, 경제성장 같은 한두 가지 목적으로 환원함으로써 말 그대로 인간성을 박탈하는 사고 습관이나 행동 습관도 있다는 사실을 발견했다.

　우리가 되살리려고 노력하는 모든 덕 가운데 존엄성은 가장 개인적인 덕이자 인간 조건을 바꿀 수 있는 가장 큰 힘을 지닌 덕이다. 현시대는 우리 삶을 상품화하고 더 깊은 가치의 공유보다 물질적 부와 지위의 상징을 중요시하는 위험한 습관에 빠지고 있다. 점점 더 합리적이고 세속적으로 변해가는 가치 체계 안에서 우리는 인문학을 무시하고 있다. (1990년 이후로 미국에서 진정한 인문대학의 숫자는 40퍼센트나 감소했다.)[77] 우리는 공동체와 전통과 심지어는 삶의 존엄성까지도 무시하고 있다. 2015년에 4,000명 가까이 되는 시리아 난민이 지중해를 건너 유럽으로 가려다가 익사하거나 실종됐다는 사실이 그 증거다.[78] 개인적으로나 집단적으로나 인류의 가장 고상한 목적을 꾸준히 생각해야 하는 것이 맞지만 우리는 그다지 무게 있게 생각하지 않는다. 우리는 살아 있음의 고귀함과 아름다움을 깎아내리고 있다. 우리 가운데 많은 사람이 소외감을 느끼고 있다는 사실은 더 이상 새삼스럽게 다가오지도 않는다.

더 포용적인 세상을 만들려면, 그리고 장기적 관점이 중요한 세상을 만들려면 우리 모두는 삶을 살 만한 가치가 있게 만드는 것에 습관적으로 더 많이, 더 깊이 감사해야 한다.

교육받는 데서 그치지 말고 교육할 것 모두에게 더 나은 교육을 더 많이 제공하는 것이 최우선순위가 돼야 한다. 르네상스 시대에는 교육 투자수익률이 정점을 찍는다. 교육받은 사람에 대한 사회의 수요가 급속히 증가하고 교육받은 것을 개인적·사회적 계발에 활용할 기회도 배가한다. 세계가 변화하는 속도가 빠를수록 학습하고 재학습하는 속도도 빨라진다. 한때 '진리'로 여기고 살았던 것도 만료가 되기 때문이다.

반대로 교육이나 훈련 기회를 놓칠 때 생기는 불이익이 이보다 클 수는 없다. 교육 투자수익률이 너무 높아서 교육 수준의 차이가 국가 간에, 그리고 국가 내에서 성취 격차를 벌리는 가장 큰 요인이 되기 때문이다.

사회의 입장에서 이는 곧 기존 체계가 빠뜨린 사람들의 교육 접근성을 한시라도 빨리 향상시켜야 한다는 뜻이다. 대부분 국가는 이미 이러한 개념을 충분히 공론화했지만 확실한 결과를 알고 싶다면 돈을 추적하라. 시장가격은 사회적 우선순위를 반영한다. 가장 낙후된 지역에서 교사 연봉은 정당한 보수보다 훨씬 낮다.

오늘날 교사의 기여도를 과소평가하는 것은 위험천만한 실수다.

개인의 입장에서 교육 투자수익률이 높다는 것은 곧 평생 동안 배울 수 있는 만큼 최대한 많이 배워야 한다는 뜻이다. 존엄성을 개발하려면 능동적으로 학습해야 한다고 르네상스 인문주의자들은 믿었다. 여기서 핵심 단어는 '능동적'이다. 튀코 브라헤가 천문학을 독학했던 것처럼 우리도 각자 교육을 자신의 것으로 만들어야 한다. 케냐의 창던지기 선수 줄리어스 예고는 코치를 찾을 수 없었다고 한다. 예고는 그 이유가 "케냐에서는 모두가 달리기 선수"이기 때문이라고 말했다. "제 코치는 저 자신 그리고 유튜브 동영상이에요." 2012년에 예고는 경기에서 뛰어난 역량을 보여 줬고 세계에서 가장 훌륭한 코치들이 몰려들었다. 그리고 2015년에 예고는 세계육상선수권대회에서 금메달을 땄다.[79]

공교육의 경우 전 세계적으로 지난 20년간 모든 수준에서 등록률이 도약했지만 동시에 교육의 의미는 퇴색했다. 부모는 자녀에게 "졸업장을 따라."라고 말한다. 좋은 조언이지만 그 자체로 비인간적인 조언이기도 하다. 부모는 이렇게 덧붙여야 한다. "학교 다니는 동안 관심 있는 질문이 있으면 독창적인 답을 떠올려봐." 교육의 초점이 이력서를 채우는 데 너무 많이 치우쳐 있으면 우리 스스로가 하찮게 여겨지고 교육 자체가 지겨워질 수 있다. 르네상스 인문주의자들이 오늘날에 살아 있었다면 아마도 가장 먼저 최근에 쇠퇴한 인문학 교과과정부터 되살리려 할 것이다.

아니면 우리는 교육을 구입하고 소비하는 상품처럼 취급할 위험이 있다. 교육은 상품이 아니다. 교육은 오히려 게임과 같다. 게임을 잘하려면 노력이 필요하며 다른 열정적인 플레이어들과 연습도 많이 해야 한다. 성공하는 사람은 이력서를 한 줄 더 채우는 일이 가장 가치 없는 일이라고 생각한다. 대신 삶에 대한 자신만의 독특한 관점을 개발한다. 세상은 독창적인 대답을 기다리는 질문들로 가득 차 있다.

'아니면' 대신 '그리고'로 사고할 것 자기 계발 서적은 집중의 힘을 반복해서 강조하지만 우리가 만약 '앞서 나가기' 위해 호기심을 계속 억누른다면 그건 너무나 비인간적이다. 우리는 최소한 모든 분야를 조금씩은 알 수 있다고 르네상스 인문주의자들은 믿었다. 그리고 우리가 아는 이 '조금'을 넓혀나가다 보면 그 분야에서 '더 큰' 존재가 된다. 바라건대 의도적으로 역사, 지리, 정치, 경제, 과학, 예술을 총망라한 이 책이 그 내적인 만족을 맛보는 데 도움이 됐으면 한다.

경고하지만 호기심은 비싸다. 사회는 특정 분야에 전문 지식을 가진 사람specialist을 한결같이 높이 평가한다. 다방면에 걸쳐 많은 지식을 가진 사람generalist은 더 불안정한 봉급과 처우를 받는다. 생산성도 떨어진다. 40년 동안 레오나르도 다빈치가 그린 그림은 24점이 채 되지 않는다. 아주 많은 시간을 새로운 광택제를 개발하고 새로운 기계를 설계하는 데 쏟았기 때문이다.

그러나 나름대로 보람은 있다. 르네상스는 다방면에 뛰어난 사람, 즉 '르네상스 맨'과 '르네상스 우먼'을 위한 시대였다. 사실상 우리가 기억하는 첫 번째 르네상스 시대의 위대한 인물들 가운데 한 분야에서만 활약한 사람은 아무도 없다. 예술은 과학에 영감을 줬다. 세밀한 특징을 잡아낸 레오나르도의 손과 눈은 해부학에 혁명이 일어날 수 있는 밑거름이 됐다. 과학은 예술에 영감을 줬다. 레오나르도는 해부학을 연구한 덕분에 숨이 막힐 만큼 실사에 가까운 그림을 그릴 수 있었다. 오늘날 또다시 세계는 마르지 않는 호기심과 열정적인 상상력을 지닌 이러한 인재를 절실히 원한다. 더 많은 지식을 창출할수록 이 지식이 서로 어떻게 연결되는지를 알아내는 일은 더 힘들어진다. 그 일을 할 수 있는 사람이 가장 큰 공헌을 하는 동시에 가장 큰 보상을 받게 될 것이다.

다름을 추구할 것 요점은 단순히 다른 장소를 방문하고 다른 글을 읽는 것이 아니다. 다름을 추구한다는 것은 곧 새로운 관점을 축적하는 것이다. 이미 실천하고 있다고 생각할 수도 있지만 대개는 사실이 아니다. 새로운 장소를 방문할 때 그 지역민의 눈으로 그곳을 바라보는 방법을 배우는가? 출장을 갈 때마다 '공항 – 택시 – 호텔 – 사무실 – 지역 카페 – 택시 – 공항'이라는 동일한 대본을 따른다면 이 질문에 대한 대답은 '아니다'다.

르네상스 유럽에서 다름을 추구한 가장 좋은 본보기는 데시데리위스 에라스뮈스(1466년 추정~1536년)다. 에라스뮈스는 네덜란드에서 태어나 17세에 흑사병으로 부모를 잃고 고아가 됐다. 에라스뮈스는 책을 탐닉했고 라틴어에 통달했으며 25세 무렵에 북부 프랑스에 있는 한 추기경의 개인 비서로 취직했다. 1495년에 그는 파리대학교에 진학했고 이후 30년 동안 프랑스, 이탈리아, 벨기에, 영국, 스위스에서 경력을 쌓았다.

그러나 그가 한 가장 긴 장거리 여행은 그의 두 귀 사이였다. 40세 무렵 에라스뮈스는 이미 지루한 스콜라철학부터 새로운 이탈리아 학문까지 폭넓은 유럽 지식인의 삶을 경험했고, 그 경험을 바탕으로 인생의 역작을 써서 그동안 쌓은 풍부하고 일반적인 지식을 공유했다. 벨기에에서는 히브리어와 라틴어와 그리스어 연구를 위해 콜레기움 트릴링궤를 설립했다. (그는 틈틈이 그리스어를 공부해 통달했다.) 에라스뮈스는 명문대 교수 자리를 거절하고 그 누구보다 큰 그림을 명확하게 보는 대중 지식인으로서 살았다. 500명이 넘는 정치 지도자 및 지식인과 주기적으로 서신을 교환했다(이때 주고받은 서신 수천 통이 전해져 전 세계 박물관들과 개인 수집가들 사이에 흩어져 있다). 에라스뮈스는 교육, 종교, 고대 라틴어와 그리스어, 시를 비롯한 여러 분야에 관한 책도 집필했다. 그는 당대에 가장 많은 글을 쓰고 가장 영향력 있는 작가였다.[80]

우리는 에라스뮈스를 귀감으로 삼아 신 르네상스 시대를 잘 살아갈 수 있다. 먼저 새로운 언어를 배워라. 물론 거의 모든 곳에서 영어로 소통이 가능하지만 사람들은 '그들'에게 가장 중요한 말은 모국어로 말한다. 둘째, 방문하는 지역의 공동체 안으로 들어가라. 대중교통을 이용하고 공원을 거닐어라. 지역 신문과 트위터 피드를 읽어라. 지역 영화를 관람하라. 셋째, 주기적으로 자신의 논리를 내려놓고 다른 사람들이 어떻게 생각하는지를 들여다봐라. 폭스뉴스나 스카이뉴스를 한 번도 본 적이 없다면 시청해보라. 반대로 폭스뉴스나 스카이뉴스만 본다면 채널을 돌려보라. 연중무휴인 오늘날의 미디어 세계에서 보도 내용은 크게 다르지 않다. 그러나 관점은 매우 다르다. 왜 기후변화 회의주의자는 기후변화에 회의적인가? 종교적 극단주의의 원동력은 무엇인가? 왜 중국은 공산당 정권을 지지하는가? 다른 사람들의 관점이 심지어 완전히 틀렸다고 확신하는 관점일지라도 많이 들여다볼수록 우리 자신의 가치관과 통찰력은 깊어질 것이다.

<u>예술을 사랑할 것</u> 오늘날 우리는 예술을 엔터테인먼트의 고상한 한 형태로 바라보는 경향이 있다. 음악과 영화는 대중을 위한 것이지만 그림, 조각, 발레, 시는 사치재이거나 아니면 첫 데이트에서 교양을 뽐내는 수단이다. '예술가'는 예술을 전업으로 하는 소수 집단으로 우리 대부분은 예술처럼 비실용적인 분야를 직업으로 선택하는 일은 상상조차 할 수 없다.

이제 일상에서 예술의 위치를 다시 끌어올릴 때다. 예술을 예술 그 자체를 위해 창작하거나 감상하는 것은 인간이 선택할 수 있는 가장 존엄한 행위다. 예술을 창작하거나 감상할 때는 경제적 자아와 이성적 자아를 내려놓고 대신 감정과 이상을 우선순위에 놓기 때문이다. 르네상스 시대 인문주의자들은 고대 로마의 위대한 문학작품이 그 유려함만으로 독자를 덕으로 충만하게 할 수 있는 힘과 아름다움을 지녔다고 믿었다. 현대의 감성으로는 지나치게 낭만적인 감상이라고 생각할 수도 있지만 예술은 우리로 하여금 무형적인 것이 중요하다는 사실을 상기시켜준다. 거기서부터 우리는 최근 들어 도외시했던 가치와 영감에 다시 접속할 수 있다. 그리고 큰 그림을 볼 수 있다.

대부분의 사람은 앞서 말한 덕을 키우려고 노력하지 않을 것

이다. 그저 현시대가 제시하는 즉각적인 보상과 스트레스 요인에 따라 행동하다가 덕을 좇는 타인의 노력에 무임승차하는 길을 택할 것이다. 그러나 '자신'의 덕을 일군다면 그러한 것은 중요하지 않다. 덕을 좇는 행동을 통해 일반적인 규범을 밀어내고 다른 사람이 새로운 습관을 가진 존재, 즉 '의무should'를 '의지will'로 바꾸는 존재가 되는 일에 동참하도록 유도할 수 있다. 우리 모두에게는 인간 조건을 바꿀 수 있는 기회가 있다. 그러나 그 기회를 잡는 것은 자기 자신에게 달렸다.

골리앗에 맞서라

현시대는 신 르네상스다.

폭발하는 천재성과 번성하는 위험성이 대립하는 시대다.

역사가 이 시대를 어떻게 기록하느냐는 우리 모두에게 달렸다.

첫 번째 르네상스 선언인 미란돌라의 「인간 존엄성에 관한 연설」은 다음과 같이 행동을 촉구하며 끝을 맺는다.

신성한 야망이 우리 영혼을 침범케 하자. 그래서 평범함에 만족하지 말고 가장 높은 것을 열망하고 온 힘을 다해 쟁취하자. 우리는 원하면 할 수 있는 존재이기 때문이다.[81]

당대 석학들도 미란돌라를 따라 끊임없이 행동을 촉구하고 또 촉구했다. "시간 낭비보다 더 해로운 것은 없다." "성공한 사람은 한시도 가만히 앉아서 일이 저절로 일어나도록 내버려두지 않는다. 밖으로 나가 몸소 일을 한다." 이는 각각 미켈란젤로와 레오나르도 다빈치가 한 말이라고 전해진다. 마키아벨리는 『군주론』 마지막에 이르러 이탈리아 지배층을 향해 "위대함을 이룰 수 있는 모든 것이 갖춰졌다. 나머지는 스스로 해야 한다."라고 당부했다.[82]

미란돌라도 미켈란젤로도 레오나르도도 마키아벨리도 그들이 살던 순간에 창조적 힘과 파괴적 힘이 충돌하는 것을 목격했고, 이 대립이 인류와 세상 전체를 궁극적으로 바꾸리라고 믿었다. 그들의 삶에서는 이러한 믿음과 더불어 이 대립에 참여해야 한다는 긴급한 책임 의식이 고스란히 드러난다.

또다시 그 순간이 재현되고 있다. 우리 앞에 골리앗이 기다리고 있다.

감사의 글

이 책은 비정상적으로 넓은 주제와 역사 문헌과 학문을 다루고 있다. 전문가 자문 및 연구 보조와 친구들의 우정 어린 도움을 비롯해 수많은 사람의 지원이 없었다면 여기까지 오지 못했을 것이다. 특히 우리 옥스퍼드대학교 마틴스쿨 동료들이나 옥스퍼드대학교 공동체보다 더 다채롭고 지적 자극이 되며 너그럽고 지식이 풍부한 공동체를 바랄 순 없었을 것이다.

르네상스 시대를 이해하면 현시대와 인류가 현재 직면한 선택을 이해하는 데 도움이 된다. 장기적인 관점을 채택하면 때때로 혼란스러운 지금 이 세상을 제대로 바라보는 데 도움이 된다. 그러나 역사를 해석할 때는 신중해야 한다. '과학' 같은 핵심 개념을 반세기 전에는 지금과 매우 다르게 이해했기 때문이다. 이 점에서 우리에게 조언을 아끼지 않은 옥스퍼드대학교 역사학과 교수

디아메이드 맥컬록과 하워드 훗슨에게 너무나도 감사하는 바이다. 15세기와 16세기에 대한 두 사람의 탁월한 지식 덕분에 '인류애'라는 오늘날에도 깊은 관련이 있는 과거의 지혜와 사회적·기술적 변화라는 오늘날과는 깊은 관련이 없는 과거의 지혜 사이에서 균형을 잡을 수 있었다.

현대사 쪽으로는 나디아 오웨이닷을 소개해준 유진 로건에게 감사를 드린다. 나디아 오웨이닷의 통찰력 덕분에 극단주의를 더 깊이 이해할 수 있었다. 앵거스 디턴은 자신의 경제학 논문에 수록된 지혜 및 그림을 너그럽게 공유해줬다. 테리 드와이어와 크라젠 라히미는 의학 관련 지식을 이해할 수 있도록 도와줬다. 최근 옥스퍼드대학교에서 역사학, 신학, 물리학, 화학, 의학, 경제학, 정치학, 철학 학위를 취득하고 연구 보조로 이 책에 나오는 사실 관계와 출처와 논증을 검증하고 보충해준 에르나스토오야르 비데, 조너선 그리피스, 줄리언 래트클리프, 폴 테이퍼, 게르하르트 토우즈에게도 고맙다는 말을 전한다. 특히 다른 사람이었다면 불가능했을 정도로 능숙하게 사실 여부를 파악해 본문의 여러 부분을 개선해준 막시밀라 레인에게 감사를 표한다. 그래도 본문에 틀린 부분이 남아 있다면 그건 전적으로 우리 저자들 잘못이다.

옥스퍼드대학교 보들리언도서관은 국제적 보물 창고다. 열정적으로 지원을 아끼지 않은 보들리언도서관 사서 리처드 오벤든을 비롯해 이 책에 수록된 지도를 찾는 일을 도와준 지도 담당 사서 닉 밀리아와 행정 지도 담당 마이클 에선슨에게도 크나큰 감사를 전한다. 또한 집필에 필요한 모든 자료의 저작권 관련 업무를 담당해준 클레어 조던과 1500년대 유럽 지도들을 사용하도록 허락해준 디아메이드 맥컬록에게 다시 한번 깊은 감사를 드린다.

특히 이언의 저술을 관리한 린지 워커와 옥스퍼드 마틴스쿨 행정 비서로서 이언이 이 책에서 제기한 질문에 대한 답을 찾는 일에만 오롯이 집중할 수 있도록 기타 행정 업무를 도맡아준 로라 라우어의 도움은 절대적이었다.

크리스 역시 동업자인 데이브 앤더슨과 박사과정 지도 교수인 비비엔 슈가 그토록 커다란 인내심을 보여주지 않았다면 이 책을 집필하는 데 수년간 매진할 수 없었을 것이다. 두 사람 모두 이 책이 나오기까지 커다란 희생을 치렀다. 글 쓰는 법을 가르쳐준 짐 갤러거와 단어의 의미를 전달하는 법을 가르쳐준 보스턴컨설팅그룹의 릭 보벤에게도 커다란 빚을 졌다.

우리의 에이전트 에즈먼드 함스워스는 기획 단계부터 참여해 이 책의 주제를 정하는 일부터 출판까지 수고를 아끼지 않았다. 무엇보다 이 책에 열정적으로 관심을 가져준 블룸즈버리출판사 대표 나이젤 뉴턴과 모범적인 협업 능력으로 뛰어난 편집자임을 증명한 이언 홀스워스에게 크나큰 감사를 드린다.

마지막으로 이 책을 집필하느라 수많은 시간을 함께하지 못했음에도 우리 곁을 묵묵히 지켜준 가족과 친구들에게 가장 큰 고마움을 전한다.

옥스퍼드에서

이언 골딘, 크리스 쿠타나

주석

서장: 몰락할 것인가, 부흥할 것인가?

1 United Nations Department of Economic and Social Affairs (2014). *World Urbanization Prospects: The 2014 Revision Highlights.* New York: United Nations.

2 Greenhalgh, Emily (2015). '2014 State of the Climate: Earth's Surface Temperature'. *National Oceanic and Atmospheric Administration.* www.climate.gov.

3 Internet Live Stats (2015). 'Internet Users'. www.internetlivestats.com/internet-users.

4 Pew Research Center (2010, 9 November). 'Public Support for Increased Trade, except with South Korea and China. Fewer See Benefits from Free Trade Agreements'. *Pew Research Center Global Attitudes and Trends.* www.people-press.org.

5 Rasmus, Jack (2015, 21 September). 'Global Corporate Cash Piles Exceed $15 Trillion'. *TelesurTV.* www.telesurtv.net/english/opinion; Dolan, Mike (2014). 'Analysis: Corporate Cash May Not All Flow Back with Recovery'. *Reuters.* www.reuters.com.

6 Bost, Callie and Lu Wang (2014, 6 October). 'S&P 500 Companies Spend Almost All Profits on Buybacks'. *Bloomberg.* www.bloomberg.com.

7 da Vinci, Leonardo (1452–1519) (1955). 'Chapter XXIX: Precepts of the Painter – of the Error Made by Those Who

Practice without Science'. In *The Notebooks of Leonardo Da Vinci*, edited by E. MacCurdy. New York: George Braziller.

8   Machiavelli, Niccolo (1469 – 1527) (1940). 'Discourses on the First Ten Books of Titus Livius, Third Book, Chapter XLIII: Natives of the Same Country Preserve for All Time the Same Characteristics'. In *The Prince and the Discourses*, edited by C. E. Detmold, M. Lerner, L. Ricci and E. Vincent. New York: The Modern Library.

9   Pettersson, Therese and Peter Wallensteen (2015). 'Armed Conflicts, 1946 – 2014'. *Journal of Peace Research* 52(4): 536 – 550.

10   Huizinga, Johan (1959). 'The Problem of the Renaissance'. In *Men and Ideas: History, the Middle Ages, the Renaissance (Essays by Johan Huizinga)*. New York: Meridian Books.

11   Brotton, Jerry (2002). *The Renaissance Bazaar: From the Silk Road to Michelangelo*. Oxford: Oxford University Press.

12   Hale, J. R. (1985). *War and Society in Renaissance Europe, 1450–1620*. London: Fontana Press.

13   Frankopan, Peter (2015), *The Silk Roads: A New History of the World*. London: Bloomsbury

14   Asian Art Museum (2015). 'The Invention of Woodblock Printing in the Tang (618 – 906) and Song (960 – 1279) Dynasties'. education.asianart.org.

1부 21세기의 신 르네상스: 드디어 도래한, 인류의 두 번째 황금기

1장 지금부터 펼쳐질 완전히 새로운 세상

1   Cardano, Girolamo (1501 – 1576) (1931). 'Chapter XLI: Concerning Natural Though Rare Circumstances of My Own Life'. In *The Book of My Life (De Vita Propria Liber)*, edited by J. Stoner. London: J. M. Dent.

2   Brotton, Jerry (2012). *A History of the World in Twelve Maps*. London: Allen Lane.

3   Goldin, Ian (2016). *Development: A Very Short Introduction*. Oxford: Oxford University Press.

4   UNDP (2010). *The Real Wealth of Nations: Pathways to Human Development*. Human Development Report 2010. New York: United Nations, p. 6.

5   Economist Intelligence Unit (2016). *Democracy Index 2015: Democracy in an age of Anxiety*. London: The Economist. www.eiu.com/democracy2015.

6   World Trade Organization (2015). 'Members and Observers'. www.wto.org/english/thewto_e/whatis_e/tif_e/org6_e.htm.

7   'Bread and Circuses'. *The Economist* (8 August 2015). www.economist.com.

8   Rhodes, Neil and Jonathan Sawday (2000). *The Renaissance Computer: Knowledge Technology in the First Age of Print*. London: Routledge, p. 1; Brotton, *A History of the World in Twelve Maps*.

9   Brant, Sebastian (1458 – 1521) (1498). *Varia Carmina*. Basel: Johann Bergmann, de Olpe, f. l VIII r–v.

10 Eisenstein, Elizabeth L. (1980). *The Printing Press as an Agent of Change*. Vol. 1. Cambridge: Cambridge University Press, p. 46.

11 Foresti, Giacomo Filippo (1434 – 1520) (1492). *Supplementum Chronicharum*. Venice: Bernardinum ricium de Nouaria.

12 Ruggiero, Guido (2002). *A Companion to the Worlds of the Renaissance*. Oxford: Blackwell, p. 335.

13 Ibid., p. 95.

14 Ibid., p. 183.

15 Whitlock, Keith (2000). *The Renaissance in Europe: A Reader*. New Haven, CT: Yale University Press, p. 301.

16 Ibid., p. 302.

17 Man, John (2002). *The Gutenberg Revolution: The Story of a Genius and an Invention That Changed the World*. London: Review, p. 224.

18 World Bank Databank (2014). 'Internet Users (per 100 People)'. *World Development Indicators*. data.worldbank.org.

19 World Bank Databank (2015). 'Mobile Cellular Subscriptions (per 100 People)'. *World Development Indicators*. data.worldbank.org.

20 International Telecommunications Union (2014). 'Key ICT Indicators for Developed and Developing Countries and the World'. www.itu.int /en/ITU-D/Statistics/Documents/statistics.

21 Ibid.; International Telecommunications Union (2014). 'Mobile Broadband is Counted as 3G or Above'. www.itu.int/en/ITU-D/Statistics/Documents/statistics.

22 IDC (2014). 'The Digital Universe of Opportunities: Rich Data and the Increasing Value of the Internet of Things'. *EMC Digital Universe*. Framingham: IDC. www.emc.com/leadership/digitaluniverse/2014iview/index.htm. 또한 저자의 추정 추가함.

23 TeleGeography (2015). *The Telegeography Report*. www.telegeography.com.

24 Snyder, Benjamin (2015). 'Gmail Just Hit a Major Milestone'. *Fortune*. www.fortune.com; Quigley, Robert (2011). 'The Cost of a Gigabyte over the Years'. *The Mary Sue*. www.themarysue.com/gigabyte-cost-over -years.

25 Cisco (2015). *The Zettabyte Era: Trends and Analysis*. San Jose, CA: Cisco Systems Inc.

26 Internet Live Stats (2015). 'Internet Users'. www.internetlivestats.com/internet-users.

27 Manyika, James, Jacques Bughin, et al. (2014). *Global Flows in a Digital Age*. New York: McKinsey & Co.

28 International Telecommunication Union (2015). *ICT Facts & Figures: The World in 2015.* Geneva: ITU; International Energy Agency (2014). 'World Energy Outlook 2014 – Electricity Access Database'. *OECD/IEA.* www.worldenergyoutlook.org.

29 International Telecommunication Union, *ICT Facts & Figures.*

30 Dennis, Sarah Grace, Thomas Trusk, et al. (2015). 'Viability of Bioprinted Cellular Constructs Using a Three Dispenser Cartesian Printer'. *Journal of Visualized Experiments* 103: e53156.

31 Dredge, Stuart (2015). 'Zuckerberg: One in Seven People on the Planet Used Facebook on Monday'. *The Guardian.* www.theguardian.com.

32 BBC News (2011). 'Facebook Users Average 3.74 Degrees of Separation'. *BBC.* www.bbc.co.uk.

33 Gates, Bill (1995). *The Road Ahead.* London: Viking, pp. 4 – 5.

2장 뒤얽히는 세계

1 Emmer, Pieter (2003). 'The Myth of Early Globalization: The Atlantic Economy, 1500 – 1800'. *European Review* 11(1): 37 – 47.

2 Ruggiero, Guido (2002). *A Companion to the Worlds of the Renaissance.* Oxford: Blackwell, p. 288.

3 Maddison, Angus (2001). *The World Economy: A Millennial Perspective.* Development Center Studies. Paris: OECD, p. 64.

4 Ruggiero, *A Companion to the Worlds of the Renaissance,* p. 287.

5 Casale, Giancarlo (2003). 'The Ottoman "Discovery" of the Indian Ocean in the Sixteenth Century: The Age of Exploration from an Islamic Perspective'. webdoc.sub.gwdg.de.

6 Krugman, Paul (1995). 'Growing World Trade: Causes and Consequences'. *Brookings Papers on Economic Activity* 1:

331.

7   United Nations Conference on Trade and Development (2015).
    'Merchandise: Total Trade and Share, Annual, 1948 – 2014'.
    UNCTADStat. unctadstat.unctad.org.

8   United Nations Conference on Trade and Development (2015).
    'Services (BPM5): Exports and Imports of Total Services,
    Value, Shares and Growth, Annual, 1980 – 2013'. *UNCTADStat*.
    unctadstat.unctad.org.

9   Containerisation International (1992). *Containerisation
    International Yearbook*. London: National Magazine Co.;
    World Shipping Council (2015). 'Top 50 World Container
    Ports'. www.worldshipping.org/about-the-industry/global-
    trade.

10 International Civil Aviation Organization (1991). 'Air China
    Took Delivery of Its First Wide-Body Freighter'. *ICAO Journal*
    (July): 16.

11 United Nations Statistics Division (2015). 'GDP and Its
    Breakdown'. *National Accounts Main Aggregates Database*.
    unstats.un.org.

12 Trading Economics (2015). 'Bangladesh Exports 1972 – 2015'.
    www.tradingeconomics.com/bangladesh/exports.

13 'Creaming Along'. *The Economist* (16 June 2011). www.
    economist.com.

14 India Brand Equity Foundation (2015). 'Indian IT and ITES
    Industry Analysis'. *IBEF*. www.ibef.org.

15 Eichengreen, Barry and Poonam Gupta (2012). *Exports of
    Services: Indian Experiences in Perspective*. New Delhi:
    National Institute of Public Finance and Policy, p. 11.

16 United Nations Conference on Trade and Development (2015).
    'Goods and Services (BPM5): Exports and Imports of Goods
    and Services, Annual, 1980 – 2013'. *UNCTADStat*. unctadstat.
    unctad.org.

17 Statista (2015). 'International Trade: Monthly Value of Exports from China'. www.statista.com/statistics/271616/monthlyvalue-of-exports -from-china.

18 China Statistics Press (2015). 'China's Exports & Imports, 1952 – 2014'. *China Statistical Yearbook*. www.stats.gov.cn.

19 United Nations Conference on Trade and Development (2015). 'Merchandise: Intra-Trade and Extra-Trade of Country Groups by Product, Annual, 1995 – 2014'. *UNCTADStat*. unctadstat.unctad.org.

20 Hillsberg, Alex (17 September 2014). 'How & Where iPhone is Made: Comparison of Apple's Manufacturing Process'. *CompareCamp*. comparecamp.com/how-where-iphone-is-madecom parison-of-apples-manufacturing-process.

21 Davidson, Nicholas (20 January 2014). *Overseas Expansion and the Development of a World Economy (Lecture)*. Oxford: University of Oxford.

22 Denzel, Markus (2006). 'The European Bill of Exchange'. *International Economic History Congress XIV*. www.helsinki.fi/iehc2006/papers1/ Denzel2.pdf.

23 de Maddalena, Aldo and Hermann Kellenbenz (1986). *La Repubblica Internazionale Del Denaro Tra XV E XVII Secolo*. Bologna: Il Mulino.

24 Goldthwaite, Richard (2009). *The Economy of Renaissance Florence*. Baltimore: Johns Hopkins University Press.

25 Ehrenberg, Richard (1928). *Capital and Finance in the Age of the Renaissance: A Study of the Fuggers and Their Connections*. London: Jonathan Cape, p. 238.

26 Roxburgh, Charles, Susan Lund, et al. (2011). *Mapping Global Capital Markets 2011*. McKinsey Global Institute. New York: McKinsey & Co., p. 32.

27 Manyika, James, Jacques Bughin, et al. (2014). *Global Flows in a Digital Age*. New York: McKinsey & Co.

28 Chomsisengphet, Souphala and Anthony Pennington-Cross (2006). 'The Evolution of the Subprime Mortgage Market'. *Federal Reserve Bank of St. Louis Review* 88(1): 31 – 56.

29 Manyika, Bughin, et al., *Global Flows in a Digital Age*.

30 International Monetary Fund (2015). 'Summary of International Transactions'. *IMF Balance of Payments*. data.imf.org.

31 United Nations Conference on Trade and Development (2015). 'Inward and Outward Foreign Direct Investment Flows, Annual, 1970 – 2013'. *UNCTAD Stat*. unctadstat.unctad.org/wds.

32 Jin, David, David C. Michael, et al. (2011). 'The Many City Growth Strategy'. *Boston: Boston Consulting Group*. www.bcgperspectives.com.

33 Wheatley, Jonathan and Sam Fleming (1 October 2015). 'Capital Flight Darkens Economic Prospects for Emerging Markets'. *The Financial Times*. www.ft.com.

34 Osler Hampson, Fen (30 October 2012). 'Canada Needs a Foreign Investment Plan Based on Fact, Not Fear'. *iPolitics*. www.ipolitics.ca/2012/10/30/breaking-out-of-the-investment-igloo.

35 United Nations Conference on Trade and Development, 'Goods and Services (BPM5); International Monetary Fund, 'Summary of International Transactions'.

36 United Nations World Tourism Organization (2015). *UNWTO Tourism Highlights* (2015 Edition). Madrid: UNWTO.

37 World Bank Databank (2015). 'Air Transport, Passengers Carried'. *World Development Indicators*. data.worldbank.org.

38 Manyika, Bughin, et al., *Global Flows in a Digital Age*.

39 International Civil Aviation Organization (1991). 'Comparison of Traffic at the World's Major Airports, 1989 versus 1980'. *ICAO Journal* (July) International Civil Aviation Organization (2013). 'Forecasts of Scheduled Passenger and Freight Traffic'.

www.icao.int/sustainability/pages.

40 Boeing (2015). *Current Market Outlook 2015–2034*. Seattle: Boeing Commercial Airplanes Market Analysis.

41 Ibid.

42 Acemoglu, Daron, Simon H. Johnson, et al. (2002). *The Rise of Europe: Atlantic Trade, Institutional Change and Economic Growth*. Boston: Massachusetts Institute of Technology.

43 Lynch, Katherine (2003). *Individuals, Families, and Communities in Europe, 1200–1800: The Urban Foundations of Western Society*. Cambridge: Cambridge University Press, p. 30.

44 Elliott, J. H. (1963). *Imperial Spain: 1469–1716*. London: Edwin Arnold Ltd., p. 177.

45 United Nations Department of Economic and Social Affairs, Population Division (2014). *World Urbanization Prospects: The 2014 Revision*. New York: United Nations.

46 Ibid.

47 United Nations Population Fund (2007). *Growing up Urban: State of World Population 2007, Youth Supplement*. New York: United Nations.

48 China National Statistics Bureau (1990). *Fourth National Population Census*. Beijing: Department of Population Statistics.

49 Shenzhen Government Online (2015). 'Overview: Demographics'. english.sz.gov.cn/gi.

50 United Nations Department of Economic and Social Affairs, Population Division, *World Urbanization Prospects*.

51 Ibid.

52 MacCulloch, Diarmaid (2003). *Reformation: Europe's House Divided, 1490–1700*. London: Allen Lane, pp. 60, 648 – 649.

53 Frankel, Neil A. (2008). 'Facts and Figures'. *The Atlantic Slave Trade and Slavery in America*. www.slaverysite.com/Body/

facts%20and%20figures.htm.

54 World Bank (2013). 'Bilateral Migration Matrix 2013'. *Migration & Remittances Data*. econ.worldbank.org.

55 Manyika, Bughin, et al., *Global Flows in a Digital Age*.

56 Eurostat (2015). 'Non-National Population by Group of Citizenship, 1 January 2014'. *Eurostat*. ec.europa.eu/eurostat.

57 Goldin, Ian (2012). *Exceptional People: How Migration Shaped Our World and Will Define Our Future*. Princeton: Princeton University Press.

58 United Nations Department of Economic and Social Affairs (2013). 'Total International Migrant Stock, 2013 Revision'. *UN Population Division*. esa.un.org/unmigration; Pew Research Center (2014). 'Origins and Destinations of the World's Migrants, from 1990 – 2013'. www.pewglobal.org.

59 Dustmann, Christian and Tommaso Frattini (2014). 'The Fiscal Effects of Immigration to the UK'. *The Economic Journal* 124(580): 593 – 643.

60 Goldin, *Exceptional People*.

61 Ibid.

62 Ibid.

63 Kosloski, Rey (2014). *The American Way of Border Control and Immigration Reform Politics*. Oxford: Oxford Martin School.

64 Miles, Tom (25 September 2015). 'UN Sees Refugee Flow to Europe Growing, Plans for Big Iraq Displacement'. *Reuters*. www.reuters.com.

65 Spate, O. H. K. (1979). *The Spanish Lake: The Pacific since Magellan*. Canberra: Australian National University Press, pp. 15 – 22.

66 Ibid.

67 Thrower, Norman J. W. (2008). *Maps and Civilization: Cartography in Culture and Society* (3rd Edition). Chicago:

University of Chicago Press, p. 63.

68 Wightman, W. P. D. (1962). *Science and the Renaissance.* Edinburgh: Oliver & Boyd, p. 143.

69 Puttevils, Jeroen (2016). *Merchants and Trading in the Sixteenth Century: The Golden Age of Antwerp.* New York: Routledge.

70 Kohn, Meir (2010). 'How and Why Economies Develop and Grow: Lessons from Preindustrial Europe and China'. *Hanover, NH: Dartmouth College Department of Economics.* ssrn.com/abstract=1723870.

71 Manyika, Bughin, et al., *Global Flows in a Digital Age.*

72 Macaulay, James, Lauren Buckalew, et al. (2015). *Internet of Things in Logistics.* Troisdorf, Germany: DHL Trend Research and Cisco Consulting Services. www.dpdhl.com.

73 Seoul Metropolitan Government (2015). 'Seoul Transportation: People First'. *Seoul Solution.* www.seoulsolution.kr.

74 Bernhofen, Daniel M., Zouheir El-Sahli, et al. (2013). 'Estimating the Effects of Containerization on World Trade'. *Nottingham: Centre for Research on Globalisation and Economic Policy.* www.nottingham.ac.uk/gep.

75 World Maritime News (19 February 2015). 'Global Container Volumes Rise'. *World Maritime News.* worldmaritimenews.com.

76 Schneider, Friedrich, Andreas Buehn, et al. (2010). 'Shadow Economies All over the World: Estimates for 162 Countries from 1999 to 2007'. *Policy Research Working Paper 5356.* Development Research Group, Poverty & Inequality Team, Washington, DC: World Bank.

77 Naim, Moses (2005). *Illicit: How Smugglers, Traffickers and Counterfeiters Are Hijacking the Global Economy.* London: Random House.

78 Pimentel, David (2005). 'Update on the Environmental and

Economic Costs Associated with Alien-Invasive Species in the United States'. *Ecological Economics* 52: 273–288.

79 Intergovernmental Panel on Climate Change (2014). *Climate Change 2014: Synthesis Report*. Geneva: IPCC.

80 Anderson, Benedict (2006). *Imagined Communities: Reflections on the Origin and Spread of Nationalism*. London: Verso.

81 W3 Techs (2015). 'Usage of Content Languages for Websites'. w3techs.com/technologies/overview/content_language/all.

82 Internet World Stats (2014). 'Internet World Users by Language'. *Usage and Population Statistics*. www.internetworldstats.com/stats7.htm.

3장 가능성으로 가득 찬 신인류, 비트루비안 맨

1 Ramus, Petrus (1569). *Scholarum Mathematicarum, Libri Unus Et Triginta*. Basel: Per Eusebium Episcopium, & Nicolai fratris haeredes, Preface.

2 della Mirandola, Pico (1463–1494) (2012). *Oration on the Dignity of Man: A New Translation and Commentary*, translated by F. Borghesi, M. Papio and M. Riva. Cambridge: Cambridge University Press.

3 Peterson, David S. (2004). 'Religion and the Church'. In *Italy in the Age of the Renaissance: 1300–1550*, edited by J. Najemy. Oxford: Oxford University Press, p. 76; Britannica (2014). 'Giovanni Pico Della Mirandola'. Britannica. www.britannica.com.

4 Hendrix, John (2003). *History and Culture in Italy*. Oxford: University Press of America.

5 Wheelis, Mark (2002). 'Biological Warfare at the 1346 Siege of Caffa'. *Journal of Emerging Infectious Diseases* 8(9): 973.

6 Ruggiero, Guido (2002). *A Companion to the Worlds of the Renaissance*. Oxford: Blackwell.

7   Bartlett, Robert (1993). *The Making of Europe: Conquest, Colonization and Cultural Change 950–1350.* London: BCA.

8   Najemy, John (2006). *A History of Florence, 1200–1575.* Oxford: Blackwell, pp. 97 –100.

9   Lis, Catharina and Hugo Soly (1979). *Poverty and Capitalism in Pre-Industrial Europe.* Hassocks, UK: Harvester Press.

10 Ruggiero, *A Companion to the Worlds of the Renaissance.*

11 Ibid.

12 The Maddison Project (2013). 'Maddison Project Database'. www.ggdc.net/maddison/maddison–project/home.htm.

13 Geremek, Bronislaw (1994). *Poverty: A History.* Oxford: Blackwell.

14 World Bank Databank (2014). 'Life Expectancy at Birth, Total (Years)'. *World Development Indicators.* data.worldbank.org.

15 'Global Health: Lifting the Burden'. *The Economist* (15 December 2012). www.economist.com.

16 Deaton, Angus (2013). *The Great Escape: Health, Wealth, and the Origins of Inequality.* Princeton: Princeton University Press.

17 Banerjee, Abhijit V. and Esther Duflo (2006). 'The Economic Lives of the Poor'. *MIT Department of Economics Working Paper No. 06–29.* Cambridge: Massachusetts Institute of Technology, Abdul Latif Jameel Poverty Action Lab. economics.mit.edu.

18 World Bank Databank (2015). 'GDP Per Capita (Constant LCU)'. *World Development Indicators.* data.worldbank.org.

19 World Bank Databank (2015). 'GDP Per Capita (Constant 2005 US$)'. *World Development Indicators.* data.worldbank.org.

20 United Nations (2015). 'Goal 1: Eradicate Extreme Poverty & Hunger'. *Millennium Development Goals and Beyond 2015.* www.un.org/millenniumgoals/poverty.shtml.

21 World Bank (17 April 2013). 'Remarkable Declines in Global

Poverty, but Major Challenges Remain'. www.worldbank.org/en/news/press-release/2013/04/17/remarkable-declines-in-globalpoverty-but-major-challenges -remain.

22 Trading Economics (2015). 'China Average Yearly Wages'. www.tradingeconomics.com/china/wages.

23 World Bank (2015). 'World Development Indicators: Women in Development'. *2015 World View.* wdi.worldbank.org.

24 'Hopeless Africa'. *The Economist* (11 May 2000). www.economist.com.

25 Schneidman, Witney and Zenia A. Lewis (2012). *The African Growth and Opportunity Act: Looking Back, Looking Forward.* Washington, DC.: Brookings Institution.

26 World Bank Databank (2015). 'Sub-Saharan Africa (Developing Only)'. *World Development Indicators.* data.worldbank.org.

27 African Development Bank Group (2014). 'ADB Socio-economic Database: National Accounts'. *ADB Data Portal.* dataportal.afdb.org/default.aspx.

28 de Ridder-Symoens, Hilda (1996). *A History of the University in Europe.* Cambridge: Cambridge University Press.

29 von Eulenburg, Franz (1904). *Die Frequenz Der Deutschen Universitaten Von Ihrer Grundung Bis Zur Gegenwart.* Leibzig: B.G. Teubner.

30 Ralph, Philip Lee (1973). *The Renaissance in Perspective.* New York: St Martin's Press.

31 Roser, Max (2015). 'Literacy'. OurWorldInData.org. ourworldindata.org/data/education-knowledge/literacy.

32 United Nations (2015). 'Goal 2: Achieve Universal Primary Education'. *Millennium Development Goals and Beyond 2015.* www.un.org/millenniumgoals/education.shtml.

33 World Bank Databank (2015). 'Primary Enrollment Rate; Primary Completion Rate'. *Education Statistics-All Indicators.*

databank.worldbank.org.

34 World Bank (2012). *World Development Report 2012: Gender Equality and Development.* Washington, DC: World Bank.

35 World Bank Databank (2014). 'School Enrollment, Primary, Female (% Net); School Enrollment, Secondary, Female (% Net)'. *World Development Indicators.* data.worldbank.org.

36 World Bank, *World Development Report 2012,* p. 106.

37 World Bank Databank (2014). 'School Enrollment, Tertiary (% Gross)'. *World Development Indicators.* data.worldbank.org.

38 UNESCO (2014). 'Enrolment in tertiary education'. *UNESCO Institute for Statistics Database.* data.uis.unesco.org.

39 Hultman, Nathan, Katherine Sierra, et al. (2012). *Green Growth Innovation: New Pathways for International Cooperation.* Washington, DC: Brookings Institution.

40 World Bank, *World Development Report* 2012, p. 14.

41 UNICEF (2015). *Levels and Trends in Child Mortality.* New York: UNICEF.

42 Ibid.

43 World Health Organization (2012). *World Health Statistics 2012.* Geneva: WHO.

44 World Health Organization (2014). *Global Status Report on Noncommunicable Diseases 2014.* Geneva: WHO.

45 Dwyer, Terence, PhD. (1 October 2015). 'The Present State of Medical Science'. Interviewed by C. Kutarna, University of Oxford.

46 Human Mortality Database (2014). *Global Population and Mortality Data.* www.mortality.org.

47 Goldin, Ian, editor (2014). *Is the Planet Full?* Oxford: Oxford University Press.

48 Goldin, Ian and Kenneth Reinert (2012). *Globalization for Development.* Oxford: Oxford University Press.

49 Vietnam Food Association (2014). 'Yearly Export Statistics'.

vietfood.org.vn/en/default.aspx?c=108.

50 Bangladesh Garment Manufacturers and Exporters Association
    (2015). 'Trade Information'. bgmea.com.bd/home/pages/
    TradeInformation#.U57MMhZLGYU.

51 Burke, Jason (14 November 2013). 'Bangladesh Garment
    Workers Set for 77% Pay Rise'. *The Guardian*. www.
    theguardian.com.

52 Goldin and Reinert, *Globalization for Development*.

53 Industrial Development Bureau (2015). 'Industry Introduction
    -History of Industrial Development'. *Ministry of Economic
    Affairs*. www.moeaidb.gov.tw/external/view/en/english/
    about04.html.

54 Kim, Ran (1996). 'The Korean System of Innovation and the
    Semiconductor Industry: A Governance Perspective'. *SPRU/
    SEI-Working Paper*. Paris: OECD.

55 IC Insights (2015). *Global Wafer Capacity*. Scottsdale: IC
    Insights.

56 World Bank, *World Development Report 2012*.

57 World Bank (2015). 'Migration and Remittances: Recent
    Developments and Outlook'. *Migration and Development
    Brief 22*. Washington, DC: World Bank.

58 Dayrit, Manuel M. (2013). *Brain Drain and Brain Gain:
    Selected Country Experiences and Responses*. Singapore: Asia
    Regional World Health Summit.

59 Statistics Canada (2011). 'Data Tables (Ethnic Origin)'.
    National Household Survey. www12.statcan.gc.ca.

60 Goldin and Reinert, *Globalization for Development*, Chapter 7.

61 World Bank (2011). *World Development Report 2011: Conflict,
    Security and Development*. Washington, DC: World Bank.

62 Zakaria, Fareed (2008). *The Post-American World*. London:
    Allen Lane.

63 World Bank, *World Development Report 2011*.

64 Ibid.

65 Goldstone, Jack A. (1991). *Revolution and Rebellion in the Early Modern World*. Berkeley: University of California Press.

66 Lis and Soly, *Poverty and Capitalism in Pre-Industrial Europe*.

67 Geremek, *Poverty*.

68 Jutte, Robert (1994). *Poverty and Deviance in Early Modern Europe*. Cambridge: Cambridge University Press.

69 Goldstone, *Revolution and Rebellion in the Early Modern World*.

70 Davidson, Nicholas (2014). *Overseas Expansion and the Development of a World Economy. Lecture*. Oxford: University of Oxford.

71 Ruggiero, *A Companion to the Worlds of the Renaissance*.

72 Kukaswadia, Atif (2013). 'What Killed the Aztecs? A Researcher Probes Role of 16th Century Megadrought'. *Public Health Perspectives*. blogs.plos.org/publichealth/2013/07/30/guest-postwhat-killed-the-aztecs/; Hunefeldt, Christine (2004). *A Brief History of Peru*. New York: Facts on File Inc., p. 52.

73 Ruggiero, *A Companion to the Worlds of the Renaissance*.

74 Milanovic, Branko (2012). 'Global Income Inequality by the Numbers: In History and Now'. *Policy Research Working Paper 6259*. Washington, DC: World Bank Development Research Group.

75 Oxfam (2017). *An Economy for the 99%*. Oxford: Oxfam International.

76 United Nations Department of Economic and Social Affairs (2014). 'Access to Sanitation'. *International Decade of Action 'Water for Life' 2005–2015*. New York: United Nations. www.un.org/waterforlifedecade/sanitation.shtml; International Energy Agency (2015). 'World Energy Outlook 2014 – Electricity Access Database'. *OECD/IEA*. www.

worldenergyoutlook.org; Food and Agricultural Organization of the United Nations (2015). *The State of Food Insecurity in the World.* Rome: FAO.

77 UNDP (2010). *The Real Wealth of Nations: Pathways to Human Development.* Human Development Report 2010. New York: United Nations; World Health Organization (2014). 'The Top 10 Causes of Death'. www.who.int/mediacentre/factsheets/fs310/en/index3.html; World Health Organization (2015). 'Chronic Diseases and Health Promotion'. www.who.int/chp/en.

78 Barro, Robert J. and Xavier Sala-i-Martin (1992). 'Convergence'. *Journal of Political Economy* 100(2): 223 – 251; Deaton. The Great Escape Pritchett, Lant (1997). 'Convergence, Big Time'. *Journal of Economic Perspectives* 11(3): 3 – 17.

79 Kharas, Homi (9 January 2015). 'The Transition from "the Developing World" to "a Developing World"'. *Kapuscinski Development Lectures.* www.brookings.edu.

80 World Bank Databank (2015). 'GDP Per Capita (Constant 2005 US$)'. *World Development Indicators.* data.worldbank.org.

81 Deaton, *The Great Escape.*

82 United Nations Development Program, *The Real Wealth of Nations.*

83 Goldin, Ian and Mike Mariathasan (2014). *The Butterfly Defect.* Princeton: Princeton University Press.

84 Thomas, Saji and Sudharshan Canagarajah (2002). *Poverty in a Wealthy Economy: The Case of Nigeria.* IMF Working Paper. Washington, DC: International Monetary Fund; World Bank Databank (2015). 'Poverty Headcount Ratio at $1.25 a Day (PPP) (% of Population)'. *World Development Indicators.* databank.worldbank.org. 연구원들이 빈곤을 측정하는 방법에 대해 시간의 경과에 따른 변화는 장기적으로 논쟁의 여지가 있지만 나이지리아 경우의 전반적인 방향은 분명하다.

85 US Census Bureau (2015). 'Table F–3. Mean Income Received by Each Fifth and Top 5 Per Cent of Families'. *US Population Survey*. Suitland, MD: Economics and Statistics Administration. www.census.gov.

86 Goldin and Mariathasan, *The Butterfly Defect*.

87 United Nations Development Program, *The Real Wealth of Nations*.

88 International Telecommunications Union (2013). *Measuring the Information Society*. Geneva: ITU.

89 Goldin and Reinert, *Globalization for Development*.

90 MacMillan, Margaret and Dani Rodrik (2011). 'Globalization, Structural Change and Productivity Growth'. *National Bureau of Economic Research Working Paper Series, #17143*.

91 Berenger, Jean (1990). *A History of the Habsburg Empire, 1273–1700*. New York: Routledge, p. 79.

92 Goldin and Mariathasan, *The Butterfly Defect*.

93 Munich RE NatCatSERVICE (2015). 'The 10 Deadliest Natural Disasters'. *Significant Natural Disasters since 1980*. www.munichre.com.

94 United Nations High Commission for Refugees (2015). 'Facts and Figures about Refugees'. www.unhcr.org.uk/aboutus/key-facts-and-figures.html.

95 World Bank (2014). 'Somalia Overview'. www.worldbank.org/en /country/somalia/overview.

96 Baker, Aryn (14 March 2014). 'The Cost of War: Syria, Three Years On'. *Time Magazine*. www.time.com; El-Showk, Sedeer (2014). 'A Broken Healthcare System: The Legacy of Syria's Conflic'. *Nature Middle East*. www.natureasia.com.

97 Dobbs, Richard and Shirish Sankhe (2010). *Comparing Urbanization in China and India*. New York: McKinsey & Co.

98 'Africa Rising: A Hopeful Continent'. *The Economist* (2 March

2013). www.economist.com.

99 Leke, Acha, Susan Lund, et al. (2010). *What's Driving Africa's Growth*. New York: McKinsey & Co.

100 World Bank Databank (2015). 'Life Expectancy (Years)'. *World Development Indicators*. data.worldbank.org.

101 United Nations Development Program, *The Real Wealth of Nations*.

102 United Nations Development Program (2014). *Sustaining Human Progress: Reducing Vulnerabilities and Building Resilience*. Human Development Report 2014. New York: United Nations.

2부 폭발하는 천재성: 상상을 초월하는 과학 기술의 발전

4장 신 르네상스의 '코페르니쿠스 혁명'

1 Contopoulus, G. (1974). *Highlights of Astronomy, Volume 3: As Presented at the XVth General Assembly and the Extraordinary Assembly of the IAU*. Boston: D. Reidel Publishing Company.

2 Sobel, Dava (2011). *A More Perfect Heaven: How Copernicus Revolutionized the Cosmos*. London: Bloomsbury.

3 Copernicus, Nicolaus (1473 – 1543) (1995). 'Introduction, Book 1'. *On the Revolutions of the Heavenly Spheres*, translated by C. Wallis. New York: Prometheus Books.

4 Ferguson, Niall (2011). *Civilization: The West and the Rest*. London: Allen Lane; Mokyr, Joel (1990). *Twenty-Five Centuries of Technological Change*. London: Harwood Academic.

5 OECD (2015). *In It Together: Why Less Inequality Benefits All*. Paris: OECD Publishing.

6 'Workers on Tap'. *The Economist* (5 January 2015). www.economist.com.

7 Costandi, Moheb (19 June 2012). 'Surgery on Ice'. *Nature Middle East.* www.natureasia.com.

8 Dwyer, Terence, PhD. (1 October 2015). 'The Present State of Medical Science'. Interviewed by C. Kutarna, University of Oxford.

9 National Human Genome Research Institute (1998). 'Twenty Questions about DNA Sequencing (and the Answers)'. *NHGRI.* community.dur.ac.uk/biosci.bizhub/Bioinformatics/twenty_questions_about_DNA.htm.

10 Rincon, Paul (15 January 2014). 'Science Enters $1,000 Genome Era'. *BBC News.* www.bbc.co.uk.

11 Regalado, Antonio (24 September 2014). 'Emtech: Illumina Says 228,000 Human Genomes Will Be Sequenced This Year'. *MIT Technology Review.* www.technologyreview.com/news.

12 GENCODE (15 July 2015). 'Statistics about the Current Human Gencode Release'. *GENCODE 23.* www.gencodegenes.org.

13 Noble, Denis (2006). *The Music of Life.* Oxford: Oxford University Press.

14 Venter, Craig, Daniel Gibson, et al. (2010). 'Creation of a Bacterial Cell Controlled by a Chemically Synthesized Genome'. *Science* 329(5987): 52–56.

15 Liang, Puping, Yanwen Xu, et al. (2015). 'CRISPR/Cas9-Mediated Gene Editing in Human Tripronuclear Zygotes'. *Protein & Cell* 6(5): 363–372.

16 Persson, Ingmar and Julian Savulescu (2012). *Unfit for the Future: The Need for Moral Enhancement.* Oxford: Oxford University Press.

17 Bohr, Mark (2014). '14 nm Process Technology: Opening New Horizons'. *Intel Developer Forum 2014.* San Francisco: Intel.

18 Turok, Neil (2012). *The Universe Within: From Quantum to Cosmos.* Canadian Broadcasting Corporation Massey Lectures. London: Faber&Faber.

19 Dattani, Nikesh and Nathaniel Bryans (2014). 'Quantum Factorization of 56153 with Only 4 Qubits'. *arXiv:1411.6758 [quant-ph]*.

20 Korzh, Boris, Charles Ci Wen Lim, et al. (2015). 'Provably Secure and Practical Quantum Key Distribution over 307 km of Optical Fibre'. *Nature Photonics* 9: 163–168.

21 Campbell, Peter, Michael Groves, et al. (2014). 'Soliloquy: A Cautionary Tale'. *Conference paper*. Ottawa: IQC/ETSI 2nd Quantum-Safe Crypto Workshop.

22 Drexler, K. Eric (2013). *Radical Abundance: How a Revolution in Nanotechnology Will Change Civilization*. New York: PublicAffairs.

23 Nature.com (2015). Citation searches performed at www. nature.com/search.

24 American Chemistry Council Nanotechnology Panel (2014). 'The Nano Timeline: A Big History of the Very Small'. nanotechnology.americanchemistry.com/Nanotechnology-Timeline.

25 Kuo, Lily (17 August 2015). 'A New "Drinkable Book" Has Pages That Turn Raw Sewage into Drinking Water'. *Quartz Africa*. www.qz.com.

26 Luef, Birgit, Kyle Frischkorn, et al. (2015). 'Diverse Uncultivated Ultra-Small Bacterial Cells in Groundwater'. *Nature Communications* 6(6372): 1–8.

27 New York University (3 June 2010). 'Chemist Seeman Wins Kavli Prize in Nanoscience'. *NYU*. www.nyu.edu/about/news-publications/news.

28 Arthur, Brian (2010). *The Nature of Technology*. London: Penguin.

29 Rabelais, Francois (1490–1553) (1608). 'Chapter 8: How Pantagruel, Being at Paris, Received Letters from His Father Gargantua, and the Copy of Them'. In *Five Books of the*

Lives, Heroic Deeds and Sayings of Gargantua and His Son Pantagruel, Book Two. Lyon, France: Lean Martin.

30 Mokyr, *Twenty-Five Centuries of Technological Change.*

31 Sobel, *A More Perfect Heaven.*

32 Ibid.

33 Freely, John (2014). *Celestial Revolutionary: Copernicus, the Man and His Universe.* London: I. B. Tauris.

34 Arthur, *The Nature of Technology.*

35 da Vinci, Leonardo (1452 – 1519) (1955). 'Volume 1, Chapter X: Studies and Sketches for Pictures and Decorations'. In *The Notebooks of Leonardo Da Vinci*, edited by E. MacCurdy. New York: George Braziller.

36 Lipsey, Richard, Kenneth Carlaw, et al. (2005). *Economic Transformations, General Purpose Technologies and Long-Term Economic Growth.* Oxford: Oxford University Press.

37 Swetz, Frank (1989). *Capitalism and Arithmetic: The New Math of the 15th Century.* Chicago: Open Court Publishing Company.

38 Arnold, Thomas (2002). 'Violence and Warfare in the Renaissance World'. In *A Companion to the Worlds of the Renaissance*, edited by G. Ruggiero. Blackwell Reference Online: Blackwell.

39 Lee, Alexander (2013). *The Ugly Renaissance.* London: Hutchinson.

40 Mokyr, Joel (1990). *The Lever of Riches: Technological Creativity and Economic Progress.* Oxford: Oxford University Press, p. 79.

41 Brynjolfsson, Erik and Adam Saunders (2010). *Wired for Innovation: How Information Technology Is Reshaping the Economy.* Cambridge, MA: MIT Press.

42 Partnership for a New American Economy (2012). *Patent Pending: How Immigrants Are Reinventing the American*

Economy. Partnership for a New American Economy. www.renewoureconomy.org.

43 Manyika, James, Jacques Bughin, et al. (2014). *Global Flows in a Digital Age*. New York: McKinsey & Co.

44 Castelvecchi, Davide (15 May 2015). 'Physics Paper Sets Record with More Than 5,000 Authors'. *Nature: International Weekly Journal of Science*. www.nature.com/news.

45 NobelPrize.org (2015). 'List of Nobel Prizes and Laureates'. www.nobelprize.org/nobel_prizes.

46 United Nations Conference on Trade and Development (2015). 'Merchandise: Intra-Trade and Extra-Trade of Country Groups by Product, Annual, 1995-2014'. *UNCTADStat*. unctadstat.unctad.org.

47 BBC News (27 November 2006). 'Star Wars Kid Is Top Viral Video'. *BBC*. www.bbc.co.uk.

48 Stark, Chelsea (22 July 2015). 'PewDiePie's Youtube Success Puts Him on the Cover of "Variety"'. *Mashable.com*. mashable.com.

49 Whitehead, Tom (9 January 2015). 'Paris Charlie Hebdo Attack: Je Suis Charlie Hashtag One of Most Popular in Twitter History'. *The Telegraph*. www.telegraph.co.uk.

5장 인류의 모든 가능성을 실현하라

1 Gallichan, Walter M. (1903). *The Story of Seville*. London: Dent.

2 Pettegree, Andrew (2010). *The Book in the Renaissance*. New Haven: Yale University Press.

3 Lowry, Martin (1974). *Two Great Venetian Libraries in the Age of Aldus Manutius*. Manchester: John Rylands University Library of Manchester.

4 Staikos, Konstantinos (2000). *The Great Libraries: From Antiquity to the Renaissance (3000 B.C. To A.D. 1600)*. New Castle, DE: Oak Knoll Press; Febvre, Lucien and Henri-

Jean Martin (2010). *The Coming of the Book: The Impact of Printing, 1450 – 1800.* London: Verso.

5   Barker, Nicolas (1989). *Aldus Manutius: Mercantile Empire of the Intellect, Volume 3.* Los Angeles: University of California Research Library; Davies, Martin (1995). *Aldus Manutius: Printer and Publisher of Renaissance Venice.* London: British Library.

6   Lowry, Martin (1979). *The World of Aldus Manutius: Business and Scholarship in Renaissance Venice.* Oxford: Blackwell.

7   Ibid.

8   Ibid.

9   Staikos, *The Great Libraries.*

10 Davies, *Aldus Manutius.*

11 Nesvig, Martin Austin (28 October 2011). 'Printing and the Book'. *Oxford Bibliographies.* www.oxfordbibliographies. com.

12 W3 Techs (2015). 'Usage Statistics and Market Share of Apache for Websites'. w3techs.com/technologies/details/wsapache/all/all.

13 Statista (2015). 'The Most Spoken Languages Worldwide (Speakers and Native Speaker in Millions)'. www.statista.com/statistics/266808/the-most-spoken-languages-worldwide.

14 Lewis, M. Paul, Gary Simons, et al. (editors) (2015). *Ethnologue: Languages of the World (18th Edition).* Dallas: SIL International. www.ethnologue.com.

15 Hale, Scott A. (2014). 'Global Connectivity and Multilinguals in the Twitter Network'. *SIGCHI Conference on Human Factors in Computing Systems.* Toronto.

16 Wikipedia (2015). 'List of Wikipedias'. en.wikipedia.org/wiki/List_of_Wikipedias.

17 Kemp, Simon (2014). 'Social, Digital and Mobile Worldwide in 2014'. wearesocial.net/blog.

18 Manyika, James, Jacques Bughin, et al. (2014). *Global Flows in a Digital Age*. New York: McKinsey & Co.

19 Ibid; United Nations Conference on Trade and Development (2015). 'Merchandise: Intra-Trade and Extra-Trade of Country Groups by Product, Annual, 1995 – 2014'. *UNCTADStat*. unctadstat.unctad.org.

20 von Ahn, Luis (2011). 'Massive-Scale Online Collaboration'. *TEDTalks*. www.ted.com, plus authors' estimates.

21 Ibid.

22 Duolingo (2015). 'About Duolingo'. www.duolingo.com/press.

23 Pinkowski, Jennifer (28 March 2010). 'How to Classify a Million Galaxies in Three Weeks'. *Time*. content.time.com.

24 CERN (2015). 'Computing: Experiments at CERN Generate Colossal Amounts of Data'. home.web.cern.ch/about/computing.

25 Langmead, Ben and Michael C. Schatz (2013). 'The DNA Data Deluge'. *IEEE Spectrum*. spectrum.ieee.org/biomedical/devices/the-dna-data-deluge.

26 Jet Propulsion Laboratory (27 October 2013). 'Managing the Deluge of "Big Data" from Space'. *NASA*. www.jpl.nasa.gov/news.

27 SciTech Daily (24 September 2013). 'Researchers Publish Galaxy Zoo 2 Catalog, Data on More Than 300,000 Nearby Galaxies'. *SciTech Daily*. scitechdaily.com.

28 van Arkel, Hanny (2015). 'Voorwerp Discovery'. www.hannysvoo-rwerp.com.

29 Smith, A., S. Lynn, et al. (December 2013). 'Zooniverse-Web Scale Citizen Science with People and Machines'. *AGU Fall Meeting Abstracts 1*: 1424.

30 Bonney, Rick, Jennifer L. Shirk, et al. (2014). 'Next Steps for Citizen Science'. *Science* 343(6178): 1436 – 1437.

31 Schilizzi, Richard (20 March 2013). *Big Pipes for Big Data: Signal and Data Transport in the SKA*. STFC Knowledge Exchange Workshop. Manchester: University of Manchester.

32 Lee, Alexander (2013). *The Ugly Renaissance*. London: Hutchinson.

33 Sobel, Dava (2011). *A More Perfect Heaven: How Copernicus Revolutionized the Cosmos*. London: Bloomsbury.

34 Gordon, Robert J. (2012). 'Is US Economic Growth Over? Faltering Innovation Confronts the Six Headwinds'. *National Bureau of Economic Research Working Paper No. 18315*. www.nber.org/papers/w18315.

35 Ibid.

36 Thiel, Peter (2011). 'What Happened to the Future?' www.foundersfund.com/the-future.

37 Phrma.org (2015). *2015 Pharmaceutical Industry Profile*. Washington, DC: PhRMA. www.phrma.org/profiles-reports.

38 European Federation of Pharmaceutical Industries and Associations (2014). 'The Pharmaceutical Industry in Figures'. *Brussels: EFPIA*. www.efpia.eu.

39 Abbott, Alison (2011). 'Novartis to Shut Brain Research Facility'. *Nature in Focus News 480*: 161–162.

40 Pew Research Center (2014). 'Inequality and Economic Mobility'. *Economies of Emerging Markets Better Rated during Difficult Times*. Global Attitudes Project. Washington, DC: Pew Research Center.

41 Merali, Zeeya (20 July 2015). 'Search for Extraterrestrial Intelligence Gets a $100-Million Boost'. *Nature*. www.nature.com/news.

42 United Nations Development Programme (2010). *The Real Wealth of Nations: Pathways to Human Development*. Human Development Report 2010. New York: United Nations.

43 'In Search of the Perfect Market'. *The Economist* (8 May 1997).

www.economist.com.

44 Young, Anne L. (2006). *Mathematical Ciphers: From Caesar to RSA*. Providence, RI: American Mathematical Society.

45 Brynjolfsson, Erik and Andrew McAfee (2014). *The Second Machine Age: Work, Progress, and Prosperity in a Time of Brilliant Technologies*. New York: W.W. Norton & Company.

46 Chen, Yan, Grace Young, et al. (2013). 'A Day without a Search Engine: An Experimental Study of Online and Offline Searches'. *Experimental Economics* 14(4): 512–536; Brynjolfsson and McAfee, The Second Machine Age.

47 Metcalfe, Robert (4 December 1995). 'Predicting the Internet's Catastrophic Collapse and Ghost Sites Galore in 1996'. *InfoWorld*.

48 Arthur, Brian (2010). *The Nature of Technology*. London: Penguin.

49 Mansfield, Harvey (1998). *Machiavelli's Virtue*. Chicago: Chicago University Press.

50 Arthur, *The Nature of Technology*.

51 Brynjolfsson and McAfee, *The Second Machine Age*.

52 EvaluatePharma (2015). 'World Preview 2015, Outlook to 2020'. *London: Evaluate Group*. info.evaluategroup.com.

53 Lloyd, Ian (2015). 'New Active Substances Launched during 2014'. *Pharma R&D Annual Review 2015*. Citeline. www.citeline.com.

54 Mullard, Asher (2015). '2014 FDA Drug Approvals'. *Nature Reviews Drug Discovery* 14: 77–81.

55 Ward, Andrew (22 July 2015). 'Eli Lilly Raises Hopes for Breakthrough Alzheimer's Drug'. *Financial Times*. www.ft.com.

56 World Health Organization (April 2015). 'Malaria'. *Fact Sheet No. 94*. Geneva: WHO. www.who.int/mediacentre/factsheets.

57 Mora, Camilo, Derek P. Tittensor, et al. (2011). 'How Many

Species Are There on Earth and in the Ocean?' *PLOS Biology* 9(8): e1001127.

58 Smith, Dennis A., editor. (2010). *Metabolism, Pharmacokinetics, and Toxicity of Functional Groups: Impact of the Building Blocks of Medicinal Chemistry in Admet.* London: Royal Society of Chemistry.

59 Guicciardini, Francesco (1483 – 1540) (1969). *The History of Italy*, translated by S. Alexander. New York: Macmillan.

60 Bartlett, Kenneth R. (2011). *The Civilization of the Italian Renaissance: A Sourcebook (2nd Edition).* Toronto: University of Toronto Press.

61 Mallet, Michael and Christine Shaw (2012). *The Italian Wars, 1494–1559: War, State and Society in Early Modern Europe.* Harlow, UK: Pearson.

62 Wimmer, Eckard (2006). 'The Test-Tube Synthesis of a Chemical Called Poliovirus: The Simple Synthesis of a Virus Has Far-Reaching Societal Implications'. *EMBO Reports* 7: S3 – S9.

63 von Bubnoff, Andreas (2005). 'The 1918 Flu Virus Is Resurrected'. *Nature* 437: 794 – 795.

64 Takashi, H., P. Keim, et al. (2004). 'Bacillus Anthracis Bioterrorism Incident, Kameido, Tokyo, 1993'. *Emerging Infectious Diseases* 10(1): 117 – 120.

65 Doornbos, Harald and Jenan Moussa (28 August 2014). 'Found: The Islamic State's Terror Laptop of Doom'. *Foreign Policy.* www.foreignpolicy.com.

66 Levy, Frank and Richard Murnane (2004). *The New Division of Labor: How Computers Are Creating the Next Job Market.* Princeton: Princeton University Press, p. 20.

67 Frey, Carl and Michael Osborne (2013). *The Future of Employment. Oxford: Oxford Martin School.* www. oxfordmartin.ox.ac.uk; Schwab, Klaus (2016). *The Fourth*

Industrial Revolution. Geneva: World Economic Forum.

68 Berger, Thor and Carl Frey (2014). *Industrial Renewal in the 21st Century: Evidence from US Cities*. Oxford: Oxford Martin School. www.oxfordmartin.ox.ac.uk.

69 Gunn, Steven (2010). 'War and the Emergence of the State: Western Europe 1350 – 1600'. In *European Warfare 1350– 1750*, edited by F. Tallett and D. Trim. Cambridge: Cambridge University Press, pp. 50 – 73.

70 Sands, Philippe (23 May 2014). 'No Place to Hide: Edward Snowden, the NSA and the Surveillance State by Glenn Greenwald – a Review'. *The Guardian*. www.theguardian. com.

71 Gallagher, Ryan (25 August 2014). 'The Surveillance Engine: How the NSA Built Its Own Secret Google'. *The Intercept*. firstlook.org/theintercept.

72 Machiavelli, Niccolo (1469 – 1527) (1532). *Florentine Histories*. Rome: Antonio Blado. Second Book, Chapter 22.

3부 번성하는 위험성: 인류 최악의 시나리오를 피하는 법

6장 무찔러야 할 거대한 적들

1 Tognotti, Eugenia (2009). 'The Rise and Fall of Syphilis in Renaissance Europe'. *The Journal of Medical Humanities* 30(2): 99 – 113.

2 Ibid.

3 Allen, Peter Lewis (2000). *Wages of Sin*. Chicago: University of Chicago Press.

4 Ibid.

5 Hale, J. R. (1985). *War and Society in Renaissance Europe, 1450–1620*. London: Fontana Press.

6 Tognotti, 'The Rise and Fall of Syphilis in Renaissance

Europe'.

7   Ibid.

8   Calvin, John (1509–1564) (1574). 'Sermon 141 on Job 36'. In *Sermons of Master John Calvin, Upon the Book of Job*. London: George Bishop.

9   Phillips, Tony (2014). 'Near Miss: The Solar Superstorm of July 2012'. *NASA Science News*. science.nasa.gov/science-news/science-at-nasa/2014/23jul_superstorm.

10 Tognotti, 'The Rise and Fall of Syphilis in Renaissance Europe'.

11 French, Roger, Jon Arrizabalaga, et al., editors. (1998). *Medicine from the Black Death to the French Disease*. Aldershot: Ashgate.

12 World Health Organization (2014). 'Factsheet No. 211: Influenza (Seasonal)'. *Geneva: WHO*. www.who.int/mediacentre/factsheets/fs211/en.

13 Goldin, Ian and Mike Mariathasan (2014). *The Butterfly Defect*. Princeton: Princeton University Press.

14 World Health Organization (2003). 'Agenda Item 14.16: Severe Acute Respiratory Syndrome (SARS)'. *Fifty-Sixth World Health Assembly*. Geneva: WHO.

15 Brilliant, Larry (February 2006). 'My Wish: Help Me Stop Pandemics'. *TedTalks*. www.ted.com.

16 Lee, Jong-Wha and Warwick J. McKibbin (2004). 'Estimating the Global Economic Costs of SARS'. In *Institute of Medicine Forum on Microbial Threats: Learning from SARS: Preparing for the Next Disease Outbreak: Workshop Summary*, edited by S. Knobler, A. Mahmoud and S. Lemon. Washington, DC: National Academies Press; World Health Organization (2003). 'Chapter 5: SARS: Lessons from a New Disease'. *The World Health Report*. Geneva: WHO.

17 World Health Organization (2015). 'Severe Acute Respiratory

Syndrome (SARS)'. *Emergencies Preparedness, Response.* Geneva: WHO. www.who.int/csr/sars/en.

18 Roberts, Michelle (2014). 'First Ebola Boy Likely Infected by Playing in Bat Tree'. *BBC News.* www.bbc.co.uk.

19 Centers for Disease Control and Prevention (2015). 'Outbreaks Chronology: Ebola Virus Disease'. *Atlanta: CDC.* www.cdc. gov/vhf/ebola/outbreaks/history/chronology.html.

20 Fink, Sheri (3 September 2014). 'Cuts at WHO Hurt Response to Ebola Crisis'. *The New York Times.* www.nytimes.com.

21 (14 November 2014). 'The Toll of a Tragedy'. *The Economist.* www.economist.com.

22 Centers for Disease Control and Prevention (2015). '2014 Ebola Outbreak in West Africa – Case Counts'. *Atlanta: CDC.* www.cdc.gov/vhf/ebola/outbreaks/2014-west-africa/case-counts.html.

23 Blas, Javier (19 November 2014). 'World Bank Dramatically Reduces Projection of Ebola's Economic Toll'. *The Financial Times.* www.ft.com.

24 World Bank (2014). 'Health Expenditure Per Capita (Current US$)'. *World Development Indicators.* data.worldbank.org.

25 World Health Organization Global Health Observatory (2014). 'Density of Physicians (Total Number per 1,000 Population, Latest Available Year)'. *Global Health Observatory Data Repository.* apps.who.int/gho/data.

26 BBC News (7 October 2014). 'Ebola Outbreak: Liberia "Close to Collapse" – Ambassador'. *BBC.* www.bbc.co.uk.

27 Callimachi, Rukmini (18 September 2014). 'Fear of Ebola Drives Mob to Kill Officials in Guinea'. *The New York Times.* www.nytimes.com.

28 United Nations Conference on Trade and Development (2015). 'Intra-Trade of Regional and Trade Groups by Product, Annual, 1995 – 2014'. *UNCTADStat.* unctadstat.unctad.org.

29 Grepin, Karen (2015). 'International Donations to the Ebola Virus Outbreak: Too Little, Too Late?' *British Medical Journal (BMJ) 350*: 1 – 5.

30 Gire, Stephen, Augustine Goba, et al. (2014). 'Genomic Surveillance Elucidates Ebola Virus Origin and Transmission during the 2014 Outbreak'. *Science 345* (6202): 1369 – 1372.

31 World Health Organization (26 September 2014). 'Experimental Therapies: Growing Interest in the Use of Whole Blood or Plasma from Recovered Ebola Patients (Convalescent Therapies)'. *Ebola Situation Assessment – 26 September 2014*. Geneva: WHO. www.who.int/mediacentre/news/ebola/26-september-2014/en.

32 Gaidet, Nicolas, Julien Cappelle, et al. (2010). 'Potential Spread of Highly Pathogenic Avian Influenza H5N1 by Wildfowl: Dispersal Ranges and Rates Determined from Large-Scale Satellite Telemetry'. *Journal of Applied Ecology 47* (5): 1147.

33 International SOS (8 February 2015). 'Pandemic Preparedness: H5N1 Affected Countries'. www.internationalsos.com/pandemicpreparedness; International SOS (5 April 2013). 'Pandemic Preparedness: H5N1 in Birds'. www.internationalsos.com/pandemicpreparedness.

34 Ibid.

35 Arnold, Jeffrey L. (2002). 'Disaster Medicine in the 21st Century: Future Hazards, Vulnerabilities, and Risk'. *Prehospital and Disaster Medicine 17* (1): 3 – 11.

36 International SOS (2 February 2015). 'Pandemic Preparedness: Avian Flu'. www.internationalsos.com/pandemicpreparedness.

37 World Health Organization (2015). 'HIV/AIDS'. *Global Health Observatory Data Repository*. apps.who.int/gho/data.

38 UNAIDS (2002). 'Fact Sheets: Twenty Years of HIV/AIDS'. library.unesco-iicba.org/English/HIV_AIDS.

39 World Health Organization, 'HIV/AIDS'.

40 Ibid.

41 Goldin and Mariathasan, *The Butterfly Defect*.

42 Brockmann, Dirk, Lars Hufnagel, et al. (2005). 'Dynamics of Modern Epidemics'. In *SARS: A Case Study in Emerging Infections*, edited by Angela McLean, Robert May, et al. Oxford: Oxford University Press, pp. 81 –91.

43 Liu, Yi-Yun, Yang Wang, et al. (2015). 'Emergence of Plasmid-Mediated Colistin Resistance Mechanism MCR-1 in Animals and Human Beings in China: A Microbiological and Molecular Biological Study'. *The Lancet*. dx.doi.org/10.1016/S1473 – 3099(15)00424 –7.

44 Schoenberger, Erica (2014). *Nature, Choice and Social Power*. London: Routledge, p. 95.

45 Dattels, Peter and Laura Kodres (21 April 2009). 'Further Action Needed to Reinforce Signs of Market Recovery: IMF'. *IMF Survey Magazine*. www.imf.org/external/pubs/ft/survey/so/2009/RES042109C.htm.

46 World Bank (September 2009). 'Impact of the Financial Crisis on Employment'. go.worldbank.org/9ZLKOLN 0O0.

47 United Nations Development Programme (2010). *The Real Wealth of Nations: Pathways to Human Development*. Human Development Report 2010. New York: United Nations.

48 금융 분야에서 시스템적 위험에 대한 논의 중 일부는 골딘과 마리아 테이잔의 저서 『나비 결점(The Butterfly Defect)』을 인용했다.

49 Gorton, Garry B. and Andrew Metrick (2009). 'Securitized Banking and the Run on Repo'. *National Bureau of Economic Research Working Paper No. 15223*. www.nber.org/papers/w15223.

50 Goldin and Mariathasan, The Butterfly Defect.

51 Lewis, Michael (26 March 2008). 'What Wall Street's CEO's Don't Know Can Kill You'. *Bloomberg*. www.bloomberg.com.

52 International Monetary Fund (2007). 'Global Financial Stability Report: Market Developments and Issues'. *World Economic and Financial Surveys*. Washington, DC: IMF, p. 7.

53 Thompson, Anthony, Elen Callahan, et al. (2007). 'Global CDO Market: Overview and Outlook'. *Global Securitization and Structured Finance 2007*. Frankfurt: Deutsche Bank.

54 Goldin and Mariathasan, *The Butterfly Defect*.

55 Kosmidou, Kyriaki, Sailesh Tanna, et al. (2005). 'Determinants of Profitability of Domestic UK Commercial Banks: Panel Evidence from the Period 1995 – 2002'. *Money Macro and Finance (MMF) Research Group Conference 2005*. repec. org/mmfc05/paper45.pdf; Maer, Lucinda and Nida Broughton (2012). *Financial Services: Contribution to the UK Economy*. London: House of Commons Library, Economic Policy and Statistics.

56 'Cracks in the Crust'. *The Economist* (11 December 2008). www.economist.com.

57 Haldane, Andrew G. (28 April 2009). 'Rethinking the Financial Network'. *Speech given to the Financial Student Association, Amsterdam*. www.bankofengland.co.uk/archive/Documents/historicpubs/speeches/2009/speech386.pdf.

58 Green Growth Action Alliance (2013). 'Required Infrastructure Needs'. *The Green Investment Report*. Geneva: World Economic Forum.

59 American Society of Civil Engineers (2013). 'Grade Sheet: America's Infrastructure Investment Needs'. *Reston*, VA: ASCE. www.infrastructurereport-card.org.

60 Bhattacharya, Amar, Mattia Romani, et al. (2012). 'Infrastructure for Development: Meeting the Challenge'. *Policy brief*. Seoul: Global Green Growth Institute. www.gggi.org.

61 Bolt, J. and J. L. van Zanden (2014). 'The Maddison Project: Collaborative Research on Historical National Accounts'. *The*

Economic History Review 67(3): 627 −651.

62 Crowley, Roger (2011). *City of Fortune: How Venice Won and Lost a Naval Empire.* London: Faber&Faber.

63 Ibid.

64 'When the Chain Breaks'. *The Economist* (15 June 2006). www.economist.com.

65 For more on the Thailand case, see *The Butterfly Defect.*

66 Chongvilaivan, Aekapol (2012). 'Thailand's 2011 Flooding: Its Impact on Direct Exports and Global Supply Chains'. *ARTNeT Working Paper Series, No. 113.* hdl.handle.net/10419/64271.

67 Thailand Board of Investment (2012). 'Expertise, New Investment Keep Thai E&E Industry at the Top'. *Thailand Investment Review.* www.boi.go.th.

68 Abe, Masato and Linghe Ye (2013). 'Building Resilient Supply Chains against Natural Disasters: The Cases of Japan and Thailand'. *Global Business Review* 14: 567.

69 Ibid.

70 Smalley, Eric (12 December 2011). 'Thai Floodwaters Sink Intel Chip Orders'. *Wired.* www.wired.com.

71 Thailand Board of Investment (2015). 'E&E Industry: Hard Disk Drive Export, 2005 − 2014'. *Thailand Investment Review.* www.boi.go.th.

72 Oxford Economics (2010). *The Economic Impacts of Air Travel Restrictions due to Volcanic Ash, Report Prepared for Airbus.* Oxford: Oxford Economics.

73 Kaplan, Eben (24 April 2007). 'America's Vulnerable Energy Grid'. *Council on Foreign Relations.*

74 US − Canada Power System Outage Task Force (2004). *Final Report on the August 14, 2003 Blackout in the United States and Canada: Causes and Recommendations.* Washington, DC and Ottawa: Department of Energy and Ministry of Natural Resources, p. 19.

75 Kharas, Homi (9 January 2015). 'The Transition from "the Developing World" to "a Developing World"'. *Kapuscinski Development Lectures.* www.brookings.edu.

76 Airports Council International (2015). 'Annual Traffic Data'. www.aci.aero/Data-Centre/Annual-Traffic-Data.

77 World Shipping Council (2015). 'Top 50 World Container Ports'. www.worldshipping.org/about-the-industry/globaltrade.

78 EMC Corporation (2 December 2014). 'Over $1.7 Trillion Lost per Year from Data Loss and Downtime according to Global IT Study'. uk.emc.com/about/news/press/2014/20141202-01.htm.

79 Miller, Rich (July 2013). 'Who Has the Most Data Servers?' *Data Center Knowledge.* www.datacenterknowledge.com/archives/2009/05/14/whos-got-the-most-web-servers.

80 IBM (2015). *2015 Cyber Security Intelligence Index.* New York: IBM Security. public.dhe.ibm.com/common/ssi/ecm/se/en/sew03073usen/SEW03073US-EN.PDF.

81 Greenberg, Andy (2015). 'Hackers Remotely Kill a Jeep on the Highway – with Me in It'. *Wired.* www.youtube.com.

82 Symantec (2015). *2015 Internet Security Threat Report, Volume 20.* Mountain View, CA: Symantec. www.symantec.com/security_response/publications/threatreport.jsp.

83 Rogin, Josh (9 July 2012). 'NSA Chief: Cybercrime Constitutes the "Greatest Transfer of Wealth in History"'. *Foreign Policy.* www.foreignpolicy.com.

84 Ibid.; IBM, *2015 Cyber Security Intelligence Index.*

85 Rainie, Lee, Janna Anderson, et al. (29 October 2014). 'Cyber Attacks Likely to Increase'. *Pew Research Center.* www.pewinternet.org.

86 Ponemon Institute (2015). *2015 Cost of Data Breach Study: Global Analysis.* Traverse City, Michigan: Ponemon Institute.

87 Associated Press (23 September 2015). 'US Government Hack Stole Fingerprints of 5.6 Million Federal Employees'. *The Guardian*. www.theguardian.com.

88 Symantec, *2015 Internet Security Threat Report*.

89 Kushner, David (26 February 2013). 'The Real Story of Stuxnet'. *IEEE Spectrum*. spectrum.ieee.org/telecom/security.

90 Menn, Joseph (29 May 2015). 'US Tried Stuxnet-Style Campaign against North Korea but Failed – Sources'. *Reuters*. www.reuters.com.

91 Bundesamt fur Sicherheit in der Informationstechnik (2014). *Die Lage Der IT-Sicherheit in Deutschland 2014*. Berlin: German Federal Office for Information Security. www.bsi. bund.de.

92 Industrial Control Systems Cyber Emergency Response Team (2015). *ICS-CERT Year in Review*. Washington, DC: Department of Homeland Security. ics-cert.us-cert.gov.

93 Maddison, Angus (2003). *The World Economy: Historical Statistics, Vol. 2: Statistical Appendix*. Paris: OECD.

7장 공정하고 정의로운 세상

1 Savonarola, Girolamo (1452 – 1498) (1971). 'O Soul, by Sin Made Blind'. In *Italian Poets of the Renaissance*, edited by J. Tusiani. New York: Baroque Press, p. 81.

2 Viladesau, Richard (2008). *The Triumph of the Cross: The Passion of Christ in Theology and the Arts*. Oxford: Oxford University Press. p. 30.

3 Savonarola, Girolamo (1452 – 1498) (2005). 'Aggeus, Sermon XIII. Delivered on the 3rd Sunday of Advent, 12 December 1494'. In *Selected Writings of Girolamo Savonarola, Religion and Politics, 1490–1498*, edited by A. Borelli, D. Beebe and M. Passaro. New Haven, CT: Yale University Press.

4 Weinstein, *Savonarola*.

5   Ibid.

6   Ibid.

7   Cameron, Euan (2012). *The European Reformation*. Oxford: Oxford University Press.

8   Jones, Jonathan (19 October 2011). 'The Lusts of Leonardo Da Vinci'. *The Guardian*. www.theguardian.com.

9   Martines, Lauro (2006). *Scourge and Fire: Savonarola and Renaissance Florence*. London: Jonathan Cape.

10 Martines, Lauro (2006). *Fire in the City: Savonarola and the Struggle for the Soul of the Renaissance*. Oxford: Oxford University Press.

11 Black, Robert (2010). '(Review) Venice Besieged: Politics and Diplomacy in the Italian Wars, by Robert Finlay'. *English Historical Review* CXXV (512): 170 – 171.

12 Martines, *Fire in the City*.

13 Lean, Geoffrey (17 July 1999). 'The Hidden Tentacles of the World's Most Secret Body'. *Sunday Independent*. www.independent.co.uk.

14 World Trade Organization (1999). 'Document No. 99-55154: List of Representatives'. *Third Ministerial Conference*. Seattle: WTO. docs.wto.org

15 Piketty, Thomas (2014). *Capital in the 21st Century*. Cambridge: Harvard University Press.

16 Credit Suisse Research Institute (2010). *Global Wealth Report 2010*. Zurich: Credit Suisse.

17 Piketty, *Capital in the 21st Century*, Chapters 6 and 10.

18 OECD (2015). In *It Together: Why Less Inequality Benefits All*. Paris: OECD Publishing.

19 Saez, Emmanuel (2013). *Striking It Richer: The Evolution of Top Incomes in the United States (Updated with 2012 Preliminary Estimates)*. Stanford Center for the Study of Poverty and Inequality. Berkeley: Stanford University.

20 Rosenblum, Harvey, Tyler Atkinson, et al. (2013). 'Assessing the Costs and Consequences of the 2007–09 Financial Crisis and Its Aftermath'. *Federal Reserve Bank of Dallas Economic Letter* 8(7). www.dallasfed.org/research/eclett/2013/el1307.cfm.

21 CoreLogic (2013). *National Foreclosure Report*. Irvine, CA: CoreLogic. www.corelogic.com/research.

22 Simiti, Marilena (2014). 'Rage and Protest: The Case of the Greek Indignant Movement'. *Hellenic Observatory Papers on Greece and Southeast Europe, No. 82.* London: London School of Economics. www.lse.ac.uk/europeanInstitute/research/hellenic Observatory.

23 RTVE.es (6 August 2011). 'Mas De Seis Millones De Espanoles Han Participado En El Movimiento 15m'. *RTVE.* www.rtve.es.

24 RT.com (15 October 2011). 'Rome Descends into Chaos as Protests Turn Violent'. *RT.* from www.rt.com.

25 Rowley, Emma (16 January 2011). 'Bank Bail-out Adds £1.5 Trillion to Debt'. *The Telegraph.* www.telegraph.co.uk.

26 BBC News (7 January 2011). 'Bank Bonuses 'to Run to Billions in 2011'. *BBC.* www.bbc.co.uk.

27 BBC News (20 June 2015). 'Thousands Attend Anti-Austerity Rallies across UK'. *BBC.* www.bbc.co.uk.

28 Kassam, Ashifa (13 March 2015). 'Ciudadanos, the 'Podemos of the Right', Emerges as Political Force in Spain'. *The Guardian.* www.theguardian.com

29 Helm, Toby and Daniel Boffey (13 September 2015). 'Corbyn Hails Huge Mandate as He Sets out Leftwing Agenda'. *The Guardian.* www.theguardian.com.

30 OECD, *In It Together*, p. 240.

31 Centers for Disease Control and Prevention (2013). 'CDC Health Disparities and Inequalities Report–United States, 2013'. *Morbidity and Mortality Weekly Report.* Washington,

DC: US Department of Health and Human Services.

32 Ineq-Cities Atlas (2015). 'Paris Socio-Economic Indicators and Mortality Maps'. *Socio-Economic Inequalities in Mortality: Evidence and Policies in Cities of Europe.* www.ucl.ac.uk/silva/ineqcities/atlas/cities/paris.

33 Korda, Rosemary, Ellie Paige, et al. (2014). 'Income-Related Inequalities in Chronic Conditions, Physical Functioning and Psychological Distress among Older People in Australia: Cross-Sectional Findings from the 45 and up Study'. *BMC Public Health* 14: 741.

34 Martines, *Fire in the City*.

35 루터가 실제로 교회 대문에 「95개조 반박문」을 못질했느냐를 두고는 의견이 분분하다. 알려진 것은 루터가 그날 상급 수도사에게 써서 건넨 편지 중 면벌부 판매를 비난하는 내용에 「95개조 반박문」이 포함돼 있었다는 사실이다.

36 Strathern, Paul (2011). *Death in Florence: The Medici, Savonarola, and the Battle for the Soul of Man.* London: Jonathan Cape.

37 Luther, Martin (1483–1546) (1908). 'Letter to Christoph Scheurl, 5 March 1518'. In *The Letters of Martin Luther*, edited by M. Currie. London: Macmillan and Co., p. 23.

38 Edwards Jr., Mark U. (2005). *Printing, Propaganda, and Martin Luther.* Minneapolis: Fortress Press; Hsia, R. Po-chia (2006). *A Companion to the Reformation World.* Oxford: Blackwell.

39 MacCulloch, Diarmaid (2003). *Reformation: Europe's House Divided, 1490–1700.* London: Allen Lane.

40 Goldstone, Jack A. (1991). *Revolution and Rebellion in the Early Modern World.* Berkeley: University of California Press.

41 Te Brake, Wayne (1998). *Shaping History: Ordinary People in European Politics.* Berkeley: University of California Press.

42 Bethencourt, Francisco (2009). *The Inquisition: A Global*

History, 1478–1834, translated by J. Birrell. Cambridge: Cambridge University Press, p. 444.

43 MacCulloch, *Reformation*, Chapter 17.

44 Ibid. pp. 671, 672.

45 Hall, Edward (1497 – 1547) (1904). *Henry VIII*. Edited by C. Whibley, The Lives of the Kings, Volume 2. London: T.C. & E.C. Jack, p. 43.

46 Frey, Carl Benedikt and Michael Oxborne (2015). *Technology at Work: The Future of Innovation and Employment*. New York and Oxford: Citigroup and Oxford Martin School.

47 OECD, *In It Together*.

48 Dabla–Norris, Era, Kalpana Kochhar, et al. (2015). 'Causes and Consequences of Income Inequality: A Global Perspective'. *IMF Staff Discussion Note*. Washington, DC: International Monetary Fund.

49 'Mine, All Mine'. The Economist (10 February 2011). www.economist.com.

50 Dabla–Norris, Kochhar, et al. *Causes and Consequences of Income Inequality*.

51 Federal Election Commission (13 January 2017). 'Statistical Summary of 21-Month Campaign Activity of the 2015 – 2016 Election Cycle'. *FEC*. www.fec.gov.

52 Kutarna, Christopher (2016). 'Will Brexit Happen?' *YouTube*. https://youtu.be/9qHDtMJTL5k

53 Pew Research Center (16 September 2014). 'Faith and Skepticism About Trade, Foreign Investment'. *Pew Research Center Global Attitudes and Trends*. www.pewglobal.org.

54 Frontex (8 August 2015). 'Number of Migrants in One Month above 100,000 for First Time'. *Warsaw: European Agency for the Management of Operational Cooperation at the External Borders of the Member States of the European Union*. frontex.europa.eu/news

55 중국 공산당처럼 국영방송에서 언제나 민주주의 체제의 잠재적 혼
란성을 강조하길 좋아하는 독재 체제에서는 쌍수를 들고 반길 일
이다.

종장: 우리에게는 더 나은 세계가 기다리고 있다

1 Twain, Mark (1975). *Mark Twain's Notebooks & Journals*,
edited by F. Anderson, L. Salamo and B. Stein. Berkeley/Los
Angeles: University of California Press, pp. 232 – 233.

2 Paoletti, John (2015). *Michelangelo's David: Florentine History
and Civic Identity*. Cambridge: Cambridge University Press.

3 Ibid., p. 198.

4 Erasmus, Desiderius (c. 1466 – 1536) (1924). 'To Marcus
Laurinus, February 1, 1523.' *Opus Epistolarum Des. Erasmi
Roterodami. Volume V: 1522-1524*. Edited by P.S. Allen and H.
M. Allen. Oxford: Oxford University Press, p. 277.

5 Strauss, Valerie (17 May 2014). 'The Greatest Commencement
Speech Ever'. *The Washington Post*. www.washingtonpost.
com.

6 Mokyr, Joel (1990). *Twenty-Five Centuries of Technological
Change*. London: Harwood Academic.

7 NobelPrize.org (2015). 'List of Nobel Prizes and Laureates'.
www.nobelprize.org/nobel_prizes.

8 United Nations Department of Economic and Social Affairs
(2015). *World Population Prospects: The 2015 Revision*. New
York: United Nations.

9 Bhopal, Kalwant (2014). 'The Experience of BME Academics
in Higher Education: Aspirations in the Face of Inequality'.
Leadership Foundation for Higher Education Stimulus Papers.
www.lfhe.ac.uk.

10 Rippon, Gina (5 September 2014). 'Prejudice, Not Brainpower,
Is Behind the Gender Gap'. *The Times*. www.thetimes.co.uk.

11 XPrize (2015). 'Who We Are'. *XPrize.org*. www.xprize.org.

12 Barnett, Chance (9 June 2015). 'Trends Show Crowdfunding to Surpass VC in 2016'. *Forbes*. www.forbes.com.

13 Crowdsourcing.org (2015). 'Global Crowdfunding Market to Reach $34.4B in 2015, Predicts Massolution's 2015 CF Industry Report'. www.crowdsourcing.org/editorial.

14 World Bank (2013). 'Crowdfunding's Potential for the Developing World'. *Information for Development Program*. Washington, DC: The World Bank.

15 Ibid.

16 National Science Foundation (2014). 'Table 4-3: US R&D Expenditures, by Performing Sector, Source of Funds, and Character of Work: 2011'. *National Science Foundation*. www.nsf.gov; OECD (2015). 'Main Science and Technology Indicators'. *OECD.Stat*. www.oecd.org/sti/msti.htm.

17 Spickernell, Sarah and Clive Cookson (22 January 2014). 'R&D Suffers Biggest Cuts in Government Spending'. *The Financial Times*. www.ft.com.

18 OECD, 'Main Science and Technology Indicators'.

19 Alberts, Bruce, Marc W. Kirschner, et al. (2014). 'Rescuing US Biomedical Research from Its Systemic Flaws'. *Proceedings of the National Academy of Sciences of the United States of America* 111(16): 5773 – 5777; National Institutes of Health (2015). 'Research Project Grants: Average Size'. *NIH Data Book*. report.nih.gov/nihdatabook/index.aspx.

20 National Institutes of Health (2012). *Biomedical Research Workforce; Working Group Report*. Bethesda, MD: National Institutes of Health.

21 Harris, Richard (9 September 2014). 'When Scientists Give Up'. *National Public Radio*. www.npr.org/sections/healthshots/2014/09/09/345289127/when-scientists-give-up?refresh=true.

22 Partridge, Loren (1996). *The Art of Renaissance Rome, 1400–*

1600. New York: Harry N. Abrams.

23 Phelps, Edmund (2013). *Mass Flourishing: How Grassroots Innovation Created Jobs, Challenge and Change*. Princeton: Princeton University Press, pp. 316, 324.

24 Kharas, Homi (2010). 'The Emerging Middle Class in Developing Countries'. *OECD Development Centre Working Paper No. 285*. Paris: OECD; Cisco (2015). *The Zettabyte Era: Trends and Analysis*. San Jose: Cisco Systems Inc. www.cisco.com.

25 Terdiman, Daniel (11 February 2014). 'No, Flappy Bird Developer Didn't Give up on $50,000 a Day'. *CNET*. www.cnet.com.

26 ALS Association (29 August 2014). 'The ALS Association Expresses Sincere Gratitude to over Three Million Donors'. www.alsa.org/news/media/press-releases.

27 Ling, Jonathan (8 August 2015). 'Science AMA Series: Hi, I'm Jonathan Ling, a Researcher That's Here to Share Our New Breakthrough Discovery for ALS (Amyotrophic Lateral Sclerosis)'. *The New Reddit Journal of Science*. www.reddit.com/r/science/comments/3g4c7v/science_ama_series_hi_im_jonathan_ling_a.

28 Apple Events (2 June 2014). 'Apple Special Event: June 2, 2014'. *Cupertino: Apple*. www.apple.com/apple-events/june-2014; Phone Arena (10 June 2013). '6m Developers in Apple Ecosystem, $10B Paid in Revenue'. *Phone Arena*. www.phonearena.com/news.

29 Pettersson, Therese and Peter Wallensteen (2015). 'Armed Conflicts, 1946 – 2014'. *Journal of Peace Research* 52(4): 536 – 550.

30 Ungerleider, Neal (11 July 2014). 'IBM's $3 Billion Investment in Synthetic Brains and Quantum Computing'. *Fast Company*. www.fastcompany.com.

31 Carroll, John (11 September 2014). 'Google's Stealthy Calico Inks an R&D Deal for New Compounds Aimed at Neurodegeneration'. *Fierce Biotech*. www.fiercebiotech.com.

32 International Monetary Fund (17 July 2015). 'Counting the Cost of Energy Subsidies'. *IMF Survey*. www.imf.org/external/pubs/ft/survey/so/2015/new070215a.htm; OECD (2015). *Agricultural Policy Monitoring and Evaluation 2015*. Paris: OECD.

33 OECD (2015). *In It Together: Why Less Inequality Benefits All*. Paris: OECD Publishing, Chapter 4.

34 Klapper, Leora, Luc Laeven, et al. (2006). 'Entry Regulation as a Barrier to Entrepreneurship'. *Journal of Financial Economics* 82(3): 591–629; Golec, J. and J. A. Vernon (2010). 'Financial Effects of Pharmaceutical Price Regulation on R&D Spending by EU versus US Firms'. *Pharmacoeconomics* 28(8): 615–628.

35 Winkler, Andy, Ben Gitis, et al. (2014). 'Dodd–Frank at 4: More Regulation, More Regulators, and a Sluggish Housing Market'. americanactionforum.org.

36 Spowers, Rory (2002). *Rising Tides: A History of Environmentalism*. Edinburgh: Canongate.

37 Haldane, Andrew G. (2012). 'Federal Reserve Bank of Kansas City's 36th Economic Policy Symposium, "The Changing Policy Landscape"'. *The Dog and the Frisbee*. Jackson Hole, Wyoming: The Bank of England.

38 Connell, William (2002). *Society and Individual in Renaissance Florence*. Berkeley: University of California Press, p. 111.

39 Arthur, Brian (2010). *The Nature of Technology*. London: Penguin.

40 Chandler, Tertius (1987). *Four Thousand Years of Urban Growth: An Historical Census*. Lewiston, ME: Edwin Mellen Press.

41 McKinsey Global Institute (2013). 'Urban World: A New App for Exploring an Unprecedented Wave of Urbanization'. www.mckinsey.com/insights.

42 Ferguson, Niall (20 January 2016). 'Florence.' Interviewed by I. Goldin, Davos.

43 Statistics Canada (2011). 'NHS Focus on Geography Series – Toronto'. *National Household Survey 2011*. Ottawa: Statistics Canada.

44 Downie, Michella (2010). *Immigrants as Innovators Boosting Canada's Global Competitiveness*. Ottawa: The Conference Board of Canada; Dungan, Peter, Tony Fang, et al. (2013). 'Macroeconomic Impacts of Canadian Immigration: Results from a Macro Model'. *British Journal of Industrial Relations* 51(1): 174 – 195.

45 Murray, Sarah (2015). 'The Safe Cities Index 2015: Assessing Urban Security in the Digital Age'. *The Economist Intelligence Unit*. London: The Economist.

46 Wile, Rob (14 June 2014). 'It's Clear That the Future of Bitcoin Is Not in the US'. *Business Insider*. www.businessinsider. com; SourceForge (2015). 'Bitcoin'. sourceforge.net/projects/ bitcoin/files/stats/timeline.

47 International Monetary Fund (2015). 'House Price-to-Income Ratio around the World'. *Global Housing Watch*. www.imf. org/external/research/ housing.

48 Allen, Kate and Anna Nicolaou (16 April 2015). 'Global Property Bubble Fears Mount as Prices and Yields Spike'. *The Financial Times*. www.ft.com.

49 Passel, Jeffrey S. and D'Vera Cohn (2010). 'Unauthorized Immigrant Population: National and State Trends, 2010'. *Pew Research Center Hispanic Trends*. www.pewhispanic.org.

50 Platform for International Cooperation on Undocumented Migrants (22 April 2013). *PICUM Submission to the UN*

Committee on the Protection of the Rights of All Migrant Workers and Members of Their Families. Geneva: PICUM.

51 US Department of Homeland Security (2006). *Report on H-1B Petitions: Fiscal Year 2004, Annual Report October 1, 2003 – September 30, 2004.* United States Citizenship and Immigration Services. Washington, DC: US Department of Homeland Security.

52 Brynjolfsson, Erik and Andrew McAfee (2014). *The Second Machine Age: Work, Progress, and Prosperity in a Time of Brilliant Technologies.* New York: W.W. Norton & Company.

53 Charette, Robert N. (30 August 2013). 'The Stem Crisis Is a Myth'. *IEEE Spectrum.* spectrum.ieee.org; The Wall Street Journal (19 March 2007). 'Does Silicon Valley Need More Visas for Foreigners'. *The Wall Street Journal.* www.online.wsj.com.

54 Congressional Budget Office (2013). *The Economic Impact of S. 744, the Border Security, Economic Opportunity, and Immigration Modernization Act.* Washington, DC: CBO. www.cbo.gov.

55 Lisenkova, Katerina and Marcel Merette (2013). 'The Long-Term Economic Impacts of Reducing Migration: The Case of the UK Migration Policy'. *National Institute of Economic and Social Research, Discussion Paper No. 420.* London: NIESR.

56 Pew Hispanic Center (2013). 'A Nation of Immigrants: A Portrait of the 40 Million, including 11 Million Unauthorized'. *Pew Research Center.* www.pewhispanic.org.

57 Meissner, Doris, Donald M. Kerwin, et al. (2013). *Immigration Enforcement in the United States: The Rise of a Formidable Machinery.* Washington, DC.: Migration Policy Institute.

58 Kynge, James and Jonathan Wheatley (3 August 2015). 'Emerging Markets: Redrawing the World Map'. *The Financial Times.* www.ft.com.

59 Riffkin, Rebecca (12 March 2014). 'Climate Change Not a Top Worry in US'. *Gallup.* www.gallup.com/poll/167843/climatechange-not-top-worry.aspx; Lomborg, Bjorn (9 March 2014). 'EU Likes to Say "Climate Change Is One of the Greatest Challenges of the Modern Age"'. *Facebook.* www.facebook.com/photo.php?fbid=10152349665523968.

60 Pew Research Center (14 July 2015). 'Climate Change Seen as Top Global Threat'. *Pew Global Attitudes & Trends.* www.pewglobal.org.

61 World Health Organization (2015). *Programme Budget 2016–2017.* Geneva: WHO. www.who.int/about/finances-accountability.

62 Rainforest Conservation Fund (2015). 'How Much Biodiversity Is Found in Tropical Rainforests'. www.rainforestconservation.org/rainforest-primer/2-biodiversity/b-howmuch-biodiversity-is-found-in-tropical-rainforests; Hood, Laura (8 October 2010). 'Biodiversity: Facts and Figures'. *SciDev.Net.* www.scidev.net/global/biodiversity/feature/biodiversity-factsand-figures-1.html.

63 della Mirandola, Pico (1463–1494) (2012). *Oration on the Dignity of Man: A New Translation and Commentary,* translated by F. Borghesi, M. Papio and M. Riva. Cambridge: Cambridge University Press.

64 Hector, Helen (4 December 2014). 'Trillion Dollar Scandal: The Biggest Heist You've Never Heard of'. *ONE.org.* www.one.org/scandal/en/report.

65 First proposed by the Oxford Martin Commission for Future Generations (2014). *Now for the Long Term.* Oxford: Oxford Martin School.

66 Machiavelli, Niccolo (1469–1527) (2005). 'Chapter XXV: Of Fortune's Power in Human Affairs and How She Can Be Resisted'. *In The Prince,* edited by P. Bondanella. Oxford:

Oxford University Press.

67 Virgil (70 BC – 19 BC). *The Aeneid.* Book 10, verse 284.

68 Machiavelli, 'Chapter XXV', in *The Prince.*

69 Ibid.

70 Oxford Martin Commission for Future Generations, *Now for the Long Term.*

71 Thompson, Bard (1996). *Humanists and Reformers: A History of the Renaissance and Reformation.* Cambridge: William B. Eerdmans.

72 Cicero, Marcus Tullius (106 BC – 43 BC) (1961). *De Officiis*, translated by W. Miller. New York: Macmillan, Book I, Section 7.

73 Cohen, Jere (1980). 'Rational Capitalism in Renaissance Italy'. *American Journal of Sociology* 85(6): 1340 – 1355.

74 Rosen, Sherwin (1981). 'The Economics of Superstars'. *The American Economic Review* 71(5): 845 – 858.

75 Beardsley, Brent, Jorge Becerra, et al. (2015). *Global Wealth 2015: Winning the Growth Game.* Boston: Boston Consulting Group; Oxfam (2015). Wealth: Having It All and Wanting More. Oxford: Oxfam International.

76 Hudson Institute Center for Global Prosperity (2013). *Index of Global Philanthropy and Remittances 2013.* Hudson Institute.

77 Baker, Vicki, Roger Baldwin, et al. (2012). 'Where Are They Now? Revisiting Breneman's Study of Liberal Arts Colleges'. *Association of American Colleges & Universities.* www.aacu. org/publications-research/periodicals/where-are-they -now-revisitingbrenemans-study-liberal-arts.

78 UN Refugee Agency (2016). 'Evolution – Mediterranean Sea – Dead/Missing Persons'. *Refugee/Migrants Emergency Response – Mediterranean.* data.unhcr.org/mediterranean/ regional.php.

79 Mohammed, Omar (27 August 2015). 'A Kenyan Won the

Gold Medal in Javelin after Learning How to Throw on YouTube'. *Quartz Africa.* qz.com.

80 Nauert, Charles (2012). 'Desiderius Erasmus'. In *The Stanford Encyclopedia of Philosophy (Winter 2012 Edition)*, edited by E. N. Zalta. plato.stanford.edu /archives/win2012/entries/ erasmus.

81 della Mirandola, *Oration on the Dignity of Man.*

82 Machiavelli, Niccolo (1469 – 1527) (2005). 'Chapter XXVI: An Exhortation to Seize Italy and to Free Her from the Barbarians'. In *The Prince*, edited by P. Bondanella. Oxford: Oxford University Press.

KI신서 7506

발견의 시대

1판 1쇄 발행 2018년 9월 7일
1판 2쇄 발행 2018년 10월 5일

지은이 이언 골딘·크리스 쿠타나 **옮긴이** 김지연
펴낸이 김영곤 박선영 **펴낸곳** (주)북이십일 21세기북스

콘텐츠개발1팀장 이남경 **책임편집** 김은찬
해외기획팀 임세은 장수연 이윤경
마케팅본부장 이은정
출판영업팀 한충희 최명열
출판마케팅팀 김홍선 최성환 배상현 신혜진 나은경 조인선
홍보기획팀 이혜연 최수아 박혜림 문소라 전효은 염진아 김선아
표지디자인 this-cover.com(주영훈 이아름)
제작팀 이영민

출판등록 2000년 5월 6일 제406-2003-061호
주소 (우 10881) 경기도 파주시 회동길 201 (문발동)
대표전화 031-955-2100 **팩스** 031-955-2151 **이메일** book21@book21.co.kr

(주)북이십일 경계를 허무는 콘텐츠 리더

21세기북스 채널에서 도서 정보와 다양한 영상자료, 이벤트를 만나세요!
페이스북 facebook.com/21cbooks 블로그 b.book21.com
인스타그램 instagram.com/book_twentyone 홈페이지 www.book21.com
서울대 가지 않아도 들을 수 있는 명강의! 〈서가명강〉
네이버 오디오클립, 팟빵, 팟캐스트에서 '서가명강'을 검색해보세요!

ⓒ 이언 골딘·크리스 쿠타나, 2018
ISBN 978-89-509-7553-1 03300